本书获得河北师范大学历史文化学院"双一流文库"学科建设经费资助出版

河北师范大学历史文化学院
双 一 流 文 库

两汉河北研究史稿

王文涛 著

Research on the History of Hebei in Han Dynasty

中国社会科学出版社

图书在版编目（CIP）数据

两汉河北研究史稿／王文涛著 . —北京：中国社会科学出版社，2022. 4
（河北师范大学历史文化学院双一流文库）
ISBN 978 - 7 - 5203 - 9820 - 6

Ⅰ. ①两… Ⅱ. ①王… Ⅲ. ①河北—地方史—研究—汉代
Ⅳ. ①K292. 2

中国版本图书馆 CIP 数据核字（2022）第 043246 号

出 版 人	赵剑英
责任编辑	宋燕鹏
责任校对	闫　萃
责任印制	李寡寡

出　　　版	中国社会科学出版社
社　　　址	北京鼓楼西大街甲 158 号
邮　　　编	100720
网　　　址	http://www.csspw.cn
发 行 部	010 - 84083685
门 市 部	010 - 84029450
经　　　销	新华书店及其他书店

印　　　刷	北京明恒达印务有限公司
装　　　订	廊坊市广阳区广增装订厂
版　　　次	2022 年 4 月第 1 版
印　　　次	2022 年 4 月第 1 次印刷

开　　　本	710 × 1000　1/16
印　　　张	24
插　　　页	2
字　　　数	389 千字
定　　　价	129. 00 元

《河北师范大学历史文化学院双一流文库》

序　言

　　河北师范大学历史学科学脉源远流长，底蕴深厚，1952年独立建系。1996年由原河北师范学院历史系、原河北师范大学历史系合并组建成河北师范大学历史文化学院。

　　在长期的演进中，张恒寿、王树民、胡如雷、黄德禄等曾在此弘文励教，苑书义、沈长云等仍耕耘在教学科研第一线，这些史学名家为学科发展奠定了坚实基础。多年来，几代学人筚路蓝缕，以启山林，学院一直呈现良好的发展态势。

　　目前，学院拥有中国史、考古学两个一级学科博士学位授权点、世界史一级学科硕士学位授权点，设有中国史博士后科研流动站。本科开设历史学、考古学、外国语言与外国历史三个专业。历史学专业是河北省强势特色学科、教育部第三批品牌特色专业。钱币学二级学科博士学位授权点为国内独家。考古学专业拥有河北省唯一涵盖本、硕、博的考古人才培养完整体系。2016年，我院中国史入选河北省"国家一流学科建设项目"，考古学入选河北省"世界一流学科建设项目"。2019年，历史学入选国家一流本科专业。

　　河北师范大学历史文化学院作为学校的重点学科，秉承"怀天下，求真知"校训，坚持学术立院、学术兴院的基本精神，瞄准国际和学科前沿领域，做真学问、大学问。以"双一流"建设之契机，本院决定编辑《河北师范大学历史文化学院双一流文库》，出版我院学者的学术论著，集中展示河北师范大学历史文化学院的整体学术面貌，从而更好地传承先辈学者的治学精神，光大学术传统，进一步推动学科和学术的发展。

《河北师范大学历史文化学院双一流文库》编辑委员会

目　　录

绪　言

写作本书的基础是我已经发表的关于两汉时期河北农业、人口、水利灌溉、纺织业、家庭副业、行政区划、人物等问题的十几篇论文，以及在《河北经济史（古代卷上）》《中国古代环渤海地区与其它经济区比较研究》两书中所写的二十多万字。已有成果偏重于两汉河北经济问题的研究，新的工作是在原来的基础上扩展深化，本书的章节目录设置与通行的地方史相类，但内容并不相同，是以本人的论文为主要支撑。对于有研究的问题写得多一些、细一些，没有研究或研究不多的问题，参考前贤今哲的成果，从全面论述汉代河北的角度予以适当补充。做这样的安排，既考虑书稿体例的需要，也兼顾扬长避短。吕苏生先生的《河北通史·秦汉卷》比较系统地记述和研究了秦汉时期河北地方的历史，为笔者进一步研究两汉时期河北的历史提供了很好的借鉴。此外，近年来，相当数量的考古成果为进一步的研究增加了新的资料。书中参考了近年来新的研究成果，理应向这些作者表示谢意。全面、系统、深入地阐述河北在两汉时期发展的著述仍然薄弱，因此，撰写一部反映河北在两汉时期的开发及发展规律的著作《两汉河北研究》，是十分必要的。在研究过程中注意充分吸收最新研究成果，尤其是考古发掘成果，将文献和考古资料紧密地结合起来。限于学识，不足之处在所难免，留待日后改进与完善。

基本内容：汉代河北政治概况及其对经济发展的影响；汉代河北开发的地理环境条件及地理环境与经济发展的关系；汉代河北的政区与人口发展；汉代河北农业、手工业、城市、交通与商业的发展；汉代河北思想文化的发展；汉代河北开发与汉王朝发展的关系，汉代河北在全国的地位与作用等。

第一章 汉代河北历史的背景和基础

——河北地区的地理环境

汉代河北和今天的河北在地域范围上不同，"燕赵"在当代一般指河北省。近代以前，今北京市和天津市也在燕赵范围内。研究汉代河北的历史，有必要了解与之相关的自然地理环境等概况。社会活动是人类最基本的活动，地理环境是人类社会活动的背景和基础，任何社会活动都离不开特定的地理环境。地理环境对不同社会活动的影响程度不同。经济活动层次越低，越容易受到自然环境特别是自然条件与资源的制约。人类社会活动无时无刻不影响着地理环境，改变着自然环境的面貌，使人文环境日益复杂化。人类是主宰社会活动的主体，但所有社会活动都离不开地理环境这个舞台、背景和载体；人类只有切实按照自然规律办事，才能够促进人类社会活动和地理环境的协调发展。

一　地形、地貌和地理范围

河北省在华北地区的东部，因位于黄河下游以北而得名，部分地区古代属于冀州，所以简称"冀"。介于北纬 36°03′至 42°40′、东经 113°27′至 119°50′。地处首都北京的周围。东为天津市，面临渤海，富有渔盐之利和交通海外之便；西倚太行山脉，与山西省为邻；北部坝上高原，同内蒙古自治区接壤；南部平原展开，与河南、山东两省毗连；东北一隅邻接辽宁省。河北是首都北京与中南、华东和东北以及全国的陆路交通必经之地，京广、京九、京沪、石太、石德、京通、京承、锦承等铁路从省内经过。全省土地总面积为 187693 平方千米，占全国土地总面积的 1.96%，居第 14 位。

河北省背倚群山，面向海洋，境内地势高低悬殊，明显分为三级阶梯。西北部高，东南部低平。这种地势既利于暖气团的深入，也便于大小河流汇归入海。最北部为高原盘踞，南缘海拔在1500米以上，其中岗梁与湖滩交错分布。山地分布在北部与西部，西倚太行山，北部燕山山脉和四周没有明显的界线。东南大部为广阔的平原，从西向东逐渐倾斜，直到海滨。地势起伏大，群峰之首小五台山的东台，海拔2882米，而平原大部分在海拔50米以下，滨海地区降至1—2米。东西相距不足4个经度。高低相差近3000米。

河北省地貌特征明显，山地、丘陵、高原、平原和盆地五大类型俱全。高原约占全省总面积的8.4%，山地（含山间平地）约占47.6%，平原约占44%。高原面积虽小，但在发展畜牧业上，具有重要意义。山地和盆地，不仅是农牧基地，而且适宜发展多种经营。广阔的平原上，淤积了深厚的黄土，对农业的发展极为有利。

高原是河北地形的第一级阶梯，位于河北省的西北部，是内蒙古高原的一部分。当地称高原为"坝上"，所以又叫作"坝上高原"。坝上高原位于张家口、承德两市的北部，一般将张家口市的高原部分称为张北高原，将承德市的高原部分称作围场高原。平均海拔1400—1600米，相对高度约200米。地势从东南向西北倾斜，一些内陆水系的流向也与此相同，因而有"山无头，水倒流"之说。而坝缘以南的河流则自北向南流入渤海。高原内部的地表形态可分为三种：坝缘山地、波状高原和疏缓丘陵。

冀北山地、冀西北间山盆地和冀西太行山地彼此连接，构成河北地形的第二级阶梯，呈弧形环抱着平原。整个山地区域平均海拔在千米以下，最低降至百米，是高原向平原的过渡地带。山地包括中山、低山、丘陵、盆地和谷地，根据海拔高度，山地内部地形可大致划分为山地、丘陵和盆地三种。山地是省内天然森林的主要分布地，河北境内的许多河流都从山地发源。冀西北桑干河、洋河流域分布着一系列断陷盆地，海拔450—900米不等，构成省内面积最大的盆地组合，称为桑、洋间山盆地。

平原位于河北省的东南部，由黄河、海河、滦河冲积而成，统称河北平原，是华北平原的一部分。北起燕山南麓，西至太行山东麓，大致以100米等高线与低山丘陵区分界，东抵渤海之滨，南至省界。地势低平，自山麓向渤海倾斜，海拔均在百米以下，低于50米的占绝大部分，至滨海地带，仅高出海平面2—3米。由于河流交互沉积，平原内部并非平整如一，而是略有起伏，属于有微度起伏的平原。根据平原的成因和形态，河北平原可以分为三个部分：山麓平原、冲积平原和滨海平原。山麓平原沿太行山东麓和燕山南麓大致呈带状分布，由许多冲积扇相连而成。冲积平原是河北平原的主要组成部分，主要由海河、古黄河和滦河等水系冲积而成。位于太行山山麓平原以东，燕山山麓平原以南，东接滨海平原。滨海平原位于平原东部海滨，由各河流三角洲相连而成。

两汉时期，今河北省与北京市、天津市在同一区域——幽州刺史部和冀州刺史部（部分）。西汉初年，今北京地区先后设异姓和同姓诸侯王国——燕国，都蓟城。汉昭帝元凤元年（前80），废国为广阳郡，宣帝本始元年（前73），又废郡复为广阳国，下辖蓟、方城（在今河北省境内）、广阳、阴乡四县。王莽新朝时，改为广有郡，蓟城改称伐戎。东汉基本沿用西汉制度，但亦有变化。东汉初，今北京属幽州刺史部，州治蓟（今北京），下辖十一郡（国）。北京曾分属于广阳、涿、上谷、渔阳、右北平五郡的一部分。建武十三年（37），广阳国并入上谷郡，和帝永元九年（96），复置广阳郡，下辖蓟、广阳、昌平、军都、安次（在今河北省廊坊市西北）五县。

西汉王朝开发天津平原，沿渤海湾西岸接连设置了5个县治，这便是渔阳郡的泉州、雍奴，渤海郡的文安、东平舒和章武。今天津，当分属于上述诸县。泉州故城位于武清城上村北，雍奴故城位于武清旧城东八里的丘古庄，其他各县均位于今河北省。汉末，曹操为了消灭袁绍残余势力和征讨乌桓，便于军运，在天津一带开凿了一条运河，名叫泉州渠。约在西汉末至东汉后期，渤海湾西岸曾发生过大海侵，村落废弃，县治内迁，天津的开发进程被迫中断，一切又回到了接近原始海岸的荒凉状态。东汉以后，这一地区人口稀疏，经济落后，直到隋唐时期，局面才有显著改变。

此后，在相当长的时间里，河北省与北京市、天津市也一直紧密联系在一起，只是到了近现代和当代才把京津与河北逐渐断续分设，置为直辖市。中华人民共和国成立以后，北京作为首都，其辖区在民国北平市的基础上，原隶属于河北省的宛平、昌平、大兴、顺义、房山、良乡、通县、怀柔、密云、平谷等先后划归北京市。1949年，天津定为新中国中央直辖市。1958 年，成为河北省省会。1967 年，再次成为中央直辖市，河北省省会搬迁到保定，1968 年，省会又迁往石家庄。1973 年，原隶属于河北省的蓟县、宝坻、武清、静海、宁河五县划归天津。河北省政府 1949 年 8 月成立，分设唐山、天津、通县等 10 个专区，还管辖保定、石家庄等四市。1952 年，撤销察哈尔省，原察南、察北专区 16 个县划归河北，设立张家口专区。1956 年，撤销热河省，划归河北的八县设立承德专区。1965 年，山东馆陶县漳卫河西地区划归河北，为馆陶县；山东临清县卫运河西地区划归河北，设立临西县。河北与察哈尔、热河两省部分地区及山东两县合为河北省，河北省部分县又划归北京、天津两市，由此形成了现在京津冀的行政区划格局。当然，研究两汉时期的河北还应当以当时的行政区划为准，故本书所论两汉时期的"河北"，包括京津地区在内。

二　汉代河北地区主要河流的变迁

在我国历史时期地理环境的变迁中，河流在地形地貌中的变化是最显著的，与人类社会活动的关系极其密切，影响巨大而深远。汉代河北地区主要河流的变迁也反映出：河流变迁与人类经济活动是一个双向互动过程。

（一）黄河下游河道的变迁

现代黄河并不流经河北，但西汉时期的黄河下游河道从河北境内通过，与河北的历史有着密切的关系。因此，谈论河北地区的河流必然涉及黄河下游河道的变迁问题。黄河是我国第二大河，干流全长为 5464 千米，流域面积为 752443 平方千米。黄河下游冲积平原在历史上相当长的时期内是中华民族活动的中心，黄河下游河道的变迁对河北社会历史的影响是多方面的。谭其骧、邹逸麟等先生对黄河的变迁做出了卓有成效的研究结果，[①] 以下所述多有参考。

---

① 参见谭其骧《山经河水下游及其支流考》，《中华文史论丛》第七辑，1978 年 7 月；水利部黄河水利委员会《黄河水利史述要》，水利电力出版社 1984 年版；邹逸麟《黄河下游河道变迁及其影响概述》，《复旦学报·历史地理专辑》1980 年 8 月。

1. 西汉末年以前的黄河下游河道

战国中期以前的黄河下游河道，古代文献《尚书·禹贡》和《山海经·山经》记载有两条，称为禹贡大河和山经大河。

禹贡大河就是人们所熟悉的古黄河下游河道"禹河"。《禹贡·导水》章说：

> （禹河）东过洛汭，至于大伾；北过降水，至于大陆；又北播为九河，同为逆河入于海。

这段史料需要做一些解析。"洛汭"是洛水流入黄河之处，"大伾"是山名，在今河南浚县；说明古河水东过洛汭后，自今河南荥阳广武山北麓东北流至今浚县西南大伾山西古宿胥口，然后沿着太行山东麓北行。"降水"即漳水，"大陆"指大陆泽。说明大河在今河北曲周县南接纳自西东来的漳水，然后北过大陆泽，在今河北深县南与《山经》大河别流，大体穿过今冀中平原东流。"九河"泛指多数，是说黄河下游河道分成多股，而非实指。黄河下游全面筑堤大约始于战国中期，在没有筑堤以前，由于黄河泥沙多，下游河道在河北平原上漫流，形成多股河道，同时分流入海。"逆河"是说"九河"的河口段都受到渤海潮汐的倒灌，河水呈逆流之势在今天津市东南注入渤海。

由于《山经》中不见关于河水径流的记载，一直为世人所忽视。据谭其骧先生考证，《山海经》的《北山经·北次三经》篇里，有很丰富的黄河下游河道资料，用这些资料和《汉书·地理志》《水经》和《水经注》的记载相印证，就可以知道当时的黄河下游河道沿着今太行山东麓东北流至永定河冲积扇南缘，至今清苑县折而东流，经今安新县南、霸县北，东流至今天津市东北入海。

《山经》《禹贡》里的两条大河形成的时代很难确定，大致可以认为是战国中期以前的河道。

《汉书》的《地理志》和《沟洫志》记载的黄河下游河道，也就是《水经·河水注》的"大河故渎"。胡渭认为这是大禹治水以后黄河的第一次改道。"周定王五年（前602），河徙，自宿胥口东行漯川，右迳滑台城，又东北迳黎阳县南，又东北迳凉城县，又东北为长寿津，河至此与漯别行而东北入海，《水经》谓之'大河故渎'。"① 这条"大河故渎"的径流路线在宿胥口以上与《山经》《禹贡》河道相同，下游流经今卫河、南运河和今黄河之间，在沧州西、黄骅县北。自宿胥口东北流至长寿津（今河南滑县东北）的一段，胡渭叙述较详：过长寿津后，河水折而北流，至今馆陶县东北，折东经高唐县南，再折北至东光县西会合漳水，复下折而东北流经汉章武县，即今河北省黄骅市以北入海。谭其骧认为，这条"大河故渎"始于周定王五年（前602）河徙说虽不足凭信，但其形成很可能早于《禹贡》河和《山经》河，在春秋战国时代，它们曾长期并存，迭为主次。"在前四世纪四十年代左右，齐与赵魏各在《汉志》（指《汉书·地理志》）河东西两岸修筑了绵亘数百里的堤防。此后，《禹贡》《山经》河即断流，专走《汉志》河，一直沿袭到汉代。"《汉书·地理志》记载的河水约为战国后期至西汉末年的河道干流。

《汉志》河、《禹贡》河和《山经》河是见于记载的黄河故道，肯定还存在着若干条故道，只是由于缺乏记载，难以确指。

战国中期黄河下游河道全面筑堤以后，河道基本上被固定下来。当时平原中部地广人稀，黄河又具有游荡性，人们所筑的堤防距河床很远。例如河东的齐和河西的赵、魏所筑河堤距河床各25里，两堤相距50里，蓄洪拦沙作用很大。这条河道曾有多次决口改道，最著名的是汉武帝元光三年（前132）在东郡濮阳瓠子（今河南濮阳西南）决口的一次，洪水泄入钜野泽，由泗水入淮。这是见于记载的黄河第一次夺淮入海，历时20余年，直至元封二年（前109）才堵住决口。不久，黄河又北决于馆陶，分为屯氏河，东北经魏郡、清河、信都、勃海流入渤海，宽深与黄河正流相等。至元帝永光五年（前39），黄河又在清河郡灵县鸣犊口决口，屯氏河遂淤绝。其他几次决口造成的灾情也很严重，但大多经过几年就被堵住，河复故道。这条河道稳定了400多年，到西汉末年，因泥沙长期堆积，"河水高于平地"，重大改道已无法改变。

2. 东汉黄河下游河道

王莽始建国三年（11），河水在魏郡元城（治今河北大名东）以上

---

① （清）胡渭：《禹贡锥指》卷一三下《附论历代绽流》，上海古籍出版社2006年版，第487页。

决口，淹没清河以东数郡之地。起初，王莽担心黄河溃决危及他在元城的冢墓，当看到黄河决口东去，"元城不忧水，故遂不堤塞"①。洪水在今鲁西、豫东一带泛滥了近60年，至东汉明帝永平十二年（69），在著名水利工程家王景的主持下，对下游河道进行了大规模的修治，"修渠筑堤，自荥阳东至千乘（治山东高青县东北）海口千余里"，并"十里立一水门，令更相洄注，无复溃漏之患"②。所谓"水门"，大致是在某些险工地段的堤防上置减水水门，汛期洪水可由上一水门泄出，洪峰过后，经过在堤外沉淀的清水，由下一水门归槽。这样既可以减水滞洪，又可以放淤固堤，还可以用清水冲刷河道，一举数得。东汉大河由此形成，也就是《水经注》和唐代《元和郡县志》里记载的黄河。

东汉大河的位置较西汉大河偏东，从长寿津（河南濮阳西旺宾一带）自西汉大河故道别出，沿着古漯水河道东行，经今范水南，在今阳谷县南与古漯水分流，蜿蜒于今黄河与马颊河之间，至今山东利津附近入海。东汉大河距海里程比西汉大河短，河道也比较顺直；东汉以后河水含沙量也比西汉少，因此这条大河稳定了八百年，其间虽然也有许多次决口，但没有发生大的改流。

（二）海河水系的构成与变迁

1. 海河水系

海河是我国华北地区的重要水系。海河流域位于北纬35°0′至42°42′，东经115°59′至119°36′，范围大致南起黄河北大堤，北倚内蒙古高原南缘，西连太行山西侧的黄土高原，东至渤海之滨。包括京、津两市和冀、晋、鲁、豫、辽、内蒙古等省区大部或部分地区，流域面积26.5万平方千米。全流域面积山区约占54.1%，平原约占45.9%。海河上游有300多条较大的支流，汇集成五大支流：北运河、永定河、大清河、子牙河和南运河，即华北五河。五河分别自北、西、南三面呈扇状汇流至天津，始名海河。

（1）北运河。北运河是海河的北部支流，发源于北京市昌平区北

---

① 《汉书》卷九九中《王莽传中》，中华书局1962年版，第4127页。
② 《后汉书》卷六六《循吏列传·王景传》，中华书局1965年版，第2465页。

部山区，上源名温榆河，通州区以下始称北运河。它的水量分别由青龙湾河、筐儿港减河汇入潮白新河或永定新河，注入渤海，全长约 180 千米，集水面积 5.11 万平方千米。

（2）永定河。永定河是海河的西北支流，上源一为桑干河，一为洋河，分别发源于山西省宁武县管涔山区和内蒙古高原南缘，两河均流经官厅水库，至屈家店与北运河汇合，大部分洪水经永定新河由北塘入海。全长 650 千米，流域面积 5.08 万平方千米，90% 为山区。永定河名称多变，战国、西汉名治水，东汉名㶟水，在北魏以前又名清泉河①，可见含沙量并不很高。

（3）大清河。大清河是海河水系的西部支流，也是海河上游五大支流中最短的干流。一般把源于涞源县境的北拒马河（下游称白沟河）和源于白石山的南拒马河称为北支；将漕河、唐河、大沙河、潴龙河和磁河（后两河汇合后称潴龙河）等十余条支流称为南支。南支均源于太行山东麓并汇入白洋淀，出淀后始名大清河，至独流镇与子牙河汇合。

（4）子牙河。子牙河是海河的西南支流，上游北源滹沱河，发源于五台山北坡的山西省繁峙县泰戏山，是子牙河水量和洪水的主要来源。主要支流有阳武河、云中河、牧马河、清水河、南坪河、冶河等，呈羽状排列，主要集中在黄壁庄以上，以下无支流汇入。黄壁庄以下为下游，流经平原，河道宽广，水流缓慢，泥沙淤积，渐成地上河或半地上河，两岸筑有堤防。南源滏阳河源于太行山东侧峰峰矿区黑龙洞，滏阳河与滹沱河在献县臧桥汇合后，始名子牙河。子牙河全长 730 多千米，流域面积 7.87 万平方千米，山区和平原约各占一半。有大陆泽、宁晋泊等滞洪区。至独流镇附近有黑龙港河汇入子牙河干流。

（5）南运河。南运河是海河的南部支流，主要是人工河。其上源为漳河和卫河。漳河上源分为清漳和浊漳，均发源于太行山南段西侧。卫河源于太行山西侧，至徐万仓纳漳河后称卫运河，山东临清以下始称南运河。

---

① （北魏）郦道元著，陈桥驿校证：《水经注校证》卷十三《㶟水》，中华书局 2007 年版，第 324 页。

2. 海河的变迁

海河流域西部是太行山脉，北面是燕山山脉，东部和东南部是华北平原的一部分，又名海河平原。南部由西南向东北倾斜，北部从西北倾向东南，河流进入平原后坡度骤减，泥沙淤积，河床垫高，形成地上河或半地上河。人类活动对海河水系变迁影响很大，海河水系在两汉时期经历了重大的变迁。①

（1）西汉以前海河各水系分流入海。海河流域的冲积平原，大体上向北、向东微微倾斜，天津一带地势最低，所以历史上海河流域的主要河道，都有向天津汇流入海的趋势。只是由于黄河北流，吸纳了平原的径流，将平原水系附属于黄河水系之中。

春秋时期，黄河以北的呼沱河（今滹沱河）、滱水（今沙河）、孤水（今唐河）、治水（今永定河）、沽水（今北运河）都经天津附近的洼淀分流入海，尚未形成海河水系。当黄河早期《山经》大河由今天津附近入海时，今海河水系中大清河以南各水均流入黄河，成为黄河的支流，以北永定河等水则分流入海。西汉时黄河下游及其入海河道南移至汉章武县境，于是，海河水系南部的几条干流，也摆脱黄河而分流入海，致使海河水系经历了一个过渡性的分流时期。

据《汉书·地理志》和《水经》记载，西汉时今海河五大干流皆在大河以北独流入海。

今北运河，汉时为沽水，入海在汉泉州县（故城在今武清东南杨村附近）境。《水经》记"沽河从塞外来，南过渔阳狐奴县北，西南与温余水（今温榆河）合为潞河，又东南至雍奴县西为笥沟（潞河别名），又东南至泉州县与清河会，东入于海"。

今永定河，汉时称治水，亦在汉泉州县境独流入海。考古资料显示，在北京西部的清河镇附近有三座汉代城堡遗址，其中朱房村古城紧邻一古河道，据分析为汉代永定河出石景山后几条汊河中的一条，从古城的规模可以判定这一河道曾一度作为干流，后来主流他去才成为支流，最终断流后故道之内又有次生小河即今小清河。今大清河南、北、

---

① 主要参考有：韩嘉谷《历史时期河北平原河道变迁和海河水系形成》，《海河志通讯》1982 年创刊号；谭其骧《海河水系的形成与发展》，中国地理学会历史地理专业委员会《历史地理》第四辑，1986 年。

中三支在海河水系形成前，北支为拒马河，包括古代的南北拒马河和易水，其北支为㴔水，南支为㳇河。黄河南徙后，这些河流都分流入海，以后出海处又称㳇河尾，不过它们仅在入海处才汇合，实际上仍各为一支，直到东汉末年才在今天津西汇合并合笥沟入海。

今子牙河即汉时的虖池水，是海河的西南支流。其流程大致经下曲阳（晋县西）北，深泽、饶阳南，又经东昌（武强南合寖水）、弓高（阜城南，有虖池别河分出）、乐城（献县东南，有虖池别水分出）、成平（沧州市西南）之北东至参合（即参力，今青县西南木门店）合虖池别水，又于东平舒（大城西北）合虖池别水合流入海。

今南运河即汉代的漳水。漳河上源分为清漳和浊漳，均发源于太行山南段西侧。漳水在西汉仍是黄河一大支流，《汉书·地理志》说"漳水东北至阜城入大河"。黄河南徙后，漳水不再入河。《水经》所记漳水经邺县西、列人县、斥漳县南，由阜城县北，再往下应该是走西汉黄河故道，向东北流，过东成陵县，东经成平县南，章武县西，最后在平舒县南入海。由上述可见，海河的五大干流在西汉时，分别从南、西、北三面向天津附近的洼淀分流入渤海，尚未形成一个统一的水系。

西汉以前，海河流域处于黄河下游，黄河的淤决迁徙对海河的影响很大。尤其是春秋战国时期，诸侯割据，修城池，设关卡，战争频繁。各诸侯国之间旱时截流夺水，涝时以邻为壑，相互战争往往以水代兵，决堤放水，淹没敌国。例如，赵惠王攻魏，曾多次决黄河与漳河河堤；中山国攻赵，也曾水淹鄗城（治今河北高邑县）。这种损人利己的做法，造成河堤紊乱，泥沙淤积，河道堵塞，水患不断发生。到了王莽始建国三年（11），黄河又发生大的改道，河道南徙从山东利津入海，上述河流在一段时期内摆脱了黄河的影响，从而为海河水系的形成提供了客观条件，海河水系经历了一个过渡性的分流时期。

（2）汉末以后海河水系的形成。海河水系形成的标志是河北平原诸水大多或全部汇流到天津入海。关于海河水系初步形成的具体年代，有的学者提出上限应在《汉书·地理志》《说文解字》等文献所述水系之后，下限在曹操开通白沟以前。谭其骧先生在《海河水系的形成与发展》一文中提出，海河水系的形成当在东汉末建安年间。① 据谭先生论证，清河逐步伸展是海河水系形成的关键，而海河水系的初步形成当与建安年间在曹操主持下改造了白沟和开凿了平虏渠密切相关。

白沟（今河南浚县西）原来是黄河故道，流量较小，不能满足通航的需要。建安九年（204），曹操为了消灭盘踞在邺的袁尚，改造原来的白沟，"遏淇水入白沟，以通粮道"②。以前只是分淇水进入白沟，现在则拦截淇水使其不再流入黄河而导入白沟。这就使得白沟的河身由苑口向上流延伸二三十里至于枋头。从此，白沟及其下游清河便成为河北平原的主要水运通道。

袁尚失败后投奔东北的乌桓，为统一北方，曹操挥师北上，又凿平虏渠以通粮运。建安十一年（206），"凿渠，自呼沱入泒水，名平虏渠"③。这样一来，呼沱水可以通过平虏渠向北进入泒水，清河也就可以沿平虏渠再向北流与沽水（今白河）相会，从而使船只能够从白沟直达现在的天津附近。

海河流域一条纵贯南北的水运干线出现以后，呼沱水与漳水流量的大部分就被清河截住而冲携北上，它们原来在清河以东的故道就逐渐变成了支脉，以至最后湮没。河北平原上几条大的主流相互连通之时，渤海西岸陆地又向海有所伸展，合流以后的河道，得以转而向东并流入海，从而形成了"五河下梢"的"泒河尾"。潴龙河是指大清河南支潴龙河上源大沙河，而"泒河尾"则是指泒河与其他各河汇流后的下游，即自天津市的三岔口向东入海的海河尾闾部分。至此，海河水系得以初步形成。

海河形成前后水系不断发展，当时海河水系的主要支流有以下几条：

今潮河在《水经》中称鲍丘水，《水经》说："（鲍丘水）从塞外来，南过渔阳县东，又南过潞县西，又南至雍奴县北，屈直于海。"白河称沽河，原来各自入海。永定河是海河水系中最重要的支流。

---

① 中国地理学会历史地理专业委员会：《历史地理》第四辑，上海人民出版社1985年版。

② 《三国志》卷一《魏书·武帝纪》，中华书局1959年版，第25页。

③ 《三国志》卷一《魏书·武帝纪》，第28页。

今大清河在海河水系形成前分为南、北、中三支，北支为拒马河，包括古代的南、北拒马河和易水，中支为滱水，南支为瓠河。黄河南徙后这些河都分流入海，以后出海处又称瓠河尾，不过它们都在入海处才汇合，实际上各为一支，直到东汉末年才在今天津西聚汇并合笥沟入海。

今南运河水系上游包括漳、卫两大支。漳水在先秦时称衡漳或漳水。漳河在西汉仍是黄河一大支流，《汉书·地理志上》说："鹿谷山，浊漳水所出，东至邺入清漳。……大黾谷，清漳水所出，东北至阜城入大河"。漳水所经之地有邺（浊漳水入）、邯郸（漳水入）、列人（白渠水入）等。黄河南徙后，漳水不再流入黄河。《水经》所记漳水经邺县西、列人县、斥漳县南，由阜城县北，再往下应该是走西汉黄河故道，向东北流，过东成陵县，东经成平县南，章武县西，最后在平舒县南入海。

今南运河另一上游卫河在汉代为宿胥故渎，原为黄河故道，东汉末称白沟。建安九年（204），曹操在枋头（今河南浚县东）附近筑堤，将注入黄河的淇水拦截，淇水改入白沟，后来发展成一条大支流。

（三）滦河

滦河是华北地区大河之一，河北省第二大河。古称濡水。主要流经河北省东北部，内蒙古自治区南部和辽宁省西南部有一小部分。上源闪电河源于丰宁县西北的巴颜图古尔山，北流至内蒙古自治区多伦县折而向南，至郭家屯始称滦河。穿燕山，经承德、迁西、迁安、滦县，至乐亭县南兜网铺注入渤海，全长877千米，流域面积4.49万平方千米。滦河水量比较丰沛，水量的补给来源与海河相同，基本上由降雨产生，其次是地下水。滦河上中游流经地区多是山地丘陵，除了特大洪水漫溢两岸造成水灾外，洪水灾害一般不怎么严重。进入冀东平原以后，地势平缓，河床冲淤改道，变化较大，特别是在入海口附近。滦河是一条强流量、多沙性的河流，又是一个弱潮汐河口。这使得下游河道频繁地分流或改道，形成放射状水系，塑造了呈弧形向海延伸的扇形三角洲。

三　河北平原古湖泊的湮废

　　河北平原由黄河、海河、滦河诸水系冲积平原联合而成，地势低平，微有起伏，海拔大部分不到 100 米。10 世纪以前，中国北部在大部分时间里气候温暖湿润，植被覆盖良好，地表水来源充分。在微度起伏的广大平原上存在着许多湖泊和沼泽。后来，随着人类活动对自然界影响的加深，特别是农业发展以后扩大耕地面积的要求，以及自然界本身的变化，平原湖沼的分布和兴废发生过较大的变迁，一些湖泊群收缩、淤浅以至消亡，有的则引起水体的移位，直接影响到人们的生存环境①。

　　古代河北平原的湖沼十分发育，分布很广，与今天的景观有很大的差异。根据目前掌握的文献资料，可知周秦以来至西汉，河北平原上见于记载的湖沼有七处，列表如下（见表 1 - 1）：

表 1 - 1　　　　　　　　　　周秦至西汉河北平原的湖沼

名称	方位	资料来源
鸡泽	今河北永年东南	《左传》襄公三年："同盟于鸡泽。"即此
大陆泽	今河北任县、巨鹿、隆尧三县之间	亦名巨鹿泽、广阿泽。《尚书·禹贡》：导河"北过降水，至于大陆"。《尔雅·释地》："晋有大陆。"源于今内丘以南，太行山区河流皆汇于此
皋泽	今河北宁晋东南	《山海经·北山经·北次三经》："肥水出焉，而东流注于皋泽。"②
泜泽	今河北宁晋东南	《山海经·北山经·北次三经》："槐水出焉，而东流注于泜泽。"③

----

　　①　参考的论著主要有：邹逸麟《历史时期华北大平原湖沼变迁述略》，见《历史地理》第五辑，上海人民出版社 1987 年版；王育民《中国历史地理概论上册》，人民教育出版社 1985 年版；王会昌《河北平原的古代湖泊》，《地理集刊》第 18 号，科学出版社 1987 年版。

　　②　陈成译注：《山海经译注》（图文本），上海古籍出版社 2008 年版，第 118 页。注引《五藏山经传》："肥水，即空桑山水，东南流入虖沱。"皋泽，"皋涂之水也。"

　　③　陈成译注：《山海经译注》（图文本），第 117 页。注引《五藏山经传》："槐水出赞皇县南，东流经柏乡县北，东北注宁晋泊。彭水、泜泽，变名耳。"彭水，"宁晋泊，象腹彭也。"

续表

名称	方位	资料来源
海泽	今河北曲周北境	《山海经·北山经·北次三经》："景水出焉，东南流注于海泽。"①
大泽	今河北正定附近滹沱河南岸	《山海经·北山经·北次三经》："敞铁之水出焉，而北流注于大泽。"②
鸣泽	今河北涿州市西	《汉书·武帝纪》："遂北出萧关、历独鹿、鸣泽，自代而还。"注引服虔曰："鸣泽，泽名也。皆在涿郡遒县北界也。"

表 1—1 所列湖泊中，以大陆泽最为著名。大陆泽又名钜鹿泽，另外还有广阿、泰陆、大麓、沃川、张家泊等名称③，是古代河北平原上太行山冲积扇边缘的一片浅沼洼地。《尚书·禹贡》导河："北过绛水，至于大陆"，《尔雅·释地》："晋有大陆"，即指此泽。《山经》《禹贡》大河流经泽东，《汉书·地理志》说此泽漳北、泜南诸水所汇，水面辽阔，跨今河北省隆尧、巨鹿、任县、平乡四县。《水经注》以后，漳水改经泽西，太行山诸水为其挟而北去，大陆泽水源短缺，湖区逐渐缩小。据河北省地理研究所《河北平原黑龙港地区古河道图》④可知，在河北鹿、任县南宫、新河、冀县、束鹿、宁晋、隆尧诸县间有一个古湖泽遗迹，由西南斜向东北，长约 67 千米，巨鹿、隆尧两县间东西最宽处约 28 千米。根据它的方位当是古代的大陆泽，不过两周时期还有些湖泊也是以大陆为名的。春秋后期，晋国的魏舒曾在大陆田猎，后来就死在大陆附近的宁。⑤宁在汉魏时期为修武县（今河南获嘉县）。杜预解释这个大陆所在，怀疑不是《禹贡》所说的大陆泽，因为相距太远，而把它定为修武县的吴泽。《禹贡》中所说的大陆泽，有人将其分成两

---

① 陈成译注：《山海经译注》（图文本），第 115 页。注引《五藏山经传》："景水即鸡距泉，东南经清苑县流入西淀，即海泽，言深晦也。"

② 陈成译注：《山海经译注》（图文本），第 118 页。注引《五藏山经传》："大同泰。泰泽，泰戏山水也。"

③ （清）顾祖禹：《读史方舆纪要》卷一五《顺德府·钜鹿县》，中华书局 2005 年版，第 671 页。

④ 河北省地理研究所编绘：《河北平原黑龙港地区古河道图》图 6 至图 8，吉林省地理研究所印制，1977 年 10 月。

⑤ 《左传》定公元年：魏舒"田于大陆。焚焉。还，卒于宁"。

个，一个仍然叫作大陆，另一个却叫作钜鹿。并说大陆泽是晋国的泽薮，而钜鹿泽则是赵国的泽薮。① 赵国承晋国之后，与韩魏并为诸侯，当时晋已经瓦解，不可能晋赵两国各有其泽薮。大陆、钜鹿只是音转而已，实际上是一个，没有必要强分为二。

表1-1所列湖沼仅限于文献记载，实际上古代河北平原上的湖沼远不止此。例如河北平原中部和东部，即所谓"九河"地区，在战国中期黄河下游全面修筑堤防以前，河道决溢频繁，迁徙游荡无定，留下的废河床、牛轭湖和岗间洼地，为湖沼的发育提供了条件。《左传·庄公十七年》有"冬，多麋"的记载。20世纪50年代以后，在河北平原滨海地区发现过很多适于生活在温暖湿润的沼泽环境下的四不像麋鹿遗骸，反映了河北平原地区早期沼泽密布、洼地连片、盛产芦苇和番蒲等水生植物的自然景观。战国末年，在今涿州、固安、新城等县界的督亢地区是燕国最富饶的水利区。荆轲刺秦王即以督亢地图进献，说明督亢陂在当时已经出现，《水经·巨马水注》和《魏书·裴延俊传》都记载这里有一个"径五十里"的督亢陂。

先秦至西汉时，河北平原的湖沼十分发育，分布很广，可以说是星罗棋布，与今天的景观有很大的差异。至于当时湖沼分布的规律，由于资料缺乏，尚难论定。这些湖沼大多是由浅平洼地灌水而成的。因补给不稳定，所以湖沼水体洪枯变率很大。许多湖沼中滩地、沙洲和水体交杂，湖沼植物茂盛，野生动物如麋鹿之类大量生长繁殖，鲁定公元年（前509），魏献子即田猎于河北的大陆泽。

据近年来的研究，从新石器时代至殷商时期，我国黄河流域气候温暖湿润，年平均温度比现代高2—3℃。西周初期气候开始变冷，延续了一两个世纪。至春秋时又趋于暖和，温暖的气候环境大约持续至公元前1世纪，此后开始转寒。温暖湿润的气候能够保证一定的降水量，为先秦西汉时代的河北平原湖沼提供了比较丰富的水源。②

---

① 《吕氏春秋·有始览》："何谓九薮？吴之具区，楚之云梦，秦之阳华，晋之大陆，梁之圃田，宋之孟诸，齐之海隅，赵之钜鹿，燕之大昭。"《淮南子·坠形训》："何谓九薮？曰越之具区，楚之云梦，秦之阳纡，晋之大陆，郑之圃田，宋之孟诸，齐之海隅，赵之钜鹿，燕之昭余。"

② 中国自然地理编辑委员会：《中国自然地理·历史自然地理》第二章"历史时期气候变迁"，科学出版社1982年版，第16页。

西汉以前，黄河流域植被覆盖良好，森林稠密茂盛，水土流失情况不严重，除黄河外，其他河流中挟带的泥沙和后世比要少。[①] 这是湖沼淤废缓慢的一个重要原因。古代在太行山东麓河流冲积扇和古大河河堤之间有许多洼地，虽然东汉以前黄河主要在河北平原上泛滥，荸淤了一些湖沼，其结果是一方面淤高了一些洼地，另一方面形成了许多岗间洼地。

东汉三国以后，引用河水注入洼地，蓄水为陂塘进行灌溉的措施在河北平原上相当普遍。永定河冲积平原上的督亢陂，在北魏、北齐时都曾重修过。据反映6世纪前我国河流地貌的《水经注》记载，当时太行山、燕山山前冲积扇和《山经》大河西、北侧自然堤之间有一条自南而北，折而向东的湖沼带，由发源于太行山、燕山各河流潴汇而成。这条湖沼带包括吴泽、闳山陂、白祀陂、黄泽、鸬鹚陂、林台泽、澄湖、大陆泽、泜湖、博广池、大㴸淀、小㴸淀、督亢陂等众多湖沼。《禹贡》大河沿岸的武强渊、张平泽、郎君渊和滹沱河沿岸的狐狸淀、大浦淀等，也是由堤外洼地积水而成。考虑到今本《水经注》散佚了滹沱水篇和㴉水篇，当然也必定脱载了这两大水系沿岸的湖泊，因此实际存在的湖泊还不止于此。将《元和郡县志》《太平寰宇记》有关湖沼陂塘的记载与《水经注》核对，就会发现在6世纪初至10世纪，河北平原上的湖沼虽然有一部分消失了，有一部分水面缩小了，但整个湖沼的布局似无根本性的变化。

四　渤海湾海岸线的变迁

历史时期黄河河口摆荡于河北、江苏间，而70%以上的时间是由河北及山东进入渤海的。黄河从黄土高原带来大量的细粒黄土物质，经过潮流的搬运和堆积，在渤海湾西部塑造了世界上规模最大的淤泥质海岸。但当黄河改道离开渤海湾时，海岸则主要是由海河等其他河流搬来的沙质沉积物组成的沙质海岸。清而咸的海水造成适合于贝类繁殖的环境，当海浪把近岸带的海底贝壳冲到岸边后，便与海岸的沙质沉积物混

---

① 史念海：《论两周时期黄河流域的地理特征》（上、下），《陕西师范大学学报》1978年第3—4期。

合，组成一道贝壳堤。由于黄河的来回改道，渤海海岸便形成了由淤泥质岸与含有贝壳堤的沙质岸彼此相间的海岸，从而为我们研究渤海海岸在历史时期的变迁提供了线索。

在渤海湾西岸，北起宁河，南至黄骅，有四条古海岸线贝壳堤①。自天津市北部育婴堂至静海西北四小屯的第四贝堤，大致形成于五千年前的新石器时代，很可能是冰后期还浸高海面时期或稍后的海岸带上的产物，它距离今海岸约 50 千米，表现了五千年间天津附近的陆地向东延伸幅度。第三贝堤起于天津市东南的小王庄，经巨葛庄至沙井子，C^{14} 测定其年代为 3400 ± 115 年②。大致代表殷商时代后半期（前 16—前 11 世纪）的古海岸线。据韩嘉谷考证，禹黄河在距今 3400 年略后到天津入海，这是黄河第一次到天津入海，从而结束了第三贝堤的生长③。在这里发掘到大量战国和秦汉时代的古墓。第二贝堤北起海河北岸的白沙岭，向南经泥沽至歧口。据 C^{14} 测定，其南段歧口附近，下层距今 2020 ± 100 年，上层距今 1080 ± 90 年；北段白沙岭附近则距今 1460 ± 95 年④。这条贝壳堤上发现有战国、西汉早期及唐宋文化遗址⑤。据此可知，这条贝壳堤线经过一千多年的时间才塑造完成。战国中期大规模筑堤后，《禹贡》《山经》河即断流，黄河下游形成唯一的固定河道，史称《汉志》河，它不再由天津入海，而是经汉章武县（今河北黄骅市伏漪城）东入海。到王莽始建国三年（11），河决魏郡元城，又改由山东千乘（今高青县高苑镇北）入海。随着黄河入海口的逐步南撤，渤海湾西岸因接受黄河来沙减少，更有利于贝类的繁殖，贝壳堤遂得以充分发育，堤厚 5 米，宽一二百米。

由上述可见，黄河每由渤海湾入海一次，就在河口附近形成一片冲积扇，出现一次海岸线的迁移。当黄河改道脱离渤海湾以后，就形成一道新的贝壳堤，渤海湾西岸的四道贝壳堤也就成为岸线一步步延伸的脚

---

① 天津市文化局考古发掘队：《渤海湾西岸古文化遗址调查》，《考古》1956 年第 2 期。

② 中国科学院贵阳地球化学研究所：《天然放射性碳年代测定报告之二》，《地球化学》1974 年第 1 期。

③ 韩嘉谷：《论第一次到天津入海的古黄河》，《中国史研究》1982 年第 3 期。

④ 中国科学院地质研究所 C^{14} 实验室：《天津沿海地区全新世岸线变迁年代的初步研究》，1977 年。

⑤ 王颖：《渤海湾西部贝壳堤与古海岸问题》，《南京大学学报》1964 年第 3 期。

印。历史时期延伸的主要是三个冲积扇①。第一个冲积扇是春秋战国时期《山经》河和《禹贡》河分别在天津及沧县入海形成的，在宁河县七里海一带；第二个冲积扇是《汉志》河在今黄骅市入海后，直到西汉末才形成的，在今黄骅市东南部。西汉时期，海河尚未汇流入海，据《汉书·地理志》记载，汉在渤海湾沿岸建置的县有絫县（今昌黎南）、海阳（今滦县西南）、昌城（今丰南西北）、雍奴（今宝坻西南）、泉州（今武清西南）、东平舒（今大城）、参户（今青县西南）、浮阳（今沧县东南）、章武（今黄骅西北）、高城（今盐山东南）。这说明汉代渤海湾海岸线可能在今河北乐亭、丰南以南，天津、盐山一线以东，这与第一、第二个冲积扇的范围大体上一致。

　　［本章内容参见邢铁、王文涛《中国古代环渤海地区与其他经济区比较研究（上）·第一编·环渤海地区的地理环境演变及其影响》，河北人民出版社 2004 年版］

---

　　① 天津市文化局考古发掘队：《渤海湾西岸考古调查和海岸线变迁研究》，《历史研究》1966 年第 1 期。

第二章 汉代河北的治乱

一 秦亡后河北由乱入治

(一) 秦末至楚汉战争期间的河北局势

秦二世元年 (前209) 七月, 陈胜、吴广在大泽乡起义反秦, 起义烽火迅速遍及全国。八月, 陈胜令武臣、张耳和陈馀领兵进攻赵国故地。攻下邯郸之后, 武臣在张耳、陈馀的鼓动下自立为赵王, 封陈馀为大将军, 张耳为右丞相。武臣不听陈胜命令, 乘机扩大势力, 在河北抢占地盘, 派部将韩广夺取燕地, 李良攻占恒山郡 (治今正定南), 张黡攻取上党郡。韩广攻占燕地后, 燕国的旧贵族和豪强大族支持韩广效仿武臣自立为燕王, 以蓟为都城。这样, 河北地区就形成了燕、赵南北割据的格局。

数月之后, 武臣的部将李良叛变降秦, 袭杀武臣, 河北地区的反秦力量受到严重削弱。张耳、陈馀又拥立赵公子歇为赵王, 以信都为都城。不久, 陈馀击败来犯的李良, 赵军又收复了邯郸。

秦二世二年 (前208) 闰九月, 秦将章邯大破赵军, 赵王歇和赵相张耳困守钜鹿城 (治今平乡西南)。秦将王离、苏角、涉间领军20万急攻钜鹿。赵将陈馀率数万军队驻扎在钜鹿城北, 不敢出战, 派人赴楚、燕、齐求援。各路诸侯的救兵屯积钜鹿城下, 但都不敢击秦。楚怀王派上将军宋义和项羽救赵。宋义怯战不前, 项羽杀宋义, 夺取兵权, 引兵救赵, 大破秦军, 章邯降楚。项羽担心降兵生变, 坑杀秦降卒二十余万。钜鹿之战, 秦军主力丧失殆尽。

项羽入关后, 重新安排全国的政治格局, 自立为西楚霸王, 分封了18个诸侯王。这种分封, 实际上是对受封诸王占领区的承认。受封于河北的有: 燕将臧荼为燕王, 据今河北北部, 都蓟县 (治今北京西南）；徙燕王韩广为辽东王，都无终，辖燕故地东部（部分在今河北）；封赵相张耳为常山王，据有今河北中部和山西中、东部部分地区，都襄国（治今邢台西南）；徙故赵王歇为代王，予赵地所辖代郡，据有今河北北部，都代（治今蔚县）。秦的郡县制被打破，但项羽并没有分县立郡，封域内郡县的设置仍依秦旧制。

钜鹿之战后，陈馀没有跟随项羽入关，不得封王，张耳、陈馀反目成仇。陈馀联合田荣赶走张耳，占领赵地，又迎立赵王歇为赵王。赵王歇立陈馀为代王，兼赵相。原燕王韩广被改封为辽东王，不愿赴任，被新燕王臧荼攻杀，属地也被臧荼兼并。汉高帝三年（前204）十月，刘邦派韩信、张耳率兵三万北举燕赵，赵王歇与陈馀聚兵井陉口迎战。韩信背水为阵，大破赵军。破赵以后，韩信又用李左车之策，缓兵不进，休养士卒，派辩士到燕地向燕王臧荼晓以利害。臧荼审时度势，决定弃项归刘，于是燕地从风而靡。项羽几次派兵北渡黄河攻赵，都被韩信、张耳击退。韩信平定河北地区，大大加快了刘邦战胜项羽、重新统一全国的进程。

在楚汉战争呈胶着状态时，燕人曾出骑兵"枭骑"助汉击楚。燕人出骑兵助汉，对刘邦战胜项羽具有重要意义。汉王四年（前203）秋八月，"北貉、燕人来致枭骑助汉"①。荥阳（治今河南荥阳东北）之战胜利后，灌婴所部骑兵多次奉命打败项羽的骑兵，曾经迂回楚军后路，绝其粮道；至齐地追杀齐相田横至嬴、博（治今山东泰安东南）、千乘（治今山东高青东南）；渡淮击楚至广陵（治今江苏扬州西北蜀冈上），攻克临菑、彭城（治今江苏徐州）等重镇，杀楚大将司马龙且、薛公，虏柱国项佗、亚将周兰、车骑将军华毋伤，前后斩杀楚楼烦将17人。在楚汉垓下（治今安徽灵璧东南）决战中，追斩项羽于东城。将帅五人共斩项羽，皆赐爵列侯。此后，灌婴又率这支骑兵渡江破吴，还定淮北。西汉建立后，灌婴为车骑将军，击破燕王臧荼，擒楚王韩信，击韩王信于代，从击陈豨于曲逆（治今完县东南），破黥布于淮北，北击匈

---

① 《汉书》卷一上《高帝纪上》，第46页颜师古注引张晏曰："枭勇也，若六博之枭也。""枭骑"，勇猛的骑兵。"枭骑"亦称突骑。《汉书·晁错传》："若夫平原易地，轻车突骑，则匈奴之众易挠乱也。"颜师古注："突骑，言其骁锐，可用冲突敌人也。"汉代燕地的骑兵以精良勇猛著称。光武帝刘秀兴起于河北，在平定河北的过程中，燕赵的精骑也发挥了关键作用。

奴，纵横南北，屡立战功。

（二）秦末影响赵国政局的进言与纳谏

司马迁在《史记·太史公自序》中说撰写《史记·张耳陈馀列传》的目的："镇赵，塞常山，以广河内，弱楚权，明汉王之信于天下。"这是司马迁撰写《史记·张耳陈馀列传》的目的。张、陈二人所处的赵国在秦汉之际的军事斗争中具有重要的地理位置，张、陈二人在建立、发展赵国的政治和军事斗争中都发挥了关键性的作用。反秦起义初期，反秦力量强大的地区主要有三处：一是梁、楚（今河南东部和安徽、江苏北部一带），代表人物先后有陈胜、项梁、项羽、刘邦等；二是齐国（今山东中部一带），代表人物先后有田儋、田荣等；三是赵国（今河北南部），以武臣、张耳、陈馀等为代表。司马迁在《张耳陈馀列传》中记载了多则耐人寻味的进言与纳谏史事，这些进言与纳谏、拒谏活动在赵国的兴亡更替和反秦斗争中产生了重要乃至关键性的作用，其中的利弊得失值得我们分析总结。

1. 张耳、陈馀两谏陈胜

秦二世元年（前209）七月，陈胜起义军攻占陈县（治今河南淮阳），军队迅速扩充到几万人。大梁人张耳和陈馀求见陈胜。张、陈是"魏之名士"，声名远播，秦廷曾悬重金"求购"。陈胜及其亲信"数闻张耳、陈馀贤"，虽然未曾谋面，"见即大喜"[1]。

陈地的豪杰父老劝说陈胜为王，理由是：将军"率士卒以诛暴秦，复立楚社稷"，使灭亡的国家得以复存，使断绝的子嗣得以延续，这样的功德，应该称王。况且还要"监临天下诸将，不为王不可，愿将军立为楚王也"[2]。

陈胜征求陈馀、张耳的意见。二人为陈胜设计了"据咸阳以令诸侯"而成帝业的方略。

> 夫秦为无道，破人国家，灭人社稷，绝人后世，罢百姓之力，尽百姓之财。将军瞋目张胆，出万死不顾一生之计，为天下除残

---

[1] 《史记》卷八九《张耳陈馀列传》，中华书局标点本1959年版，第2572页。

[2] 《史记》卷八九《张耳陈馀列传》，第2573页。

也。今始至陈而王之，示天下私。愿将军毋王，急引兵而西，遣人立六国后，自为树党，为秦益敌也。敌多则力分，与众则兵强。如此野无交兵，县无守城，诛暴秦，据咸阳以令诸侯。诸侯亡而得立，以德服之，如此则帝业成矣。今独王陈，恐天下解也。[1]

陈馀、张耳认为，陈胜刚刚打到陈地就称王有些不妥，这样做会在天下人面前表现出自己的私心。希望陈胜尽快率兵西进，派人拥立六国的后代，作为自己的党羽，增加反秦势力。反秦势力越多，秦朝的力量就越分散；陈胜的党羽越多，兵力就越强大。这样，就可以迅速推翻暴秦，占据咸阳，号令诸侯。"以德服之"，最终成就帝王大业。如果只在陈地称王，恐怕天下诸侯就会斗志懈怠而不跟从了。

陈胜反秦天下响应，是因为他的义举反映了人们推翻暴秦的共同愿望。只有始终代表广大群众的共同利益，才能赢得他们的拥护和支持，完成反秦大业，赢得至尊地位。如果急于在陈地称王，难免有谋求一己之私的嫌疑，在义军中开创追逐私利的先河，涣散人心，影响反秦大业。可惜陈胜的目光看不到这么深远，没有听从张耳、陈馀的意见，自立为陈王。

对于张耳、陈馀劝陈胜不要急于称王，自古以来的评论褒贬不一。虽有否定批评之语，但以肯定者居多。范增在向项梁分析陈胜失败的原因时说，秦灭六国，楚人的仇恨最深，人们至今还怀念冤死于秦国的楚怀王，所以，楚南公曰："楚虽三户，亡秦必楚。""今陈胜首事，不立楚后而自立，其势不长。""陈胜败固当。"[2] 就当时的形势而言，范增的分析还是有道理的。明初著名史学家凌稚隆在《史记评林》中说：张、陈"两人劝涉毋即自王而遣立六国后，以益秦之敌。此首事之善计，而涉不听。所卒之为赵、为燕者，纷纷自立，而天下由此遂解。涉之不能成帝业者，由此"[3]。王维桢也认为："二人之见诚高，惜陈涉不

① 《史记》卷八九《张耳陈馀列传》，第2573页。
② 《史记》卷七《项羽本纪》，第300页。
③ 凌稚隆：《史记评林》卷八十九，见《四库未收书辑刊》编纂委员会编《四库未收书辑刊》（壹辑12—238页），明万历四年刻本，北京出版社2000年版。

用耳。"①清人何焯云:"郦生说汉王立六国后,张良以为谏,至石勒以为此法宜失。张耳、陈馀说陈涉立六国后,当时不从,以为失策,何也? 盖陈王初起,虑在亡秦而已,法宜树党。汉方与项争天下,又立六国,反而不可,一是树敌也。"②

张耳、陈馀不是甘居人下之辈,陈胜急于称王,让他们觉得陈胜难成大事,在他手下难以施展抱负,决定离开陈胜,另谋发展。于是向陈胜进言:大王调遣梁、楚的军队向西挺进,当务之急是攻破函谷关,来不及收复黄河以北的地区。"臣尝游赵,知其豪桀及地形,愿请奇兵北略赵地。"③

陈胜采纳张耳、陈馀的建议,同意北伐赵地,但并不信任他们,就指派自己的老相识武臣为最高指挥官,以邵骚为护军,张耳、陈馀为左右校尉,拨给的军队只有区区 3000 人,是陈胜派出的几支方面军中人数最少的。陈胜没指望他们能攻占多少城池,主要目的是分散秦军的注意力。就是这支最不受重视的军队却成就最大,这是陈胜所始料未及的。

2. 蒯通智谏范阳令和武臣

武臣的军队很快发展壮大到数万人,自号武信君。武臣军攻克赵国十座城池,其余的秦朝守城将领全都据城坚守,不肯投降。于是武臣向东北进军,攻打范阳。范阳人蒯通见秦朝大势已去,灭亡指日可待④,为使家乡免遭战争蹂躏,充分发挥自己纵横家的才能,先游说范阳令徐公向武臣的起义军投诚,又劝说武臣对范阳令以礼相待。《史记·张耳陈馀列传》详细记载了蒯通的这次游说活动。

范阳人蒯通说范阳令曰:"窃闻公之将死,故吊。虽然,贺公得通而生。"范阳令曰:"何以吊之?"对曰:"秦法重,足下为范阳令十年矣,杀人之父,孤人之子,断人之足,黥人之首,不可胜

---

① 施之勉:《汉书集释》第十册《张耳陈馀传第二》,(台湾)三民书局 2003 年版,第 4822 页。
② (清)蒋维钧辑录,何焯校正:《义门读书记》卷十四《史记下》,中华书局 1987 年版,第 220 页。
③ 《史记》卷八九《张耳陈馀列传》,第 2573 页。
④ 蒯通,原名彻,《史记》《汉书》因避汉武帝讳,改为通。

数。然而慈父孝子莫敢刃公之腹中者，畏秦法耳。今天下大乱，秦法不施，然则慈父孝子且刃公之腹中以成其名，此臣之所以吊公也。今诸侯畔秦矣，武信君兵且至，而君坚守范阳，少年皆争杀君，下武信君。君急遣臣见武信君，可转祸为福，在今矣。"

范阳令乃使蒯通见武信君曰："足下必将战胜然后略地，攻得然后下城，臣窃以为过矣。诚听臣之计，可不攻而降城，不战而略地，传檄而千里定，可乎？"武信君曰："何谓也？"蒯通曰："今范阳令宜整顿其士卒以守战者也，怯而畏死，贪而重富贵，故欲先天下降，畏君以为秦所置吏，诛杀如前十城也。然今范阳少年亦方杀其令。自以城距君。君何不赍臣侯印，拜范阳令，范阳令则以城下君，少年亦不敢杀其令。令范阳令乘朱轮华毂，使驱驰燕、赵郊。燕、赵郊见之，皆曰此范阳令，先下者也，即喜矣，燕、赵城可毋战而降也。此臣之所谓传檄而千里定者也。"武信君从其计，因使蒯通赐范阳令侯印。赵地闻之，不战以城下者三十余城。

班固将上面的内容移入《汉书·蒯通传》，文字基本相同，略有改动。《史记·张耳陈馀列传》"赵地闻之，不战以城下者三十余城"一句，《汉书·蒯通传》改作"燕、赵闻之，降者三十余城"。荀悦《前汉纪·高祖纪卷一》同《汉书》。《资治通鉴》卷七《二世皇帝元年》亦同《汉书》，"燕、赵闻之，不战以城下者三十余城"。这件事发生的时间在秦二世元年（前209）七月，此时武臣军才攻占赵地十座城池，尚未抵达燕地，说燕地之城不战而降，不合情理。八月，武信君武臣在邯郸自立为赵王，之后才"遣故上谷卒史韩广将兵北徇燕地"[1]。因此，当以《史记》所记"赵地闻之，不战以城下者三十余城"为是。降归武臣的三十余城是赵地的，没有燕地。

战国是纵横家最风光的时代，蒯通和郦食其、陆贾等人一样，属于战国纵横家的流裔。他们的特长在于外交折冲，凭借三寸不烂之舌游说于各种政治、军事集团之间。蒯通能言善辩，足智多谋，对于政治形势有较为清醒的认识。他很好地揣摩出了被游说者范阳令徐公和武臣的心理，以利害得失打动他们的心灵，说辞极具针对性。范阳令守城不降的

---

① 《史记》卷四八《陈涉世家》，第1955页。

原因，可能正如蒯通所说，他在做范阳令的十年里，"杀人之父，孤人之子，断人之足，黥人之首，不可胜数"，既担心孤城难守，又害怕范阳百姓趁乱起事，响应武臣，危及自己性命。闻听蒯通有"转祸为福"的良策，自然言听计从。武臣正在筹划攻克范阳的良策，听到蒯通有"不攻而降城，不战而略地"的妙计，也是欣然恭听。不战而屈人之兵，传檄而定千里，乃用兵之上策。趋利避害是人的共性。告之以害，能警醒对方，征服对方，使其听取意见。

凌稚隆曰："范阳少年未必有是谋也，（蒯）通既假之以恐范阳令，复假之以悦武信君，通亦辩士之雄哉！"[1]钟惺说："蒯通说范阳令与武信君，两路擒纵，虽是战国人伎俩，然交得其利，而交无所害，不是一味空言祸人。"[2] 清人姚苎田认为，"蒯通明于事机，与战国倾危之士绝异，矢口吊贺并至，善于耸动"。"为范阳令及武信君谋，片语之间，免却千里兵戈惨祸，文在鲁连之上，品居王蠋之前，非战国倾危者所及也。"[3] 不讲政治、摒弃道德是纵横家们行动的重要特点，蒯通作为纵横家的一员，追求谋主的成功自不待言。但我们必须承认，蒯通一番跌宕起伏的"吊""贺"游说，获得了一个多赢的结局：范阳百姓免受刀兵之灾，范阳令保全了性命，武臣兵不血刃而下赵地30余城，使更广大的百姓免遭战争涂炭，壮大了这支反秦起义军的队伍和声威，为反秦战争做出了积极的贡献。

3. 武臣纳谏称王，陈胜遣使祝贺

武臣军占领邯郸，张耳、陈馀听说周文西征关中的军队受挫后退。又听说"诸将为陈王徇地，多以谗毁得罪诛。怨陈王不用其策，不以为将军而以为校尉"[4]。于是张耳、陈馀劝武臣效仿陈胜，在赵地称王。

陈王起蕲，至陈而王，非必立六国后。将军今以三千人下赵数

---

① 凌稚隆：《史记评林》卷八十九，见四库未收书辑刊编纂委员会编《四库未收书辑刊》，壹辑12—238页。

② 施之勉：《汉书集释》第十册《张耳陈馀传第二》，第4825页。

③ （清）姚苎田：《史记菁华录》卷四《张耳陈馀列传》，（台湾）联经出版事业有限公司1977年版，第142页。

④ 《史记》卷八九《张耳陈馀列传》，第2575页。《汉书·张耳陈馀传》在"陈王"下删去"不用其策"四字，此乃张、陈二人失意的关键文字，不当删。

十城，独介居河北，不王无以填之。且陈王听谗，还报，恐不脱于祸。又不如立其兄弟；不即立赵后。将军毋失时，时间不容息。

武臣采纳二人的建议，自立为赵王，任用陈馀为大将军，张耳为右丞相，邵骚为左丞相。武臣派人奏报陈胜，陈胜盛怒之下，要杀尽武臣等人的家人，并发兵击赵。陈胜的相国房君劝阻说[1]：

秦未亡而诛武臣等家，此又生一秦也。不如因而贺之，使急引兵西击秦。

冷静下来的陈胜认为房君之言有理，杀了赵王等人的家属意义不大，最多是泄一时之愤，如因此与武臣结仇，徒增一强敌，不利于反秦大业，不如妥协。于是听从下属劝谏，把武臣等人的家属软禁在宫中，封张耳之子张敖为成都君，派使者祝贺武臣称王，命其火速调动军队西进关中攻秦，援助周文。陈胜对武臣自立山头的宽容，是顾全大局的正确措施，增援关中也是当时迫切的军事需要。但是，此时的陈胜已经不能控制羽翼丰满的武臣，计谋未能奏效。张耳、陈馀识破了陈胜的用意，二人向武臣献策说：

王王赵，非楚意，特以计贺王。楚已灭秦，必加兵于赵。愿王毋西兵，北徇燕、代，南收河内以自广。赵南据大河，北有燕、代，楚虽胜秦，必不敢制赵。[2]

张耳、陈馀认为，陈胜祝贺武臣"王赵"，非其本意，乃权宜之计。楚如灭秦，必然加兵于赵。在赵、楚关系中，当务之急，是发展赵国的势力。赵不应向西攻秦，而应"北徇燕、代，南收河内"，扩充地盘，即使楚胜秦，赵也不惧怕楚。

---

[1]　据《史记·陈涉世家》："陈王以上蔡人房君蔡赐为上柱国。"《索隐》曰：晋灼案《张耳传》，"言相国房君者，盖误耳。涉因楚有柱国之官，故以官蔡赐。盖其时草创，亦未置相国之官也"。

[2]　《史记》卷八九《张耳陈馀列传》，第 2576 页。

乍一看，张耳、陈馀关于赵、楚关系的分析不无道理，因为只要赵国强大起来，就不怕张楚的进攻。然而，如果站在反秦斗争全局的立场上来看，张、陈之议不仅短视，而且有明显的私欲。他们将对张楚的提防置于反对暴秦之上，此时，武臣的赵国已经变成与张楚并列的另一反秦政权，与陈胜貌合神离。局势发展到这种地步，一方面是因为陈胜气度狭小，对部属苛察严责，赏罚不当；另一方面，是武臣、张耳、陈馀等人势力大增后私欲膨胀，完全站在与张楚对立的立场上考虑问题，谋求个人利益的最大化。尽管如此，武臣的赵国仍然是反秦的重要力量，只不过将军事打击的目标转向秦朝地方政权，以发展壮大自己为主要目标。这是一种看似精明实则狭隘短视的做法，反秦义军力量的分散和各自为战，有利于秦军的各个击破。

赵王武臣同意张耳、陈馀的建议，不向西进兵增援反秦义军，而是派部将韩广夺取燕地，李良攻占常山，张黡进取上党。

近代著名史学家蔡东藩认为张耳、陈馀两谏陈胜的实质都是"为一己计"，可资参考。论曰：

　　张耳陈馀，号称贤者，实亦策士之流亚耳。当其进谒陈胜，谏胜称王，请胜西向，为胜计不可谓不忠。及胜不从忠告，便起异心，徇赵之计，出自二人，武臣为将，二人为副，渡河经赵，连下赵城，向时之且胜称王者，乃反以王号推武臣，何其自相矛盾若此？彼且曰："为胜计，不宜称王；为武臣计，正应称王。"此即辩士之利口，荧惑人听，实则无非为一己计耳。始欲助胜，继即图胜，纤芥之嫌，视若仇敌，策士之不可恃也如此。[1]

4. 厮养卒说燕救赵王

韩广的军队攻占燕地，在燕地贵人豪杰的鼓动下自立为燕王。韩广称燕王与武臣自立为赵王的过程和本质几乎完全相同。[2] 战乱年代，拥

---

[1]　蔡东藩：《前汉史》，中国华侨出版社 2014 年版，第 50—51 页。
[2]　《史记》卷四八《陈涉世家》："燕故贵人豪杰谓韩广曰：'楚已立王，赵又立王。燕虽小，亦万乘之国也，愿将军立为燕王。'韩广曰：'广母在赵，不可。'燕人曰：'赵方西忧秦，南忧楚，其力不能禁我。且以楚之强，不敢害赵王将相之家，赵独安敢害将军之家！'韩广以为然，乃自立为燕王。居数月，赵奉燕王母及家属归之燕。"

有军队的将领一旦势力壮大，即割据称雄者比比皆是。武臣非常气愤韩广的背叛，但"西忧秦，南忧楚"，没有杀害扣留做人质的韩广母亲，率张耳、陈馀向北略地，抵达燕国边界。赵王空闲外出，不小心被燕军抓获。燕国囚禁赵王，要求割让赵国的一半土地，才放还赵王。赵国派去交涉的十几位使者都被杀了，燕国坚决要求拿土地换人。张耳、陈馀为此忧心忡忡，苦无良策。有一个做勤杂的士兵对同宿舍的伙伴说："我要替张耳、陈馀二公去游说燕军，和赵王一同坐着车回来。"同伴们认为他吹牛，讥笑他说："使臣派了十几位，去了就被杀了，你有什么办法能救出赵王？"他只身一人进入燕军大营。燕军将领看见他，感到很奇怪。他接连问了燕将三个问题：

> "知臣何欲？"燕将曰："若欲得赵王耳。"曰："君知张耳、陈馀何如人也？"燕将曰："贤人也。"曰："知其志何欲？"曰："欲得其王耳。"

"赵养卒"巧妙设问，制造悬疑，勾起燕将的好奇心，使其自愿听取自己的游说。有此三问，下面的游说顺势而下，水到渠成。

> 赵养卒乃笑曰："君未知此两人所欲也。夫武臣、张耳、陈馀杖马棰下赵数十城，此亦各欲南面而王，岂欲为卿相终己邪？夫臣与主岂可同日而道哉，顾其势初定，未敢参分而王，且以少长先立武臣为王，以持赵心。今赵地已服，此两人亦欲分赵而王，时未可耳。今君乃囚赵王。此两人名为求赵王，实欲燕杀之，此两人分赵自立。"①

凌稚隆有评论说："厮养卒欲求归赵王，乃逆推（张、陈）二人未萌之欲，以资其说。二人纵未必然，然英雄谋国之常态，实不外此，以故其说得行。"②

这位勤杂兵继续说道："以原来一个赵国的力量就能轻而易举攻下

---

① 《史记》卷八九《张耳陈馀列传》，第 2577 页。
② 凌稚隆：《史记评林》卷八十九，壹辑 12—239 页。

燕国，何况张耳、陈馀两位贤王相互支持，以杀害赵王的罪名来讨伐，灭亡燕国唾手可得。"燕国将领认为他说的有道理，于是归还赵王。勤杂兵为赵王驾车，一同返回赵国。

赵厮养卒说燕救赵王，颇有几分传奇色彩，前人多有赞赏之论。董份曰："养卒奇甚，太史公载之亦备。至为御而归，想见其时亦为称快。"王慎中曰："厮养卒从容进说，切中情事，犹有战国策士之习。惜乎！史公不传名。"① 姚苎田说："养卒之论事势，明透已极，盖深知武臣之不足事，而见张、陈之必非人下者也。此段语，张、陈固不欲人道破，然即谓此时名为求王，实欲燕杀之，则殊未必然。盖此时果欲燕之杀武臣，便当鼓行而前决一死战，则赵王必危；乃杀十余使而未敢兴兵，正其投鼠忌器之私衷耳。"所论精当。燕王不杀赵王，亦如陈胜不杀赵王将帅亲属，之前赵王不杀燕王之母，即因强秦尚在，投鼠忌器。但姚氏以为养卒未得封赏，可能是因为他道破了张耳、陈馀的隐情。"养卒归王而不闻特赏，则未必不以其道破隐情而忌之也，即谓欲杀赵王，亦未为逆诈已甚。"② 笔者认为，此系推测之辞，养卒未得封赏，当是史书失载，即使张耳、陈馀因为养卒"道破隐情"而阻挠或不同意奖赏他，赵王没有任何不奖赏养卒的理由。

梁玉绳指出：赵厮养卒"未奉张、陈之命，岂敢遽走敌营哉！《新序·善谋》述其事云：'厮养卒乃洗沐往见张耳、陈馀，遣行，见燕王。于情事较全。''燕将'亦当作'燕王'为实。归王大事，燕将敢自主乎？"③此说有理。《新序·善谋下》记载：厮养卒"往见张耳、陈馀，遣行见燕王。……卒曰：'王知臣何欲？'燕王曰：'欲得而王耳。'卒曰：'君知张耳、陈馀何人也？'燕王曰：'贤人也。'曰：'君知其意何欲？'曰：'欲得其王耳。'……燕王以为然，乃遣赵王，养卒为御而归，遂得反国，复立为王，赵卒之谋也"。

5. 李良信谗言，叛赵弑武臣

李良平定常山以后，又奉赵王武臣之命进取太原。李良军至石邑（今河北石家庄市西南），秦兵已严密封锁了地势险阻的井陉，无法前

---

① 施之勉：《汉书集释》第十册《张耳陈馀传》，第4829页。
② （清）姚苎田：《史记菁华录》卷四《张耳陈馀列传》，第143—144页。
③ 梁玉绳：《史记志疑》，中华书局1981年版，第1325页。

进。秦将诈称二世皇帝派人送给李良一封信，没有封口，信中说：

> 良尝事我得显幸。良诚能反赵为秦，赦良罪，贵良。

李良怀疑信中的内容，决定先返回邯郸，请求赵王增兵。临近邯郸，遇上赵王的姐姐外出赴宴回宫，有一百多骑马的随从护卫，声势浩大。李良远远望见如此气魄，以为是赵王，跪在路旁拜见。赵王姐姐喝醉了，不知道跪拜的是将官，只派了一名随从答谢。李良一向显贵，在随从官员面前感到非常难堪。有一位随从煽动李良反赵说：

> 天下畔秦，能者先立。且赵王素出将军下，今女儿乃不为将军下车，请追杀之。①

李良收到秦二世的书信后，就有了叛赵之心，但犹豫不决，无端遭遇赵王姐姐无礼之辱，因此大怒，派人追杀赵王姐姐于道中，随即率军袭击邯郸。邯郸不知道李良叛变，没有任何防备，秦二世元年（前209）十一月，赵王武臣和左丞相邵骚被杀。

赵人中有很多是张耳、陈馀的耳目，二人因此得以逃脱。他们收集邯郸残兵，又组织起数万人的军队。有宾客向张耳献谋："公与陈将军均系梁人，羁居赵地，赵人未必诚心归附。为两公计，不如访立赵后，由两公辅佐，导以仁义，广为号召，方可扫平乱贼，得告成功。"② 张耳、陈馀找到战国时期赵国王族的后代赵歇，立为赵王，迁都信都（治今河北邢台市），重整旗鼓。李良进击陈馀，被陈馀击败，为了保命，投降了秦将章邯。

李良曾经是反秦义军中颇有战功和成就的将领，最终却令人痛心地走上了叛赵、降秦的无耻之路。究其根本原因是李良个人私欲和图谋富贵的野心膨胀所致。素来显贵的李良偶遇赵王姐姐无意间的失礼，仅仅

---

① 《史记》卷八九《张耳陈馀列传》，第 2578 页。
② 《汉书》卷三二《张耳陈馀传》："两君羁旅，而欲附赵，难可独立。立赵后，辅以谊，可就功。"颜师古曰："谓求取六国时赵王后而立之，以名义自辅助也。"中华书局 1962 年版，第 1835 页。

为了挽回面子，竟然置反秦大业于不顾，听信谗言，追杀赵王姐姐及其随从。继而将错就错，袭占邯郸，杀死赵王武臣和左丞相邵骚。如果李良没有图谋富贵的私欲，秦将低劣的诱降之计不可能得逞，他也不会轻信谗言。李良被陈馀打败，失去了在赵地建立以他为首的政权、谋求个人发展的机会和资本，不得已投降了秦将章邯。李良的叛变，是反秦队伍中个人利益至上的突出表现，也反映了反秦义军鱼龙混杂，思想状况和斗争目标的复杂多元。

史家多认为武臣之死是咎由自取，他纵容姐姐酗酒傲慢，导致家破身亡。武臣因为与陈胜的故旧关系而被任命为北伐军的主帅，率军北徇赵地。他能虚心听取张耳、陈馀以及蒯通的意见，这是赵国建立和发展的重要原因。他采取灵活的切合实际的军事和外交斗争策略，几乎收复了全赵，极大地推动了反秦斗争的发展，能力和功绩应当肯定。但是，武臣在军事和政治上都不成熟，缺乏防患未然的警觉性。身为一国之主，轻履险地，沦为燕国俘虏，险些丧命。终因失于防范，惨死于叛将李良之手。

用人，在于用其力与谋，用其谋尤为重要。这就是个纳谏问题。纳谏与拒谏是衡量用人长短得失的重要标尺。虚心纳谏是政治家必备的优秀素质。纳谏首先要辨别进言的正误，辨别进言的正误，需要有见微知著、明察秋毫的政治鉴察力，要顾大局，识大体，不计较个人恩怨得失，要善于观察、善于分析，只有这样，才能区分净言与谗言，择善而从。就《张耳陈馀列传》所记史实来看，陈胜和武臣基本能够听取下属的正确意见，反秦斗争也因此得到进展。宋人洪迈对陈胜纳谏给予了肯定，例如，陈胜"称王之初，万事草创，能从陈馀之言，迎孔子之孙鲋为博士，至尊为太师，所与谋议，皆非庸人崛起者可及"。不可否认，纳谏和识谏是优秀政治家的必备条件，但要成就一番事业，需要具备更全面的优秀素质，以及天时、地利、人和等因素。洪迈指出，陈胜失败的主要原因是"杀吴广，诛故人，寡恩忘旧，无帝王之度，此其所以败也"[①]。

---

① （宋）洪迈：《容斋随笔》卷十四之《陈涉不可轻》，远方出版社 2002 年版，第635 页。

（三）关于钜鹿之战的几个问题

钜鹿①之战是中国古代战争史上以少胜多、以弱胜强的著名战役，也是推翻秦王朝的关键之战，展现了一代雄杰项羽的辉煌战功，历来备受人们关注，研究者甚多，成果颇丰。但是，由于文献记载简略，有几个问题或语焉不详，或互相抵牾，迄今仍无定论，众说纷纭，献上一得之见，以就教于方家。

1. 陈馀是否退入了钜鹿城？

钜鹿之战的交战双方，主要是秦和楚、赵两国，战役历时十一个月，从秦二世二年（前208）后九月至三年（前207）七月。

秦二世二年（前208）九月，章邯在定陶袭杀项梁，认为楚地的军事力量已经不值得担忧，于是北渡黄河击赵，大破之。《史记·项羽本纪》云：

> 当此时，赵歇为王，陈馀为将，张耳为相，皆走入钜鹿城。章邯令王离、涉闲（一作"间"）围钜鹿，章邯军其南，筑甬道而输之粟。陈馀为将，将卒数万人而军钜鹿之北。②

这段史料有两个问题要讨论：第一，陈馀是否退入了钜鹿城？第二，章邯是否有权令王离围钜鹿。

先谈第一个问题，此事与钜鹿的坚守有关。秦二世二年（前208）十一月（秦以十月为岁首），赵将李良袭击邯郸，杀死赵王武臣、左丞相邵骚。右丞相张耳、大将军陈馀逃出邯郸，收集散兵数万人。二年（前208）端月（正月，秦避秦始皇嬴政讳，称正月为端月），张耳、陈馀立赵王歇，居信都。关于信都的地望，一般认为治今河北邢台西南③。孙继民先生《赵信都地望考》认为信都就是战国时期赵国的信

---

① 钜鹿今作巨鹿，近代钜、巨混用，到1980年地名普查后，才统一为巨鹿。

② 《史记》卷七《项羽本纪》，中华书局1959年版，第304页。甬道，两旁有土墙或其他障蔽物的运粮通道。

③ 邢台的信都之名得于战国时期，《太平寰宇记》云："赵成侯造檀台，有信宫，为赵别都，以朝诸侯，故曰信都。"自邢被赵成侯立为赵国之信都后，信都成为赵国仅次于邯郸的第二政治、经济、文化中心。

宫，即今邯郸永年县易阳城遗址。① 可备一说。此后至章邯北上击赵的近十个月中，关于赵地的情况，《史记》记载简略，只谈到李良进攻陈馀，遭到陈馀反击，李良受重挫，率部投归章邯。至于陈馀何时击败李良，李良又在何时降归章邯？均未交代。陈馀击败李良的时间，《前汉纪》与《通鉴》不同。《前汉纪》记为二年正月，《通鉴》系于二年十二月。《前汉纪》卷一《高祖纪》：

> 沛公二年（前 208）"春正月。张耳、陈馀收赵众，击李良。良败，走归章邯。耳、馀乃立旧赵之后赵歇为赵王"。

《资治通鉴》卷八《秦纪三·二世皇帝下》：

> 二世二年十二月，"赵张耳、陈馀收其散兵，得数万人，击李良；良败，走归章邯"。

秦军击破项梁后，章邯率军渡河进入赵地，大破赵军。赵王君臣放弃信都，东撤百余里，退守钜鹿。钜鹿是秦代县名（治今河北平乡县西南平乡镇），还是古湖泽名，钜鹿泽在今河北省巨鹿县北。今巨鹿县在平乡县北，两县距离18.7千米（省道234）。钜鹿泽又称广阿泽，是先秦时期有名的大泽之一。据《史记·张耳陈馀列传》：

> 张耳与赵王歇走入钜鹿城，王离围之，陈馀北收常山兵②，得数万人，军钜鹿北。

《项羽本纪》先言陈馀随同赵王和张耳退入钜鹿城中，复云陈馀率数万人驻守于钜鹿城北。而《张耳陈馀列传》则未言陈馀入城。两处记载不一，究应作何理解，以孰为是？

《汉书·项籍传》与《史记·项羽本纪》基本相同，但删去了

---

① 载历史地理编辑委员会《历史地理》第九辑，上海人民出版社 1990 年版；孙继民、郝良真等著《先秦两汉赵文化研究》，方志出版社 2003 年版，第 171—175 页。

② 钜鹿属钜鹿郡，常山郡在钜鹿郡北，故云"北收常山兵"。

"皆"字，"当此之时，赵歇为王，陈馀为将，张耳为相，走入钜鹿城。"① 可见班固不认为"陈馀为将"四字有误。颜师古未作深究，以《张耳陈馀列传》为是，其注曰："赵歇、张耳共入钜鹿也。"后人多有附和颜氏之说者，如梁玉绳云："陈馀是时将兵在钜鹿北，未入钜鹿城。此'陈馀为将'四字，因下文有之而重出者，当衍去。"②

是《项羽本纪》记载有误，还是陈馀入钜鹿城而复出呢？

笔者以为，陈馀应是保护赵王歇入城之后又出城"北收常山兵"。理由有二：第一，赵军由信都迅速退往钜鹿，是有计划的撤退。陈馀作为赵军主将，首要任务是保护赵国君臣安全撤退，他在赵军未撤至钜鹿前离去，与其身份不符，也不合军事常情。钜鹿在信都东，今邢台县城与平乡县城相距 51.1 千米（省道 325），而邢台县城距平乡县平乡镇则不足百里（走邢临高速约为 40 千米），昼夜兼行，一日可到，主将陈馀没有理由不率军保护赵王入城。《史记·秦楚之际月表》明确记载：秦二世二年（前 208）后九月，"秦军围歇钜鹿，陈馀出收兵"③。这条史料中的"出"字很少有人关注，结合《项羽本纪》中的"赵歇为王，陈馀为将，张耳为相，皆走入钜鹿城"，此处的"出"字，当指"出钜鹿城"无疑，如以"出围"解之，亦指出钜鹿城之围。第二，秦将王离、涉闲不可能在顷刻之间将钜鹿包围得水泄不通，陈馀完全可以在秦军合围之前出城"北收常山兵"。《张耳陈馀列传》说，在秦军急攻钜鹿之时，张耳几次派人出城，避开秦军去见驻守在城北的陈馀，催促他出兵救援。在秦军合围之后，赵人尚且可以出钜鹿城，陈馀在秦军合围之前出城就更没问题了。陈馀出城之后，李齐是守卫钜鹿的重要将领之一。中郎署长冯唐侍奉文帝，其父曾为代相，"善赵将李齐"。文帝问冯唐：

---

① 《汉书》卷三一《项籍传》，第 1801 页。

② 张照不同意梁氏之说，他认为"赵王将相皆入钜鹿城，故章邯令王离、涉间围钜鹿。陈馀为将，故北收常山兵数万，军钜鹿北。围固非顷刻可合也；馀之得出而收兵固也。叙王与将相，固不得独舍将不言。而馀之军钜鹿北，以为将故，则又不得不重叙也"。梁、张之语，转引自施之勉《汉书集释》，第 4754 页。

③ 《史记》卷一六《秦楚之际月表》，第 769 页。梁玉绳等撰《史记汉书诸表订补十种（上）》云："秦兵围歇钜鹿，陈馀出收兵。"中华书局 1982 年版，第 96 页。

　　　　吾居代时，吾尚食监高祛数为我言赵将李齐之贤，战于钜鹿下。今吾每饭，意未尝不在钜鹿也。父知之乎?①

　　李齐坚守钜鹿，功不可没，但他不是当时的著名将领，除此事外，别无记载。冯唐回答文帝：李齐"不如廉颇、李牧之为将也"。陈馀应当是在安排了钜鹿的防卫之后才去"北收常山兵"。此时，坚守钜鹿比"北收常山兵"更重要，如钜鹿失守，到常山搬来援兵又有何用? 主将陈馀不会不懂得这个道理，于情于理他都应参与钜鹿城的守卫部署。由于赵军对坚守钜鹿的重视、有计划的防御、军民同心及援军的救助，秦军久攻钜鹿不下。从二世二年（前208）后九月秦军围攻钜鹿，到二世三年（前207）十二月"楚救至，秦围解"②，赵军坚守钜鹿前后达四个月之久。因此，笔者认为《项羽本纪》关于"赵军主将陈馀先护送赵王退入钜鹿城而后复出北收常山兵"的记载是可信的。

　　2. 章邯是否有权令王离围钜鹿?

　　下面讨论第二个问题：章邯是否有权令王离围钜鹿?

　　反对者的主要理由是：王离的爵位高于章邯! 始皇二十八年（前219），王离为武城侯，其父王贲为通武侯，都以列侯随从秦始皇东巡。列侯是二十级爵的最高一级，金印，紫绶，位上卿。而章邯的行迹在始皇时未见记载，二世元年（前209）始见，为少府，九卿之一，银印，青绶。所以，章邯不可能命令爵位比他高的王离。

　　《史记·秦始皇本纪》曰：

　　　　（二世）二年冬，陈涉所遣周章（周章字文）等将西至戏，兵数十万。二世大惊，与群臣谋曰："奈何?"少府章邯曰："盗已至，众强，今发近县不及矣。郦山徒多，请赦之，授兵以击之。"二世乃大赦天下，使章邯将。

　　"二年冬"误，当为元年（前209）九月。

---

　　① 《史记》卷一〇二《张释之冯唐列传》，第2757页。这条史料常被忽略，李齐坚守钜鹿城，功不可没。

　　② 《史记》卷一六《秦楚之际月表》，第770页。

据《史记·秦楚之际月表》，秦二世元年（前209）"九月，周文兵至戏，败"。"十一月，周文死。"《史记·陈涉世家》："（周文）西击秦。行收兵至关，车千乘，卒数十万，至戏，军焉。……止次曹阳二三月，章邯追败之，复走次渑池。十余日。章邯击，大破之，周文自刭。"《集解》徐广曰："十一月也。"①《汉书》记载此事的时间从《秦楚之际月表》，"是月（秦二世元年九月），……陈涉之将周章西入关，至戏，秦将章邯距破之"。② 司马光亦将周文军至戏之事系于秦二世元年③。

"章邯令王离围钜鹿"，仅见于《项羽本纪》，《汉书·项籍传》改为"秦将王离、涉间围钜鹿"，删除了"章邯令"三字。荀悦《前汉纪》卷一《高祖纪》作"赵王歇保钜鹿，秦将王离围之"。《资治通鉴》从《汉书》。

笔者以为，在没有充分证据的情况下《项羽本纪》的记载不宜轻易否定，战功显赫的章邯奉命指挥协助他作战的王离可能性很大。

章邯是秦末镇压反秦义军最重要的将领，秦二世元年（前209）九月至三年（前207）七月，独力支撑摇摇欲坠的秦王朝三年。他率领由骊山刑徒组成的乌合之众，出潼关，破周章，败田臧，杀陈胜，破齐王田儋，灭魏王魏咎，杀项梁，当时的农民起义军和反秦武装都遭到章邯的沉重打击，可谓战功赫赫。二世二年（前208），章邯也吃过几次败仗，在东阿、濮阳、定陶、雍丘先后败于项梁、项羽和刘邦，但很快就得到增援，二世"悉起兵益章邯，击楚军"④。当此之时，关中有战斗力的兵力已经不多，将"悉起兵"理解为倾全国之力，即调集秦朝一切可以调动的兵力，应无问题。作为秦朝的另一主力军——王离军当在此时奉调协助章邯作战。此前，秦廷以"关中卒"和新征"秦人"补给章邯，二世二年（前208）冬第一批补充章邯的秦军由长史司马欣和都尉董翳率领，二人此后一直是章邯的主要下属。九月，得到增援的章邯"兵益盛"，秦、楚的军事力量对比发生变化，"项梁使使告赵、齐，

① 《汉书》卷三一《陈胜传》文字同《史记》，第1790页。
② 《汉书》卷一上《高帝纪上》，第9—11页。
③ 司马光：《资治通鉴》卷七《秦纪二》，上海古籍出版社影印本1987年版，第49—51页。
④ 《史记》卷七《项羽本纪》，第303页。

发兵共击章邯"①。援兵未至，章邯即袭杀项梁于定陶，大破楚军。②

　　再说王离，他在蒙恬死后成为秦帝国最精锐的长城边防军团的统帅。我们不知道王离奉命东向攻赵的确切时间，史籍中只有他在二世二年（前208）的活动。《史记·王翦列传》说："陈胜之反秦，秦使王翦之孙王离击赵，围赵王及张耳钜鹿城。"王离奉秦二世之命攻赵，文献中不见有他的战功，只有他打败仗的记录。王离军围攻钜鹿时在二世二年（前208）后九月，即项梁被杀的下一个月。王离军迫近信都时，张耳与赵王歇放弃信都，东逃至钜鹿。二世二年（前208）十月，刘邦军"攻破东郡尉及王离军于成武南"③。《高祖本纪》说："楚军出兵击王离，大破之。"④ 曹参随刘邦"击王离军成阳南，复攻之杠里，大破之"⑤。钜鹿与成武相距348千米（国道106），成武治今山东成武南，成阳在今山东菏泽东北，杠里在成阳附近，三地和定陶的距离不过几十千米，而与钜鹿均相距数百千米，其时王离正兵围钜鹿，没有理由在此时分兵远离主战场，最大也是唯一的可能就是王离没有将增援章邯的军队全部带走，而是留下了部分兵力继续协助章邯作战，随其北攻钜鹿的是主力军。同月，章邯在赵国降将李良的引导下，北入邯郸，"皆徙其民河内，夷其城郭"⑥。定陶与今成武相距约40千米（走省道905，33.6千米；走省道348，44千米），定陶与今菏泽相距22.4千米（省道259），章邯军定陶，王离军出现定陶附近的成武、成阳和杠里，可为王离增援章邯的明证。上文言及，章邯在东阿兵败后，"二世悉起兵益章邯"，王离军应是最主要的援军。因此，我们才看到二世二年（前208）十月王离军的几支部队在相距数百千米的钜鹿、成武、成阳和杠里等几个地点作战的情况。⑦

---

① 《史记》卷九四《田儋列传》，第2644页。

② 《史记》卷八《高祖本纪》："秦益章邯兵，夜衔枚击项梁，大破之定陶，项梁死。"第355页。

③ 《史记》卷一六《秦楚之际月表》，第769页。

④ 《史记》卷八《高祖本纪》《集解》徐广曰："表云三年十月，攻破东郡尉及王离军于成武南。"第356页。

⑤ 《史记》卷五四《曹相国世家》，第2023页。

⑥ 《史记》卷八九《张耳陈馀列传》，第2578页。

⑦ 白寿彝、高敏、安作璋主编：《中国通史》第四卷《中古时代·秦汉时期（上册）》关于王离军东调的叙述过于简单，"二世为了镇压农民起义和反秦斗争，命令这支队（王离军）急速东渡，经太原（今山西太原西南）、井陉（今河北井陉西北）南下，至信都，大败赵王歇，迫使赵歇、张耳等仓皇退至钜鹿。王离随即团团围住了这座城邑。"上海人民出版社1999年版，第266页。这样的叙述无法解释王离军在成武、成阳、杠里与楚军作战的问题。

在钜鹿之战前，章邯军和王离军，一大胜，一败仗。因此，秦二世在章邯破楚之后，将攻打赵国的指挥权交给章邯是完全可能的。也就是说，此时章邯因战功而提升的军事地位高于王离，具备了全权指挥攻赵、命令王离的声望。秦军攻赵之战，按军事常识应统一指挥，统一部署，王、章二军不应各行其是。此时有权命令王离、章邯的人只有秦二世和赵高，秦二世是赵高的傀儡，赵高不懂军事，我们也找不到赵高指挥攻赵的资料。如果没有地位更高的人协调指挥王、章二军，那么王、章二人就必须分出主次，以便统一指挥作战。就当时的情势而论，章邯刚刚袭杀项梁，声威大振，秦廷任命他为攻赵的总指挥可谓顺理成章。王离可能不愿听命于章邯，但他在攻赵之战中未建尺寸之功，没有资本和章邯争夺指挥权。再者，章邯的军事能力在他击败周文后即因屡立战功而得到秦廷的认可，三年来镇压农民起义和反秦力量的主要军事行动都是由章邯指挥的。而王离则不然，他奉命击赵，有人认为他将马到成功，"王离，秦之名将也，今将强秦之兵，攻新造之赵，举之必矣"。有人反对说："不然。夫为将三世者必败。必败者何也？以其所杀伐多矣，其后受其不祥。今王离已三世将矣。"① 反对者的意见虽然讲得委婉，但不认可"官三代"王离军事能力的态度十分鲜明。钜鹿之战的结果也证明了将门之后王离名不符实，不堪大用。

驻防长城的王离军何时东调，史无明载。王离"攻新造之赵"，透露了王离军抵达关东的大概时间。在钜鹿之战前，在赵地先后为王者有两人：陈胜部将武臣和赵王歇。二世元年（前209）七月，陈胜建立张楚政权后，"以故所善陈人武臣为将军，邵骚为护军，以张耳、陈馀为左右校尉，予卒三千人，北略赵地"②。武臣率领的北征军迅速发展到数万人，占领了豫北、冀南一带包括邯郸、信都在内的赵地三十余城。张耳、陈馀投奔陈胜未得重用，心怀不满，策动武臣反叛。"武臣乃听之"，八月，武臣自立为赵王。"以陈馀为大将，张耳为右丞相，邵骚为左丞相"③，在邯郸建立了武姓赵国政权。因内讧，这个政权仅存在

---

① 《史记》卷七三《王翦列传》，第2341—2342页。
② 《史记》卷八九《张耳陈馀列传》，第2573页。
③ 《史记》卷八九《张耳陈馀列传》，第2576页。

了不到四个月。二世二年（前208）十一月，赵将李良兵袭邯郸，杀赵王武臣、左丞相邵骚。① "赵人多为张耳、陈馀耳目者，以故二人独得脱，收其兵，得数万人"。② 二世二年（前208）端月，张耳、陈馀立战国赵王后裔赵歇为赵王，重建赵国政权，以信都为都。李良进兵攻打陈馀，被陈馀击败，李良"走归章邯"。之后，赵歇又夺回了邯郸。有人认为，李良投降章邯后仍居邯郸。若如此，则无法解释下面的两条史料。第一，"章邯已破项梁军，则以为楚地兵不足忧，乃渡河击赵，大破之。"定陶之战后，首先抵达钜鹿的是王离军。信都在邯郸北60多千米，章邯由白马津"渡河击赵"信都，路经邯郸。如果此言"击赵"指信都的赵歇，围攻钜鹿的应是章邯，而不是王离。并且和下一史实相抵牾。二世三年（前207）十月，"章邯破邯郸，徙其民于河内"③。既然李良据邯郸，章邯破邯郸，不是自己人打自己人吗？当秦军在定陶一带与楚军激战时，赵国迅速发展，声势已达邯郸之南。在章邯看来，赵国的威胁大于楚国，所以才弃楚攻赵，北渡黄河，大破邯郸以南、黄河以北的赵军。

王离所攻"新造之赵"，是武臣之赵，还是赵歇之赵呢？从下述史实推断，王离军奉命攻打的对象应是后者。第一，二世二年（前208）九月才有关于王离军活动的记载；第二，武臣之赵只存在了近四个月，因内乱而无暇西进。如果王离军的打击对象是武臣，武臣死后，在义军四起的形势下，秦廷理应给王离安排新的军事行动，而不会搁置不用。二年（前208）十一月至后九月王离兵围钜鹿，长达十一个月。再者，如是王离军攻赵邯郸，赵国叛将李良应该降归王离，而不是章邯。由此可以认定，王离军没有参加攻打武臣赵国政权的军事行动，或者说李良投降章邯时，王离军尚未到达赵地。王离所攻"新造之赵"，是赵歇之赵。"新造之赵"四字，除见于《王翦列传》外，还见于《项羽本纪》。

---

　　① 李良叛变是受秦廷的诱降。《史记·张耳陈馀列传》说："秦将诈称二世使人遗李良书，不封。曰：'良尝事我，很显幸。良诚能反赵为秦，赦良罪，贵良。'"张传玺师认为："为二世造此伪信，只有爵位很高的人如王离等才有可能。"（见《秦汉问题研究》第339页）并据此推测，王离在此时（二世二年十月）兵与井陉拒李良。《前汉纪》的作者荀悦以为诱降李良的是章邯。卷一云：沛公二年十一月，"赵将李良为章邯所招，遂叛，以兵袭武臣。武臣死，张耳、陈馀出走"。从李良降归章邯看，应以《前汉纪》为是。

　　② 《史记》卷八九《张耳陈馀列传》，第2578页。

　　③ 《史记》卷一六《秦楚之际月表》，第769页。

项羽和宋义争辩，力主马上救助赵歇，"夫以秦之强，攻新造之赵，其势必举赵"①。此"新造之赵"指赵歇的赵国。综上所述，下面的推断应无问题，即王离军东向的时间在赵歇"居信都"之后，在二世二年（前208）八九月间到达关东，九月，兵援定陶章邯。

张传玺师说：章邯军和王离军"从组成到钜鹿之战前夕，虽然有南北呼应的关系，但其基本特点是都直接听命于中央，各自为战，互不统属"②。这一看法没有问题，在王离奉命东调攻赵之时，王离军不隶属于章邯。但在章邯袭杀项梁后，秦廷授予他全面负责攻赵之权，以王离军归属章邯，可能性极大。虽然我们找不到秦二世提拔章邯的直接证据，但从定陶之战前"悉起兵益章邯"的诏命，可见秦廷对他的倚重。翦伯赞先生认为，章邯是章、王二军的最高军事统帅，"章邯使其将王离围钜鹿，而自以大军殿其后"③。王离军原驻上郡，接到攻赵的诏命后渡河东向。前文说到，在项梁被杀后的两个月，即二世三年（前207）十月，王离军在钜鹿东南350千米的定陶周边的成武、成阳、杠里与楚军作战，此时，章邯兵入邯郸。而在此前的一个月，即二世二年（前208）后九月，王离军已在围攻钜鹿。对此，传玺师质疑：王离为什么不直接从上郡"渡河东向，镇压魏、赵、燕之起义者，而偏偏舍近逐远，由西北而调向东南呢"④？笔者认为，王离军之所以如此行军，最大的可能是他在中途接到了"益章邯"的命令，援救章邯是比攻赵更为急迫和重要的军事任务。二世二年（前208）八月，项梁"破章邯于东阿，引兵西，北至定陶，再破秦军。……二世悉起兵益章邯击楚军，大破之定陶，项梁死"⑤。项梁被杀后，王离随即率主力向西北进军，继续执行其攻赵的军事行动。章邯令王离围钜鹿不过是重复秦二世命王离攻赵的命令。王离率军击赵，是先受命于秦二世，而后有章邯之令。所以，我们看到，王离军是击赵的主力，而章邯在占领邯郸后北渡，只是在配合王离军。有人在分析钜鹿之战秦军失败的原因时提出：章邯在战略判断上存在失误，他认为"楚地兵不足忧"，没有乘势消灭

① 《史记》卷七《项羽本纪》，第305页。
② 张传玺：《秦汉问题研究》，北京大学出版社1985年版，第337页。
③ 翦伯赞：《秦汉史》，北京大学出版社1983年版，第104—105页。
④ 张传玺：《秦汉问题研究》，第337—338页。
⑤ 《资治通鉴》卷八《秦纪三·二世皇帝下》，第56页。

楚地的义军。章邯在对赵的军事部署上也存在严重问题，不应该只以王离军围钜鹿，自己只负责为王离提供军需。笔者认为，章邯的判断并非无据，项梁之死，给楚军的打击十分巨大，震动楚军上下。"沛公、项羽相与谋曰：'今项梁军破，士卒恐'。"① "楚怀王见项梁军破，恐，徙盱台都彭城，并吕臣、项羽军自将之。"② 这只是问题的一个方面，另一个原因是王离军要执行其"攻赵"的任务。楚军大败，王离增援章邯的任务已完成，而弃楚攻赵，不过是王离要执行既定的军事计划，王离不能不击赵，章邯配合王离击赵，不是什么军事战略判断错误。章邯也并非仅为王离提供军需，攻破邯郸，肃清信都以北赵地的反秦力量就是他在这一时期的军事行动。

所以，"章邯令王离围钜鹿"是可以成立的。

因为笔者的疏陋，在修改论文提交会议前的最后一稿段时，才拜读辛德勇先生的文章《钜鹿之战地理新解》③，颇多新见，德勇先生也赞同《史记》"章邯令王离"的记载。不过，辛氏推测，王离内撤的时间"很可能是在周文入关以后"，秦二世"把上郡以北的30万国防军全部调到了都城咸阳周围，用以拱卫京师"。直到章邯连吃败仗，才派王离增援，由咸阳至定陶④。对此说不敢苟同。二世元年九月，周文兵至戏，京师大为震动。少府章邯向二世建议："今发近县不及矣。郦山徒多，请赦之，授兵以击之。"⑤ 十一月，章邯杀周文，随即出函谷关镇压反秦武装。后来，二世又以长史司马欣、董翳补充章邯。若如辛氏所说，在反秦烽火四起、关中危险解除的情况下，王离率领三十万正规军坐守京师，未留下一件可述的战功，却让主要由刑徒组成的章邯军四处征战，这种推论很难成立。王离奉命攻赵于史有据，而其内撤咸阳的假设于理不合。前文已述，王离由上郡内撤，当在赵歇王赵之后，二世命其攻赵，途中又奉命救援章邯。

---

①　《史记》卷七《项羽本纪》，第 305 页。

②　《史记》卷八《高祖本纪》，第 356 页。

③　原载中国地理学会历史地理专业委员会编《历史地理》第十四辑，上海人民出版社 1998 年版。另见辛德勇《历史的空间与空间的历史——中国历史地理与地理学史研究》，北京师范大学出版社 2005 年版，第 372—398 页。

④　辛德勇：《历史的空间与空间的历史——中国历史地理与地理学史研究》，第 398 页。

⑤　《史记》卷六《秦始皇本纪》，第 270 页。

3. 钜鹿之战双方的兵力

（1）王离军。关于王离军的人数，史籍没有确切交代，只有大概估算。王离属下的长城边防军有三十万之众。朱绍侯先生认为，这支边防军被秦廷全部调入内地镇压农民起义[①]，其根据是《史记·匈奴列传》所言"诸秦所徙适戍边者皆复去"。张传玺先生根据钜鹿之战时双方军事力量的对比、战争激烈程度等情况推测，"王离军大约有十几万人，至多二十万人左右"[②]。白寿彝、高敏、安作璋主编《中国通史》第四卷《中古时代·秦汉时期（上册）》说："王离之众原为三十万，估计这时也还会有二十万左右。"[③]

《前汉纪》卷一《高祖纪》透露了王离军人数的信息："当王离与羽大战时，精兵四十万众，并章邯军故也。"[④] 这是我们见到的关于钜鹿之战中秦军总兵力的唯一资料。荀悦所举数字，系举其大概称之，而非确指，王离军和章邯军应有四十余万众。据《史记》记载，章邯军投降后还有二十余万[⑤]。在钜鹿之战中，保卫甬道的章邯军多次败于项羽。钜鹿之战后，项羽在漳南"与秦战，再破之"。又"击秦军污水上，大破之"[⑥]。章邯军在这些败仗中的损失当在几万之众。钜鹿之战时，王、章二军的总数四十余万减去章邯军的人数，剩下的就是王离军了。王离军原有三十万众，虽然《史记·匈奴列传》说秦军"所徙适戍边者皆复去"，但从后文"于是匈奴得宽，复稍度河南"分析，长城还留有军队防守，不然，匈奴就不是"稍度河南"，而是长驱直入，大举进犯了。因此，内调的王离军总数应有二十多万，除去留在成武、成

---

① 朱绍侯：《关于秦末三十万戍守北边国防军的下落问题》，《史学月刊》1958 年第 4 期。

② 张传玺：《秦汉问题研究》，第 341 页。

③ 白寿彝、高敏、安作璋主编：《中国通史》第四卷《中古时代·秦汉时期（上册）》，第 267 页。

④ 林剑鸣先生对钜鹿之战中秦军人数的估计偏少，认为"当时聚集在河北的秦军不下三十万之众"。见《秦汉史（上）》，上海人民出版社 1989 年版，第 215 页。武国卿、慕中岳主编《中国战争史（第二册）》，将秦军人数估计为 25 万—30 万人，楚军约 10 万人，不知何据，金城出版社 1992 年版，第 63 页。

⑤ 《史记》卷七《项羽本纪》："楚军夜击坑秦卒二十余万人新安城南。"卷九一《黥布列传》："使布等夜击坑章邯秦卒二十余万人。"卷九二《淮阴侯列传》："项王诈坑秦降卒二十余万。"

⑥ 《史记》卷七《项羽本纪》，第 308 页。

阳、杠里等地配合章邯作战的几万，在钜鹿作战的王离军接近二十万。

（2）赵军与援军。钜鹿城内的赵军是赵国的主要兵力，从能够抵御王离近二十万大军四个月之久的进攻推断，当还有数万，前文引《史记·张耳陈馀列传》说赵歇立国之初有军队数万人，实力基本保存下来。

据《史记·张耳陈馀列传》，"陈馀北收常山兵，得数万人"。"张敖亦北收代兵，得万余人"。二世三年（前207）十一月，燕王韩广派臧荼救赵、田都和田安也分别率领的齐军救赵，燕、齐援军应有几万人，项羽军五万人。将以上数字合计，赵军与援军的兵力不到二十万。项羽军人数增减变动的主要情况有如下记载。项梁渡过淮河后，英布、蒲将军"以其兵属焉，凡六七万人"①。二世二年（前208）四月，项梁击杀景驹、秦嘉，并其军，"遂入薛，兵十余万众"②，其中包括刘邦的约一万人。项梁使别将朱鸡石、馀樊君与章邯战，部下伤亡殆尽。定陶之役，楚军遭受重创，兵力大减。所以《前汉纪》卷一《高祖纪》说："宋义与项羽将五万，距秦三将（章邯、司马欣、董翳）。"二世三年（前207）十一月，项羽矫杀宋义，夺取兵权，率五万楚军增援钜鹿。

4. 钜鹿之战进程辨疑

钜鹿之战的进程在《史记·项羽本纪》中是这样记载的：

> （项羽）乃遣当阳君、蒲将军将卒二万渡河③，救钜鹿。战少利，陈馀复请兵。项羽乃悉引兵渡河……于是至则围王离，与秦军遇，九战，绝其甬道，大破之，杀苏角，虏王离。涉闲不降楚，自烧杀。当是时，楚兵冠诸侯。诸侯军救钜鹿下者十余壁，莫敢纵兵。及楚击秦，诸将皆从壁上观。楚战士无不一以当十，楚兵呼声动天，诸侯军无不人人惴恐。于是已破秦军，项羽召见诸侯将，入辕门，无不膝行而前，莫敢仰视。项羽由是始为诸侯上将军，诸侯皆属焉。④

---

① 《史记》卷七《项羽本纪》，第298页。
② 《史记》卷一六《秦楚之际月表》，第767页。
③ 《史记正义》认为此"河"为漳水，见《史记》卷七《项羽本纪》，第307页。王先谦《汉书补注》赞同此说，中华书局1983年影印本，第913页。
④ 《史记》卷七《项羽本纪》，第307页。《汉书》卷三一《项籍传》文字与《史记·项羽本纪》基本相同，《史记》用了三个"无不"，"楚战士无不一以当十"，"诸侯军无不人人惴恐"，诸侯将"无不膝行而前"，以排比句式增强文势和韵味，将诸侯敬畏项羽的情状描写得淋漓尽致；班固务求简严，一味删削，删掉两个"无不"，气势大减。

同书《黥布列传》云:

> 项籍使布先渡河击秦,布数有利,籍乃悉引兵涉河从之,遂破秦军,降章邯等。楚兵常胜,功冠诸侯。诸侯兵皆以服属楚者,以布数以少败众也。①

数十万大军云集钜鹿,钜鹿附近的粮食很快就消耗一空。秦军必须依赖后方的补给,章邯建筑连接黄河的甬道,补给王离的围城部队。为了保护甬道的安全,章邯在整条甬道上都设置了警戒,主力部署在棘原②。项羽派遣当阳君英布、蒲将军率军两万渡河,进行试探性进攻,多次袭击章邯的甬道,打击秦军补给线。当阳君英布、蒲将军袭扰秦军补给线的行动获得了显著的效果——"数有利","以少败众","王离军乏食"。

关于项羽的下一步行动,史料记载就有出入了。《史记·张耳陈馀列传》这样写道:

> 当是时,燕、齐、楚闻赵急,皆来救。张敖亦北收代兵,得万余人,来,皆壁馀旁,未敢击秦。项羽兵数绝章邯甬道,王离军乏食,项羽悉引兵渡河,遂破章邯。章邯引兵解,诸侯军乃敢击围钜鹿秦军,遂虏王离。涉闲自杀。卒存钜鹿者,楚力也。

《项羽本纪》未明写楚军击破章邯。二世三年(前207)十一月,项羽"矫杀宋义,将其兵渡河救钜鹿"③。"至则围王离,与秦军遇,九战,绝其甬道,大破之,杀苏角,虏王离。"就这段文字来看,"绝其甬道"中的"其"和"大破之"中的"之"解作指代"王离"是没有

---

① 《史记》卷九一《黥布列传》,第2598页。
② 《史记》卷八九《张耳陈馀列传》:"章邯军钜鹿南棘原,筑甬道属河,饷王离。"裴骃《史记集解》引三国时人张晏语曰棘原"在漳南"。辛德勇先生《钜鹿之战地理新解》一文中考证,棘原东临黄河,北近洹水,在漳水南岸。这里离钜鹿大约70千米。见辛德勇《历史的空间与空间的历史——中国历史地理与地理学史研究》,第389页。
③ 《史记》卷一六《秦楚之际月表》,第770页。

问题的。可是,《张耳陈馀列传》却说:"项羽悉引兵渡河,遂破章邯[1]。章邯引兵解,诸侯军乃敢击围钜鹿秦军。"项羽渡河打败章邯,章邯引兵撤退之后,诸侯兵出击秦军,方才俘虏王离,迫使涉闲自杀。《汉书·张耳陈馀传》文字和《史记·张耳陈馀列传》基本相同:"项羽兵数绝章邯甬道,王离军乏食。项羽悉引兵渡河,破章邯军。诸侯军乃敢击秦军,遂虏王离。"

笔者认为,项羽的作战步骤应以《张耳陈馀列传》为是,项羽救赵是分两步进行的,首先切断章邯军和王离军的联系,截断王离军的粮道,然后再实施攻击王离军;只有先击败钜鹿外围的章邯,才能去围攻王离,否则,楚军就会受到章、王二军的夹攻,陷入两面作战的不利境地。

两处记载不同,大史学家司马光综合以上记述,将这场激战的情形改写为:

> 于是至则围王离,与秦军遇,九战,大破之;章邯引兵却。诸侯兵乃敢进击秦军,遂杀苏角,虏王离;涉闲不降,自烧杀。当是时,楚兵冠诸侯;军救钜鹿者十余壁,莫敢纵兵。及楚击秦,诸侯将从壁上观。楚战士无不一当十,呼声动天地,诸侯军无不人人惴恐。[2]

改写之后,并没有解决《项羽本纪》和《张耳陈馀列传》记载不同的问题,还令人产生以下疑问:

第一,既云"诸侯兵乃敢进击秦军",后文又说"及楚击秦,诸侯将皆从壁上观",前后矛盾。

第二,既然诸侯兵"莫敢纵兵",又怎能说诸侯兵斩杀苏角,俘虏王离,迫使涉闲自杀呢?

第三,如果诸侯兵斩杀苏角,俘虏王离,迫使涉闲自杀,定然士气大振,对项羽不应是"无不人人惴恐"。

---

[1] 项羽击破章邯的时间是二世三年(前207)十二月。《史记集解》引徐广曰:"三年十二月也。"见《史记》卷八九《张耳陈馀列传》注,第2579页。

[2] 《资治通鉴》卷八《秦纪三》秦二世三年,第56—57页。

要解决上述疑问，正确解读"及楚击秦"四字是关键，这里的"秦"，不是王离军，应是章邯军，是章邯护卫甬道的军队。当阳君英布多次切断章邯补给王离的甬道，但未能击溃保护甬道的秦军。项羽渡河后首先遭遇的秦军，就是护卫甬道的章邯军。王离军围钜鹿，章邯军在王离军的外围，所以，项羽独力战者，是章邯军，诸侯袖手旁观之战，亦为项羽和章邯的战事。因此，《项羽本纪》"至则围王离，与秦军遇，九战，绝其甬道，大破之，杀苏角，虏王离"一句中的"其"和"之"应解作指代"章邯"。《史记会注考证》引中井积德曰："是谓章邯军也，非王离。"① 所论是。司马迁在这里使用了倒叙法，"及楚击秦"，应为"及楚击秦章邯军"。

后面这句话也易引起误解，"诸侯兵乃敢进击秦军，遂杀苏角，虏王离；涉闲不降，自烧杀"。很多史料都明确记载，王离为项羽所虏。例如：

《史记·秦始皇本纪》曰："项羽急击秦军，虏王离，邯等遂以兵降诸侯。"同书《高祖本纪》："及项羽杀宋义代为上将军，诸将黥布皆属，破秦将王离军，降章邯，诸侯皆附。……项羽救赵，击秦军，果虏王离，王离军遂降诸侯。"《白起王翦列传》："及孙王离为项羽所虏，不亦宜乎？"

《汉书·高帝纪上》亦云："羽大破秦军钜鹿下，虏王离，走章邯。"

荀悦《前汉纪》卷一《高祖纪》的改写比较简明，项羽"至则围王离。与秦军遇，九战九胜。绝甬道，大破秦军，虏王离"。

解救钜鹿之围的功劳，主要在项羽的楚军。二世三年（前207）十二月，项羽军"大破秦军钜鹿下，诸侯将皆属项羽"。"楚救至，秦围解。"② 楚军击破秦军之后，诸侯军无不佩服，一致拥戴项羽为诸侯上将军，统一指挥所有的军队。于是，陈馀、张敖、田都、臧荼等"诸侯军乃敢击围钜鹿秦军"，诸侯军是在项羽的统率下击围秦军，在这个前提下说诸侯兵"遂杀苏角，虏王离"，是没有问题的。正月，项羽军

---

① ［日］泷川资言：《史记会注考证》，文学古籍刊行社1955年版，第21页。
② 《史记》卷一六《秦楚之际月表》，第770页。

"虏秦将王离"。二月,"攻破章邯,章邯军却"①。七月,内外交困的章邯率二十余万秦军投降。"项羽与章邯期殷虚,章邯等已降,与盟,以邯为雍王。"② 所以,司马迁说:"卒存钜鹿者,楚力也。"钜鹿之战,歼灭了秦军的主力,秦朝已名存实亡,"于是(项)羽威权遂振四海"。

在这场辉煌战役中,项羽显示了杰出的军事才能,他针对王离军围城、章邯主力驻守棘原的形势,制定了正确的战略战术,对秦军实施了精准打击,将初期的攻击点选择在章、王二军的接合部——秦军的甬道。英布、蒲将军先率二万兵渡河,连续几次袭击章邯运粮的甬道。由于甬道长,护粮的秦军兵力分散,英布都取得了胜利。项羽遂决定率全部人马渡河,"破釜沉舟","持三日粮,以示士卒必死,无一还心"③。此举极大地振奋了全军士气。"军无粮则亡",粮食事关双方的生死。渡河后,项羽在围攻王离军的同时,迅速彻底地切断了秦军甬道。此举既断绝了王离的给养和章、王二军的联系,又解决了楚军的粮需。王离军屯兵坚城之下,陷入两面受敌的不利处境,"楚击其外,赵应其内",双方力量的对比也因此发生变化。项羽集中兵力击败王离,取得了对秦作战的关键性胜利,为后来迫降章邯奠定了基础。项羽之功彪炳史册,不可磨灭。

二 西汉河北的诸侯王国

楚汉战争时期,刘邦为了战胜项羽,曾分封了一些将领,史称"异姓诸王"。高祖五年(前202),"异姓诸王"有七人,即楚王韩信、梁王彭越、淮南王英布、韩王信、赵王张耳、燕王臧荼和长沙王吴芮。他们据有关东广大区域,名义上受朝廷节制,但专制皇权不能施行于王国所属的郡县,朝廷指挥不灵,是国家统一的隐患。西汉建立后,刘邦为了解除异姓王对中央的威胁,逐一剪除异姓王。但他认为秦之所以二世而亡,是由于未封同姓诸侯,孤立无援,因此,在异姓王的旧土上又分封九个刘姓子弟为王,作为朝廷的屏藩,史称"同姓诸王"。刘邦本意是想通过分封同姓诸王,让他们辅翼皇室,以血缘关系作为政治支柱。但一个封国辖有几

---

① 《史记》卷一六《秦楚之际月表》,第770—771页。
② 《史记》卷一六《秦楚之际月表》,第772页。
③ 《史记》卷七《项羽本纪》,第307页。

郡，王国宫室官制与朝廷相同，不利于中央集权和国家统一。

高祖之世，由于刘氏诸王年轻，权力多由王国的相和太傅执掌，分封弊病尚未显露。吕后当政时，执行打击同姓王国的政策。由于同姓王联合朝廷大臣诛灭了诸吕，立有殊功，文帝初年，又恢复了齐、楚、赵同姓王国故地。随着社会经济的恢复和发展，诸王的势力日益膨胀，成为威胁皇朝的力量。文景之时，如何削减王国封地，扩大朝廷直接控制的郡县，成为最突出的政治问题。文帝采纳贾谊"众建诸侯而少其力"①的建议，把一些王国分小。景帝时，吴、楚七国反对"削藩"，发动叛乱。吴、楚七国之乱平定后，朝廷把王国的行政权和官吏任免权收归中央，规定诸侯王不再治民，削减了王国官吏。从此诸侯王强大难制的局面大为改观，汉朝统一国家得到进一步巩固。汉武帝采取了"推恩令"、左官律、附益法和"酎金"夺爵等一系列措施，削夺王国的权力和封域，减少王国数量，定制一国只管一郡，王国的面积缩小，其区域与郡相同。诸侯王只衣食王国租税，不得过问王国政务，由朝廷派官员管理王国，以相为行政长官，职如太守，基本上结束了汉初以来诸侯王割据的局面。

钱大昕《廿二史考异·侯国考》云："班志郡国之名，以元始二年（2）户口籍为断；其侯国之名，则以成帝元延之末（前9）为断。"②周振鹤进一步指出："《汉志》所载各郡国版图并不断于同一年。……大抵是成帝元延、绥和之际各郡国的版图。"③同样，冀州和幽州刺史部所辖河北各郡国也是西汉200余年间河北地区郡国分化演变的结果，所反映的是西汉末年河北地区各郡国行政区划设置的情况。

在西汉200余年间，河北地区先后分封了几十个诸侯王国，置废频繁，这是汉代河北历史的显著特点之一，下面简述其沿革变化。

（一）西汉河北诸侯王国沿革简况

汉高祖时，河北地区主要分属燕、赵两国。还有一个存在了五年的代国，虽然代国的大部分封地不在河北，但都城在河北蔚县，仍应给予

---

① 《汉书》卷八四《贾谊传》，第2237页。
② 钱大昕：《廿二史考异》卷九《汉书四·侯国考》，凤凰出版社2016年版，第210页。
③ 周振鹤：《西汉政区地理》，人民出版社1987年版，第23页。

简要介绍。汉王元年（前206）正月，项羽"分天下，立诸侯"。他分封了十八个诸侯王，自立为西楚霸王。立张耳为常山王，王赵地，都襄国。"徙赵王歇为代王"，"都代"。① 即析赵建代，改封赵王歇为代王，以代城（今河北蔚县代王城）为代国的都城。次年十月，陈馀击败张耳，占领赵地，从代国迎回赵歇，"复为赵王"。赵歇立陈馀为代王，作为酬报。陈馀因"赵王弱，国初定"，未就国，留在赵国辅助赵王歇，"而使夏说以相国守代"。同年秋，汉王刘邦派大将韩信与张耳"北击赵、代。后九月，破代兵，禽夏说"。汉王三年（前204）十月，韩信大破赵军，杀陈馀，擒赵王歇，代地属汉。② 高祖六年（前201）正月，刘邦以云中、雁门、代郡五十三县立兄长刘喜（又名仲）为代王，仍都代。高祖七年（前200）十二月，匈奴攻代，代王刘喜弃国，逃归雒阳，王位被废。刘邦又立爱子刘如意为代王。如意因年幼未至封国。陈豨以相国守代，历时三年半。高祖九年（前198）正月，废赵王张敖，徙代王如意为赵王。高祖十年（前197）秋，代相陈豨反叛。次年叛乱被平定。正月，刘邦将代国都城迁至晋阳（今山西太原市西南）。

吕后和汉文帝时，河北的诸侯王国有三个。吕后元年（前187），割赵地增置常山国。七年（前181），以侄儿吕通、吕禄取代刘氏为燕王和赵王。八年（前180），吕后病逝，诸吕势力被铲除，常山国除为郡。汉文帝即位，复置燕、赵两个刘姓王国。前元二年（前178）三月，又割赵国河间郡增置河间国（后因无子国除）。

景帝时，复置河间国，又增置中山、广川、清河、常山四国，加上燕、赵，河北有七个诸侯王国。

武帝初年，上述七个王国均在。建元五年（前136），清河王刘乘死，无后国除。元朔元年（前128），燕王刘定国因罪自杀，国除为广阳郡。元狩六年（前117），武帝又以广阳郡封其子刘旦为燕王。元鼎三年（前114），常山国废为郡，旋以常山郡地析置真定国，以常山宪王子刘舜为真定王。同年，复置清河国，徙代王刘义为清河王。征和二年（前91），又立赵敬肃王子刘偃为平干王。此时，河北地区共有八个

① 《史记》卷七《项羽本纪》，卷一六《秦楚之际月表》。
② 《史记》卷九二《淮阴侯列传》，卷一六《秦楚之际月表》。

诸侯王国，即燕、赵、河间、中山、广川、清河、真定和平干。

昭帝即位之初，上述八国依旧。元凤元年（前 80），燕王刘旦谋反，自杀国除。

汉宣帝时，广川王刘去、清河王刘年、平干王刘元皆因罪国除。本始元年（前 73）七月，以广阳郡改置广阳国，立燕刺王太子建为广阳王。地节元年（前 69），中山王刘循（一名修）死，无子国除。此时，河北地区的诸侯王国减少到四个：赵、河间、真定和广阳。

汉元帝又增置清河、中山、信都三国。成帝和哀帝两朝，在河北除复置河间、广平二国外，其余没有什么大的变化。

汉平帝置广宗、广川、广德三国，广德地望不详，广宗、广川当在今河北境内，大约各领一县。

西汉分封在河北的诸侯王国共有 12 个，其置废沿革及封域等情况，列表 2-1 如下：

表 2-1　　　　　　　　　西汉燕国沿革

始封王	都城	建立时间	废置	封域	备注
臧荼	蓟	高祖元年（前206）	高祖五年（前202）九月，因谋反国除，在位四年余	大致有秦时上谷、渔阳、左北平、辽西、辽东、广阳六郡	燕将
卢绾	蓟	高祖五年（前202）九月	高祖十二年（前195）二月，因谋反国除，在位七年	同上	功臣
刘建	蓟	高祖十二年（前195）二月	吕后七年（前181）九月，无后国除，在位15年	比卢绾时多出高阳以南数县地	刘邦子
吕通	蓟	吕后八年（前180）十月①	同年九月，吕通被杀，国除，未就国	同上	吕后侄
刘泽	蓟	文帝前元元年（前179）十月	共传三世，凡53年，至刘定国畏罪自杀，国除为郡	始封之域同刘建时，景帝平定七国之乱，收五郡属中央，燕唯余广阳一郡	刘邦从祖弟

① 此时，以十月为岁首。

续表

始封王	都城	建立时间	废置	封域	备注
刘旦	蓟	武帝元狩六年（前117）	元凤元年（前80）九月，因谋反事泄自杀，国除，在位38年	广阳郡大部	武帝子

1. 西汉燕国沿革

西汉一代，封在河北为燕王者，凡六人（不算继位者，下同，不注）。异姓三人，同姓三人。六个燕国存在的时间合计127年。燕国之封，始于项羽。汉王元年（前206），项羽封燕将臧荼于燕地。西汉建立，汉高祖刘邦仍以臧荼为燕王。相继者，卢绾、刘建、吕通、刘泽、刘旦。至昭帝元凤元年（前80），燕王刘旦自杀，国除为郡。此后，终西汉之世，燕国再未设置。

关于刘建燕国的封域，据周振鹤先生研究，平定卢绾之乱后，燕、赵边界做过一次调整，"调整结果，使得燕之广阳郡有一舌状地进入赵之河间郡及常山郡之间"①。汉武帝元朔二年（前127）至五年（前124），广阳郡得中山及河间王子侯国九，辖地有所扩大。但刘旦燕国的封域并非广阳郡全部。周振鹤认为，"涿郡之置与燕国同时，武帝乃将扩大了的广阳郡一分为二，其涿县以西南置为涿郡，以东北则置为燕国"②。

2. 西汉赵国沿革

西汉封在河北为赵王者，凡七人。异姓二人，同姓五人。自杀者一，被贬废者二，被杀者四。据《汉书·高帝纪》，汉王四年（前203）十一月，"汉立张耳为赵王"，是为西汉赵国分封之始。《史记·高祖本纪》亦云：汉王四年，"立张耳为赵王"。《汉书·异姓诸侯王表》谓汉王三年（前204）十一月始立张耳为赵王，恐有误。

赵国封域，初封时为故秦三郡之地。刘遂初封时辖五郡，是赵国辖境最大之时。刘彭祖初封时，赵国封域已大大缩小，仅当秦邯郸郡之半。自汉武帝时起赵国封域一再缩减，至元帝末年所辖只有四县之地，

---

① 周振鹤：《西汉政区地理》第六章，第65页。
② 周振鹤：《西汉政区地理》第六章，第68页。

直至汉末再无变化。

表 2 - 2　　　　　　　　　　　　西汉赵国沿革

始封王	都城	建立时间	废置	封域	备注
张耳	襄国（今邢台）	高祖四年（前202）	传二世，凡四年。高祖九年（前198）正月，张敖被废为侯	故秦邯郸、钜鹿、常山三郡	功臣
刘如意	邯郸	高祖九年（前198）正月	惠帝元年（前194），如意被吕后鸩杀，在位四年	至高祖末年，拥有常山、河间、钜鹿、清河、邯郸五郡	刘邦子
刘友	邯郸	惠帝元年（前194）正月	吕后七年（前181）正月，刘友被吕后囚禁而死，在位14年	初封同刘如意，后削减为邯郸、钜鹿二郡	刘邦子
刘恢	邯郸	吕后七年（前181）二月	同年六月，刘恢为吕后所逼，自杀，在位仅五个月	封域同刘友末年	刘邦子
吕禄	邯郸	吕后七年（前181）秋	吕后八年（前180）九月，吕禄被杀，未就国	同上	吕后侄
刘遂	邯郸	文帝前元元年（前179）	景帝前元三年（前154），刘遂参加七国之乱，兵败自杀，在位25年	邯郸、钜鹿、常山、河间、清河五郡，后被削减	赵王刘友子
刘彭祖	邯郸	景帝前元五年（前152）	传五世，凡160年。王莽代汉，贬刘隐为公，国绝	约当秦邯郸郡一半，元帝末年以后，所辖仅邯郸、襄国、柏人、易阳四县	景帝子

3. 西汉中山国沿革

中山国始封于景帝前三年（前154），始封者四人，历时140年。始封后的封域一直没有变化，相当今河北狼牙山以南，保定市安国以西，唐县、新乐以东和滹沱河以北地区。

表 2 – 3 西汉中山国沿革

始封王	都城	建立时间	废置	辖地	备注
刘胜	卢奴（今定州）	景帝前元三年（前154）	传六世，凡100年。地节元年（前69），刘循（一名修）死，无子国除	析常山郡东部地置	景帝子
刘竟	卢奴	元帝永光元年（前43）	建昭四年（前35），刘竟死，无后国除为郡，在位八年	同上	宣帝子
刘兴	卢奴	成帝阳朔二年（前23）	传二世，凡23年。中山王刘衍被迎立为平帝	同上	元帝子
刘成都	卢奴	平帝元始元年（1）	王莽始建国元年（9），被贬为公	同上	宣帝孙，东平思王刘宇子

4. 西汉河北其他诸侯王国

除上表所列外，汉代在河北设置的诸侯王国还有常山、真定、广川、信都、清河、平干、广平、广宗和河间九国。

表 2 – 4 西汉河北其他诸侯王国

国名	始封王	都城	建立时间	废 置	辖 地	备注
常山	刘不疑		吕后元年（前187）	吕后二年，刘不疑死	割赵常山郡地置	后宫所养子
	刘山		吕后二年（前186）	吕后四年更封	同上	诈惠帝子
	刘朝		吕后四年（前184）	吕后八年（前180），刘朝被诛，国复为郡	同上	诈惠帝子
	刘舜	真定（今正定）	景帝中元五年（前145）	传二世，历33年余。元鼎三年（前114），刘勃废徙，国除为郡	以常山郡置	景帝子
真定	刘平	真定	元鼎三年（前114）	传六世，凡123年。王莽始建国元年（9），被贬为公	真定附近数县三万户	景帝孙，常山宪王刘舜子

国名	始封王	都城	建立时间	废　置	辖　地	备注
广川	刘彭祖	信都（今冀州）	景帝前元二年（前155）三月	景帝前元五年（前152），刘彭祖徙王赵，国除为信都郡	以广川郡置	景帝子
	刘越	信都	景帝中元二年（前148）四月	传四世五王，凡100年。宣帝甘露四年（前50），刘汝阳废徙，国除为郡	封域同上	景帝子
信都	刘兴	信都	元帝建昭二年（前37）六月	成帝阳朔二年（23），徙王中山，国除为郡	同上	景帝子
	刘景	信都	哀帝建平二年（前5）	王莽始建国元年（9），被贬为公，国除	同上	宣帝孙楚思王刘衎子
清河	刘乘	清阳（今清河东南）	景帝中元三年（前147）	在位12年死，无子国除为郡	以清河郡置	景帝子
	刘义	清阳	武帝元鼎四年（前113）	传三世，凡46年。地节元年（前69），刘年废徙，国除为郡	同上	文帝子刘参的曾孙
平干	刘偃	广平（今鸡泽东南）	武帝征和二年（前91）	传二世，凡36年。刘元及其子暴虐无道，他死后，国除为郡	以广平郡置	景帝孙，赵王刘彭祖子
广平	刘广汉	广平	哀帝建平三年（前4）	王莽始建国元年，被贬为公，国除	以广平郡置	广德夷王刘云客弟
广宗	刘如意	广宗（今威县东）	平帝元始二年（2）四月	王莽始建国元年，被贬为公，国除	大约一县地	文帝子刘参的玄孙

　　河间国是西汉时期河北地区的重要封国，有关其建制、沿革等问题，因为下文有专门讨论，所以表中未列。

(二) 西汉河间国沿革与毛公籍贯考

为传授《诗经》做出重大贡献的西汉人毛公，祖籍在今河北省。2001 年下半年，河北省的河间、献县和饶阳三地围绕毛公的籍贯等问题展开了一场激烈的论争。毛公的籍贯与西汉河间国的建制、沿革等问题密切相关，论析如下。

1. 毛公"赵人说"与"河间人说"的关系

《汉书·儒林列传·毛公传》说："毛公，赵人也。治《诗》，为河间献王博士。授同国贯长卿，长卿授解延年，延年为阿武令，授徐敖，敖授九江陈侠，为王莽讲学大夫，由是言《毛诗》者本之徐敖。"《毛诗》因西汉河间献王刘德的爱好而传授不绝，形成传播《诗经》的一大学派，但直到东汉中期，《毛诗》才广为人知。此时距毛公传《诗》已有二百多年，对毛公的身世已经说不清了。

至东汉末，郑玄作《诗谱》，首提毛公有大、小，"鲁人大毛公为《诂训传》于其家，河间献王得而献之，以小毛公为博士。"三国吴人徐整著《毛诗谱畅》云：毛诗"……帛妙子授河间大毛公，为《故训传》，授赵人小毛公。"毛公又成了河间人。三国吴陆玑《毛公草木鸟兽鱼虫考》以为苌乃小毛公，大毛公则名亨，汉初鲁人。魏晋以后，又有说大毛公名毛长，或说大毛公名毛亨，小毛公名毛苌，不知其何所依据。

此处对毛公的名讳和大、小毛公的关系不予讨论，主要从历史行政区划沿革的角度谈谈"毛公赵人说"与"毛公河间人说"的关系，以及毛公的籍贯问题。

《汉书·高帝纪》云：汉高帝四年（前 203）十一月，"汉立张耳为赵王"。张耳的赵国辖有故秦邯郸、钜鹿、常山三郡。九年（前 198）春正月，汉高祖刘邦"废赵王敖为宣平侯，徙代王如意为赵王，王赵国"。将钜鹿郡从赵国析出，设立清河、河间二郡，以云中、雁门、代郡入赵。《史记·高祖本纪》云："十一年，乃分赵山北，立子恒以为代王。"代地成为刘恒的封国，赵国的封域又恢复到高帝四年始封时的辖区。惠帝元年（前194），徙淮阳王刘友于赵，称幽王，赵国封域如旧。高后元年（前187），分赵置常山国。文帝元年（前179），立赵幽王之子刘遂为赵王，复有幽王故地。二年（前178），分赵置河间国，立刘遂之弟刘辟强为河间王。

从上述赵国的沿革情况可知，河间国设置前一直是赵国的属地。毛公传《诗》是在河间献王刘德在位期间（前155—前130），河间献王卒年距文帝二年（前178）始封刘辟强为河间王为48年。虽然我们无法弄清毛公的生卒年，但可以认为他成为《诗经》"毛派"宗师时应已步入中年，由此可以认定他出生时河间仍为赵国辖地。如此，"毛公赵人说"和"河间人说"就并行不悖了，就像现在说某石家庄人为河北人一样。

在"毛公为河间人"这一共识下，对于毛公是现在河北省哪个县的人，又有"献县说""河间说"和"饶阳说"等争议，它们的根据是毛公传经留下的遗迹、故老传说和明清县志记载等资料，这些都只能作为研究的旁证，缺乏足够的说服力。正确解释这个问题的权威资料是记载汉代历史的文献，目前，在没有新史料的情况下，最可信的是从记载西汉河间国（郡）沿革的史料中去寻找答案。

2. 西汉河间国的沿革

（1）高帝置河间郡。河间之名初见于战国时代，《战国策·赵策》记载："赵有常山、左河间，北有代。"

王国维在《汉郡考》中指出："汉兴，矫秦郡县之失，大启诸国，时去六国之亡未远，大抵因其故壤。"学界膺服此论。

汉初的河间郡，是汉高祖刘邦所置。《史记·高祖功臣侯年表》记载，赵衍、张相如相继为河间郡郡守，事在陈豨反汉之前。《汉书·高惠高后文功臣表》所记与《史记》相同，东阳武侯张相如，"以河间守击陈豨，力战，功侯，千三百户"。须昌贞侯赵衍"为河间守，豨反，诛都尉相如，功侯，千四百户"。陈豨之反在高帝十年（前197），所以，河间郡的设置最晚不过高帝九年（前198），始置大约在高帝九年（前198）张敖国除之后，刘如意王赵之前。

西汉建立后，刘邦为了解除异姓王的威胁，逐渐以同姓王取而代之。同时有意调整同姓王国的边界，使其犬牙交错，互相牵制，以便共同拱卫中央，为"盘石之宗"。高帝十二年（前195），将河间郡的高阳、武垣、中水、饶阳、蠡吾、安平等县划归涿郡。《汉书·赵广汉传》说，赵广汉"涿郡蠡吾人也，故属河间"。颜师古注云："言蠡吾旧属河间，后属涿郡。"《水经·滱水注》云："蠡吾，应劭曰饶阳之下乡也。"这就是上文蠡吾县"故属河间"的来历。《史记·项羽本纪》说汉高祖刘邦"封吕马童为中水侯"。《索隐》引《晋书·地道纪》注云："其中水县属河间。"可知中水、蠡吾一带本属河间。

（2）文帝时刘辟强的河间国。文帝即位的第二年（前178），哀怜幽王刘友被吕后幽禁而死，于是立刘友的长子刘遂为赵王，分赵国河间郡置河间国，以刘遂的弟弟刘辟强为河间文王，都乐成。应劭说河间国的得名是因其"在两河之间"。河间文王刘辟强在位"十三年薨（前166），子哀王福嗣。一年薨（前165），无子，国除"[①]。河间国废除后，文帝将其收归中央，分为河间、广川、勃海三郡[②]，没有归还赵国，《汉书·邹阳传》"强赵责于河间"可以为证。

（3）河间献王刘德的河间国。景帝二年（前155）复以河间郡置国，立皇子刘德为河间王[③]。次年，吴、楚七国之乱爆发，景帝任命河间王太傅卫绾为将，卫绾"将河间兵击吴、楚有功，拜为中尉"[④]。

《汉书·地理志下》记有河间国的户口和辖区："故赵，文帝二年别为国。莽曰朔定。户四万五千四十三，口十八万七千六百六十二。县四：乐成，虖池别水首受虖池河，东至东光入虖池河。莽曰陆信。候井，武隧，莽曰桓隧。弓高。虖池别河首受虖池河，东至平舒入海。莽曰乐成。"

这是否就是刘德河间国的辖区呢？否！请看下面的分析。

《汉书·地理志》是西汉政区变动相对稳定时期的记录，是复原西汉各个时期政区面貌的基础，在引用时必须弄清楚它记载的政区、户口籍是以哪一年的资料为根据。目前，学术界一致认为，《汉书·地理志》是由两份资料组成的，一份是平帝元始二年（2）各郡国的户口

---

① 《汉书》卷三八《高五王传·赵幽王刘友传》，第1990页。
② 周振鹤：《西汉政区地理》，第87—88页。
③ 《汉书》卷五《景帝纪》，第141页。
④ 《汉书》卷四六《卫绾传》，第2201页。

籍，另一份大抵是成帝元延（前12—前9）、绥和（前8—前7）之际各郡国的版图。因此，《汉书·地理志》所载河间国的户口籍和所辖县的数目既不是指献王刘德始封时的河间国，也不是文帝时刘辟强的河间国，而是成帝元延、绥和之际河间国的情况。

从汉高祖刘邦至景帝的60余年间，汉朝的疆域没有什么扩展，而郡国变动的总体趋势是由大化小，由少变多。高帝末年，中央直接管辖的地区为15个汉郡，诸侯王国10个：同姓王国九个，异姓王国一个。文帝末年，王国总数增为17个，汉郡增至24个。景帝中六年（前144），诸侯王国25个，汉郡43个。根据文帝分河间国为河间、广川、勃海三郡和景帝以新河间郡（相对高帝所置河间国而言）复置河间国，可以断定景帝所封的河间国比文帝时的河间国小了许多，周振鹤认为，"此河间仅有故河间之三分之一而已"[1]。

关于刘德河间国的沿革，《史记·五宗世家》的记载比较简略，《汉书·景十三王传》作了不少补充。刘德立二十六年薨（前130）。子共王不害嗣，四年薨。子刚王堪嗣，十二年薨。子顷王授嗣，十七年薨。子孝王庆嗣，四十三年薨。子元嗣。甘露年间（前53—前50），刘元因犯法被"削二县（县名后面再作考证），万一千户"。在位十七年，国除（前36）。河间国断绝五年，成帝建始元年（前32），"复立元弟上郡库令良，是为河间惠王。良修献王之行，母太后薨，服丧如礼。哀帝下诏褒扬曰：'河间王良，丧太后三年，为宗室仪表，其益封万户（封地不详）。'二十七年（前6）薨。子尚嗣，王莽时绝。"

上述史料反映了刘德河间国的沿革情况，但我们并未能从中明了刘德始封时河间国辖县的名称和数目，只知道甘露年间被"削二县，万一千户"[2]，哀帝时"益封万户"，得失相当。河北献王刘德死于武帝元光五年（前130），过了三年，元朔二年（前127）武帝用主父偃策，下推恩令，令诸侯得分地给子弟为侯。据《史记》和《汉书》记载，献王子孙共有18人封侯。

---

① 周振鹤：《西汉政区地理》，第85页。
② 《汉书》卷五三《景十三王传·河间献王刘德传》，第2411页。

表 2 - 5 河间献王刘德子孙侯国

序号	国名	受封人	封国时间	属地	治今地	备注
1	兹	刘明	元光五年（前130）	缺	不详	元朔三年国除，省并
2	阿武	刘豫	元朔三年（前126）	涿郡	献县乐寿镇西北	
3	州乡	刘禁	元朔三年	涿郡	河间东北	
4	参户	刘勉	元朔三年	勃海	青县清州镇西南	
5	平城	刘礼	元朔三年	勃海	沧州市西南	见表注（1）
6	房光	刘殷	元朔三年	魏郡	不详	元鼎元年国除，省并
7	距阳	刘匄	元朔三年	缺	不详	元鼎五年国除，省并
8	蒌	刘邈	元朔三年	缺	不详	省并，《汉书·地理志》未载
9	广	刘顺	元朔三年	勃海	不详	元鼎五年国除，省并
10	盖胥	刘让	元朔三年	缺	不详	元鼎五年国除，省并
11	重	刘摇	元朔四年（前125）	平原	不详	元狩二年国除，省并。《水经·淇水注》以为是勃海千童，不可信
12	沈阳		元狩二年（前121）除	勃海	不详	省并
13	景成	刘雍	地节二年（前68）	勃海	沧州市西景城	此时献王已死60年，不应有未封之子，恐有误。14、15、16同
14	平堤	刘招	地节二年	缺	深县附近	见表注（2）
15	乐乡	刘佟	地节二年	涿郡	深县深州镇东南	见表注（3）
16	高郭	刘暄	地节二年		任丘市西北	见表注（4）
17	阳兴	刘昌	五凤元年（前57）	涿郡	不详	孝王子侯国，建始二年除
18	窦梁	刘强	建始二年（前31）	缺	不详	孝王子侯国，建始四年除

表中有几个问题需要作些说明：

（1）平城：《史记·建元已来王子侯者年表》为成平，《汉书·地理志》有成平，是知"平城"当为"成平"。《索隐》云：《汉表》在南皮，是成平乃析南皮置。因此，南皮县必先属河间，后削入勃海。

（2）平堤：《史记·建元已来王子侯者年表》以其属钜鹿，《汉书·地理志》属信都。地节二年（前68）信都为郡，故平堤侯国由河间别属信都。地节四年（前66）信都复为国，平堤须改属钜鹿郡，因此《汉书·王子侯表》平堤属钜鹿。此后信都又忽郡忽国，平堤也因此多次改隶。平堤曾先后属河间、钜鹿、信都三郡国，其地望必在三郡交界处，据此推知当在乐乡附近。《清一统志》以为平堤在枣强县东，《中国历史地图集》据此而误①。

（3）乐乡：《史记·建元已来王子侯者年表》以其属钜鹿，《汉书·地理志》属信都。二者不同的原因同上。

（4）由《汉表》知高郭侯国乃析郑县置，可见郑在地节二年以前尚属河间，其后必有削地之举，方割属涿郡。汉宣帝甘露年间所削河间国二县，可能就是郑和南皮。

在分析献王子孙的侯国与其河间国的关系之前，有必要先介绍一下西汉侯国与中央和郡国的关系。西汉初年，在郡、国之外，增设与县、道建制相当的侯国、邑两种基层政权单位，前者是列侯的封地，后者是皇后、公主的食邑。侯国与邑直属中央，不受所在郡国管辖。景帝平定七国之乱后，所设侯国与邑割属王国周围的汉郡管辖。即侯国从诸侯国析置之后，便与原诸侯国脱离隶属关系，划归王国周围的汉郡管辖。换言之，侯国设立前，其地为与其有最亲近血缘关系的诸侯国辖区，也就是说，河间献王子孙的侯国来自河间国封域。将上述可考河间献王子孙的侯国和削县还归河间，加上《汉书·地理志》河间国的乐城、候井、武隧、弓高四县，即可获得景帝二年（前155）至武帝元朔三年（前126）期间河间国封域。

需要指出的是，侯国18个，并不等于当时的县数也是18个，因为回属的王子侯国并非都是一县之地。如成平析南皮置，高郭析郑县置。在河间献王子孙的18个侯国和两个被削县（郑和南皮，解说见上文）中，今地不详的侯国有10个，今地可考者有8个侯国和两个被削县。先将可考的面貌复原，然后再分析今地不详的侯国。

---

①　周振鹤：《西汉政区地理》，第86页。

表2-6　　景帝二年至武帝元朔三年刘德河间国封域古今地名对照

汉代封地	治今地	汉代封地	治今地
乐成	献县乐寿镇东南	平城（成平）	沧州市西南
候井	阜城县阜城镇东北	景成	沧州市西景城
弓高	阜城县阜城镇南	平堤	深县附近
武隧	武强县小范镇西北	乐乡	深县深州镇东南
阿武	献县乐寿镇西北	高郭	任丘市西北
州乡	河间东北	鄚	任丘市北鄚州镇
参户	青县清州镇西南	南皮	南皮县南皮镇东北

从表2-6可知，今河北献县、阜城、武强、河间、青县、沧州、深县、任丘、南皮的全部或部分地区在景帝二年至武帝元朔三年刘德的河间国封域内。至于今地不详的10个候国大概也在这个封区内，因为与上述封区相邻的汉县在《史记》和《汉书》中均可考证出其归属。属勃海郡者：有浮阳、章武、东平舒、束州、东光、阜城、中邑；属信都（广川）郡者：有下博、观津、蒲领、东昌、修县；属涿郡者：有高阳、饶阳。

毛公传经不是一时一地之事，而是一种经常性的范围较广的学术活动，其足迹到达今河北河间、献县、饶阳等地是完全可能的。我们可以说毛公没有生活过的地方肯定不是他的籍贯，也可以说有他活动遗存的处所可能是其籍贯，区别在于可能性的大小而已，但不能说只要有其生活遗存的地方就是他的籍贯。毛公的籍贯只能有一个，在目前没有确凿证据的情况下，仍应维持毛公籍贯"赵人说"或"河间人说"为宜。

（三）"信都国，景帝二年为广川国"考辨

《汉书·地理志下》云："信都国，景帝二年为广川国，宣帝甘露三年复故。"这条史料有误。杜佑在《通典·州部》中沿袭这一错误："信都郡，汉高帝置。"不可信。

查《史记》《汉书》秦末至汉高祖刘邦时事，信都时为县名，而不是郡名或国名。

秦朝末年，天下起兵反秦，赵人张耳、陈馀找到六国时赵王的后代赵歇，"立为赵王，居信都"。《史记集解》徐广曰："后项羽改（信都）曰襄国。"①《汉书·张耳陈馀传》的记载与《史记》相同，赵歇为赵王，"居信都"。张晏曰："信都，襄国也。"

汉高帝元年（前206），秦朝灭亡。项羽重新安排全国的政治格局，以梁楚地九郡自置西楚国，并划地分封灭秦有功的将领、旧六国贵族及秦降将等十八人为诸侯王。②据《史记·项羽本纪》所列顺序，十八诸侯国为：汉、雍、塞、翟、西魏、河南、韩、殷、代、常山、九江、衡山、临江、辽东、燕、胶东、齐、济北，没有信都国。项羽"徙赵王歇为代王"，认为"赵相张耳素贤，又从入关，故立耳为常山王，王赵地，都襄国"。《史记正义》引《括地志》明确指出，秦朝在这里设置的是信都县，属钜鹿郡，项羽改称襄国。③张耳的赵国存在了九个月之后，降汉。

楚汉战争期间，刘邦为笼络手下重要将领和其他诸侯王，帮助他打败项羽，先后分封了七个异姓王，他们是楚王韩信、梁王彭越、赵王张耳④、韩王韩信、淮南王英布、燕王臧布和长沙王吴芮。建立西汉后，为了解除异姓王对中央的威胁，刘邦以谋反为借口，先后铲除了长沙王吴芮之外的六个异姓王国，分封了九个同姓王国，即齐、楚、吴、代、淮南、梁、赵、淮阳和燕。⑤

楚汉战争期间，樊哙跟随汉王刘邦"攻项籍，屠煮枣"。《史记正义》说煮枣城在冀州信都县东北五十里。⑥汉高帝十二年（前195）十二月，陈豨降将说陈豨谋反时，燕王卢绾派人到陈豨的住所，"与阴谋。上使辟阳侯迎绾"。《正义》引《括地志》云："辟阳故城在冀州信都县西三十五里，汉旧县。"⑦这两条史料充分证明直到汉高祖刘

① 《史记》卷八九《张耳陈馀列传》，第1835页。
② 《史记》卷一六《秦楚之际月表》："西楚伯项王籍始为天下主，命立十八王。"
③ 《史记》卷七《项羽本纪》。《正义》引《括地志》云："邢州城本汉襄国县，秦置三十六郡，于此置信都县，属钜鹿郡，项羽改曰襄国，立张耳为常山王，理信都。"
④ 汉王四年，封张耳为赵王，仍然以襄国（即前信都）为都城。次年，张耳死，子张敖立。汉高帝九年，张敖被废为宣平侯。
⑤ 《史记》卷八《高祖本纪》、《汉书》卷一下《高帝纪下》。
⑥ 《史记》卷九五《樊郦滕灌列传》。《史记索隐》曰："晋灼云：检《地理志》无'煮枣'。《功臣表》有煮枣侯，云清河有煮枣城，小颜以为'攻项籍，屠煮枣，合在河南，非清河之城明矣'，今按《续汉书·郡国志》，在济阴宛朐也。"《史记正义》曰："按：其时项羽未渡河北，冀州信都县东北五十里煮枣非矣。"
⑦ 《史记》卷八《高祖本纪》，第391页。

邦晚年，信都仍然是县，而不是郡或国。信都，本秦县，项王改为襄国，高帝仍为信都县，信都郡则景帝置。《续汉书·郡国志》则误以置县为置郡也。①

刘邦死后，惠帝继位，吕后当政，打击同姓王国，废梁、赵，割齐、楚，分封外戚张氏、吕氏和惠帝后宫子为诸侯王。至吕后八年（前180），相继设置了八个王国。吕氏三国：燕、赵、吕（梁国更名）；张氏一国：鲁；惠帝后宫子三国：常山、淮阳、济川；刘氏一国：琅邪。高帝末年的同姓九国还剩下五个：淮南、代、吴、齐、楚。加上异姓长沙国，吕后末年，并存的诸侯王国共十四个。②

据《史记·张耳陈馀列传》，高后六年（前182），张敖薨。因其子张偃之母为吕后之女，吕后封张偃为鲁元王。吕后认为，元王孤弱，兄弟少，又封张敖与其他姬妾所生之子二人为侯：张寿为乐昌侯，张侈为信都侯。此二人所封不过是乡侯，《史记索隐》引徐广之说：《汉纪·张酺传》曰："张敖之子寿封乐昌侯，食细阳之池阳乡也。"③张寿所封为乡侯，张侈当亦如之。

按：《史记·惠景间侯者年表》以张侈为信都侯，与《张耳陈馀列传》同。寿作受，与《张耳陈馀传》异。侈为信都侯，与《年表》同。《吕后本纪》云：吕后封张敖前姬两子，张寿为乐昌侯，与《张耳陈馀列传》同。而云"（张）侈为新都侯"，以信都作新都。三处互异。司马光在《资治通鉴》中采纳了《吕后本纪》之说。据《史记·惠景间侯者年表》，吕后八年（前180）四月，张侈被封为新都侯。同年七月，吕后驾崩。九月，文帝即位。不久便废除了张寿和张侈的爵位。④ 看来，新（信）都侯国存在的时间不足一年。

文帝即位后，废外戚诸王，恢复齐、楚、赵同姓诸国故地。此后，为解除同姓王国对专制皇权的威胁，文帝采纳贾谊的建议，以亲制疏，

---

① 《续汉书》卷二〇《郡国志二·安平条》"安平国"刘昭注："故信都，高帝置。"第3435页。

② 《史记》卷九《吕太后本纪》、《汉书》卷九七上《外戚传上》。

③ 《史记》卷八九《张耳陈馀列传》，第2586页。

④ 《汉书》卷一六《高惠高后文功臣表》："信都。高后八年四月丁酉，侯侈以鲁太后子封，孝文元年，以非正免。"

剖分王国，削弱诸侯的势力。分齐国为七，① 分淮南为三。② 至文帝末年，王国总数为十七个。即高帝末年九国加上济北、济南、淄川、胶东、胶西、城阳（分齐置）及庐江、衡山（分淮南置）八国。

综上所述，高帝元年至景帝之初均不曾分封信都国。既然没有信都国，广川国便不可能由信都国改置，所以，《汉书·地理志》"信都国，景帝二年为广川国"之说不能成立。③

基于上述史实和理由，可以认为下面《史记索隐》的三条关于信都属县的注释是依据西汉末年的行政区划。《史记·吕太后本纪》：孝惠帝时，"立高后姊长姁子为扶柳侯"。《史记索隐》曰：扶柳，"县名，属信都。"④ 高后元年十一月，"以辟阳侯审食其为左丞相"。《索隐》引用韦昭之说："辟阳，信都之县名。"《史记·高祖功臣侯者年表》"辟阳"条下，《索隐》曰："县名，属信都。"孝惠和吕后时期无信都国，已见前述，亦无信都郡，说见后文。

关于刘彭祖任广川王的起止时间，《史记》和《汉书》的记载也不一致。《史记·汉兴以来将相名臣年表》和《汉书》的《景十三王》《景帝纪》《天文志》中都说立刘彭祖为广川王是在景帝前二年（前155）⑤。《史记·汉兴以来诸侯王年表》的记载与此有别，孝景前元年，"初置广川，都信都。"当以"景帝二年为广川国"之说为是。

刘彭祖徙赵的时间，《史记·五宗世家》和《汉书·景十三王传》均作景帝前四年（前153），而《史记·汉兴以来诸侯王年表》记作景帝前五年（前152）。似以前说为妥。

《汉书·景十三王传》较详细地记载了广川国的沿革，择要略述如

---

① 《汉书》卷一四《诸侯王表第二》，第395页。

② 《史记》卷一〇《孝文本纪》："后十六年，追尊淮南王长谥为厉王，立其子三人为淮南王、衡山王、庐江王。"

③ 清人顾祖禹大概也看出《汉书·地理志上》的说法有问题，于是在《读史方舆纪要·州城形势·汉》中做了些修改："信都国，本赵地，景二年析为广川国。甘露二年，国废为信都郡。"顾氏未能改正《汉志》的错误，又出了新错，广川国废为郡在甘露四年，而不是二年。说见本文。

④ 《史记》卷一九《惠景间侯者年表》，第980页。

⑤ 《史记》卷二二《汉兴以来将相名臣年表》：孝景二年，"彭祖为广川王"。《汉书》卷五三《景十三王》："赵敬肃王彭祖以孝景前二年立为广川王。赵王遂反破后，徙王赵。"《汉书》卷五《景帝纪》：二年三月，"彭祖为广川王"。《汉书》卷二六《天文志》：孝景二年三月，"立六皇子为王，王淮阳、汝南、河间、临江、长沙、广川。"

下：景帝前三年（前154），赵王遂参加七国之乱失败后国除。次年，徙广川王彭祖王赵。孝景中二年（前148），景帝子越为广川惠王，十三年薨。子缪王齐嗣，四十四年薨。后数月，以惠王孙去为广川王。去即缪王齐太子。立二十二年，国除。后四岁，"宣帝地节四年，复立去兄文，是为戴王。"戴王在位二年死去，子海阳嗣。"甘露四年，（广川王海阳）坐废，徙房陵，国除。"①过了十五年，平帝元始二年（2），复立戴王弟襄堤侯子愈为广德王，二年薨。子赤嗣，王莽时绝。因此，《汉书·地理志》说信都国"宣帝甘露三年复故"所指不明，疑有误。

既然广川国不可能由信都国改置，那么是由何地改置的呢？汉代地方行政区划实行郡县二级制，县之上，不是诸侯国，就是郡。

据《史记·汉兴以来诸侯王年表》，广川国是从赵国分置。"赵分为六"，《索隐》引徐广曰："河间、广川、中山、常山、清河。"周振鹤不同意此说，认为"广川国必定以汉郡置"，是"以广川郡置广川国"。广川王系景帝亲子刘彭祖，与赵王遂有亲疏之分，大小宗之别，所以不能割赵地以封彭祖。"史籍虽未见有广川郡之记载，但可推知该郡为文帝十五年（前165）河间国除以后所分置。"② 可备一说。

惠王刘越的广川国由信都郡复置。《史记·汉兴以来诸侯王年表》云："广川王彭祖徙赵，国除为信都郡。"《汉书·地理志下》"安平"条，颜师古注引刘敞说沿用这一看法："景帝前二年初封王子彭祖为广川王，都信都。四年徙赵，国除为信都郡。"笔者以为，《汉书·地理志下》文字可能有脱漏，疑其原文当为："景帝前二年为广川国，四年为信都郡，中二年（前148）复为广川国，宣帝四年复故也。"

（四）《嘉靖河间府志》"汉河间国"辨误

有些学人引用《嘉靖河间府志》"汉河间国"的资料，用来证明为传播《诗经》做出重大贡献的"毛公"的籍贯和汉代河间国的沿革。③

---

① 《汉书》卷八《宣帝纪》的记载与此相同，甘露四年夏，"广川王海阳有罪，废迁房陵"。
② 周振鹤：《西汉政区地理》，第88页。
③ 田国福：《毛公家考》，《沧州晚报》2001年9月19日第9版。李泗：《也谈河间国》，《沧州晚报》2001年9月21日文化新闻版。田国福：《毛公家考》，《沧州晚报》2001年9月19日第9版。三余：《追寻毛苌墓——献县毛公冢、饶阳毛公墓、河间毛精垒考察》，《沧州晚报》2001年10月19日第2版。胜成、焕泽、良刚等：《毛苌乡莘何处，饶阳寻根问底》，秦焕泽：《毛苌籍贯盲点初破》，《沧州晚报》2001年10月22日第9版。

但是，引用者没有注意到《嘉靖河间府志》关于"汉河间国"的记载有误，未作考证，拿来就用，以非为是。为避免以讹传讹，就《嘉靖河间府志》中有关"汉河间国"的错误予以辨析。

《嘉靖河间府志》言及汉河间国的沿革时说："河间郡，高祖时隶信都。文帝二年，以赵幽王次子辟强为河间王，置河间国。东汉建武十三年，复隶信都。永元三年，分乐城县、涿、渤海诸县为河间国。凡十一城：乐成、弓高、易、武垣、中水、鄚、高阳、葛城、文安、束州、成平、东平舒。安帝时，清河隶河间。"①

同书卷八《财赋志》云："汉，河间国十一城，户九万三千七百五十四，口六十三万四千四百二十一。""东汉，河间国十二城，户口同上。"

这两段文字的原文没有标点，为全球阅读，标点为笔者所加。原文有多处错误，试析如下：

1. "河间郡，高祖时隶信都。"

汉初，高祖刘邦在全国范围内实行郡国并行的地方行政制度，在关中秦国故地实行郡县制，设立了 15 个郡，由中央直辖；在关东六国故地实行封国制，诸侯国下辖郡县。依据这一制度，河间郡隶属信都需满足下列条件之一：第一，信都是诸侯国，第二，信都是郡，河间是比郡低一级的行政区划。否则，河间郡隶属信都的说法便不能成立。

高祖之世，根本没有信都国，前文已有充分论说。从"河间郡，高祖时隶信都"，可知河间是郡级行政区划，自然也不可能隶属于信都。那么，河间何时为郡、为国呢？

《汉书·高帝纪》：九年"春正月，废赵王敖为宣平侯，徙代王如意为赵王，王赵国"。析赵钜鹿郡置清河、河间郡。《史记·高祖功臣侯年表》和《汉书·高惠高后文功臣表》记赵衍、张相如相继为河间守，事在陈豨造反之前。陈豨之反在高帝十年（前197），所以，河间郡的设置最晚不过高帝九年（前198），始置大约在高帝九年（前198）张敖国除之后、刘如意王赵之前。文帝二年（前178），分赵置河间国，立遂弟辟强为河间王。

下面再来看《嘉靖河间府志》的第二处错误。

---

① 为便于阅读，笔者加了标点，下同。

2. 东汉河间国"凡十一城:乐成、弓高、易、武垣、中水、鄚、高阳、葛城、文安、束州、成平、东平舒"。

《后汉书》志第二十《郡国二》记载,河间国辖十一城:"乐成、弓高、易,故属涿。武垣,故属涿。中水,故属涿。鄚,故属涿。高阳,故属涿。有葛城。文安,故属勃海。束州,故属勃海。成平,故属勃海。东平舒,故属勃海。"

比较一下,即可看出《嘉靖河间府志》的错误所在。去掉这十一城的故属地,在"高阳"和"葛城"之间,《嘉靖河间府志》的记载比《续汉书·郡国志》少一个"有"字。这一字之差就会使人误以为"葛城"是东汉河间国十一城中的一个,果作如此解,则十一城就成了十二城了。其实"有葛城"是对"高阳"的解释。王先谦《后汉书集解·郡国二》引惠栋曰:"郦(道)元云:'世谓之依城,即古葛城也。'"《史记·赵世家》:"孝成王五十九年,赵与燕易土,燕以葛与赵",此"葛"即葛城。《续汉志》:"葛城即两河城。后汉末,尝置依政县于此,后废。"《读史方舆纪要》直隶、保定府、安州条下说:"葛城废县,今州治。"所以,"葛城"二字可删去,或在"葛城"前加上"有"字。

3. 《嘉靖河间府志》卷八《财赋志》云:"汉,河间国十一城,户九万三千七百五十四,口六十三万四千四百二十一。东汉,河间国十二城,户口同上。"

这段文字错误有四。

(1)未列西汉"河间国十一城"县名,疑为凭空妄断。

西汉的河间国有两个:一是文帝二年(前178)分赵国河间郡设置的河间国,至文帝前十五年(前165)因无后国除。二是景帝二年(前155)所封河北献王刘德的河间国,元、成之际"绝五岁",建始元年(前32)复置,至"王莽时绝"[①]。

文帝所置河间国,封域相当于景帝即位时河间、广川、渤海三郡之和,辖县远远超过十一。

景帝所置河间国,在《汉书·地理志下》中仅余乐城、弓高、候井、武遂四县。从武帝元朔三年(前126)到哀帝建始二年(前31),

---

① 《汉书》卷五三《景十三王传·河间献王刘德传》,第2412页。

河北献王刘德的子孙被封为王子侯者共 18 人,其中有 16 个是他的儿子,12 人受封于武帝时期。① 这 18 个侯国为②:阿武、州乡、参户、平城(成平)、景成、平堤、乐乡、高郭、兹、房光、距阳、萎、广、盖胥、重、沈阳、阳兴、窦梁。前 8 个侯国今地可考,后 10 个今地不详。将这些河间献王子孙的侯国和两个被削县郑、南皮还归河间国,加上《汉书·地理志》河间国的乐城、候井、武隧、弓高四县,即可获得景帝二年(前 155)至武帝元朔三年(前 126)期间河间国封域。显然,景帝所置河间国也与《嘉靖河间府志》"十一城"之数不相符。

(2)"汉,河间国十一城,户九万三千七百五十四,口六十三万四千四百二十一。"

《汉书·地理志》西汉河间国的户口籍为:户四万五千零四十三,口十八万七千六百六十二。《后汉书》志第二十《郡国二》记载,河间国有"户九万三千七百五十四,口六十三万四千四百二十一"。《嘉靖河间府志》将《续汉书·郡国志》中河间国的户口籍移作西汉的户口籍,显系张冠李戴。

(3)两汉河间国户口数相同

既已把东汉河间国的户口籍移给了西汉,东汉河间国的户口籍怎么办呢?《嘉靖河间府志》以"户口同上"四字作了交代。记载西汉和东汉人口数字的时间相距 140 多年③,人口数量根本不可能完全相同。

(4)东汉河间国辖城十二

《续汉书·郡国志》记东汉河间国辖城十一:弓高、乐城、成平、中水、武垣、高阳、易、文安、郑、束州、东平舒。而《嘉靖河间府志》则为十二城,属县多了一个。多了哪一个呢,没有列出。有人认为是"州乡"④。

---

① 据《史记》卷二一《建元已来王子侯者年表》和《汉书》卷一五上、下《王子侯表》。

② 侯国 18,并不等于当时的县数也是 18,因为回属的王子侯国并不都是一县之地。

③ 《汉书·地理志》所载全国人口数是平帝元始二年(2)的。载有整个东汉一代的户口数字的资料有 11 个,其中以顺帝永和五年(140)的数字较为详细,它不但保存了该年度东汉的人口总数,而且详细记载了当时各郡国的人口数据,这便是《续汉书·郡国志》所记载的资料。

④ 李泗:《也谈河间国》,《沧州晚报》2001 年 9 月 21 日文化新闻版。作者未注明东汉河间国十二城资料的出处。

此说不妥。《汉书·地理志上》涿郡条说："州乡，侯国。"王先谦考证，州乡是河间献王的儿子刘禁的封国，武帝封。"《唐志》：'河间，汉州乡县，武帝得钩邑夫人于此。'《续志》：'后汉省。'《一统志》：'故城今河间县东北四十里。'《寰宇记》：'后汉省入武垣。'"① 所以，仍应以《续汉书·郡国志》所记为是。

中国传世的地方志是明清以后的，引用地方志研究明清时期的历史，可以弥补正史的不足，但是用来论证明代以前的历史一定要慎重。

三　西汉政府与河北诸侯势力的斗争

刘邦在与项羽争夺天下时，为了争取一些拥有强大兵力的中间派或观望派势力，曾封立韩信、彭越、英布等数人为异姓王，都有广大的疆土。击败项羽后，刘邦认为这些人对西汉中央集权是极大的威胁，随即着手铲除异姓王。封在河北的异姓王是赵王张耳、张敖父子，燕王臧荼、卢绾。首先被消灭的是燕王臧荼。臧荼在秦末时，因助楚救赵有功，为项羽所封。刘项相争时，臧荼又助汉击楚，归附刘邦。他和刘邦关系最疏远，拿他来开刀，不致引起其他诸王的疑惧。汉高帝五年（前202）七月，刘邦以臧荼反叛为借口，亲自领兵出征，俘杀臧荼。他没有把燕国收归中央直辖，也没有分封给子弟，而是封自己最亲信的卢绾做燕王，以避免引起其他诸王的不安。

汉高帝七年（前200），刘邦封兄长刘喜为代王，辖代、云中、雁门等52县，都代。次年，匈奴攻代，代王喜逃归长安，刘邦以戚夫人所生之子刘如意为代王。

赵王张耳在楚汉战争时，奉刘邦之命随韩信至赵地为王。他死后，儿子张敖继位，娶刘邦之女鲁元公主为妻。首先，张耳父子和臧荼一样，皆为背楚归汉的诸侯王，在燕赵地区有相当的实力和影响，刘邦分封他们为王，并非情愿，实为权宜之计。当他登上帝位后，便开始铲除异己，这是异姓诸侯王被剪除的根本原因。其次，河北是汉朝的战略要

---

① 王先谦：《汉书补注》卷二八上《地理志上》，中华书局影印本1983年版，第730页。复旦大学历史地理研究所、《中国历史地名辞典》编委会编《中国历史地名辞典》说："州乡侯国，西汉置，治所在今河北河间县东北。东汉废。"（江西教育出版社1988年版，第333页）

地，北部与强大的匈奴为邻。匈奴冒顿单于乘楚汉相争之机，迅速扩充实力，控弦之士已达 30 余万，全部收复了秦将蒙恬所居故地。燕赵北部，是汉人和胡人的错居之地，是西汉和匈奴对峙地带，所以受封于河北的异姓王，极易在汉廷和匈奴两大势力的影响而产生政治立场的摇摆，或因失去汉廷的信任而依附匈奴，或因受匈奴的胁诱而背汉。刘邦认为异姓王靠不住，于是改封同姓王，以拱卫中央。

汉高帝九年（前 198），赵相贯高因谋弑刘邦，被夷三族，赵王张敖虽然没有参与谋杀之事，也被废为宣平侯。刘邦以代王如意为赵王，以故地邯郸、钜鹿、常山三郡中的钜鹿析置清河、河间郡，并兼辖代国的云中、雁门、代郡，合计八郡，都邯郸，任命宠臣陈豨为赵相国。陈豨随刘邦入关破秦，在刘邦自平城返长安时以军功由郎中被封为阳夏侯。刘如意年幼不能赴国，由陈豨到任代为治国，后又任命陈豨为代相，统一指挥边兵，守卫赵、代。十年（前 197）八月，陈豨勾结匈奴，起兵反汉，自立为代王，攻略赵、代，连下常山郡 20 城，邯郸以北尽为叛军攻占。次年十月，周勃定代地，杀陈豨。刘邦分赵地，赵国仍辖邯郸、钜鹿、常山、清河、河间五郡；以常山以北的三郡属代，立子刘恒为代王。

刘邦从陈豨部下口中获悉燕王卢绾与陈豨私通的内情，遂于十二年（前 195）七月派周勃将兵击燕。周勃采取军事进攻与招降并用的策略，传令所有燕国六百石以上官吏，不随卢绾反者均加爵一级，能脱离卢绾者也一律免罪，卢绾部下人心摇动。周勃首先攻取蓟城，俘获燕国高级官吏多人，"定上谷十二县，右北平十六县，辽东二十九县，渔阳二十二县"①。卢绾率宫人家属及数千残骑退至长城下，举棋不定。后闻刘邦病死，遂逃入匈奴。汉邦立子刘建为燕王，都蓟，领广阳、上谷、渔阳、右北平、辽西、辽东六郡，相当于战国时期的燕境。

刘邦所封刘姓子弟为王，史称"同姓王"。同姓王共有九个，全部和部分在今河北省境的有三国，即赵、燕、代。同姓九国几乎占去了战国时燕、赵、齐、魏、楚等国的全部疆土，人口众多。同姓王在封国内是国君，权力很大。王国的机构和中央基本相同，除太傅和丞相由中央

---

① 《汉书》卷四〇《周勃传》，第 2053 页。

任命外①，自御史大夫以下的各级官吏，都由诸侯王自己任命。诸侯王还有一定的军权，有财政权，可以在国内征收赋税。此时，中央和诸侯王之间的矛盾还不明显。

汉高帝十二年（前195），刘邦病逝，刘盈继位，因性情懦弱，大权掌握在其母吕后手中。惠帝元年（前194），吕后毒死赵王如意，遣淮阳王刘友为赵王，后又囚杀刘友，改封梁王刘恢为赵王，在刘恢身边安插亲信监督，刘恢愤而自杀。吕后立侄子吕禄为赵王。吕后七年（前181）九月，燕王刘建去世，吕后立侄孙吕通为燕王。此时河北地区成为吕氏的封国。次年（前180）八月，吕后病逝，右丞相陈平、太尉周勃等平定诸吕之乱，赵王吕禄、燕王吕通被杀。同年后九月，代王刘恒即位，是为汉文帝。次年，徙琅琊王刘泽为燕王，封刘遂为赵王，封刘辟强为河间王。

汉文帝时，同姓诸侯王的年龄已长，国势日盛，均为雄踞一方的势力，有的还怀有争夺皇位的野心。因此，中央和诸侯王之间的矛盾也日益发展。汉文帝曾两次下诏限制诸侯王和权贵的势力，令封王离开都城长安回到自己的封国，并禁止诸王在封国内随意捕人。文帝前十六年（前164），文帝采纳贾谊"众建诸侯"的建议，分齐为六国。景帝时，中央和诸侯王之间的矛盾更加尖锐。例如，景帝子赵王刘彭祖，对汉中央派来的相和二千石官刻意刁难，陷害排挤，"多设疑事，以诈动之，得二千石失言，中忌讳，辄书之。二千石欲治者，则以此迫劫听，乃上书告之，及污以奸利事。彭祖立六十余年，相二千石无能满二岁，辄以罪去，大者死，小者刑。以故二千石莫敢治，而赵王擅权"②。

御史大夫晁错上《削藩策》，建议景帝借诸侯王犯错之机，削减诸侯王的封区。景帝前元三年（前154）开始削藩，赵王刘遂的常山郡（一说河间郡）也在被削之列，赵国因此参加了以吴、楚为首的七国之乱。景帝派曲周侯郦寄攻赵。刘遂与匈奴勾结，起兵后拥军观望，企图待吴楚联军破梁后再西攻长安。郦寄的军队到达后，赵军退保邯郸，七个月没有攻克。此时，吴楚军已经败亡，匈奴不敢发兵救赵。栾布平定

---

① 刘邦在位时，诸侯王国置"相国"。惠帝元年（前194），"除诸侯相国法"，改称"丞相"。参见《史记》卷五四《曹相国世家》。

② 《汉书》卷五三《景十三王传·赵敬肃王刘彭祖传》，第2420页。

齐地后，回师助郦寄攻赵，引水灌邯郸。邯郸城破，刘遂自杀。

平定七国之乱后，景帝把大诸侯国分成若干小诸侯国，赵国被分为赵、河间、广川、中山、常山、清河六国。景帝还下令取消了诸侯王的治民权，只"衣食租税"。又缩减王国的政权机构，降低王国官职的等级，把王国官吏的任免权收归中央。至此，诸侯王国虽仍存在，但和郡的地位基本相同，成为中央直接管辖的一级地方行政单位。

汉武帝继续推行这一政策。元朔二年（前127），他采纳主父偃的建议，颁布"推恩令"，规定封国侯王除嫡长子继承王位外，其子弟可在王国中封侯，这样从王国中又分封出侯国，使王国直属领地进一步缩小，封国实力也日益削弱。燕王刘定国与其父康王刘嘉的姬通奸，又夺弟妻为姬，杀肥如（治今卢龙东北）令郢人。郢人兄弟上书告发刘定国乱伦不法行为，主父偃审察此案，刘定国畏罪自杀，国除为郡。赵王刘彭祖忌恨主父偃，告发他收受诸侯的贿赂，汉武帝族杀主父偃。但并未因此改变限制诸侯王势力的政策，如元鼎三年（前114），废常山王刘勃，改常山国为郡。后又封刘平为真定王，封域缩小为从常山郡划出的四个县。汉武帝后元元年（前88），将立刘弗陵为嗣，为防止母后干政，迫其母钩弋夫人自杀。燕王刘旦上书请求入宫做宿卫，其真实用意是表明他应当做太子，武帝怒斩来使，又追查刘旦"藏匿亡命"罪，削夺燕王良乡、安次、文安三县。第二年，武帝死，刘弗陵立，年八岁，是为昭帝。大司马大将军霍光与车骑将军金日磾、左将军上官桀受遗诏辅政，御史大夫桑弘羊也同受顾命。燕王刘旦在蓟城密谋叛乱，与中山王刘长、齐孝王刘泽勾结，宣称刘弗陵非武帝子，天下宜共伐之，制造舆论以动摇天下。刘泽在临淄发兵，刘旦"招来郡国奸人，赋敛铜铁，作甲兵"[1]，准备起事。刘旦姐姐盖长公主、上官桀父子及桑弘羊等权要，皆与刘旦通谋。汉昭帝元凤元年（前80）九月，事发，上官桀、桑弘羊被诛，盖长公主自杀，燕王刘旦被赐死，国除。

宣帝时，广川王刘去与其宠信的王后阳城昭信在封国内为非作歹，行为令人发指。广川国相、内史联名向朝廷举报，宣帝派大臣逮捕刘去夫妇。刘去案在朝廷会议上讨论，公卿大臣都认为刘去狂悖暴虐，听信王后阳城昭信谗言，"燔烧亨煮，生割剥人"，不仅不听师傅劝谏，还

---

① 《汉书》卷六三《武五子传·燕刺王刘旦传》，第2753页。

杀其父子。"凡杀无辜十六人，至一家母子三人，逆节绝理。……当伏
显戮以示众。"① 宣帝遂废徙刘去及其妻子至上庸（今湖北竹山县西
南）。刘去在途中自杀，阳城昭信弃市。

汉成帝无子，御史大夫孔光曾建议立中山王刘兴为太子。此时，定
陶王祖母傅太后亦随定陶王入京朝见，私下贿赂赵昭仪和骠骑将军曲阳
侯王根。赵昭仪与王根"亦欲豫自结为长久计，皆更称定陶王，劝帝以
为嗣"②。绥和元年（前8），成帝立定陶王刘欣为太子。因此，傅太后
与中山太后冯媛结下了仇怨。

同年八月，中山王刘兴病故，"有一男，嗣为王，时未满岁，有眚
病"③。哀帝即位，遣中郎谒者张由率御医给中山小王治病。张由"素
有狂易病，病发怒去，西归长安"。尚书举奏张由擅离职守。张由为了
自保，竟然诬称中山太后诅咒皇上和傅太后。太后乘机报复中山冯太
后，遂派御史丁玄审查。丁玄"尽收御者官吏及冯氏昆弟在国者百余
人，分系雒阳、魏郡、钜鹿。数十日无所得，更使中谒者令史立与丞相
长史、大鸿胪丞杂治"。史立迎合傅太后的旨意，希望借机封侯，严审
冯太后的妹妹冯习和守寡的弟媳君之，"死者数十人"。御医徐遂成诬
陷冯习、君之曾说过这样的话："武帝时御医修氏治好武帝的病，得到
赏钱二千万，现在治好了皇上，却不得封侯，不如杀了皇上，让中山王
代替他，就可以封侯了。"④ 史立等劾奏中山太后诅咒谋反，大逆不道。
冯太后拒不认罪，愤而服药自杀。

元寿二年（前1）六月，汉哀帝死，无子。九岁的中山王刘衎嗣
位，即汉平帝。王莽为了独揽朝纲，不准平帝的母亲中山卫后及其亲属
进入京师。王莽长子王宇忧虑平帝长大后怨恨，暗中与卫后之兄卫宝通
信，"教卫后上书谢恩，因陈丁、傅旧恶，几得至京师"⑤。王莽益封中
山卫后故安七千户，仍不许卫后至京师。卫后日夜哭泣，期盼入京与平
帝相聚。王宇又派人给卫后送信，让卫后继续上书求入京师。同时，王

① 《汉书》卷五三《景十三王传·广川惠王刘越传》，第2432页。
② 《汉书》卷一一《哀帝纪》，第333页。
③ 《汉书》卷九七《外戚传下·孝元冯昭仪传》，第4006页。
④ 《汉书》卷七七《外戚传下·孝元冯昭仪传》："武帝时医修氏刺治武帝得二千万耳，
今愈上，不得封侯，不如杀上，令中山王代，可得封。"
⑤ 《汉书》卷九七《外戚传下·中山卫姬传》，第4008页。

宇和其师吴章及妻兄吕宽等人秘议：王莽"好鬼神，可为变怪以惊吓之，（吴）章因推类说令归政于卫氏"①。不料吕宽夜晚在王莽门第上洒血时被捕，在狱中自杀。王莽借机诛灭卫氏，穷治吕宽之狱，"连引郡国豪杰素非议己者"，"死者以百数"，海内震动。卫宝之女为中山王后，废徙合浦（今广东合浦东北）。卫氏一门，只有平帝之母卫太后留居中山。新莽时，卫后亦被"废为家人"②，岁余病死。

四　河北人民反抗王莽的斗争

西汉末年，土地兼并严重，社会矛盾尖锐，农民起义经常发生。《汉书·酷吏列传·咸宣传》记载："吏民益轻犯法，盗贼滋起……燕、赵之间有坚卢、范主之属，大群至数千人，擅自号，攻城邑，取库兵，释死罪，缚辱郡守都尉，杀二千石，为檄告县趣具食。小群以百数，掠卤乡里者，不可称数。"

王莽代汉后，反抗其统治的斗争一直此伏彼起，连绵不断。绿林、赤眉起义爆发前，在河北反抗王莽的斗争有：始建国元年（9）徐乡侯刘快和真定刘都密谋起兵，天凤二年（15）五原、代郡一带的农民起义。天凤四年（17），天下旱蝗，饥民遍地，全国农民起义爆发。其最大者，在湖北有以王匡、王凤为首的绿林兵，在山东有以樊崇为首的赤眉起义军。在黄河北岸幽、冀二州的大平原上，先后出现了大小数十支农民起义军。他们"或以山川土地为名，或以军容强盛为号"③，"名领部曲，众合数百万人"④。其中，规模较大的有铜马、五校、城头子路、檀乡、大肜、高湖、重连、铁胫、大枪、尤来、上江、青犊、五幡、五楼等。这些起义军各自为战，彼此不相统一。铜马军以东山荒秃、上淮况为领袖，人数最多时达数十万人，是河北地区规模最大的农民起义军。主要活动于魏郡、清河、钜鹿、信都、中山诸郡国，即今河北中南部广大地区。高湖、重连两部农民军曾一度与铜马军联合，其活动范围

---

① 《汉书》卷九九上《王莽传上》，第4065页。
② 《汉书》卷九七下《外戚传下·中山卫姬传》，第4009页。《汉书》卷九三《佞幸传·董贤传》："此岂当家人子所能堪邪。"颜师古注曰："家人犹言庶人也。"第3738页。
③ 《后汉书》卷一上《光武帝纪上》李贤注，第16页。
④ 《后汉书》卷一上《光武帝纪上》，第16页。

大致与铜马军相同。五校部以高扈为领袖，主要活动于东郡、魏郡、广平、清河、钜鹿、真定、信都、赵国等地，人数最多时达二十余万人。城头子路部主要活动于河、济之间，即今河北东南和山东西北交界地区，部众至二十余万人。檀乡部自山东茌平渡河进入魏郡、清河，与五校军联合，部众达十余万人。此后主要活动于邺东一带。五楼部以张文为首，曾一度与檀乡部联合作战，主要活动于魏郡地区，后为光武帝偏将军冯异所败。青犊、大肜、上江、铁胫、五幡诸部曾集中于谢犊（今河南武陟西北），有众十余万人，并一度与赤眉军联合。尤来、大枪、五幡诸部曾北上元氏、范阳、容城、小广阳、安次，后又转战至潞东、平谷、无终、土垠及俊靡一带。

在推翻王莽统治的斗争中，河北豪族扮演了重要角色。王莽与豪族的矛盾最终导致豪族的武装反抗，东郡太守翟义兴兵讨伐王莽，包括河北豪族在内的"郡县大姓各拥兵众"响应。一些豪族出身的官僚士大夫辞官不仕，不与王莽政权合作。有些豪族则消极对抗，筑坞壁，缮甲兵，屯聚自保，坐观时变。更多的豪族则率领宗族武装起兵，参与争夺天下。地皇元年（20），钜鹿强宗大姓马适求等人谋划举燕赵兵诛杀王莽，被大司空士王丹发觉告发。王莽派遣"三公大夫逮治党与，连及郡国豪杰数千人，皆诛死"①。次年，平原郡女子迟昭平聚集数千人，在今河北东南部和山东西北部交界地区从事反抗王莽的斗争。赵缪王子刘林好奇数，与卜者王郎亲善，"任侠于赵、魏间，多通豪猾"②，于是和赵国大豪李育、张参等合谋共同拥立王郎。常山大姓苏公、信都大姓马宠、广阳王子刘接等地方豪族都投靠王郎，一时间，"赵国以北，辽东以西，皆从风而靡"③。信都著姓邳彤，王莽时为和成郡（王莽分钜鹿为和成郡）卒正。刘秀徇河北，至下曲阳，邳彤举城出降，刘秀"复以为太守"④。王莽与豪族的对立使他很快失去了对河北的控制，加速了新朝的灭亡。

五　刘秀经营河北

刘秀经营河北，是东汉史的大事，论者颇多。刘修明《从崩溃到中

---

① 《汉书》卷九九下《王莽传下》，第 4163 页。
② 《后汉书》卷一二《王昌传》，第 491 页。
③ 《后汉书》卷一二《王昌传》，第 492 页。
④ 《后汉书》卷二一《邳彤传》，第 757 页。

兴》、张启琛《汉光武帝传》、张鹤泉《光武帝刘秀传》、臧荣《东汉光武帝刘秀大传》、曹金华《汉光武帝刘秀评传》及安作璋与孟祥才《汉光武帝大传》等著作中均有对刘秀经营河北的相关论述。特别是黄留珠的《刘秀传》，以一章的篇幅论述刘秀经略河北的发展状况。参阅以上著述，颇受启发，参考之处，恕不一一征引。[①]

（一）脱危困，初徇河北

地皇四年（23）二月，绿林军拥立汉皇族刘玄为帝，建号更始。五月，刘演攻占宛城。六月，更始帝刘玄入都宛城，刘秀在昆阳（治今湖北叶县北）大败王莽主力军。更始政权忌惮刘演和刘秀迅速增长的威望，杀害了刘演。刘秀强忍悲痛，悲愤不形于色。为了解除更始帝的猜忌，刘秀从父城驰赴宛城谢罪，绝口不提昆阳之功，不敢为刘演服丧，饮食言笑一如平常。刘秀如此委曲求全，既是为了顾全大局，更是为了自身的安全。更始帝见刘秀如此谦恭，不免有几分自愧，"数欲遣光武徇河北，诸将皆以为不可"。此时，左丞相曹竟之子曹诩为尚书，父子当权，冯异劝光武帝"厚结纳之。及度河北，诩有力焉"[②]。九月，王莽败亡，更始政权迁都洛阳，更始帝分遣使者巡抚各郡国，建立更始新朝廷的各级地方政权。新莽王朝虽然覆灭，但是河北（黄河以北）各州郡官员心存观望，并未归附更始政权，还有铜马等数十支互不相属的义军。赤眉军在山东发展迅速，声势日益壮大。还有天水隗嚣、巴蜀公孙述等诸多割据势力存在。更始帝分遣使者巡抚各郡国，建立更始新朝廷的各级地方政权。

更始元年（23）十月，更始帝刘玄同意刘秀以破虏将军行大司马事，持节北渡黄河，到河北收复各郡县。选择到河北发展，显示出刘秀敏锐的政治眼光。就地缘位置而言，河北非常适合刘秀在此立业。河北地区依山靠河，形势稳固，又有丰富的人力物力，可资利用。进有所据，退有所守，实为创业的良好基地。再从当时全国的地缘格局来看，

---

① 上述著作的出版信息依次为：上海古籍出版社1989年版、天津人民出版社1990年版、黑龙江人民出版社1993年版、人民教育出版社2002年版、江苏古籍出版社2002年版、中华书局2008年版、人民出版社2003年版。

② 《后汉书》卷一七《冯异传》，第640页。

东方的赤眉军与西方的绿林军力量都很强大，而且都控制着一定的势力范围。他们之间的利益之争在推翻王莽政权后也无法调和，战争不可避免，中原势必成为主战场，洛阳、长安更是两强必争要地。而河北远离斗争中心，尽管也有地方割据势力和农民起义军，但分布零散，势力较弱，且各不相属。刘秀进据河北，一方面可以脱离更始帝的控制，另一方面可以河北为根据地，凭借汉宗室的身份和昆阳大捷的威望兼并群雄，收抚河北，扩张势力，待机南下。

更始帝虽然同意刘秀北上，但对他并不放心，跟随刘秀在舂陵起兵的宗亲故旧全部被留下。刘秀出使河北，手下没有一员重要将领，只有用于封赏的官衔，没有军马粮饷，势单力薄，困难重重。不过，这时的河北也有对刘秀比较有利的情势。首先，王莽政权此时已经失去了对河北地区的实际控制力，更始政权派使者韩鸿到渔阳（治今北京密云西南）、上谷（治今河北怀来东南），两郡都积极表示接受更始的册封。其次，河北地区有一些残留的刘氏皇室势力，各自拥兵数千至数万不等，互不相辖，这些观望时势以定归属的势力易于争取。其次，当时河北虽然大小农民起义军众多，有铜马、大肜、高湖、重连、铁胫、大抢、尤来、上江、青犊、五校、檀乡、五幡、五楼、富平、获索等数十支，人众多达数百万，但力量非常分散，始终没有像赤眉、绿林那样形成比较统一的指挥，因而未能成为影响整个河北政局的决定性力量。

刘秀初到河北时，主簿冯异觉察到刘秀与更始政权最终必然分手，建议他利用独当一面的机会，尽力争取民心。刘秀所过郡县，会见二千石、长吏、三老、官属，下至佐史，考察能力德行，黜陟能否，"平遣囚徒，除王莽苛政，复汉官名"。这些措施赢得百姓拥戴，"吏人喜悦，争持牛酒迎劳"①。这时，南阳新野（今河南新野）人邓禹千里迢迢赶到邺城追随刘秀。他向刘秀分析了天下形势，四方分崩离析，建议他"延揽英雄，务悦民心，立高祖之业，救万民之命。以公而虑天下，不足定也"。刘秀欣然接受，以邓禹为腹心，"常宿止于中，与定计议"。②

刘秀到邯郸时，故赵缪王之子刘林建议："赤眉今在河东，但决水

----

① 《后汉书》卷一上《光武帝纪上》，第10页。
② 《后汉书》卷一六《邓禹传》，第599页。

灌之，百万之众可使为鱼。"① 刘秀没有采纳这个祸及百姓的馊主意。这时，邯郸卜相者王郎，自称是汉成帝刘骜的私生子刘子舆，与刘林关系深厚。刘林和赵魏豪侠往来密切。更始元年（23）十二月，刘林与赵国大豪李育、张参等人拥立王郎为天子，以邯郸为都。王郎"分遣将帅，徇下幽、冀"，并颁发檄文，宣称王郎是真命天子，各种反莽势力都应该尽快汇集到真命天子旗下。王郎准确地把握住了"人心思汉"的形势，这道檄文收效十分显著。在极短的时间内，控制了邯郸附近各郡国。赵国以北，辽东以西，皆从风而附。

面对"新盛"的王郎，刘秀决定继续"北徇蓟（北京西南）"，以暂避其锋芒。更始二年（24）正月，刘秀到达蓟城。这时，王郎悬赏十万户捉拿刘秀的檄文也到了蓟城。故广阳王子刘接也在蓟城起兵响应王郎。刘秀被迫出逃，沿途历经困苦，经芜蒌亭（今饶阳县东北）、饶阳、下曲阳（今晋州市西）过滹沱河，南至信都（今河北冀县）方才得到接应，脱离了险境。此时，河北地区只有信都太守任光、和成（原钜鹿郡，王莽改为和成郡，治下曲阳）太守邳彤心向汉室，不肯归附王郎。在这里，刘秀最终确立了"略定河北"的地缘战略思想。他召集众人商讨今后进退之策，多数人主张依靠信都的军队护送他西返长安，往依更始帝。和成太守邳彤力排众议，反对西归。他向刘秀恳切陈词：

> 卜者王郎，假名因执，驱集乌合之众，遂震燕、赵之地。况明公奋二郡之兵，扬响应之威，以攻则何城不克，以战则何军不服？今释此而归，岂徒空失河北，必更惊动三辅，堕损威重，非计之得者也。若明公无复征伐之意，则虽信都之兵犹难会也。何者？明公既西，则邯郸城民不肯捐父母，背城主，而千里送公，其离散亡逃可必也。②

邳彤的这一番话非常精彩，切合当时当地的实情。刘秀最终听取了邳彤的意见，决心留在河北，徐图发展。他与任光、邳彤合谋，征发附近诸县兵壮，相继攻占堂阳（今河北新河北）、贳县（今河北辛集市西

---

① 《后汉书》卷一上《光武帝纪上》，第 11 页。
② 《后汉书》卷二一《邳彤传》，第 758 页。

南），获得立足点，并以此为基础，不断发展壮大。所以信都成为刘秀河北创业的最初根据地。

此后，又有昌成（今河北冀州区西北）、宋子（今河北赵县东北）的民众开城归附。刘秀又北进占领了下曲阳（今河北晋州市西），流散的部下逐渐汇合，军队发展到数万人。河北地区的豪强地主率宗族、宾客纷纷归附刘秀，大大增强了刘秀统一河北的实力。

（二）灭王郎，统一幽冀

刘秀挥师北上进击中山国，攻克其首府卢奴（治今河北定州）。就在此时，发生了一件对刘秀极为不利的意外变故，真定王刘扬归附了王郎。刘扬是汉景帝的七世孙，拥有十几万大军，在刘秀与王郎的较量中，举足轻重。刘秀处变不惊，派刘植前去争取刘扬。刘植不仅马到成功，还获得意外之喜。为了表示彼此信任，双方联姻，刘秀娶刘扬的外甥女郭圣通为妻。这是一桩典型的政治婚姻。刘秀与郭氏结亲，表明他同河北地区的王族势力、地方豪强势力的进一步结合。此举成为刘秀最终战胜王郎进而实现统一的重要阶级基础。

刘秀移檄边部，号召共击王郎，得到各郡县的普遍响应。刘秀军"进击元氏（今元氏东北）、防子（又作房子，今高邑西南），皆下之。至鄗（今高邑东南），击斩王郎将李恽"①。在柏人（今河北内丘东北）大破王郎大将李育。刘秀又得到上谷太守耿况（郡治在今河北怀来东南）和渔阳太守彭宠（郡治在今北京密云西南）的支持。上谷、渔阳联军一路南下，沿途"击斩王郎大将、九卿、校尉以下四百余级，得印绶百二十五，节二，斩首三万级，定涿郡、中山、钜鹿、清河、河间凡二十二县"②。这时，更始政权也派尚书令谢恭率六将军来征讨王郎。刘秀和谢恭合军围攻钜鹿，"月余未下"。便采纳耿况建议，留下将军邓满继续与钜鹿太守王饶对峙，亲率大军向邯郸进发。刘秀大军抵达邯郸，双方多次交战，王郎均遭失败。更始二年（24）五月，王郎集团内部生变，少傅李立打开城门投降刘秀，王郎在逃亡途中死去。至此，刘秀在河北最强大的对手王郎集团终于彻底覆灭了。

---

① 《资治通鉴》卷三九《汉纪三十一》，第 1263 页。
② 《后汉书》卷一九《耿弇传》，第 704 页。

刘秀之所以能够在不到半年的时间内，由小到大，多次转危为安，迅速发展成为河北各路军的首领，击败强盛一时的王郎，主要有以下几个方面的原因：

第一，执行了正确的政策。"平遣囚徒，除王莽苛政"，赢得人民拥护。注重提拔能体贴民情的人为将帅，褒奖严明军纪的官吏。第二，刘秀特别注意团结各方面的力量，一致对敌。刘秀的胜利，也是河北地区大族和地方武装大力支持的结果。关于这一点，后文有具体的分析。第三，王郎的种种失误，是刘秀获胜的另一原因。王郎诈称汉成帝之子刘子舆，"假名因势，驱集乌合之众，遂震燕、赵之地"①。名不正言不顺，欺骗难以持久。尤其是王郎只凭威势压人，以武力胁迫河北各地的势力屈服，这些人并非真心归服，如刘植、耿纯、刘扬等有着左右局势的重要人物后来都转投了刘秀。

消灭了王郎，刘秀基本上控制了河北诸郡，建立了北起上谷、渔阳，南到黄河以北，以邯郸为中心的统治区。这是他此后与群雄抗衡、廓清宇内的重要基础。河北是当时比较富饶的地区，兵强马壮。所以耿弇对刘秀说："今定河北，北据天府之地，以义征伐，发号响应，天下可传檄而定。"② 铫期也向刘秀建言："河北之地，界接边塞，人习兵战，号为精勇。……明公据河山之固，拥精锐之众，以顺万人思汉之心，天下谁敢不从？"③ 是时，南阳有民谣说："谐不谐，在赤眉。得不得，在河北。"④ 充分说明了河北在群雄逐鹿天下中的重要性。

此时，刘秀还有几个亟须解决的问题：第一，河北的形势尚未稳定，只能说奠定了统一河北的基础，在河北各地还有大小数十支农民起义军和地方豪强武装，严重影响刘秀对河北地区的经营。第二，谢躬所率数万更始军来到河北，名为"助击王郎"，实际上主要任务是监视和牵制刘秀。在共击王郎时，刘、谢虽能并肩作战，但很快便貌合神离，"虽俱在邯郸"，却"分城而处"⑤。第三，消灭王郎，刘秀实力大增，但要统一全国，兵力仍然不足，必须进一步扩充实力。

---

① 《后汉书》卷二一《邳肜传》，第758页。
② 《后汉书》卷一九《耿弇传》，第706页。
③ 《后汉书》卷二〇《铫期传》，第732页。
④ 《续汉书》志一三《五行志一》注引《续汉志》，第10页。
⑤ 《后汉书》卷一八《吴汉传》，第677页。

更始帝刘玄得知王郎覆亡的消息后，担心刘秀在河北坐大，更始二年（24）五月，遣使封刘秀为萧王，令其罢兵与有功诸将同去长安。同时，任命苗曾为幽州牧，韦顺为上谷太守，蔡充为渔阳太守，并密令各州郡不要听从刘秀的调遣。刘秀洞悉刘玄的用心，借口"河北未平"，接受萧王爵号，却不赴长安。从此时起，刘秀开始二心于更始政权。

这时，长安政治混乱，各地纷纷背叛更始政权。梁王刘永擅命睢阳，公孙述称王巴蜀，李宪自立为淮南王，秦丰自号楚黎王，张步起琅邪，董宪起东海，延岑起汉中，田戎起夷陵，并置将帅，攻占郡县。

刘秀派遣吴汉、耿弇，杀掉更始帝任命的幽州牧和渔阳、上谷太守，征发幽州十郡兵，进击河北地区的铜马等起义军。

不久，刘秀又在邺城袭杀更始派来的尚书谢躬。从此，更始之力不复及于河北，而刘秀则专心用兵幽冀。此时，赤眉军正西入长安，刘秀对河北的义军恩威并施，"悉破降之"。封其渠帅为列侯，降卒分置诸将，收服铜马、高湖、重连诸部，刘秀的兵力迅速发展到数十万人。这是一支人数众多、强悍善战的武装，因为铜马部成为其重要的基本武装力量之一，以致关西"号光武为铜马帝"。这支部队跟随刘秀东征西讨，为统一全国贡献了重要力量。

建武元年（25）春正月，平陵（昭帝陵，因以为县。故城在今陕西咸阳西北）人方望见更始政权政治混乱，判断其必败，于是聚集了数千人，拥立前孺子刘婴为天子。方望拥立孺子婴，是想以汉室为号召。起事前，他对安陵（今陕西咸阳东北）人弓林等说："前定安公婴……尝为汉主。今皆云刘氏真人，当更受命，欲共定大功，何如？"弓林等以为然，派人在长安找到孺子婴，带他到临泾（治今陕西泾川北）立为天子。更始帝刘玄派遣丞相李松和讨难将军苏茂等击杀刘婴。

（三）鄗南称帝

秦并诸侯，一统天下，置钜鹿郡而鄗隶焉。汉兴置鄗县，属常山郡，城在今治北二十二里。又分置柏乡县为侯国，属钜鹿郡。冀州刺史领之。东汉光武即位鄗南。建武初改称高邑，属常山国，置冀州治于此。

刘秀平定河北，在部下的四次劝进后，终于同意称帝。论析这四次劝进，可以深化对刘秀和东汉建国史的认识。

1. 温县大捷，马武劝进

割据势力不仅拥立汉朝宗室，有些势力强大的割据势力，公然撇开汉朝宗室，自立为帝。建武元年（25）四月，公孙述在成都称帝。光武帝北击尤来、大抢、五幡于元氏（治今河北元氏西北），追至右北平[①]，连破之。光武追铜马、五幡，破之于顺水（徐水之别名）、安次（今河北安次西北），又派遣吴汉率耿弇、陈俊、马武等十二将军追战于潞（今山西潞城东北东），及平谷（今河北平谷东北），大破灭之。《后汉书·耿弇传》云："斩首万三千余级。"

更始帝派遣舞阴王李轶、禀丘王田立、大司马朱鲔、白虎公陈侨（《东观记》"侨"作"矫"），率兵号称三十万，与河南太守武勃共守洛阳[②]。

光武帝准备北取燕、赵，因为魏郡、河内没有遭遇兵乱，并且城池完好，仓库充实，于是任命寇恂为河内太守，以冯异为孟津将军，统领二郡的军队驻守黄河北岸，与寇恂合力，以抵御朱鲔等率领的更始军。刘秀兵发燕、代。寇恂发送文书命令所属各县，练兵习射，砍伐淇园的竹子，制成一百多万支箭，养马两千匹，收租粮四百万斛，转送给前方的军队。

朱鲔闻知刘秀北上而河内空虚，派讨难将军苏茂、副将贾强带兵三万余人，渡过巩县黄河进攻温县（今河南温县西）。[③] 旦日合战，偏将军冯异派来的救兵和河内郡诸县兵及时赶到，兵马四方云集，幡旗蔽野。寇恂大破苏茂军，斩其将贾强。自是洛阳震恐，城门昼闭。

温县大捷后，诸将纷纷向刘秀祝贺，并趁势劝进上尊号。此时，在长安的更始政权政局混乱，四方背叛。"梁王刘永擅命睢阳，公孙述称王巴蜀，李宪自立为淮南王，秦丰自号楚黎王，张步起琅邪，董宪起东

---

① 北平县，属中山国，治今河北满城北。《后汉书》卷一上《光武帝纪上》李贤案："《东观记》《续汉书》并无'右'字，此加'右'误也。营州西南别有右北平郡故城，非此地。"

② 《后汉书》卷一七《冯异传》，第642页。

③ 《资治通鉴》卷四十《汉纪三十二·建武元年》胡三省注："河水过巩县北，谓之巩河，即五社津也。"第1278页。

海，延岑起汉中，田戎起夷陵，并置将帅，侵略郡县。"①刘秀的部下马武首先提议说：

> 天下无主，如有圣人承敝而起，虽仲尼为相，孙子为将，犹恐无能有益。反水不收，后悔无及。大王虽执谦退，奈宗庙社稷何？宜且还蓟，即尊位，乃议征伐。今此谁贼而驰骛击之乎？②

此时，更始政权尚存，更始帝尚在，马武称"天下无主"，是刘秀部下已不承认更始政权的表现。马武劝刘秀应当即尊位以稳定众人的思想，现在执意谦逊退让，可能会丧失争夺天下的良机。名位和尊号不明确，说谁是贼都可以，四处奔波征战，目标是什么呢？马武的担心也是有道理的。

在刘秀经营河北的过程中，一个以南阳、河北豪强为基础的军事集团，逐渐紧密地围绕在刘秀周围，成为刘秀称帝的坚强后盾。更始帝刘玄昏庸，占据长安后，丝毫没有表现出号令天下的能力。各地割据势力纷纷与更始政权对抗，自从更始二年（24）王郎在邯郸称帝后，其他地方割据势力称帝的越来越多。此时，刘秀以河北为根本的目的已经实现。据有河北和河内，已可保证刘秀在经济上和军事上继续发展，占据一方称帝的条件已经初步具备。

刘秀在河北、河内的成功，主要是依靠当地豪强势力的支持。这些豪强之所以全力支持刘秀，是因为他们看到刘秀有卓越的才能，希望刘秀能夺取天下，日后给他们带来更多的政治、经济利益。可是，刘秀在平定河北后，对于部下要求他称帝的建议起初并没有明确的态度。他重点关注的是自己军事力量的发展和荡平"寇贼"，对部下要求他"正号位"，他最初是拒绝的。

刘秀城府很深，心中所想，从不轻言。他南征北战、东征西讨的目的就是要恢复汉室江山，有朝一日荣登九五。但是，不到时机成熟，刘秀绝不轻易吐露自己的想法。当他听完马武的高论，故作吃惊说道："何将军出是言？可斩也！"马武回答："诸将尽然。"尽管众将都是这

----

① 《后汉书》卷一上《光武帝纪上》，第16页。
② 《后汉书》卷一上《光武帝纪上》，第20页。

样想，但刘秀仍然认为时机未到，让马武去做众将领的思想工作，不要再劝进了。

光武帝北击尤来、苏茂攻温、诸将议上尊号，《光武帝纪》载于建武元年（25）正月方望立刘婴为天子之后，四月公孙述称天子之前；《资治通鉴》载于四月之后，光武称帝之前，与《寇恂传》《冯异传》叙事顺序相符。王云度先生《秦汉史编年》从《资治通鉴》，可从。

2. 中山、南平棘两次劝进

（1）众将劝进。刘秀剿灭尤来等军，五月，从蓟城回师，过范阳，命收葬吏士死者。军队到达中山（治今河北正定），诸将二次劝进，所上奏文写道：

> 汉遭王莽，宗庙废绝，豪杰愤怒，兆人涂炭。王与伯升首举义兵，更始因其资以据帝位，而不能奉承大统，败乱纲纪，盗贼日多，群生危蹙。大王初征昆阳，王莽自溃；后拔邯郸，北州弭定，参分天下而有其二；跨州据土，带甲百万，言武力则莫之敢抗，论文德则无所与辞。臣闻帝王不可以久旷，天命不可以谦拒，惟大王以社稷为计、万姓为心。①

这篇奏文，先骂王莽，继斥更始，中心则是颂扬刘秀，说他如何三分天下有其二，武力如何强大，文德如何盖世，劝他为社稷和百姓着想，尽快称帝。奏文词意十分恳切，真实地表达了众将拥戴刘秀为帝的迫切心情。但是，这次劝进仍然没有成功。

军队行进到南平棘（今河北赵县，故城在县南），诸将再次极力请求刘秀称帝。刘秀又拒绝了，"寇贼未平，四面受敌，何遽欲正号位乎？诸将且出"②。

（2）耿纯之谏。刘秀认为自己的实力尚不足以在短期内平定天下，贸然称帝会招来敌对集团的反对，成为众矢之的。这样的想法体现了他

---

① 《后汉书》卷一上《光武帝纪上》，第21页。袁宏《后汉纪·光武帝纪》卷三的文字与此略有不同。至中山，群臣上尊号曰："大王初征昆阳则王莽败亡，后伏邯郸则北州平定，此岂人力哉！三分天下而有其二，跨州据土，带甲百万。武功论之，无所与争；文德论之，无所与让。宜正号位，为社稷计。"

② 《后汉书》卷一上《光武帝纪上》，第21页。

谨慎稳重的性格，但是他只考虑了问题的一个方面，没有深入地分析"正号位"的社会影响和积极意义，尤其是没有考虑到随其浴血征战的豪强阶层一再劝进的个人利益所在。刘秀的部将耿纯及时提醒他说：

> 天下士大夫捐亲戚，弃土壤，从大王于矢石之间者，其计固望其攀龙鳞，附凤翼，以成其所志耳。今功业即定，天人亦应，而大王留时逆众，不正号位，纯恐士大夫望绝计穷，则有去归之思，无为久自苦也。大众一散，难可复合；时不可留，众不可逆。①

大意是说，士大夫们别亲戚，离故土，追随大王拼杀奋战，目的就是想攀龙附凤、建功立业、光宗耀祖。如今大功即将告成，天人都有应验，而大王您却犹疑不定，不肯登基称帝，我担心士大夫们在望绝计穷的情况下，会离您而去，不再苦苦痴心等待。众人一旦散去，很难再度聚合。时机不能挽留，众人的意愿不可悖逆。

《后汉纪·光武帝纪三》李熊说公孙述之言，与耿纯之言类似。"今君王之声闻于天下，号位不定，志士狐疑，宜即大位，使远人有知。"赤眉军进至华阴。方望的弟弟方阳怨恨更始杀死其兄长，游说樊崇等自立，也采用了同样的说辞："更始荒乱，政令不行，故将军得至于此，今将军拥百万之众，西向帝城，而无称号，名为盗贼，不可以久。不如立宗室，挟义诛伐。以此号令，谁敢不服？"樊崇等以为然。六月，遂立刘盆子为帝，自号建世元年。

《后汉书·耿纯传》"无为久自苦也"，说得比较委婉，不如袁宏《后汉纪·光武帝纪三》所言"无从大王也"直接明白。耿纯此忧不是危言耸听，是其对当时社会实际经历的总结。《耿纯传》云："是时郡国多降邯郸者，纯恐宗家怀异心，乃使欣、宿归烧其庐舍。"耿纯一心追随刘秀，出生入死，浴血奋战。从其经历可知刘秀部下的志向就是攀龙附凤，建功立业，封妻荫子。他"从平邯郸，又破铜马。时赤眉、青犊……十余万众并在射犬，世祖引兵将击之。纯军在前，去众营数里，

---

① 《后汉书》卷一上《光武帝纪上》，第21页。"号位"：称号和爵位；名号。《韩非子·诡使》："夫立名号所以为尊也，今有贱名轻实者，世谓之高。"《史记·秦始皇本纪》："今名号不更，无以称成功，传后世。"

贼忽夜攻纯，雨射营中，士多死伤。纯勒部曲，坚守不动。选敢死二千人，俱持强弩，各傅三矢，使衔枚间行，绕出贼后，齐声呼噪，强弩并发，贼众惊走，追击，遂破之。驰骑白世祖。世祖明旦与诸将俱至营……世祖曰：'大兵不可夜动，故不相救耳。军营进退无常，卿宗族不可悉居军中。'乃以纯族人耿汲为蒲吾长（蒲吾，县名，属常山郡，故城在今恒州灵寿县南），悉令将亲属居焉。"

耿纯的建议情真意切，刘秀听了深受触动，使他认识到了称号为帝的重要性和急迫性，在河北大体平定的形势下，如果再不及时称帝，就会失去河北地方豪强的支持，也会动摇随其他征战的南阳、河北豪强军事集团。刘秀决定改变缓称帝的计划，答复耿纯："吾将思之。"

3.《赤伏符》与第四次劝进

面临割据势力或拥立汉朝宗室，或自称为帝的形势，"正名号"对刘秀集团的进一步发展变得至关重要。利用当时人们对谶言的迷信，证明刘秀即皇帝位的合理性，成为促使刘秀尽快称帝的最佳手段。

（1）强华献《赤伏符》。刘秀的军队走到鄗（今河北高邑）县，他年轻时在长安太学学习的同舍生颍川人强华，从关中送来了《赤伏符》："刘秀发兵捕不道，四夷云集龙斗野，四七之际火为主。"这句谶言的一、二句是说，刘秀举兵征伐无道之人，四面八方豪杰云集，群龙争斗于神州大地，人人都想当皇帝。第三句较隐晦。隐含的意思，据唐人李贤解释说："四七，二十八也。自高祖至光武初起，合二百二十八年，即四七之际也。汉火德，故火为主也。"看罢李贤的解释，难免会有疑问："二十八"怎么就变成了"二百二十八"呢？其实，谶语就是具有这种模棱两可、似是而非的特点，这样才便于阐发微言大义。刘秀是对谶言极其迷信的人，当然对此深信不疑。

众人知道，刘秀笃信谶纬符命。当年他起兵反对王莽，就是听了李通所说"刘氏复兴，李氏为辅"的谶语之后，才下定决心的。他之所以迟迟不肯称帝，并非不愿意当皇帝而是在等待最佳时机。尽管他清楚地知道自己当皇帝的政治和军事条件已经具备，但他认为还缺少天命符应的舆论支持，他还需要继承汉室皇统的合法性说辞。老同学强华献《赤伏符》，犹如及时雨，正好满足了刘秀的这一政治和精神需要。刘秀对于"正名号"的考虑比群臣全面深刻，千年以后，仍有对于刘秀在此时自立为帝的质疑，可见刘秀的审慎并非多余。袁宏《后汉纪》

清邵长蘅序说："宏纪其自所撰集，故论犹放纵。光武即位于鄗，而宏以为更始尚存，不宜自立。"①

（2）群臣第四次劝进。《赤伏符》的出现令劝说刘秀尽快登基称帝的群臣大喜过望。群臣于是借《赤伏符》中的说法第四次劝刘秀称帝。他们说：

> 受命之符，人应为大，谓强华奉《赤伏符》也。万里合信，不议同情，周之白鱼，曷足比焉？今上无天子，海内淆乱。符瑞之应，昭然著闻，宜答天神，以塞群望。②

大意是说，承受天命显现的符瑞，以有人事应验最为重要，现在强华前来献符，万里之外的物象与符命相合，众人的心意不谋而合，即使是当年周武王白鱼跃舟的符应，也无法与此相比；现在万民之上没有天子，四海之内混乱不堪，符瑞的应验，显露得那么明白，您应该用登基的实际行动来回应天神降下的吉兆，满足众人的渴望。群臣这次劝进借助了上天的力量来说服刘秀。

刘秀即皇帝位，既符合众望，又应验符命。这时占据长安的更始政权尚在，更始帝刘玄以汉朝宗室的身份称帝。刘秀有了《赤伏符》作依据，称帝与长安的更始政权争夺天下，也就名正言顺，没有顾忌了。所以，《赤伏符》的炮制问世，既为刘秀继承大统罩上了神圣的光环，同时，也加快了刘秀称帝的步伐。诸将在此时奏请他称帝，可谓水到渠成；奏文中对于献符一事的说解发挥，正中刘秀下怀。他心中的喜悦，自不待言。既然上天让我刘秀当皇帝，刘秀岂敢不应上天之命？于是命有司在鄗县城南千秋亭五成陌修建即位拜祭的坛场③，筹办登基大典。

素来谨慎的刘秀并未沉醉于得到《赤伏符》的喜悦之中。《后汉书·冯异传》记载：刘秀令冯异到鄗城晋见，向他了解四方的动静。冯异奏告：更始所封淮阳王张卬、穰王廖湛、随王胡殷反叛。更始帝欲杀

---

① （清）邵长蘅：《邵子湘全集》（清康熙青门草堂刊本）《青门剩稿》卷四。

② 《后汉书》卷一上《光武帝纪上》，第21页。

③ 《后汉书》卷一上《光武帝纪上》李贤注："坛谓筑土，场谓除地。秦法，十里一亭。南北为阡，东西为陌。其地在今邢台柏乡县。《水经注》曰：'亭有石坛，坛有圭头碑，其阴云常山相陇西狄道冯龙所造。坛庙之东，枕道有两石翁仲，南北相对焉。'"第22页。

张卬等人，张卬等遂勒兵抢掠长安东西市，入战于宫中，更始大败。现在"天下无主，宗庙之忧，在于大王。宜从众议，上为社稷，下为百姓"。刘秀回答说："我昨夜梦乘赤龙上天，觉悟，心中动悸。"冯异立即离开座席再次拜贺说："此天命发于精神。心中动悸，大王重慎之性也。"① 冯异于是与诸将商议决定，给刘秀上尊号。

4. 汉光武即位千秋亭

更始三年（25）六月己未（22 日）②，刘秀即皇帝位典礼正式举行。首先"燔燎告天"，就是燃柴祭祀上天。接着举行了"禋于六宗，望于群神"③的仪式，表示自己成为上天认可的天子。这些祭典完成后，开始宣读"祝文"。祝文曰：

> 为人父母，秀不敢当。群下百辟，不谋同辞，咸曰："王莽篡位，秀发愤兴兵，破王寻、王邑于昆阳，诛王郎、铜马于河北，平定天下，海内蒙恩，上当天地之心，下为元元所归。"谶记曰："刘秀发兵捕不道，卯金修德为天子。"秀犹固辞，至于再，至于三。群下佥曰："皇天大命，不可稽留。"敢不敬承。④

这篇祝文，实际是把诸将群臣几次劝进的言辞和《赤伏符》谶文，用更系统更简洁的语言综述了一遍。讲述天地神祇如何授命于刘秀，让他做百姓之主；讲刘秀兴兵反莽，平定天下，功劳如何之大，完全有资格承继汉统，而显示上帝旨意的谶记又证明了刘秀为天子的合法性与合理性；他虽然再三谦让推辞，但天命不可抗拒，这样他才不敢不敬承天命，登基做了皇帝。祝文宣读完毕，接着又宣布新皇帝的新年号——

---

① 《后汉书》卷一七《冯异传》，第 644 页。

② "己未"，王先谦《后汉书集解》引惠栋曰："济阳官碑作乙未。"

③ "禋"，一种祭祀名，所祭对象为六宗；当时沿用王莽制定的元始之制，以《易》卦六子之气——水、火、雷、风、山、泽为六宗。"望"，也是一种祭祀名，祭祀对象为山川群神。

④ 《后汉书》卷一上《光武帝纪上》，第 22 页。《后汉书·祭祀志上》曰："建武元年，光武即位于鄗，为坛营于鄗之阳。祭告天地，采用元始中郊祭故事。六宗群神皆从，未以祖配。天地共犊，余牲尚约。"其祝文文字与《光武帝纪上》略有不同，"为人父母"，《祭祀志上》作"为民父母"；"群下百辟"，《祭祀志上》作"群下百僚"。《诗·大雅》曰："百辟卿士。"郑玄注云："百辟，畿内诸侯也。""王莽篡位，秀发愤兴兵，破王寻、王邑于昆阳，诛王郎、铜马于河北。"《祭祀志上》作"王莽篡弑窃位，秀发愤兴义兵，破王邑百万众于昆阳，诛王郎、铜马、赤眉、青犊贼"。

"建元为建武"，并"大赦天下，改鄗为高邑"。至此，登基典礼结束。

刘秀的告天祝文，陈述自己从起兵反抗王莽以来的功绩，引证谶语，主旨是说明他即皇帝位的合理性，公开声明要平定全国。所以这一祭天祝文，成为刘秀要统一天下的宣言。从此，东汉王朝正式建立，刘秀成为东汉"中兴"之主。

（四）平定彭宠之叛

建武二年（26）春，刘秀手下将领彭宠起兵反汉。彭宠，字伯通，南阳宛人，父亲在西汉哀帝时曾担任过渔阳太守。彭宠年轻时在郡中做小吏，后逃亡至渔阳。更始政权成立后，被任命为偏将军行渔阳太守事。刘秀到河北后，彭宠在吴汉等人劝说下，于更始二年（24）与上谷太守耿况"结谋共归"，"发步骑三千"支援刘秀，"转粮食，前后不绝"①，为击败王郎立下大功，刘秀承制封他为建忠侯，赐大将军号。但是，消灭王郎之后，彭宠"自负其功，意望甚高"②，逐渐对刘秀产生不满。尤其是在刘秀称帝以后，原为彭宠部下、受彭宠之命率军援助刘秀的吴汉、王梁，均荣任三公，而彭宠却官无所加，遂怏怏不得志。加之他与幽州牧朱浮不和，朱浮多次向刘秀谮构彭宠罪名，使彭宠"益以自疑"，终于在建武二年（26）公开叛汉。

彭宠之叛引起连锁反应。建武三年（27）三月，涿郡太守张丰也反了，自称"无上大将军"与彭宠连兵。这两支叛军联合起来，给刚刚建立起的光武帝的东汉政权以很大的威胁。刘秀的主力无力北顾。直到秋天，才派游击将军邓隆率军援救朱浮。彭宠派轻骑袭击邓隆，朱浮军相距太远，来不及救援，邓隆大败。朱浮困守蓟城，直至"城中粮尽，人相食"，"上谷太守耿况遣骑来救"，朱浮逃出蓟城，"仅以身免"③。彭宠占据蓟城，自称燕王。又攻拔右北平、上谷数县。同时与北方的匈奴勾结，借兵为助，又南结张步及富平、获索诸军，同南方、东方的割据势力勾连在一起。

建武四年（28）五月，刘秀派朱佑、耿弇、祭遵、刘喜等率军讨伐

---

① 《后汉书》卷一二《彭宠传》，第502页。
② 《后汉书》卷一二《彭宠传》，第502页。
③ 《后汉书》卷三三《朱浮传》，第1141页。

涿郡的张丰。在刘秀军的猛烈打击下，张丰内部发生变乱，他被部下擒送祭遵。此时，围剿彭宠的汉军步步向渔阳逼进。彭宠派弟弟彭纯引匈奴兵进攻祭遵等屯驻之良乡、阳乡。耿况命其子耿舒突袭匈奴兵，斩两王，迫使匈奴及彭宠军退走。

孙家训认为，彭宠之叛，非其初衷，而是因为刘秀亲信朱浮的刻意逼迫。刘秀从缓处理彭宠之叛的原因，可能是其彰显道德战略和笼络河北豪强势力而刻意作出的姿态。① 彭宠的叛乱完全出于个人恩怨，又拿不出什么像样的政治纲领，连欺骗人的口实也没提出来，人心不固，连奴仆也怀有二心。建武五年（29）二月，彭宠的苍头（奴隶）子密及小奴二人将彭宠及其妻子杀死，向汉军投降。彭宠死后，尚书韩立等又立宠子午为王，不久国师韩利认为继续对抗没有前途，于是又斩彭午，向祭遵投降。渔阳之乱终于平定。

鉴于渔阳在北方边地的重要性，刘秀任命郭伋为太守。郭伋没有辜负刘秀的信任，到任后，"养民训兵，开示威信，盗贼销散，匈奴远迹。在职五年，户口增倍"②，为渔阳的发展做出了积极的贡献。

六　河北豪族与东汉政治

东汉政权是在豪族的支持下建立并巩固的，其中南阳、颍川豪族集团、关西（关陇）豪族集团和河北豪族集团的功劳最大，这样东汉初年便形成了三个功臣集团。本来各地豪族支持刘秀，就是为了博取政治权力的重新分配。耿纯在劝刘秀称帝时曾说：

> 天下士大夫捐亲戚，弃土壤，从大王于矢石之间者，其计固望其攀龙鳞，附凤翼，以成其所志耳。今功业即定，天人亦应，而大王留时逆众，不正号位，纯恐士大夫望绝计穷，则有去归之思，无为久自苦也。大众一散，难可复合。时不可留，众不可逆。③

---

① 孙家训：《东汉光武帝平定彭宠之叛史实考论》，《河北学刊》2009 年第 4 期。
② 《资治通鉴》卷四一《汉纪三十三·世祖光武皇帝上之下》，第 1326 页。
③ 《后汉书》卷一上《光武帝纪上》，第 21 页。

　　刘秀也深明此理，渔阳、上谷豪族助其击灭王郎后，他曾表示"当与渔阳、上谷士大夫共此大功"①。因此，东汉建立后，三大豪族集团的利益得到东汉政权的大力维护，而南阳、颍川集团最受优宠。郭伋为此向刘秀进言："选补众职，当简天下贤俊，不宜专用南阳人。"② 东汉"虽置三公，事归台阁"③，实际权力掌握在尚书令手中，而尚书令的任用偏重南阳、颍川集团。刘秀在位期间，尚书令共6人，南阳、颍川集团出身的就占3人，河北、关西、广汉各1人。又如东汉初的开国功臣32人中，南阳、颍川集团占21人，河北集团7人，关西集团3人，东莱1人。通过对不同地域的官吏籍贯分布的考察，可以看出不同地域豪族势力的强弱以及中央、地方权力在不同豪族集团之间的分配及其变化。据李泉统计，东汉前期六百石以上官吏，南阳、颍川集团有67人，关西集团有61人（包括河西4人），以蓟州为主的河北集团有23人。④这反映了不同地域的豪族与政治权力结合的程度。这种情况一直持续到东汉中期，说明东汉政权被这三大豪族集团所把持。

　　幽、冀豪强虽然难以与南阳、颍川集团比肩，但作为东汉统治的重要基础之一，在中央政权中举足轻重。

　　河北豪族的支持，是刘秀复兴汉室的最重要原因。刘秀在冀州初起时，河北地区的豪族几乎都归附了王郎，成为刘秀在河北发展的最大敌人。"是时郡国多降邯郸者"，刘秀到处遭受地方豪族的攻击。例如，刘秀进住鄗城传舍，大姓苏公反，开城门接纳王郎部将李恽。幸亏耿纯及时发觉，"将兵逆与恽战，大破斩之"⑤。刘秀派李忠进围钜鹿，"未下，王郎遣将攻信都，信都大姓马宠等开城内之，收太守宗广及（李）忠母妻"⑥。刘秀北徇蓟地，故广阳王子刘接起兵蓟中，响应王郎，"城内扰乱，转相惊恐"，刘秀急忙南逃，"晨夜不敢入城邑，舍食道傍"⑦，被困滹沱河，险些丧命。

———————

　① 《后汉书》卷一九《耿弇传》，第704页。
　② 《后汉书》卷三一《郭伋传》，第1092页。
　③ 《后汉书》卷四九《仲长统传》，第1657页。
　④ 李泉：《东汉官吏籍贯分布之研究》，《秦汉史治丛》第五辑，法律出版社1992年版。
　⑤ 《后汉书》卷二一《耿纯传》，第762页。
　⑥ 《后汉书》卷二一《李忠传》，第755页。
　⑦ 《后汉书》卷一上《光武帝纪上》，第12页。

　　刘秀深知要想在河北立足，就必须争取地方豪族的支持。刘秀利用种种手段分化王郎集团，用联姻方式拉拢归属王郎的真定豪族，娶真定"田宅财产数百万"的著姓郭昌女为后。郭氏是真定王刘扬的外甥女，此时，"真定王刘扬起兵以附王郎，众十余万。世祖遣（刘）植说扬，扬乃降"。刘秀因此得以"进兵拔邯郸，从平河北"①。刘秀还用劝说、利诱等种种手段争取到了钜鹿、真定、渔阳和上谷等地豪族的支持。当时投靠刘秀的豪族大姓有钜鹿宋子（今河北赵县东北）的耿纯，钜鹿昌城（今河北冀州区西北）的刘植，上谷"世为著姓"的寇恂，代郡士族苏竟，魏郡繁阳冯勤出身世官之家②，赵国大姓张况，渔阳盖延③，渔阳狐奴令王梁等。河北豪族的武力构成刘秀战胜王郎的力量。如耿纯"率宗族宾客二千余人"，甚至连"老病者皆载（棺）木自随"。并"燔烧屋室"，断绝"反顾之望"④。刘植"与弟喜、从兄歆率宗族宾客，聚兵数千人据昌城"⑤。同时也有财物方面的支持，如耿纯投刘秀，"献马及缣帛数百匹"⑥。还有社会舆论的支持，豪族在地方社会具有较强的号召力和影响力，王莽末，四方溃畔，冯鲂"乃聚宾客，招豪桀，作营堑，以待所归"⑦。乡里小农在动乱时难以自保，不得不投靠豪族，寻求庇护。豪族的选择在很大程度上影响乡里小农的投向。刘秀正是获得了豪族的多方面支持，才得以很快击败王郎，立足河北，实现建立东汉的大业。

　　对于三大豪族集团，刘秀尽量平衡他们之间的利益关系。幽、冀地区的豪强力量也曾和南阳、颍川的豪强力量进行过激烈的斗争，先后发生了光武帝刘秀杀真定王刘扬和彭宠反刘秀的事件⑧。东汉政权刚刚稳

---

　　① 《后汉书》卷二一《刘植传》，第 760 页。

　　② 《后汉书》卷二六《冯勤传》：冯勤曾祖父冯扬，宣帝时为弘农太守。有八子，皆为二千石，赵、魏间荣之，号曰："万石君"焉。

　　③ 《后汉书》卷一八《盖延传》：盖延归光武前，历任渔阳郡列掾、州从事。

　　④ 《后汉书》卷二一《耿纯传》，第 762 页。

　　⑤ 《后汉书》卷二一《刘植传》，第 760 页。

　　⑥ 《后汉书》卷二一《耿纯传》，第 762 页。

　　⑦ 《后汉书》卷三三《冯鲂传》，第 1147 页。

　　⑧ 前者，据《资治通鉴》卷四十载："时真定王刘扬复造作谶记云'赤九之后，瘿杨为主'。杨病瘿，欲以惑众，与绵曼贼交通。"建武二年春，"帝遣骑都尉陈副、游击将军邓隆征之，杨闭城门不内。乃复遣纯持节行幽、冀，所过劳慰王、侯。密敕收杨"。后者，据《后汉书·彭宠传》载："宠上谒，自负其功，意望甚高，光武接之不能满，以此怀不平"，于建武三年自立为燕王，至五年为其苍头所杀。

定，南阳豪族便提出要更换皇后和太子。建武十七年（41），刘秀迫于南阳豪族的压力，废皇后郭氏，以冠冕堂皇的借口立南阳阴氏为皇后，接着又废皇太子。在河北豪族与南阳豪族的权力争斗中，南阳豪族占了上风，幽、冀豪强地位下降。但刘秀杀刘扬后仍封其子刘得为真定王，废郭后以后，还徙封其弟郭况于"大国"，对郭家仍恩宠不衰。《后汉书·皇后纪》载：刘秀"数幸其第，会公卿诸侯亲家饮燕，赏赐金钱缣帛，丰盛莫比，京师号（郭）况家为'金穴'"。明帝继位，"（郭）况与帝舅阴识、阴就并为特进，数授赏赐，恩宠俱渥。礼待阴、郭，每事必均"。看来，废郭后是在南阳豪族的压力下，刘秀不得不在河北豪族和南阳豪族之间做出的痛苦选择。完全从郭皇后的个人因素来说明其废立的原因，显然是不客观的，掩盖了围绕权力之争的政治动因。[①] 幽冀豪族在刘秀政权中的地位虽已下降，但仍是重要的。这种下降也是和全国统一后幽冀豪强在全国范围并非很重要的这一情况相适应的，而他们也基本上安于这种次要的地位。

七　东汉河北的诸侯王国

东汉建立后，继续实行西汉分封诸侯王国的制度。建武元年（25）七月，宗室刘茂自号"厌新将军"，率众降附，刘秀封其为中山王，这是东汉分封诸侯王之始。除了建武十六年（40）刘秀曾一度分封军阀卢芳为代王外，此后只分封同姓诸侯王，再未分封过异姓王。东汉诸侯王国的封地，小于西汉初年，大于西汉中后期。光武帝共分封了21个诸侯王国，其中河北有5个：中山、广阳、真定、赵、河间，接近四分之一。与其他地区相比，河北是分封王国较多的地区，先后设立过十几个王国。明帝时，河北的王国有6个，光武帝所置2个：中山和赵；新置广平、钜鹿、乐成和常山。章帝又增置清河。和帝时，河北的王国达到7个，旧有封国四：光武帝所封中山和赵，明帝所封乐成，章帝所封清河；永元二年（90）复置常山、河间，永元五年（93）新置广宗。安帝时，河北的王国仍然是7个，和帝所封广宗国存在时间不满一年，即因封主死后无子而国除；其余七国均在，永初元年，分清河国析置广川国。质帝时，乐成、广

---

① 崔向东：《河北豪族与两汉之际的社会政治》，《河北学刊》2002 年第 1 期。

川二国已经取消，新置勃海国，王国数为六。所以，东汉封在河北的王国最多时为7个。延续时间最长的王国是赵国，历时184年，超过100年的王国还有中山、河间、常山和清河（桓帝时改为甘陵）。时间最短的仅几个月。东汉河北王国的置废见表2-7和表2-8。

表2-7　　　　　　　　　中山、河间、乐成、常山、勃海国

王国名	始封王	都城	建立时间	废置	辖地	备注
中山	刘茂	卢奴	光武帝建武元年（25）	建武十三年（37），宗室诸王皆降为侯，刘茂更封为穰侯，历时13年	辖13县	光武帝族父刘歆之从父弟
中山	刘辅	卢奴	建武十七年（41）	建武二十年（44），徙封刘辅为沛王，历时三年	同上	光武帝子，郭皇后生
中山	刘焉	卢奴	建武三十年（54）	灵帝熹平二年（174）刘畅死，无子，国除①。传四世，凡120年	同上	光武帝子，郭皇后生
河间	刘劭		建武七年（31）	建武十三年（37），刘劭被降为侯，历时6年		
河间	刘恭		和帝永元二年（90）	传五世，凡110年。献帝延康元年（220），魏受禅，刘陔被降为侯		和帝弟
乐成	刘党	信都	明帝永平十五年（72）	和帝永元八年（96），刘崇死，无子，国除。传二世	以信都郡置	明帝子
乐成	刘巡		和帝永元九年（97）	安帝元初六年（119），刘宾死，无子，国除。传二世		刘崇弟
乐成	刘苌		安帝永宁元年（120）	刘苌骄淫不法，就国数月即被贬为侯		济北惠王子
乐成	刘得		安帝延光元年（121）	灵帝中平元年（184），刘续坐不道被诛，国除。传二世		河间孝王子

---

① 《后汉书》卷八《灵帝纪》：熹平二年三月，"中山王畅薨，无子，国除"。本传云："子节王稚嗣，无子，国除。"纪，传互异，未知孰是，从《本纪》。

续表

王国名	始封王	都城	建立时间	废置	辖地	备注
常山	刘昞	元氏	明帝永平十五年（72）	章帝建初四年（79），徙封刘恭为江陵王，国除为郡		明帝子
常山	刘侧	元氏	和帝永元二年（90）	灵帝中平元年（184），刘暠弃国出走，建安十一年（206）国除①		故常山王刘昞少子
勃海	刘鸿	南皮	质帝本初元年（146）	灵帝熹平元年（172），刘悝遭宦官诬陷，自杀，国除②		
勃海	刘协	南皮	中平六年（189）四月	同年七月，徙封刘协为陈留王，国复为郡	以勃海郡置	灵帝子

表2-8　　　　　　　　　　东汉河北其他诸侯王国

王国名	始封王	都城	建立时间	废置	辖地	备注
真定	刘得		光武帝建武二年（26）	建武十三年（37），刘得被降为侯，国除，历时12年		故真定王刘扬子
广阳	刘良		光武帝建武二年（26）	建武五年（29），徙封刘良为赵王，国除，后未再复置		光武帝叔父
赵国	刘良	邯郸	建武五年（29）	建安十八年（213），刘珪被徙封为博陵王，国绝。传八世，凡184年	5县	同上
广平	刘羡	广平	明帝永平三年（60）	章帝建初七年（82），徙封刘羡为西平王，以其地入钜鹿郡	广平县	明帝子

---

① 和帝永元十四年，刘侧死，无子，复立其兄刘章为常山王，传四世至刘暠。
② 刘鸿于受封的次年死去，无子，复立桓帝弟刘悝为勃海王。

续表

王国名	始封王	都城	建立时间	废置	辖地	备注
钜鹿	刘恭		明帝永平十五年（72）	章帝建初七年（82），徙封刘恭为江陵王，国除为郡		明帝子
清河	刘庆		章帝建初七年（82）	桓帝建和元年（147），刘蒜被贬为侯，自杀，国除		章帝子
甘陵	刘理		桓帝建和二年（148）	建安十一年（206），无后，国除	改清河国置	安平孝王子
广宗	刘万岁	广宗	和帝永元五年（93）	同年，刘万岁死，无子，国除，以广川还并钜鹿	析钜鹿广宗县置	和帝弟
广川	刘常保	广川	安帝永初元年（107）	永初二年（108），刘常保死，无子，国除	析清河广川县置	清河王刘庆少子

八　东汉末年河北治乱

东汉后期，宦官与外戚斗争激烈，政治黑暗。当时社会矛盾的尖锐和统治政权的危机诚如崔寔所言："自汉兴以来，三百五十余岁矣。政令垢玩，上下怠懈，风俗雕敝，人庶巧伪，百姓嚣然，咸复思中兴之救矣。"[1] 所谓"百姓嚣然"，是指人民活不下去要奋起反抗的情势。这种情形在河北的考古发现中也有所反映。1959 年发掘了定州市北庄子东汉墓葬一座，该墓封土高 20 米，长宽各约 40 米，墓室以巨石封顶，出土有 400 多件金石玉器，初步断定墓主人是中山简王刘焉。《后汉书·中山简王刘焉传》记载，刘焉死后，大修冢茔，平夷周围吏民坟墓以千数，征发一万多民众为其造墓，"摇动六州十八郡"。

河北豪族与东汉政权结合较为紧密，东汉时河北豪族势力发展迅速，大豪族多，士族化进程加快。如寇恂家族，寇恂同产弟及兄子、姊子以军功封列侯者凡八人，孙女为大将军邓骘夫人，玄孙娶桓帝之妹，

---

[1]　《后汉书》卷五二《崔骃附崔寔传》，第 1726 页。

家族强盛。耿纯家族"封列侯者四人，关内侯者三人，为二千石者九人"①。东汉安帝时，左雄任冀州刺史，"州部多豪族，好请托，雄常闭门不与交通。奏案贪猾二千石，无所回忌"②。这些都说明河北豪族在东汉获得了相当大的发展。

东汉豪族的发展，就是大土地私有制的发展，导致土地兼并，使自耕农失去土地成为佃农或流民，贫富分化加剧。豪强地主都建有庄园，役使依附人口进行生产。河北赵国、常山、中山等封国内，都设有这种庄园坞壁，出土有陶楼、陶宅院、陶男女俑、陶家畜等，应是这些庄园经济的反映。崔寔《政论》曰："上家累巨亿之赀，斥地侔封君之土，行苞苴以乱执政，故下户崎岖，无所峙足，乃父子低首，奴事富人，躬率妻孥，为之服役。"③ 土地兼并势必造成阶级矛盾激化，导致农民起义。河北豪族发展普遍，土地私有严重，农民起义频繁而且规模大。

（一）冀州的黄巾起义

东汉末年，钜鹿（治今河北平乡西南）人张角尊奉《太平经》，创立太平道。公元 184 年，张角领导的黄巾大起义爆发，起义烽火燃遍全国，太平道徒众遍布于青、徐、幽、冀、荆、扬、兖、豫八州，中心在冀州的钜鹿（治今鸡泽）、广宗（治今威县）、下曲阳（治今晋州）等地。黄巾军初起兵时，是由大方马元义调发荆扬徒众前往邺城集结。张角起事后，得到冀州人民的广泛响应，如安平、甘陵的人民分别捕杀了安平王（乐成王刘党的后代）、甘陵王（清河王刘庆的后代）。张角据广阳，杀幽州刺史郭勋和广阳郡（治今北京）太守刘卫。卢植率大军进击，虽然取得了一些小胜利，但不敢冒进，灵帝以董卓为东中郎将代卢植，为张角大败。灵帝又派皇甫嵩代董卓。这时，张角病死，皇甫嵩在广宗袭杀张梁，斩杀三万多人，"赴河死者五万许人"④。黄巾军的最后一战又是由张梁率领钜鹿黄巾军在下曲阳（今晋州）与皇甫嵩决战。

黄巾起义爆发后，幽、冀两州群起响应，"有黑山、黄龙、白波、

---

① 《后汉书》卷二一《耿纯传》，第765页。
② 《后汉书》卷六一《左雄传》，第2015页。
③ （汉）崔寔撰，孙启治校注：《政论校注·阙题九》，中华书局2012年版，第170页。
④ 《后汉书》卷七一《朱儁传》，第2301页。

左校、郭大贤、于氐根、青牛角、张白骑、刘石、左髭、丈八、平汉、大汁、司隶、缘哉、雷公、浮云、飞燕、白雀、杨凤、于毒、五鹿、李大目、白绕、畦固、苦哂之徒，并起山谷间，不可胜数。"① 大者二三万，小者六七千。常山人张燕，轻勇矫捷，深受士卒拥戴，与中山、常山、赵郡、上党、河内等义军联合，众至百万，号曰"黑山贼"②。

黄巾起义失败后，太平道发生分化，一部分教徒仍以符水疗疾的方式在民间传播，被称为符水派；另一部分主张炼丹修行，被称为金丹派。曹操统一北方，将郗俭等道士集中到邺城，笼络收买，软硬兼施，强迫就范。河北地区的原始道教传播转入秘密方式。

在东汉末年的豪族割据中黄河以北的冀州占有重要的地位。东汉冀州刺史部统领魏郡、钜鹿、常山、中山、安平、河间、清河、赵国、勃海九个郡国，治所在邺县。汉灵帝中平元年（184）黄巾军破灭以后，安定郡朝那县（治今宁夏固原东南）人皇甫嵩以左车骑将军领冀州牧。当时皇甫嵩镇压了黄巾军之后，威震天下，而朝政日乱，海内虚困，汉阳人阎忠向皇甫嵩献计，劝他依靠冀州之士，调动七州之众，统一六合，南面称制。皇甫嵩认为这是非常之谋，没有采纳。

（二）平定幽州张纯之叛

幽州豪强在黄巾起义后发生了张纯之叛。中平四年（187），太尉张温发幽州乌桓兵讨伐凉州，前中山相渔阳人张纯请求领兵，张温未允，而遣涿县令公孙瓒将兵前往。张纯不满，联合太山太守张举和乌桓首领丘力居在蓟城起兵反汉，杀护乌桓校尉公箕稠、右北平太守刘政、辽东太守阳终等，聚众十余万，屯驻肥如。张举自称天子，张纯称"弥天将军安定王"。二张攻略青、幽、冀、徐四州。这是幽州的部分豪强力量，企图依靠乌桓之助割据一方。东汉王朝诏命骑都尉公孙瓒讨之。张举、张纯败走出塞，余皆降散。中平五年（189），曾经汉宗室刘虞复任幽州牧。刘虞到蓟，上书"罢省屯兵"，留下降虏校尉公孙瓒将步骑万人屯驻右北平。"遣使告峭王等以朝恩宽弘，开许善路。又设赏购

---

① 《后汉书》卷七一《朱儁传》，第 2311 页。
② 飞燕是继黑山张牛角为首领的，因称张燕，仍以黑山为号。

举、纯。举、纯走出塞，余皆降散"①。中平六年（190）三月，张纯的宾客王政杀死张纯，携张纯首级投降刘虞。关于张纯死亡的时间，范书《纪》《传》不同。《后汉书·灵帝纪》系于中平六年（190）三月，"幽州牧刘虞购斩渔阳贼张纯"②。袁宏《后汉纪·灵帝纪》与此同，唯叙事更详。中平六年"三月己丑，光禄刘虞为司马，领幽州牧，［击］张纯。虞使公孙瓒击纯，大战，破之。纯客王政斩纯首降"③。《后汉书》的《刘虞传》和《乌桓传》记载张纯死于中平五年（189）。《刘虞传》："明年（五），复拜幽州牧。……纯为其客王政所杀，送首诣虞。"④《乌桓传》中平"五年，以刘虞为幽州牧，虞购募斩纯首，北州乃定"⑤。当以《后汉纪》和《后汉书·灵帝纪》为是。

（三）刘虞治理幽州及其为公孙瓒所败

幽州地区因地处边远且驻军费用浩大。《后汉书·刘虞传记》载，东汉朝廷"岁割青、冀赋调二亿有余，以给足之"。次年（189），董卓之乱起，地方豪强割据方隅，"处处断绝，委输不至"。刘虞乃"劝督农植，民悦年登，谷石三十（钱）"。刘虞在东汉末年的动乱时代，采取措施缓和当地的社会矛盾，一方面加强边市贸易，"开上谷胡市之利，通渔阳盐铁之饶"；另一方面注意发展农业生产，保证粮食供给，每石谷市价三十钱，应该说是很有政绩的。当时青、徐地区百余万口避难流民纷纷涌入幽州，刘虞"皆收视温恤，为安立生业"，以至于流民忘记了自己是在逃难。在经济能力可以承受的前提下，大量士庶人口的涌入，对幽州社会经济的发展，特别是农业的发展，无疑是有好处的。

公孙瓒志欲扫灭乌桓，而刘虞欲以恩信招降，二人因此有隙。公孙瓒非常跋扈，不听刘虞节制，独揽幽州军事大权，二人矛盾日深。献帝

---

① 《后汉书》卷七三《刘虞传》，第2354页。《后汉书·乌桓传》亦云中平"五年，以刘虞为幽州牧"，第2984页。《资治通鉴》卷五十九《孝灵皇帝下》将"刘虞为幽州牧"系于中平六年二月，"幽州牧刘虞到部，遣使至鲜卑中，告以利害，责使送张举、张纯首，厚加购赏"。当以《后汉书》为是。

② 《后汉书》卷八《灵帝纪》，第357页。

③ （晋）袁宏撰，张烈点校：《后汉纪》卷二十五《灵帝纪下》，中华书局2002年版，第494页。

④ 《后汉书》卷七三《刘虞传》，第2354页。

⑤ 《后汉书》卷九十《乌桓传》，第2984页。

初平四年（193）冬，刘虞"遂自率诸屯兵众合十万人以攻（公孙）瓒"①。由于刘虞临时动员的只是专事务农的屯兵，"不习战"，反被公孙瓒锐士数百人因风纵火击败，刘虞被杀。公孙瓒遂自领幽州。当时幽州地区连年灾荒，旱蝗为虐，百姓被迫以桑椹为粮，粮价昂贵，"谷石十万钱"。公孙瓒乃"开置屯田，稍得自支"②。当然，得到屯田帮助的只能是公孙瓒的部伍，至于一般幽州百姓仍陷于水深火热之中。范晔评价刘虞说："虞好无终。"③ 可谓精当。刘虞德行美好，惜无好的结局。

（四）袁绍盘踞冀州及曹操鼎定河北

中平五年（188），太尉陈蕃之子陈逸以及南阳人许攸、沛国人周俊和术士襄楷，说动冀州刺史王芬，准备在汉灵帝到冀州河间旧宅重游时发动兵变，废掉汉灵帝。由于汉灵帝停止重游计划，兵变计划未能实施。中平六年（189），董卓入京擅政。汝南人袁绍，东汉大族，树恩四世，门生故吏遍于天下。他不满董卓专权，出奔冀州，董卓任命他为勃海（治南皮）太守。关东州郡以讨董卓为名，一时俱起。在黄河以北起兵的有勃海太守袁绍、幽州将公孙瓒、冀州牧韩馥、东郡太守桥瑁等，各路义军遥推袁绍为盟主。当时天下豪杰多附袁绍，州郡蜂起。

此时，冀州牧韩馥迫于形势，让位于袁绍，袁绍出任冀州牧。初平二年（191），青州黄巾军30多万人入勃海郡，公孙瓒率步骑2万，与黄巾军战于东光（治今东光县东），斩杀黄巾军3万余人，黄巾军败走，公孙瓒追杀，俘7万人。此后，公孙瓒与袁绍在河北连战数年，河北人民深受战乱之苦。公孙瓒尽有幽州之地后，侵暴百姓。刘虞旧部渔阳鲜于辅等人，招募胡汉兵数万，与公孙瓒所任渔阳太守邹丹战于潞北（今北京通州北），邹丹大败。鲜于辅又联结乌桓，乘胜南下，与刘虞子刘和及袁绍部将合兵10万，大败公孙瓒于易城（今雄县境）。建安四年（199），袁绍攻灭公孙瓒，以大将军兼领冀、青、幽、并四州，直到建安七年（202）病死，前后盘踞冀州12年之久。范晔认为，袁绍虽

---

① 《后汉书》卷七三《刘虞传》，第2356页。
② 《后汉书》卷七三《公孙瓒传》，第2363页。
③ 《后汉书》卷七三《刘虞传》，第2368页。

然势力强大，却不能跟刘虞相提并论，即"绍势难并"①。

　　曹操继袁绍之后进入河北。建安五年（200），曹操在官渡之战中击败袁绍，奠定了统一北方的基础。渔阳太守鲜于辅率其众归服曹操，东汉诏任鲜于辅都督幽州六郡。曹操后又收降河北黑山军张燕所部十万余众，建安十二年（207）曹操又出兵卢龙塞，大败辽西乌桓蹋顿单于，彻底消灭了袁氏的残余势力，据有冀、青、幽、并四州。建安十八年（213），汉献帝以冀州十郡封曹操为魏国公，建都邺城，以丞相兼领冀州牧如故。冀州成为曹操经略天下的腹心之地。

　　　　［本章内容参见以下拙著：（1）《秦朝末年影响赵国政局的进言与纳谏》，《邯郸学院学报》2014 年第 4 期；（2）《毛公籍贯与两汉河间国》，《河北日报》2001 年 12 月 21 日；（3）《西汉河间国沿革与毛公籍贯考》，《山东大学学报》2003 年第 3 期；（4）《〈汉书·地理志〉"信都国，景帝二年为广川国"考辨》，《中国史研究》2003 年第 2 期；（5）《〈嘉靖河间府志〉"汉河间国"辨误》，《中国历史地理论丛》2003 年第 4 期；（6）《关于汉代信都的几个问题》，《衡水学院学报》2012 年第 5 期］

---

① 《后汉书》卷七三《刘虞传》，第 2368 页。

第三章　汉代河北人口的分布与迁徙

本章重点探讨两个问题：西汉和东汉河北人口的分布与迁徙。所述两汉河北政区概况，服务于人口的分布与迁徙的研究。

一　西汉河北政区

汉高帝五年（前202），刘邦建立西汉王朝。汉初，地方行政机构实行郡国并行制，在秦国故地及其附近地区沿袭秦朝的郡县制，在关东地区则先后分封异姓王、同姓王，形成郡县制与封国制并存的局面。西汉与郡同级的政区有王国、属国（边地少数民族区）、京师三辅地区。秦末郡数为50个，至汉武帝时，由于对外开拓疆土，对内削夺诸侯王国，使郡县数目大增。元封三年（前108）有郡国110个。平帝元始二年（2）有103个郡国。西汉的二级政区包括县、邑、侯国、道。

为了加强中央集权，控制地方，元鼎五年（前106），汉武帝设立"十三州部刺史"。将全国分为13个行政监察区，每区由中央派一名刺史专门负责巡察该区境内的吏制。后来武帝又在京师附近7郡地设司隶校尉部，长官名为司隶校尉，职如刺史。因此，西汉的行政监察区实际上为14个。刺史直属中央的御史中丞，秩六百石，低于郡守。每年八月，刺史从京师出发，巡视所部郡国，"省察治状，黜陟能否，断治冤狱，以六条问事"①。年底返回京师，向皇帝奏报，由皇帝定夺奖惩。刺史无固定治所，没有黜陟地方官吏的权力，只例行监察事务，不管民政。而京师所在的司隶校尉权力很大，除巡视所部郡国外，还可纠察京师百官。

每一监察区包括几个或十几个郡国。今河北地区主要隶属冀州和幽

---

① 《汉书》卷一九上《百官公卿表上》颜师古注引《汉官典职仪》，第741页。

州刺史部；西部和西北部太行山区、燕山山区一小部分隶属并州刺史部；北部和东北部为匈奴、乌桓活动区域。至平帝元始二年（2），西汉王朝在今河北（包括京津）置有18个郡、国，202个县。

（一）冀州刺史部行政区划

冀州刺史部辖4郡6国，其中有118个县在今河北省境内。

清河郡①，治清阳（今清河葛仙庄镇东南），领14县，清阳、东武城、信成、恧题、缭县、枣强、复阳等7县在今河北。

魏郡②，治邺县（今临漳西南三台村），领18县，邺县、馆陶、斥丘、清渊、魏县、元城、梁期、即裴（侯国）、武始、平恩（侯国）、邯沟（侯国）、武安、涉县等13县在今河北。

常山郡③，治元氏（今元氏槐阳镇西北），领18县，全部在今河北。县名为：元氏、石邑、桑中（侯国）、灵寿、蒲吾、上曲阳、九门、井陉、房子、中丘、封斯（侯国）、关县、平棘、鄗县、乐阳（侯国）、都乡（侯国）、平台（侯国）、南行唐。

钜鹿郡④，治钜鹿（今平乡乞村镇西南平乡），领20县⑤，全部在今河北境内。县名为：钜鹿、南䜌⑥、广阿、象氏（侯国）、廮陶、宋子、杨氏、临平、下曲阳、贳县、鄡县、堂阳、新市（侯国）、安定（侯国）、敬武、历乡（侯国）、乐信（侯国）、武陶（侯国）、柏乡（侯国）、安乡（侯国）。

---

① 《汉书·地理志上》："清河郡，高帝置。"据周振鹤研究，清河郡当于汉高帝由钜鹿郡析置，见周振鹤《西汉政区地理》第91页，人民出版社1987年版。景帝前元三年，赵国除，清河郡属汉。中元三年，置清河国。武帝建元五年，国除为郡。元鼎四年，复置国。宣帝地节四年，国除为郡。元帝初元二年，复置国。永光元年，国除为郡。

② 《汉书·地理志上》："魏郡，高帝置。"据周振鹤研究，魏郡当系汉景帝前元五年由邯郸郡东南部地析置。见《西汉政区地理》，第81页。

③ 常山郡：《汉书·地理志上》云高帝置，其说有误。高祖四年，属张耳赵国。吕后元年，置常山国。文帝元年，复为郡，属赵国。景帝二年，削常山支郡属汉。三年以常山郡东北部地置中山国。中元五年，又以缩小了的常山郡置常山国。武帝元鼎三年，国除为郡，旋又以本郡真定附近三万户置真定国。

④ 汉初属赵国。后陆续析置出河间郡、清河郡、广平郡。

⑤ 此外，汉高祖十一年（前196），还在郡境置有禾城侯国，治今河北宁晋凤凰镇。汉文帝前元九年（前171）废。

⑥ 《汉书·地理志上》颜师古注："䜌，古莎字"，第1577页。

中山国，都卢奴（今定州市），领14县，全在今河北境内。县名为：卢奴、北平、北新成、唐县、深泽、苦陉、安国、曲逆、望都、新市、新处、毋极、陆成、安险。

真定国，都真定（今石家庄市郊东古城），领真定、槀城、肥累、绵曼4县，全在今河北境内。

赵国，都邯郸（今邯郸市），领邯郸、易阳、柏人、襄国4县，全在今河北境内。

广平国，都广平（今鸡泽县鸡泽镇东南）领16县，全在今河北境内。县名为：广平、张县、朝平、南和、列人、斥章、任县、曲周、南曲、曲梁（侯国）、广乡、阳台（侯国）、平利、平乡、广年、城乡县。

信都国，都信都（今冀州市），领17县，全在今河北境内。县名为：信都、历县、扶柳、辟阳、南宫、下博、武邑、观津、高堤、广川、乐乡（侯国）、平堤（侯国）、桃县、西梁（侯国）、昌成（侯国）、东昌（侯国）、修县。

河间国，都乐成（今献县东南），领乐成、侯井、武隧（侯国）、武强（侯国）、弓高5县，都在今河北省境内。

此外，青州刺史部的平原郡有一侯国在今河北省境。

（二）幽州刺史部行政区划

幽州刺史部辖7郡1国，其中有89个县在今河北省境内。

渔阳郡，治渔阳（今北京密云西南），领12县，路州、泉州、犀奚、要阳、白檀、滑盐等6县在今河北。

上谷郡，治沮阳（今怀来沙城镇东南），领15县，4县在今北京；沮阳、泉上、潘县、雊督、宁县、广宁、涿鹿、且居、茹县、女祁、下落等11县在今河北。

涿郡，治涿（今涿州）领29县，涿县、遒县、谷丘、故安、南深泽、范阳、蠡吾、容城、易县、广望（侯国）、郑县、高阳、州乡（侯国）、安平、樊舆（侯国）、成国（侯国）、利乡（侯国）、临乡（侯国）、益昌（侯国）、阳乡（侯国）、西乡（侯国）、饶阳、中水、武垣、阿陵、阿武（侯国）、高郭（侯国）、新昌（侯国）等28县在今河北。

勃海郡，治浮阳（今沧州东南）领26县，浮阳、东光、阜城、千童、南皮、章武、中邑、高成、高乐、参户（侯国）、成平、柳（侯国)、临乐(侯国)、东平舒、安次、修市(侯国)、文安、景成(侯国)、束州、建成、蒲领(侯国)、章乡(侯国)等22县在今河北。

此外,汉高帝六年(前201)置有柳丘侯国,治今黄骅县羊二庄村。

代郡,治代(今蔚县东北),领18县,代县、桑干、当城、广昌、阳原、东安阳、马城等7县在今河北。

右北平郡,治平刚(今平泉县平泉镇东北),领16县,平刚、俊靡、徐无、字县、土垠、夕阳、昌城、骊成等8县在今河北。

辽西郡,治阳乐(今辽宁义县西),领14县,海阳、新安平、令支、肥如、絫县等5县在今河北。

广阳国,都蓟(今北京),领4县,3县在今北京,方城1县在今河北。

二 西汉河北人口的分布与流徙

(一)西汉全国人口概况

西汉初,承兵燹与饥馑之后,"大城名都,人民散亡,户口可得而数,裁什二三"①。梁启超估计西汉初人口约六百万②,这一估计为研究者所长期袭用,其实并不足凭信③。葛剑雄根据人口变化规律考察有关文献记载,提出"汉初人口肯定在一千二百万以上"④,这一推断较为接近历史事实。

在农业社会里,人口不足,严重影响社会生产的恢复和发展。西汉统治者为了增加劳动人口,垦田辟土,"务尽地力",扩大租税赋役征收对象,采取了奖励生育、惩罚不孕的特殊人口政策。汉初,刘邦下令"民产子,复勿事二岁"⑤,即对产子之家给予免除徭役二年的奖励。与此相反,对于那些应当结婚生育而未结婚者,则予以经济制裁。汉惠帝

---

① 《汉书》卷一六《高惠高后文功臣表序》,第527页。

② 梁启超:《饮冰室文集》第四册第四章第三节"中国史上人口之统计",中华书局1989年版,第35页。

③ 梁启超的推算是根据马端临的《文献通考》卷十"户口"的有关记载"略加考证",而马端临的记载则是抄录杜佑《通典》卷七"食货"的有关文字,再追溯其源,最早系出于皇甫谧的《帝王世纪》。皇甫谧估计战国初期人口"当尚千余万",他据此推论"至汉祖定天下,民之死伤,亦数百万","方之六国,五损其二"(《续汉书·郡国志一》注引《帝王世纪》)。他完全没有考虑战国中、后期人口的剧增因素。

④ 《西汉人口地理》,复旦大学1983年博士学位论文本,第39页。

⑤ 《汉书》卷一下《高帝纪》。《史记》卷三〇《平准书》系在八年。

六年（前189）令："女子年十五以上至三十不嫁，五算。"应劭说："汉律，人出一算，今五算，罪谪之也。"① 为了达到增殖人口的目的，不仅规定女子十四五岁出嫁，并对晚婚女子处以征收五倍算赋的重罚。②

惠帝、吕后两朝，休养生息，人口逐渐增殖。至文帝年间，便出现了"天下殷富，粟至石十余钱，鸣鸡吠狗，烟火万里"的富庶景象③。至武帝初，随着社会经济的恢复与发展，国富家足，人口滋盛。④ 武帝中期以后，连年用兵四夷，加以奢侈挥霍，致使流民增多，"海内虚耗，户口减半"⑤。武帝末年悔征伐之事，下轮台罪己诏，禁苛暴，止擅赋，致力于发展农业生产。《汉书·食货志上》记载：昭帝年间，"流民稍还，田野益辟，颇有畜积"。又对外息兵，与匈奴和亲，百姓充实。至宣帝时，又出现了"百姓安土，岁数丰穰，谷至石五钱"的升平局面，人口又不断增长。此后的元、成、哀、平四代，虽间有天灾人祸，但对人口增长并未产生太大影响。所以《汉书·食货志上》说，哀平之际，"宫室苑囿府库之臧已侈，百姓訾富虽不及文景，然天下户口最盛矣"。《汉书·地理志》记载平帝元始二年（2）全国有 12233062 户，59594978 人⑥，这是我国现存最早的人口统计数字⑦。必须指出的是，

————————

① 《汉书》卷三《惠帝纪》注引，第91页。

② 奖劝人口增殖的政策，是特定历史条件下的产物，在农业经济的一定时期内可以收到增加社会劳动力、促进生产发展的效果，但终究不能违背人口发展的自身规律。

③ 《史记》卷二五《律书》，第1242页。

④ 《汉书》卷二四上《食货志上》："都鄙廪庾尽满，而府库余财。京师之钱累百钜万，贯朽而不可校。太仓之粟陈陈相因，充溢露积于外，腐败不可食。众庶街巷有马，阡陌之间成群，乘牝牸者摈而不得会聚。守闾阎者食粱肉，为吏者长子孙，居官者以为姓号。人人自爱而重犯法，先行谊而黜丑辱焉。"

⑤ 《汉书》卷七《昭帝纪》，第233页。

⑥ 葛剑雄认为此非西汉人口最高数，元始二年也非西汉户口最盛年份，见《西汉户口最盛年份质疑》，载《复旦学报》增刊（历史地理专辑），1980年8月。

⑦ 将《地理志》所记的103个郡国的户口数相加，结果与此不同。共有1578个县邑道侯国，12366470户，57671401人，口户比为4.5，比《地理志》多133408户，少1923577人。很可能是把103个郡国之外的人口加了进来。《续汉书·郡国志》注引《帝王世纪》的西汉户数和口数为："民户千三百二十三万三千六百一十二，口五千九百一十九万四千九百七十八。"也与《汉书·地理志》不同。梁方仲先生在《中国历代户口、田地、田赋统计》"总序"论及（上海人民出版社1980年版），古埃及和古巴比伦在公元前二三千年便已进行国内人口调查，但没有确切的人口数字传世。《旧约》所记公元前10世纪初以色列诸族民数，虽有详细数字，但登记的仅是20岁以上、能上阵作战的以色列、犹太、利未诸族丁男，不是全国的人口数。古希腊与古罗马的人口调查则不包括奴隶、外邦人以及妇女和儿童，只能算是局部人口调查。所以，元始二年的户口数也是世界现存最早的全国人口统计数字。

汉初就已沿袭秦朝的做法进行人口统计。西汉时有户律，原文已佚，但从后世的法律中可窥见其梗概。《唐律疏义》卷十二说："户婚律，汉相萧何承秦六篇律，后加厩、兴、户三篇，为九章之律。迄至后周，皆名户律，北齐以婚事附之，名为户婚律。"由于户籍是赋役征调的基本依据，所以封建政府十分重视。汉时贾人有市籍①，官吏有官籍②，通侯自有籍③，各地宗室的户籍也由郡国上计时另报宗正④。皇室、列侯、公卿、豪右的奴婢、宾客、徒附都包括在户籍之中。《汉书·惠帝纪》注引应劭说："汉律人出一算，算百二十钱，唯贾人与奴婢倍算。"官奴婢有专项统计，私奴则与主人一起登记，居延汉简中就有这样的实例，"候长觻得广昌里公乘礼忠年卅，小奴二人直三万，大婢一人二万，轺车一乘直万，用马五匹直二万，牛车二两直四千，服牛二六千，宅一区万，男五顷五万，凡訾直十五万。"⑤

西汉末年，土地兼并剧烈，天灾频仍，人口锐减，《后汉书·祭祀志》记载此时百姓大量死亡的情况说："千里无烟，无鸡鸣狗吠之声。"王莽代汉，"天下连岁灾蝗，寇盗蜂起"⑥，"四垂之人，肝脑涂地，死亡之数，不啻太半"。⑦续以更始、赤眉之乱，至光武中兴，百姓虚耗，十有二存，亦即西汉平帝时的人口减少了十分之八，后算总人口在1200万至1800万。经过30多年的恢复繁衍，至光武帝中元二年（57），全国有4279634户，21007820人⑧。以西汉末年的人口为基数，过了50年，全国户口仍然减少了近三分之二！即使东汉初户籍制度不完备，登记有遗漏，但人口的锐减是确凿无疑的。

---

①《汉书》卷六《武帝纪》天汉四年张晏注，第205页。

②《史记》卷八八《蒙恬列传》："赵高有大罪，……毅不敢阿法，当高死罪，除官籍。"第2566页。汉制当亦有之。

③《史记》卷八《高祖本纪》："利几者，项氏之将。……高祖至雒阳，举通侯籍召之。"第381页。

④《后汉书》卷一一六《百官志三·宗正条》："若有犯法当髡以上，先上诸宗正，宗正以闻，乃报决。"第3584页。

⑤谢桂华、李均明、朱国照：《居延汉简释文合校》三七·三五，文物出版社1987年版，第61页。

⑥《后汉书》卷一上《光武帝纪上》，第2页。

⑦《后汉书》卷二八《冯衍传》，第966页。

⑧《后汉书》志第二三《郡国五》注引伏无忌所记。

（二）西汉河北人口分布概况

据西汉元始二年（2）户数与口数，可知该年全国每户平均人口为 4.67 人，冀州为 4.57 人。这同秦汉常称"五口之家"的记载是大致吻合的。如《汉书·晁错传》云："今农夫五口之家，其服役者不下二人，其能耕者不过百亩，百亩之收不过百石。"

《汉书·地理志》中，不仅有元始二年（西汉其他年份的人口数字没有保存下来）西汉全国的总人口数，而且还详列了各个郡、国的户口数。需要说明的是，这些人口数据并不精确，西汉人口统计与赋税征收是联系在一起的，由此而引起的各种形式的隐漏人口未统计在内。不过这些隐漏人口与全国总人口相比数量不大，不影响对问题进行宏观分析。西汉在今河北（包括京、津）置有 14 个郡国（郡治在河北），另外有 6 个郡郡治在外省，部分县在河北，河北置县共 202 个。

按照西汉各省区人口的多少排序，今河南省第一，12899279 人；山东省第二，12100873；河北省位居第三，6908790 人，占全国人口的比重为 12.3%。

表 3－1　　　　　　　　　　　西汉河北人口分布

郡国名称	治所（今地）	占总人口比例（%）	面积（平方千米）	占总面积比例	人口密度（人/平方千米）①	户数	口数
常山郡 领 18 县	元氏	1.18	15747	0.4	43.05	141741	677956
钜鹿郡 领 21 县	平乡西南	5.4	33939	0.86	91.79	155941	827177
魏郡领 18 县，其中 13 县在今河北②	临漳西南					$212849 \div 18 \times 13 = 153724$	$909655 \div 18 \times 13 = 657973$
广平国领 16 县	鸡泽					27984	198558
清河领 14 县，7 县在今河北	清河					$201774 \div 14 \times 7 = 100887$	$875422 \div 14 \times 7 = 437711$
信都国领 17 县	冀州	③				65556	304384

郡国名称	治所（今地）	占总人口比例（%）	面积（平方千米）	占总面积比例	人口密度（人/平方千米）①	户数	口数
代郡领 18 县，其中 7 县在今河北	蔚县	0.48	23731	0.6	11.75	56771÷18×7 =22078	278754÷18×7 =108404
右北平郡 领 16 县，其中 8 县在今河北	平泉					66689÷16×7 =29176	320780÷16×7 =140341
勃海郡领 26 县，其中 22 县在今河北	沧州东南	1.57	16272	0.41	55.62	256377÷26×22 =216934	905119÷26×22 =765870
涿郡领 28 县	涿州					195607	782764
上谷郡领 15 县，其中 11 县在今河北	怀来东南	0.2	22644	0.57	5.2	36008	117762
赵国领 4 县	邯郸	0.61	4186	0.11	83.59	84202	349952
真定国领 4 县	石家庄东	0.31	937	0.02	190.63	37126	178616
中山国领 14 县	定州	1.16	7451	0.19	89.66	160873	668080
河间国领 5 县	献县东南	0.33	2324	0.06	80.73	45043	187662
广阳国 3 县在今北京，1 县在今河北	北京	0.13	3114	0.08	22.69	20740	70658
辽西郡领 14 县，其中 5 县在今河北	辽宁义县	0.61	46431	1.18	7.59	72654÷14×5 =25948	352325÷14×5 =125830
渔阳郡 5 县在今北京，6 县在今河北	北京密云	0.46	41409	1.06	6.38	68802	264116

续表

郡国名称	治所（今地）	占总人口比例（%）	面积（平方千米）	占总面积比例	人口密度（人/平方千米）①	户数	口数
安侯国	吴桥						
乌桓的一部分④						2000	10000
合计						1598506	6908790

表中的有些内容要做一些说明：

（1）"占总人口比例、面积和占总面积比例"三项统计数据，根据赵文林、谢淑君著《中国人口史》，人民出版社 1988 年 6 月版，第 44 页。"人口密度"的统计数据，采至葛剑雄《西汉人口地理》，见第 96—97 页。西汉人口密度以关中地带人口最密集，次则河南、河北、山东等地。长江以南人口仍很少。元始二年（2），今河南省人口密度为每平方千米 240.5 人，今山东省为 188.1 人，今河北省为 127 人。而同年湖北省人口密度为每平方千米 13.3 人，今湖南省为 8.6 人，今浙江省为 13.2 人，今江西省为 5.4 人。

（2）魏郡的"沙"县系《汉书·地理志》所载，而《历史地图集》作"涉"，必有一误。

（3）将钜鹿、信都、清河、广平、魏郡五个郡国作为一个计算单位，是因为《汉书·地理志》中广平国和信都国所辖县数的记载有误，各有几个县应当划归旁郡，钜鹿、清河、魏郡是可能的接受者，但具体到何县归何郡则难以断定，所以采取了合并计算的办法。

（4）黄烈先生考证，曹魏时期乌桓有 30 万口（《中国古代民族史研究》第 249 页）。袁祖亮认为，西汉末年乌桓势力并不大，估计约有 10 万口，在今河北和辽宁省境者约有 3 万口（河北境内 1 万口，辽宁境内 2 万口），约有 7 万口在内蒙古境内。①

由于各地区间的政治、经济、文化发展不平衡，所以人口分布状况也不同，并处于发展变化之中。西汉时今河北中部地区人口非常密集，

---

① 袁祖亮：《中国古代人口史专题研究》，中州古籍出版社 1994 年版，第 160 页。

"中山，地薄人众"①，如真定国竟高达每平方千米 190.63 人；而河北北部则人口稀疏，"上谷至辽东，地踔远，人民希"②，如代郡为每平方千米 11.75 人，上谷郡更少，每平方千米才 5.2 人。

由于一些郡国的地域并不是完全在现在某一省区之内，而是横跨两省或数省。划分办法是以该郡国的总县数，求出郡国所属县的人口平均数，然后用这个平均数乘以该郡国在河北省中的县数。如西汉时期的清河郡地跨今河北、河南两省，根据《汉书·地理志》记载，清河郡在元始二年（2）时，共有 875422 人，辖县 14 个。根据县治所在地判断，其中清阳、信成、芯题、缭、复阳、东武城、枣强 7 个县在今河北省；另外 7 个县在今山东省。在统计河北省人口时，先将清河郡中的总口数除以清河郡当时的辖县数，即 875422 除以 14，等于 62530.14 人；然后分别乘以 7，则分别得出河北和山东的县数的人口数均为 437711 人。由于县有大小，各个县的人口数量不可能完全相同，目前只能做这样的变通处理。

（三）西汉河北人口的迁徙变动

1. 从河北外迁的人口

汉初，燕国动乱，燕、赵、齐数万人逃往匈奴和朝鲜。有组织的逃亡有两批。第一批，燕王卢绾率数千燕人逃往匈奴。汉高帝十二年（前195），汉高祖刘邦病重，燕王卢绾为自保，与匈奴暗通往来。"悉将其宫人家属骑数千居长城下，候伺，幸上病愈，自入谢。"四月，高祖崩，卢绾"遂将其众亡入匈奴"③。第二批，燕人卫满率千余人逃往朝鲜。燕王卢绾叛入匈奴后，燕人卫满"聚党千余人"亡命出塞，渡坝水，进入朝鲜。击破朝鲜王准"而自王朝鲜"④。之后，逐步"役属真番、朝鲜及故燕、齐亡人"⑤。更多的避难者是自发逃往东北和朝鲜的。"汉

---

① 《史记》卷一二九《货殖列传》，第 3263 页。
② 《史记》卷一二九《货殖列传》，第 3265 页。
③ 《史记》卷九三《韩信卢绾列传》，第 2639 页。
④ 《后汉书》卷八五《东夷传·濊传》，第 2817 页。
⑤ 《史记》卷一一五《朝鲜列传》，第 2985 页。

初大乱，燕、齐、赵人往避地者数万口"①。至卫满之孙右渠时，逃亡朝鲜半岛的汉人越来越多，其中多为河北的移民。

西汉建立后，为巩固新生的政权，实施了大规模的移民，移民区域是边境与关中，移民对象是罪犯、贫民及豪族，移民的目的主要是从巩固政治统治考虑，并不是为了调整人口的地域分布，推动社会经济的发展。

高祖九年（前 198）十一月，"徙齐楚大族昭氏、屈氏、景氏、怀氏、田氏五姓关中，与利田宅"②。据《史记·刘敬叔孙通列传》和《汉书·刘敬传》，除了上述五姓，被强令迁徙的还有燕、赵、韩、魏等地原六国贵族的后裔及豪杰名家，总数有十余万口。这是西汉第一次大规模移民。此后，西汉政府又多次移民关中。汉初至宣帝时期河北徙入关中的实例列表如下（见表 3 - 2）：

表 3 - 2　　　　　　　　　西汉河北人口徙关中实例

徙居人	原籍	徙入地	徙入时间	徙入原因	资料来源
廉范祖上	中山	杜陵	汉初	豪族	后汉书卷 31/P1101
冯唐祖父	赵国	安陵	汉初	赵大臣后	汉书卷 50/P2312
江充	邯郸	长安③	武帝	逃亡	汉书卷 45/P2175
董仲舒	信都	茂陵	武帝	诸侯王相	汉书卷 56/P2525
杜邺父	魏郡	茂陵	武帝	二千石	汉书卷 85/P3473
耿弇祖	钜鹿	茂陵	武帝	二千石	后汉书卷 19/P703
马援祖	赵	茂陵	武帝	二千石	后汉书卷 24/P827
韩延寿	广阳	杜陵	宣帝	二千石	汉书卷 76/P3210
王商	涿郡蠡吾	杜陵	宣帝	外戚	汉书卷 82/P3369
窦融高祖④	常山	平陵	宣帝	二千石	后汉书卷 23/P795

---

① 《后汉书》卷八五《东夷传·濊传》，第 2817 页。
② 《汉书》卷一上《高祖纪》，第 66 页。
③ 江充在长安或系暂居，不一定入籍。此外，魏郡人王禁，少学法律于长安，为廷尉史，未列入表中。参见《汉书》卷九八《元后传》。
④ 《汉书·窦融传》："窦融字周公，扶风平陵人也。七世祖广国，孝文皇后之弟，封章武侯（章武，县，属勃海郡，故城在今河北黄骅市西南故县村）。融高祖父，宣帝时以吏二千石自常山徙焉。"

廉范，字叔度，京兆杜陵（在今陕西西安市长安区东伍村北）人，赵国名将廉颇后人。汉兴，以廉氏豪宗，自中山国苦陉县（治今河北定州市东南邢邑）徙焉。

冯唐，祖父赵人。其父徙代国。汉兴，徙安陵。

《汉书·江充传》："江充字次倩，赵国邯郸人也。"江充在长安或系暂居，不一定入籍。类似情况还有魏郡人王禁，少学法律于长安，为廷尉史，未列入表中。①

董仲舒（约前179—约前104），广川（今景县西南）人。西汉著名的儒学大师，年老以寿终于家。其家徙居茂陵（今陕西兴平东北），子孙皆以学而至高官。

《汉书·杜邺传》："杜邺字子夏，本魏郡繁阳人也。祖父及父积功劳皆至郡守，武帝时徙茂陵。"

《后汉书·耿弇传》："耿弇字伯昭，扶风茂陵人也。其先武帝时，以吏二千石自钜鹿徙焉。"其父耿况（？—36），以明经为郎，新莽时，为朔调连率（即上谷太守，治今怀来东南）。从刘秀平定河北，封兴义侯。

《后汉书·马援传》："马援字文渊，扶风茂陵人也。其先赵奢为赵将，号曰马服君，子孙因为氏。武帝时，以吏二千石自邯郸徙焉。"

王商（？—前25），字子威，涿郡蠡吾（今博野西南）人，徙居杜陵（今陕西西安东南）。随同他徙居长安的，还有其父王武，以及他的伯父无故，"商父武，武兄无故，皆以宣帝舅封。无故为平昌侯，武为乐昌侯"②。

窦皇后（？—前135，一作前129），清河观津（今武邑东南）人。高后时，以良家子入皇宫侍奉吕太后，后为文帝皇后。窦广国（？—前151），汉文帝窦皇后弟。年轻时家贫，被人略卖，辗转十余家，后来跟从主人来到长安，得以与窦皇后相认。文帝厚赐田宅金钱，在长安定居。景帝即位，封广国为章武侯。窦家入居长安的，还有窦皇后从兄之

① 《汉书》卷九八《元后传》，第4014页。
② 《汉书》卷八二《王商传》，第3369页。事详《汉书》卷九七《外戚传上·史皇孙王夫人传》，第3962页。

子窦婴（？—前131），后官至丞相，汉武帝时被弃市于渭阳城（今陕西咸阳西北），是知家已迁往陕西。

汉初功臣后裔的迁徙。据《汉书·地理志》汉初曾徙诸功臣家于长陵。但文帝时遣列侯就国，只有少数还留在关中。汉初封的功臣侯国至武帝时已废绝殆尽，这些侯国被除时绝大多数侯并不在关中任职，也未担任二千石或更高的官职，按理应居住在自己的封邑，基本上都在关东。葛剑雄指出，据《汉书·功臣侯表》，在宣帝元康四年（前62）绍封时，大多数功臣侯的后裔都注籍于关中。在统计到的131人中，关中籍的有88人，占73%；而其他籍的33人，仅占27%[①]。功臣侯的后裔要再迁入关中，只能是高訾或豪杰方有可能，但这两种对象在他们中的比例不可能如此之高。由此可见，文帝遣列侯就国时，功臣侯并没有全家迁往封邑，只有侯本人及其继承人就国，至少还有其他子女留在关中，这就是为什么因"无后"已经绝封的侯却有后裔在关中的原因[②]。元康绍封时，留在关中的后裔自然捷足先登，而只是在关中一支后裔也已断绝的侯，才由关东一支绍封。当然部分在关东的废侯后裔因符合徙陵县的条件而重新迁入关中的可能性也不能排斥，但数量不会多。

元康四年（前62）绍封时，大多数功臣侯的后裔注籍关中，河北地区注籍关中的功臣侯后裔见表3-3：

表3-3　　　　　　元康四年有关中籍后裔的河北功臣侯[③]

侯国名（治今地）	原在郡国	后裔入籍地	侯国名（治今地）	原在郡国	后裔入籍地
平棘（赵县东南）	常山	长安	武邑（今县）	信都	长安
棘蒲（赵县）	常山	云阳	辟阳（冀州市东南）	信都	茂陵
乐成（献县东南）	河间	长安	历（景县西南）	信都	长安
贳（辛集市西南）	钜鹿	茂陵	桃安	信都	长安

① 葛剑雄：《中国移民史（第二册）先秦至魏晋南北朝时期》，福建人民出版社1997年版，第103页。
② 葛剑雄：《西汉人口地理》，人民出版社1986年版，第142页。
③ 参考葛剑雄《西汉人口地理》"表9元康四年有后裔注籍关中的功臣侯"制作，人民出版社1986年版，第143—149页。

续表

侯国名（治今地）	原在郡国	后裔入籍地	侯国名（治今地）	原在郡国	后裔入籍地
禾成	钜鹿	霸陵	曲逆（顺平东南）	中山	长安
堂阳（新河西北）	钜鹿	霸陵	安国（今安国市东南）	中山	长安
清阳（清河东南）	清河	长安	北平（满城北）	中山	长安
东阳山东武城西北	清河	茂陵	深泽（今县）	中山	平陵
复阳（故城西）	清河	云阳	中水（献县西北）	涿	长安
斥丘（成安东南）	魏	长安	厌次山东陵县		阳陵

注：平棘，治今河北赵县东南三里县前村。

棘蒲齐侯赵将夕，以赵将汉王三年降，属淮阴侯，定赵、齐、楚，以击平城功侯，七百户。元康四年，将夕玄孙平陵上造延世诏复家。

　　由河北徙往长安以外地区的实例较少。邯郸人樛氏（？—前112），旅居长安，与南越王赵胡之子婴齐相遇结为夫妻，生子赵兴。赵婴齐继任南越王，立樛氏为王后，携家南迁。文献中记载的河北人口徙往外地的实例全是有地位的官宦人家，随同迁徙的依附人口也未注明名姓和数量，所以这些实例反映的主要是河北社会上层人口迁徙变动的情况。

　　罪人流徙也是两汉时期人口流动的重要形式。鲍宣（？—3），勃海高城（今盐山东南）人。以敢言直谏闻名。汉哀帝时，任司隶，举劾无所回避，因此受髡钳之刑，徙家上党（治今山西长子西）。淳于长（？—前8），魏郡元城（今河北大名东）人。母亲是太后王政君的姐姐，成帝时，他凭这个身份为黄门郎，官至卫尉。往来通语东宫，使赵飞燕得立为后，因封定陵（治今河南鄢城西北）侯。深得成帝信用，贵倾公卿。王莽心害其宠，绥和元年（前8）谮于大司马骠骑将军王根及太后，遂被免官，遣就国。后以珍宝重赂红阳侯王立，成帝疑有大奸，系之洛阳诏狱穷治，死在狱中。妻子徙合浦（今广西合浦东北），将军、卿大夫等坐免者数十人。西汉河北的诸侯王有5人因犯罪被流放到外地。

表3－4　　　　　　　　　　西汉河北诸侯王流放外地

帝王纪年 （公元）	流徙人	徙出地及治所	徙入地	史料出处
元鼎三年 （前114）	常山王刘勃	都真定，治今正定	废徙房陵，今湖北房县	汉书卷6P183
本始四年 （前70）	广川王刘去①	都信都，治今冀州市	与妻子废徙上庸，治今湖北竹山西南	汉书卷53P2431
地节四年 （前69）	清河王刘年	都清河，治今清河东南	废徙房陵	汉书卷47P2212
甘露四年 （前50）	广川王刘海阳	都信都，治今冀州市	废徙房陵	汉书卷53P2433
建昭元年 （前38）	河间王刘元	都乐成，治今献县东南	废徙房陵	汉书卷14P409

少数获罪流放的官员及其家属也有机会被赦免返回故里，此类情况应从迁移人口中剔除。例如，汉灵帝时，蔡邕遭政敌陷害，坐上书下狱，减死与家属髡钳徙朔方。蔡邕在《徙朔方报杨复书》中说："昔此徙者，故城门校尉梁伯喜、南郡太守马季长或至三岁，近者岁余，多得旋返。自甘罪戾，不敢慕此。"② 第二年遇上大赦，灵帝赦免蔡邕，准其返回原籍。蔡邕从放逐到遇赦，历时九个月。

此外，擅长歌舞的年轻燕赵女子外徙也是河北移民中值得关注的事项，详见本书"第八章六、（二）乐舞"。河北自古以来就是音乐歌舞之乡，燕、赵、中山地区的人擅长音乐歌舞。秦汉时期，以歌舞著称的"赵女"，为"奔富厚"，远嫁外地，"遍诸侯之后宫"。秦汉帝王、贵族、官僚在游宴、祭祀之时大量使用女乐。数以千计具有音乐歌舞素养的燕赵中山青年女子进入宫廷。"武帝求仙起明光宫，发燕赵美女二千

---

① 刘去在位22年时，因坐杀人废徙，国除。宣帝地节四年（前66），复以刘去之兄刘文为广川王。刘文在位二年死，子海阳嗣。

② （明）梅鼎祚编：《东汉文纪》卷十九《徙朔方报杨复书》，《文渊阁四库全书》影印本第1397册，台湾"商务印书馆"1986年版，第404a—b页。

人充之。"① 仅明光宫一处宫殿，燕赵女乐就有二千之众，其他宫殿以及长安等大城市达官显贵的府邸中应当还有数量不菲的燕赵青年女性。

2. 迁入河北的人口

两汉诸侯王的就国问题，与人口的迁徙直接相关，受封为河北的诸侯王，如果就国，就是迁移到河北的人口。因为诸侯王就国问题比较复杂，笔者在以前的研究中略而未谈，在此做些补充。一般而言，西汉前期，诸侯王授封后即就国。随行人员包括诸侯王太后、中央为其择立的王国官员，以及侍从、护卫等。文帝以后，除了在中央任职及得到特许外，列侯都应就国，诸侯王更必须就国，且不能随意回京。汉景帝平定七国之乱以后，诸侯王"衣食租税而不治民"，失去了对于王国官员的任免权，随其前往王国的人员减少。他们何时就国受皇帝意志的左右，以延缓就国为主要表现。东汉诸侯王多延缓就国，甚至有终身未就国者，很多诸侯王太后都难以随从就国，随行亲属更是基本不见。

西汉封在河北的诸侯王国有 12 个。根据王国的地位和性质，可分为两个阶段。武帝即位之前 8 个：燕国、中山、赵国、常山、广川、信都、清河、河间。武帝即位以后 4 个：真定、广干、广平、广宗。这 12 个诸侯王国的始封王是 28 个，未就国者 9 位，余下的 19 位始封王，在武帝即位之前分封的 11 位肯定是就国者，卢绾和 10 位刘邦子孙，武帝即位后始封王 8 位，根据其王国沿革情况判断，也是就国者。19 位始封王的原籍均是沛县，大多数人的出生地是京师长安，他们及其随行到封国的人员都是迁移到河北的人口。根据第二章"二、（一）西汉河北诸侯王国沿革简况"，将始封就国的诸侯王择要整理列表如下（见表 3-5）。

表 3-5　　　　　　　　　西汉始封就国的诸侯王

序号	诸侯国	始封王数	武帝即位前始封王就国者	武帝即位后始封王	未就国者的始封王
1	燕	六	卢绾、刘建、刘泽	刘旦，武帝封	臧荼（燕将）、吕通
2	赵	五	刘友		张耳（赵人）、刘如意、刘恢、吕禄

① 何清谷校释：《三辅黄图校释》卷三《甘泉宫·明光宫》，中华书局 2005 年版，第219 页。

续表

序号	诸侯国	始封王数	武帝即位前始封王就国者	武帝即位后始封王	未就国者的始封王
3	中山	一	刘胜		
4	常山	四	刘舜		刘不疑、刘山、刘朝（未成年、未传国）
5	广川	一	刘彭祖		
6	信都	三	刘越	刘兴（元帝封）、刘景（哀帝封）	
7	清河	二	刘乘	刘义，武帝封	
8	河间	二	刘辟强、刘德		
9	真定	一		刘平，武帝封	
10	广干	一		刘偃，武帝封	
11	广平	一		刘广汉，哀帝封	
12	广宗	一		刘如意，平帝封	

西汉时内地省区人口徙入河北的实例较少，一些实例是北方少数民族归降汉朝被封为侯，内徙河北。主要是匈奴降人封侯内徙河北，实例如下：

（1）文帝十六年（前164），封匈奴相国（故韩王子）韩颓当为弓高侯于河间郡，匈奴相国（韩王信孙）韩婴为襄城侯于魏郡。《汉书·景武昭宣元成功臣表》云："汉兴至于孝文时，乃有弓高、襄城之封。"弓高侯国，西汉置，属河间国，治所在今河北阜城县南。颜师古曰："弓高侯穨当，襄城侯桀龙，皆从匈奴来降而得封也。"①对于"襄城侯桀龙"之说，多以为误。《汉书补注》引齐召南曰："此襄城侯，封于文帝十六年，即韩王信太子之子韩婴，与韩穨当并时来降，一封弓高，一封襄者，颜以武帝所封襄城侯桀龙当之，误。"②施之勉《汉书集释》引周寿昌曰："颜注云'襄城侯桀龙'。寿昌按：襄城侯韩婴，即韩王

---

① 《汉书》卷一七《景武昭宣元成功臣表》，第635页。
② （汉）班固撰，（清）王先谦补注，上海师范大学古籍整理研究所整理：《汉书补注》，上海古籍出版社2008年版，第765页。

信太子之子，赣当之从子也。《传》名婴，《表》作哀侯婴。此注称桀龙，则系武帝元朔四年，以匈奴相国降封襄城侯，非孝文时，且非功臣后，与班氏所引不合。"①

（2）景帝中元三年（前147）十二月，封匈奴王唯徐卢为容成侯，食邑700户。容城（成）侯国，属涿郡。治所在今河北容城县北十五里城子村。东汉国除为县。《史记·惠景间侯者年表》："容成，以匈奴王降侯，七百户。中三年（前147）十二月丁丑，侯唯徐卢。"《索隐》曰："容成侯唯徐卢。"②《汉书补注》引王念孙曰："唯徐，姓；卢，其名。"《汉书·景武昭宣元成功臣表》作"容城携侯徐卢"，误。《水经·易水注》曰，易水东迳容城县故城南，"景帝中三年以封匈奴降王唯徐卢为侯国"。《汉书·百官公卿表》曰，太始五年（前92），"容成侯唯涂光为太常"。唯涂即唯徐，光乃卢之孙也。《周勃传》"匈奴王徐卢等五人降汉"，颜注"《功臣表》云睢徐卢"，彼正文脱"唯"字，注"睢"即"唯"之误，则此为唯徐卢益明。王引之曰："'徐'疑作'涂'，涂与涂同，故《公卿表》作'唯涂'，徐、涂形近而伪也。"③

（3）景帝中元三年（前147）十二月，封匈奴王仆黯为易侯，食邑1110户。秦置易县，治今河北雄县西北。《汉书·景武昭宣元成功臣表》云："易侯仆黯（音怛），以匈奴王降侯，千一百十户。"

（4）景帝中元三年（前147）十二月，封匈奴降王为范阳侯，食邑6200户。范阳，治今河北省定兴县西南固城镇。属广阳郡。后复为县，属涿郡。《汉书·景武昭宣元成功臣表》云："范阳靖侯范代，以匈奴王降侯，六千二百户。"

3. 与北方民族的和、战对河北人口的影响

河北是汉族与北方游牧民族接触的重要前沿，除了受政治性移民的影响外，西汉河北地区人口的流动和增减，主要是受同北方民族和、战的影响。

---

① 施之勉：《汉书集释》第三册《景武昭宣元成功臣表》，台湾三民书局2003年版，第1112页。

② 《史记》卷一九《惠景间侯者年表》，第1020页。

③ （汉）班固撰，（清）王先谦补注，上海师范大学古籍整理研究所整理：《汉书补注》，上海古籍出版社2008年版，第771页。

乌桓族在西汉时居住在东北地区，其主体为原东胡人。元狩二年（前117），霍去病率军向匈奴左地进攻，匈奴溃败，乌桓人从匈奴的统治下解脱出来，成为西汉政权的附属。汉武帝"徙乌桓于上谷（治今怀来南）、渔阳（治今北京密云）、右北平（治今北泉）、辽西、辽东五郡塞外"。并设乌桓校尉，职同太守，"为汉侦察匈奴动静"[①]。

据《汉书·南匈奴传》记载，武帝元光六年（前129），匈奴入上谷，杀略吏民；数千人盗边，渔阳尤甚。公孙敖入代，亡卒七千人。元朔元年（前128）秋，匈奴杀辽西太守，略二千余人，败渔阳太守及韩安国军约二千余人。二年，匈奴入上谷、渔阳，杀略吏民千余人。三年，匈奴入代，杀太守，略千余人。四年，匈奴入代、定襄、上郡，杀略数千人。五年，入代，杀都尉，略千余人。元狩元年（前122），匈奴入上谷，杀数百人。三年，入右北平、定襄，杀略千余人。征和二年（前91），匈奴入上谷，杀略吏民。

由于缺乏具体数字，仅有的一些约数又未分别杀、略两类，因此无法统计出被略或降于匈奴的汉人总数。

上述从河北外迁的人群类型较复杂，动乱时期以普通民众为多，和平时期大多是上层人物及其家属，政治经济地位优越，文化素质远高于一般民众，并且多数来自经济文化最发达的关东地区。燕赵女子进入汉代宫廷，把民间的乐舞艺术带入宫中，并将其与宫廷乐舞融合，为宫廷乐舞的发展注入了鲜活的艺术营养。

（四）西汉河北人口增长率

葛剑雄推算，西汉全国人口年平均增长率接近 8.5‰，汉初全国年平均增长率约 10‰，武帝中、后期全国人口有所减少，昭帝至平帝元始二年（2），可能接近 7‰。[②] 河北全省的年均人口自然增长率数字缺乏，可从下面几个封国的年均人口自然增长率窥见汉初 70 年河北人口自然增长率的大概。

---

① 《后汉书》卷九〇《乌桓鲜卑列传》，第 2981 页。
② 葛剑雄：《西汉人口地理》，人民出版社 1986 年版，第 32 页。

表 3 - 6 西汉河北封国年平均人口自然增长率

侯国名	封地					封国取消		经历年数	年均人口自然增长率（‰）
		年代	户数	年代	户数	年代	户数		
曲逆	中山	前201	5000	前179	3000	前130	16000	71	11
成	涿郡	同上	2800	同上	300	前150	5600	51	12.1
曲	涿郡	同上	4000	同上	300	前148	9300	53	15
曲周	广平	同上	4800			前147	18000	54	24.8
柳丘	勃海	同上	8000	同上	300	前143	3000	58	-18

由于列侯不会允许所属民户迁出而减少自己的收入，再者，列侯每年要上报户口，要按照封国的户口上交献费和酎金，少交或成色不足，一旦查出，就要受到严厉的处罚，所以当时列侯隐瞒户数的可能性不大，侯国的户数是可信的。

上述五个侯国中有四个人口增长，一个下降。五个侯国人口自然增长率的平均数值约为8.98‰；四个人口增长的侯国，自然增长率的平均数值约为15.7‰，远远高于全国的平均值8.5‰。曲逆人口的增长应有脱籍人口回归的因素。据《史记·陈丞相世家》："高帝南过曲逆，上其城，望见其屋室甚大，曰：'壮哉县！吾行天下，独见洛阳与是耳。'顾问御史：'曲逆户口几何？'对曰：'始秦时三万余户，间者兵数起，多亡匿，今见五千户。'"数年之间，曲逆的人口减少了六分之五，除死亡者外，大多数应为流亡脱籍的人口。勃海侯国情况特殊，《史记·高祖功臣侯者年表》记载戎赐初封于柳丘时的户数为1000，据《史记》则该侯国的人口增长；表中的数据采自《汉书·地理志》，初封户数为8000，如此则人口下降，原因可能有二：一是政治因素，由于列侯犯罪而削减了户数；二是地理环境因素，渤海地处海边，经常遭受自然灾害袭击，也会造成户口减少。可以作进一步探讨。

武帝中、后期河北人口的自然增长率，只有真定一国。真定国，元鼎四年（前113）立①，三万户。至元始二年（2），户37126。据《王

---

① 《史记》卷五九《五宗世家》和《汉书》卷二八下《地理志下》均作元鼎四年，而《汉书》卷一四《诸侯王表》作三年，按常山王舜薨于元鼎四年，其子之封不得早于此。

子侯表》，在这期间分封划出的侯国有遽乡（前 62），以千户计，则真定国在 115 年间人口平均增长率为 1.6‰。真定国属于关东开发较早的地区，人口十分稠密，西汉末已达每平方千米 190.6 人，仅次于济阴的261.95 人、菑川的 247.81 人、颍川的 192.06 人，居全国第四位。葛剑雄认为，真定国人口增长率较低，一方面显然是由于武帝中、后期人口的普遍减少；另一方面由于经过汉初的恢复与发展，土地的开发已接近限度，人口已相对饱和，因而增长速度减慢。[①]

由于能找到的数字有限，以上实例又不一定有代表性，因此河北地区人口的年平均增长率还有待于进一步研究。[②]

长安是西汉的政治、经济、文化中心，优越并且独有的政治、经济、文化条件，对于贵族、官僚、文人学者、富人商贾都具有强大的诱惑力和吸引力。不但已经居住在三辅地区的人不肯轻易外迁，京畿以外的人均想方设法迁入。汉承秦制，朝廷严格控制百姓的流动，规定每个人都得登记户籍，脱籍是违法的。想要迁居的人必须先向官府申请，获得批准，办理"更籍"手续后，才能合法迁移。法律也禁止各级官员随意迁移。辖区内户口的数量，是朝廷考核地方官政绩的主要项目。每年统计一次，并将其与上一年度做比较，称为"上计"。因此，地方官无不努力使辖区内户口逐年递增，尽力防止所辖百姓外迁。和平时期，汉代较大规模的移民基本上是政治权力的结果，即强制性移民。统治者出于政治、经济、军事乃至个人的需要，运用法律或行政手段将某些人群迁入指定地点。而大规模的移民主要发生在社会动乱和人口政策发生重大变动时期，朝廷的控制力减弱，强制性移民减少，而以自发性移民为主。

（五）王莽变更的河北政区

西汉平帝元始五年（5），王莽始以经义更易地名和地方官名。王莽始建国元年（9），改郡太守曰大尹。天凤元年（14），置卒正连率，职如太守。卒正，侯氏；连率，伯氏，无爵。为尹置大夫，六尉，六队

---

① 葛剑雄：《西汉人口地理》，第 29 页。
② 本节内容参见拙文《西汉河北人口的分布与流徙》，《河北师范大学学报》2001 年第 1 期。

之尹也。置卿，保忠信之尹也。始建国元年（9）还改西汉郡都尉为太尉。天凤元年（14）置属令、属长，职如都尉。属令，子氏，属长，男氏，无爵。地皇元年（20），改西汉县令、长曰宰，赐号为校尉。于全国分界凡12州，以《尧典》置州牧，并赐号大将军。地皇二年（21），更置牧监、副秩，行事如汉刺史。是时，河北分属冀、幽、并3州。

冀州辖15郡，11郡在今河北。魏城郡（汉魏郡）领18县，14县在今河北。钜鹿郡领20县。和成郡，分钜鹿郡置，所领县名无考。井关郡（汉常山郡）领18县。平河郡（汉清河郡）领14县，7县在今河北。桓亭郡（汉赵国），领4县。富昌郡（汉广平国）领16县。真定郡（汉真定国）领4县。常山郡（汉中山国），领14县。新博郡（汉信都国）领17县。朔定郡（汉河间国）领4县。

幽州辖11郡，7郡郡治在今河北。垣翰郡（汉涿郡）领29县。迎河郡（汉勃海郡）领26县，21县在今河北。朔调郡（汉上谷郡）领15县。通路郡（汉渔阳郡）领12县。北顺郡（汉右北平郡）领16县，12县在今河北。辽西郡领14县，5县在今河北。广有郡（汉广阳国）领4县。

厌狄郡（汉代郡），属并州，领18县，7县在今河北。

三　东汉河北政区

东汉初年，废除王莽所改易的地名和地方官制度，恢复西汉元始年间郡国名，沿袭西汉地方行政区划制度。郡、国、属国同为一级行政机构，郡国所辖县、邑、道、侯国同为第二级行政机构。王国为皇子封地，由相治理，相的地位同郡太守。诸侯王不治民，唯衣食租税而已。郡县乡亭官长的设置职掌一如西汉。但东汉在今河北地区设置的郡、国、县、侯国，在西汉基础上有所变化。光武帝建武十三年（37），以广平国属钜鹿郡，真定国属常山国，河间国属信都国，广阳国属上谷郡。和帝永元二年（90），分乐成（本西汉之信都）、涿郡、勃海复置河间国。永元八年（96），复置广阳郡。永和五年（140）全国有105个郡国。两汉时期，郡国一级政区基本稳定在一百零几个。桓、灵以后，郡国又稍有增置。桓帝延熹元年（158），分中山置博陵郡。及至献帝即位，天下大乱，朝政操纵于权臣，州牧、太守自重，擅置郡县，而且旋置旋废。建安年间，曹操在今河北置章武郡，于魏郡置东、西部都尉。西汉部都尉例如县，东汉末年部都尉成为和郡并列的地方行政机构。

东汉地方行政制度的最大变化是由郡县二级制向州郡县三级制过渡。王莽时，改西汉 13 刺史部为 12 州，废司隶校尉部。东汉初年，光武帝废 12 州，恢复西汉 13 刺史部旧制。建武十一年（35），改州牧复为刺史。刺史可以常驻地方，每年只派属员赴京奏事即可，并干预地方民事，权力渐重。中平五年（188），汉灵帝为镇压黄巾起义和维持地方的统治秩序，接受太常刘焉的建议，改刺史为州牧，直接掌握一州的军、政、财大权，成为凌驾于郡之上的地方行政长官。13 部遂成为郡之上的一级行政机构，由郡县二级地方行政建置过渡到州、郡、县三级地方行政建置。这种三级建置一直沿用到魏晋南北朝。

东汉时，今河北省分属于冀州和幽州刺史部管辖。据《续汉书·郡国志》记载，顺帝永和五年（140），今河北省境内有 16 个郡、国，129 个县。

（一）冀州刺史部的行政区划

冀州刺史部，前期治高邑，在今柏乡东北。灵帝以后治邺，在今临漳西南三台村。统辖 3 郡 6 国 100 个县，其中 88 个县在今河北省。

魏郡，王莽改西汉魏郡为魏城，东汉复称魏郡。治邺（今临漳县西南三台村），领 15 县，邺县、魏县、元城、馆陶、清渊、平恩、涉（侯国）、斥丘、武安、曲梁（侯国）、梁期 11 县在今河北。东汉末年，魏郡辖区有所扩大，据《三国志·魏书·武帝纪》，建安十七年（212），"割河内之荡阴、朝歌、林虑，东郡之卫国、顿丘、东武阳、发干，钜鹿之廮陶、曲周、南和，广平之任城，赵之襄国、邯郸、易阳以益魏郡"。

钜鹿郡，治廮陶（今宁晋凤凰镇南），领 15 县，全在今河北境内。县名为：廮陶、钜鹿、杨氏、鄡县、下曲阳、任县、南和、广平、斥章、广宗、曲周、列人、广年、平乡、南䜌。

勃海郡，西汉时属幽州刺史部，东汉改属冀州。治南皮（今南皮东北），领 8 县，南皮、高城（侯国）、浮阳（侯国）、东光、章武、修县

6 县在今河北。

常山国，都元氏（今元氏西北），领 13 县，元氏、高邑、都乡、南行唐、房子、平棘、栾城、九门、灵寿、蒲吾、井陉、真定 12 县在今河北。

中山国，王莽改西汉中山国为常山郡，东汉复西汉旧名。都卢奴（今定州市），领 13 县，全在今河北境内。县名为：卢奴、北平、毋极、新市、望都、唐县、安国、安熹、汉昌、蠡吾（侯国）、上曲阳、蒲阴、广昌。

安平国，本西汉信都国，王莽改为新博郡，东汉初复置信都国。明帝永平十五年（72）改乐成国，安帝延光元年（122）改名安平。都信都（今冀州市），领 13 县，全在今河北境内。县名为：信都、阜城、南宫、扶柳、下博、武邑、观津、经县、堂阳、武遂、饶阳、安平、南深泽。

河间国，都乐成（今献县东南），领 11 县，均在今河北境内。县名为：乐成、弓高、易县、武垣、中水、鄚县、高阳、文安、束州、成平、东平舒。

清河国，都甘陵，故厝县（今山东临清东北），领 7 县，东武城、广川 2 县在今河北。

赵国，都邯郸（今邯郸市），领邯郸、易阳、襄国、柏人、中丘 5 县，全在今河北境内。

（二）幽州刺史部的行政区划

幽州刺史部，西汉武帝元封五年（前 106）始置。东汉沿置，治蓟（今北京）。据《续汉书·郡国志》，幽州刺史部辖"郡、国十一，县、邑、侯国九十"。其中有 7 郡 28 县在今河北境内。

涿郡，王莽改西汉涿郡为垣翰郡，东汉复西汉旧名，治涿（今涿州市）。领 7 县，涿县、遒（侯国）、故安、范阳（侯国）、北新城、方城 6 县在今河北。

广阳郡，治蓟（今北京），领 5 县，只有安次 1 县在今河北。

代郡，王莽改西汉代郡为厌狄郡，东汉复西汉旧名。一度移治山西阳高，后复还蔚县。领 11 县，代县、桑干、当城、马城、东安阳 5 县在今河北。

上谷郡，王莽改西汉上谷郡为朔调，东汉复西汉旧名，治沮阳（今怀来沙城镇东南）。领 8 县，沮阳、潘县、宁县、广宁、雊瞀、涿鹿、下落 7 县在今河北。

渔阳郡，王莽改西汉渔阳郡为通路郡，东汉复西汉旧名，治渔阳（今北京密云西南）。领 9 县，泉州、潞县 2 县在今河北。

右北平郡，王莽改西汉右北平郡为北顺郡，东汉复西汉旧名。治土垠（今唐山银城铺），领 4 县，土垠、徐无、俊靡 3 县在今河北。

辽西郡，治阳乐（今辽宁义县西），领 5 县，海阳、令支、肥如、临渝①4 县在今河北。

四　东汉河北人口的迁徙与变动

在汉代人口问题的研究中，以前多偏重于西汉，对于东汉人口问题的研究相对薄弱。其原因大概有二：一是认为东汉诸多制度承袭西汉，少有创新；二是东汉留下来的人口统计数字虽然比西汉多，但统计比较混乱，而且有许多无法解释的矛盾之处，给正确认识东汉的人口问题带来了一定难度。尽管如此，还是有不少学者对这个问题进行了积极的思考和研究，取得了引人注目的成果，如赵文林、谢淑君的《中国人口史》，袁祖亮的《中国古代人口史专题研究》，葛剑雄的《中国移民史》和路遇、滕泽之的《中国人口史》等书中有关汉代的章节，以及劳榦、冯承基、陶文牛、王育民等研究东汉人口的论文。不过，关于东汉区域人口（包括东汉河北人口）还存在诸多问题，仍有继续深入研究的必要。

（一）东汉存世的人口统计数字

东汉存世的人口统计数字有 11 个，有的虽然有问题，需要考证之后才能使用，但仍是我们研究河北地区人口分布和变动的基础，下面把文献所见总人口数据列表如下（见表 3 - 7）。

---

① 西汉县，治今辽宁朝阳市东北一带。东汉沿置，移治今抚宁东榆关镇，一说今山海关。

表 3 – 7 东汉人口数和自然增长率①

帝王纪年（公元）	口　数	人口自然增长率	资料来源
光武帝中元二年（57）	21007820	27.3‰	《续汉书》志19《郡国志一·序》P3374
明帝永平十八年（75）	34125021	18.6‰	《续汉书》志23《郡国志五·日南条》P3532
章帝章和二年（88）	43356367	12.3‰	同上
和帝永兴元年（105）	53256229	–4.5‰	同上
安帝延光四年（125）	48690789	9.4‰	同上
顺帝永和中（未详几）	53869588		《汉官六种·汉官仪卷下》P190
顺帝永和五年（140）	49150220	0.8‰	《续汉书》志19《郡国志一·河南条》P3385
顺帝建康元年（144）	49730550	–4.2‰	《续汉书》志23《郡国志五·日南条》P3532
冲帝永嘉元年（145）	49524183	–39.6‰	同上
质帝本初元年（146）	47566772	15.8‰	《续汉书》志23《郡国志五·日南条》P3533
桓帝永寿三年（157）	56486856		《晋书》卷14《地理志上·总叙》P414

　　经过新莽之乱和东汉的统一战争，人口锐减。《续汉书·郡国志五》注引应劭《汉官》曰："世祖中兴，海内人民可得而数，裁十二三。""十二三"意为十分之二三，是对比西汉平帝元始二年（2）的人口5900多万而言的，这个估计数在1200万至1800万。以此为基数计算从东汉建立至光武帝中元二年（57）的34年的人口增长率。光武帝刘秀鉴于西汉末年农民大起义的教训，下诏释放官私奴婢，安辑流民，恢复、发展农业生产。经过短期的休养生息，户口迅速增加。从光武帝中元二年（57）至明帝永平十八年（75），不过短短的十八年，在籍人口增加了62%。人口

---

　　① 表3–7参考袁祖亮《中国古代人口史专题研究》改制，中州古籍出版社1994年版，第72页。《中国人口史（上）》对这些人口统计数字做了有益的考证工作，其考证人口数字亦有相当的参考价值。参见路遇、滕泽之《中国人口史（上）》，山东人民出版社2000年版，第138—154页。

的剧增除户籍管理日臻完备、脱漏日少外，主要是自然增长率的提高。《后汉书·明帝纪》称，当时，"天下安平，人无徭役，岁比登稔，百姓殷富，粟斛三十，牛羊被野"。"吏称其官，民安其业，远近肃服，户口滋殖"。虽不无夸饰，也基本反映出当时人口滋长的社会政治、经济状况。此后，社会经济继续发展，人口持续增长。

安、顺以后，东汉经济渐趋衰落，兼并和随之而来的贫富悬殊日益突出，成为严重的社会问题。正如《后汉书·仲长统传》所说："豪人之室，连栋数百，膏田满野，奴婢千群，徒附万计。"贫民却"被穿帷败，寄生不敛，冤枉穷困，不敢自理"。另外，西羌连年起兵反对东汉政府，大批农业劳动力被征从军，农业生产更形残破。不过，由于前一阶段人口自然增长率很高，人口年龄结构十分年轻，人口持续增长的惯性很大。至桓帝永寿三年（157），有户10677960，口56486856，人口达到极盛期。《中国人口史》推算，桓帝永寿三年（157）的人口当在6500万①。经济的衰落与人口的增长，说明东汉后期人口经济问题十分尖锐。

桓帝以后，社会动乱，人口死亡率剧增。大批百姓在战祸中丧生，例如，《三国志·魏志·荀彧传》注引《曹瞒传》：董卓之乱时，"人民流移东出，多依彭城间，遇太祖至，坑杀男女数万口于泗水，水为不流"。死于饥馑者更不知凡几，"时三辅民尚数十万户。（李）傕等放兵劫略，攻剽城邑。人民饥困，二年间，相啖食略尽"②。再加上疾疫流行，吞噬人命③。在战祸、饥馑与疾疫的摧残下，人口遂急剧减少。估计三国时期人口当在一千万上下。

从"表3-7"可以看到东汉初年人口自然增长率较高，这里边可能包括有逃亡山林而返归的流民，所以人口增长率较高。到东汉中期以后，人口自然增长率便降了下来，还有徘徊不前的时期。从整个东汉时期观察，人口自然增长率是9.96‰。

东汉建立之初，人口数量很少，仅有不到两千万人，人口的增殖基

---

① 赵文林、谢淑：《中国人口史》，人民出版社1988年版，第149页。
② 《三国志》卷六《魏书·董卓传附李傕郭汜传》，第182页。
③ 《三国志》卷一《魏书·武帝纪》：建安十四年（209）七月辛未，曹操下《存恤从军吏士家室令》："自顷以来，军数征行，或遇疫气，吏士死亡不归，家室怨旷，百姓流离。"第32页。建安二十三年，曹操下《赡给灾民令》："去冬天降疫疠，民有凋伤。"第51页。

数很低，达到饱和状态还需一段时间。再者，东汉自建立到中平元年（184）的黄巾大起义，基本上是平稳发展，虽然在明帝、章帝时期曾发动过对匈奴的战争，但规模比西汉时期的对匈奴战争小，对封建王朝的国计民生影响不大。安帝前后，虽然东汉政府发动过对羌人的战争，但规模也不大。

东汉时期的家庭规模比西汉时期略有扩大，据现有各年户口数计算，每户口数为5.3人。人口地域分布的改变同人口流动有密切关系。东汉后期，因受西羌、乌桓、鲜卑的侵扰，陕西、甘肃及辽东、冀北地区的百姓曾陆续向山东、豫东、冀南、苏北地区流动。东汉末年，中原板荡，百姓避乱南迁者不绝于途。

（二）东汉河北人口分布

东汉时期，郡、县和侯国的设置有变化，"表3-7"所列东汉总人口数据中，只有顺帝永和五年（140）的数字较为详细，因为它不但保存了该年度东汉的人口总数，而且详细记载了当时各郡国的人口数据。根据《续汉书·郡国志》的记载，永和五年（140），东汉共有郡国105个，县、邑、道、侯国1180个[1]。民户9698630，口49150220。谭其骧先生的《中国历史地图集》第一册东汉部分的图幅，其所取标准年代，便是永和五年。

表3-8　　东汉永和五年河北（含北京市和天津市）人口分布[2]

郡国名称	户数	口数	密度
涿郡	102218	633754	70.68
广阳郡	44550	280600	48.89
上谷郡	10352	51204	3.04
渔阳郡	68456	435740	27.41
右北平郡	9710	53475	6.04

[1]　东汉时期的无考县与西汉相比，相对减少，共有20个县无考，河北省有一个，冀州刺史部常山国都乡县无考。
[2]　此表参考袁祖亮著《中国古代人口史专题研究》（第186-187页）和路遇、滕泽之《中国分省区历史人口考》的"河北省户籍人口表"（山东人民出版社2006年版，第175页）改制。

续表

郡国名称	户数	口数	密度
中山国	97412	658195	59.51
安平国	91440	655118	86.62
河间国	93754	634421	56.51
赵国	32719	188381	39.05
钜鹿郡	109517	602096	59.66
代郡的马城、桑干、当城、东安阳、代	$20123 \div 11 \times 5 = 9147$①	$126188 \div 11 \times 5 = 37358$	7.11
辽西郡的海阳、令支、肥西、临渝	$14150 \div 5 \times 4 = 11320$	$81714 \div 5 \times 4 = 65371$	2.66
魏郡的邺、魏、元城、馆陶、清渊、平恩、斥丘、武安、曲梁、梁期、沙②	$129310 \div 15 \times 11 = 94872$	$695606 \div 15 \times 11 = 510111$	52.13
常山国的元氏、高邑、南行唐、平棘、栾城、九门、灵寿、蒲吾、井陉、真定、房子	$97500 \div 13 \times 11 = 82500$	$631184 \div 13 \times 11 = 534079$	37.7
清河国的广川、东武城	$123964 \div 7 \times 2 = 35418$	$760418 \div 7 \times 2 = 217262$	102.87
勃海郡的南皮、高城、浮阳、东光、章武、修	$132389 \div 8 \times 6 = 99292$	$1106500 \div 8 \times 6 = 829875$	86.89
合计	992677	7025780	

由于一些郡国的地域并不是全部在现在某一省区之内，而是横跨两省或数省。划分办法是以该郡国的总县数，求出郡国所属县的人口平均数，然后用这个平均数乘以该郡国在河北省中的县数。由于县有大小，各个县的人口数量不可能完全相同，所得数据接近历史记载，这是目前通行的处理方法。

汉代河北与今天的河北在地域范围上不同，"燕赵"在当代一般指

_____

① 算式"20123÷11×5=9147"中的"11"，指该郡国所辖县总数，"5"，指在河北地区的县数。下同，不注。

② 《续汉书·郡国志》所载"沙"县，而《中国历史地图集》作"涉国"，必有一误。

河北省，近代以前，今北京市和天津市也在燕赵范围内。当然，将东汉时北京、天津的人口分布从河北地区中分列出来，是研究工作深入和细化的需要。

表 3-9　　　　　　　　　东汉永和五年今北京人口分布

郡县名称	户数	口数
渔阳郡的渔阳、狐奴、傂溪、犷平、平谷、安乐	$68456 \div 9 \times 6 = 45637$	$435740 \div 9 \times 6 = 290493$
广阳郡的蓟、广阳、昌平、军都	$44550 \div 5 \times 4 = 35640$	$280600 \div 5 \times 4 = 224480$
涿郡的良乡	$102218 \div 7 \times 1 = 14603$	$633754 \div 7 \times 1 = 90536$
上谷郡的居庸	$10352 \div 8 \times 1 = 1294$	$51204 \div 8 \times 1 = 6401$
合 计	97174	611910

北京市属东汉幽州刺史部，跨广阳、涿、上谷、渔阳四郡，人口分割数为 611910，比西汉时增加一倍多。这个分割数字虽然不是确切的人口数，但与人口实际还是相符的。

表 3-10　　　　　　　　东汉永和五年今天津人口分布

郡县名称	户数	口数
渔阳郡的雍奴县	$68456 \div 9 \times 1 = 7606$	$435740 \div 9 \times 2 = 48415$
右北平郡的无终县	$9710 \div 4 \times 1 = 2427$	$53475 \div 4 \times 1 = 13369$
合 计	10033	61784

天津市在东汉时属幽州刺史部，跨渔阳、右北平和勃海郡。勃海郡虽然包括今天的静海县，但无东汉县治，而且包括今天津市区、静海、宁河区的大部分地区，仍属未退滩的渤海水面。即已退滩之地，也多是盐碱洼地，所以按当时的属县分割人口，只有 6 万多。虽然实际人口可能多于表中所列，但出入不会太大。

需要指出的是，《续汉书·郡国志上》所载顺帝永和五年（140）各郡国户口数虽然大体上可以反映东汉中、后期人口分布情况，但其中个别数据需要订正。

1. 《郡国志》在列举了各郡、国的县、户、口数之后，总结道：

"凡郡、国百五，县、邑道、侯国千一百八十，民户九百六十九万八千六百三十，口四千九百一十五万二百二十。"由此可以算出平均口户比为 5.07，可是将《郡国志》开列的县加起来是 1181 个，民户多出290565，民口多 1257807。而各郡国的口户比有低到 1.25 的，也有高达 49 的。显系传抄错讹。冀州勃海郡口户比高达 8.36（户 132389，口1106500），而相邻的河间国、广阳郡（国）和平原郡口户比都为 6 左右。有学者认为："该郡'口百一十万六千五百'，其中'百一'二字可能是'八'字因音近而讹写"①。就是说，"口百一十万六千五百"应更正为"口八十万六千五百"，即减去三十万。理由有以下几点：

第一，东汉时河北、山东一带的人口密度，除个别地区外，和西汉相比普遍下降，只有勃海郡相反，割了三分之一的土地给河间国，人口数反而比西汉增加了 20 万，人口密度增加百分之六十，此其可疑之一。

第二，西汉时黄河的出海口在勃海郡，所以户口较多，到新莽时黄河出海口南迁到平原郡，平原郡就出现了与河北、山东两省人口普遍下降的相反现象，人口由西汉的 60 多万增加到百万以上；而勃海郡在黄河南迁之后，只剩下漳水残流，水利大损，农业渐衰，工商业也随之南移，人口理应衰落下去。

第三，冀州其他各郡国，大者 13—15 县，人口不过 60 多万，而勃海地处海滨碱卤之地，只有 8 县，人口却有 110 多万，此其可疑之三。

如果这一推断能够成立，则东汉勃海郡在河北的人口数则为806500 ÷ 8 × 6 = 604875，比"表 3 - 7"所列 829875 少 225000 人，口户比约为 6.1，与相邻的河间国、广阳郡（国）和平原郡基本相同。那么，东汉顺帝永和五年（140）河北地区的总人口数应减去 225000 人。

此外，东汉时还有鲜卑、乌桓等少数民族分布在河北北部。和帝永元年间，北匈奴西迁，鲜卑徙居北匈奴之地，人口可达 60 余万。估计顺帝永和五年（140），鲜卑在今河北北部有 5 万，其余分布在今内蒙古、辽宁和蒙古国境内。乌桓在东汉前期已分布于幽州、并州缘边塞外，人口可达 20 余万。估计永和五年（140）乌桓在今河北境内有 6 万口，其余分布在今辽宁、内蒙古境内。内迁到河北北部的乌桓和鲜卑的11 万人，应计入河北地区的人口总数之中。

---

① 赵文林、谢淑：《中国人口史》，第 69 页。

上述两个人口数一减一增，应从河北地区的总人口数中减去115000人，则东汉顺帝时河北地区的人口当为7025780减去115000，等于6910780。

减去"表3-9"和"表3-10"所列北京与天津的人口合计数673694，则今天的河北省在东汉时的人口数为6237086，其中包括内迁的乌桓和鲜卑人口。

（三）东汉河北人口的迁徙与变动

东汉时期，河北汉族人口的减少、南移与北方民族的内迁融合一直在持续不断地进行。西汉末至东汉初，河北人口迁徙主要表现为北部边郡人口的迁徙和乌桓、南匈奴的内附。流民是东汉中、后期严重的社会问题，也是这一时期河北人口迁移的主要内容。东汉末年，战乱频仍，河北北部汉族和少数民族的人口变动剧烈。乌桓、鲜卑主要居住在东汉边郡以北，一部分"内附"者居住在幽州地界。

1. 东汉初年河北边郡人口的迁徙和乌桓、南匈奴的内附

公元25年，刘秀建立东汉。此后，又经过十几年的战争，才平定了各地的割据势力，完成了统一大业。长期的战争必然引起当地百姓的流动迁移。《续汉书·天文志上》有相关记载：

> 建武十二年（36）正月己未，小星流百枚以上，或西北，或正北，或东北，二夜止。六月戊戌晨，小流星百枚以上，四面行。小星者，庶民之类。流行者，移徙之象也。或西北，或东北，或四面行，皆小民流移之征。是时西北讨公孙述，北征卢芳。匈奴助芳侵边，汉遣将军马武、骑都尉刘纳、阎兴军下曲阳、临平、呼沱，以备胡。匈奴入河东，中国未安，米谷荒贵，民或流散。后三年，吴汉、马武又徙雁门、代郡、上谷、关西县吏民六万余口，置常山关、居庸关以东①，以避胡寇。是小民流移之应。

---

① 常山关，又名鸿上关。即今河北唐县西北倒马关。《汉书·地理志》：代郡有"常山关"，为古代河北平原通向北方边陲地区要隘。居庸关，在北京市昌平区西北，为长城重要关口，控扼北京通往内蒙古的交通要冲，乃北京西北屏障。

东汉初年，乌桓与匈奴、鲜卑多次连兵侵掠河北北部边郡，百姓被迫大量流亡。《资治通鉴》卷四三载：

> 乌桓与匈奴、鲜卑连兵为寇，代郡以东尤被乌桓之害；其举止近塞，朝发穹庐，暮至城郭，五郡民庶，家受其害，至于郡县损坏，百姓流亡，边陲萧条，无复人迹。

关于乌桓侵害的五郡，胡三省注曰："五郡，谓代郡、上谷、渔阳、右北平、辽西也。"这五郡的全部或部分在今河北省境内。

建武十三年（37）后，匈奴的侵扰再次加剧，刘秀内迁雁门、代郡、上谷、五原等地的吏民。《后汉书·南匈奴列传》载：建武十三年（37），匈奴"寇河东，州郡不能禁。于是渐徙幽、并边人于常山关、居庸关以东，匈奴左部遂复转居塞内"。建武十五年（39），光武帝刘秀又迁徙雁门、代郡、上谷三郡的民众，安置在常山关和居庸关以东。李贤注曰："时胡寇数犯边，故徙之。"《吴汉传》亦载此事曰："十五年，复率扬武将军马成、捕虏将军马武北击匈奴，徙雁门、代郡、上谷吏人六万余口，置居庸、常山关以东。"可知这次为避匈奴侵扰而内迁的吏民有 6 万多口。

建武二十四年（48），匈奴因连年蝗旱，分裂为南、北两部，力量削弱。南匈奴内附，在东汉政府的帮助下击退北匈奴。为了北方边郡的长治久安，刘秀采纳赵憙的建议，恢复缘边诸郡的政权，并令内迁边民归还原郡。南匈奴栗籍骨都侯屯代郡，"领部众为郡县侦罗耳目"[1]。建武二十六年（50），刘秀遣中郎将段郴授予匈奴南单于玺绶，令其率部属入居云中。"始置使匈奴中郎将，将兵卫护之。南单于遣子入侍，奉奏诣阙。"光武帝令"云中、五原、朔方、北地、定襄、雁门、上谷、代八郡民归于本土"。派遣谒者分别带领被赦免的囚犯修治城郭。遣送在中原地区的民众，分散返回各县，"皆赐以装钱，转输给食"[2]。"装钱"，置办行装的费用。实边赐钱制是西汉所没有的，是募民戍守边地的一种制度。《后汉书·赵憙传》亦载："时南单于称臣，乌桓、鲜卑

---

① 《后汉书》卷八九《南匈奴传》，第 2945 页。
② 《后汉书》卷一下《光武帝纪下》，第 78 页。

并来入朝，帝令熹典边事，思为久长规。熹上复缘边诸郡，幽并二州由是而定。"李贤注："谓建武六年徙云中、五原人于常山、居庸间，至二十六年复令还云中、五原。《东观记》曰：'草创苟合，未有还人，盖熹至此，请徙之令尽也。'"永元二年（90）前后，南匈奴部众有三万四千户，二十三万七千余人，帮助东汉政府戍守北地、朔方、五原、云中、定襄、雁门、代郡，"皆领部众为郡县侦逻耳目"。

建武二十一年（45），匈奴内乱，乌桓击破之，匈奴北徙，漠南地空。刘秀招诱乌桓南迁归汉，大批乌桓人入居塞内。建武二十五年（49），乌桓首领赤阻等带领九千余人归附，刘秀封其渠帅八十余人为侯王，居住在塞内，布列辽东属国、辽西、右北平、渔阳、广阳、上谷、代郡、雁门、太原、朔方诸郡界，"招来种人，给其衣食"①，东汉设置乌桓校尉领护。乌桓此次南迁，不但入居塞内，而且居住范围也扩大了，从原来的五个郡扩大到十个郡。

2. 东汉中、后期河北的流民

流民是东汉中、后期严重的社会问题，也是此时河北人口迁移的主要内容。由于战乱、自然灾害、吏治的败坏、赋役的繁重和羌人起义等因素的影响，百姓衣食无着，无家可归，四处流亡，史书有时称之为"流冗"。这些流民，在生活条件好转时，可能大多回归故土。但也有一部分流落他乡，成为移民。

安帝永初年间，"连年水旱灾异，郡国多被饥困"②，出现了很多流民。《后汉书·安帝纪》载：永初二年（108）二月乙丑，朝廷派遣"光禄大夫樊准、吕仓分行冀、兖二州，禀贷流民"。此事较为详细的记载，见于《后汉书·樊准传》，"准与议郎吕仓并守光禄大夫，准使冀州，……准到部，开仓禀食，慰安生业，流人咸得苏息。"樊准完成使命回京，拜钜鹿太守。"时饥荒之余，人庶流进，家户且尽，准课督农桑，广施方略，期年间，谷粟丰贱数十倍。而赵、魏之郊数为羌所钞暴，准外御寇虏，内抚百姓，郡境以安。"

从《樊准传》可知，冀、兖二州的流民主要是因为灾荒饥困而产生的。因此，只要赈济及时，恢复生产，则流民问题便能得到妥善解决。

---

① 《后汉书》卷九〇《乌桓传》，第 2982 页。
② 《后汉书》卷三二《樊宏传附族曾孙准传》，第 1127 页。

但像樊准那样采取得力措施、解决流民衣食问题的官吏毕竟是少数，因而流民只有到处流亡。

此时，冀州有大量饥民流亡到河南朝歌。永初年间，朝歌宁季等数千人攻杀长吏，"屯聚连年，州郡不能禁"。于是朝廷任命虞诩为朝歌县长。虞诩刚到任，即去拜谒河内太守马棱。马棱劝勉他去京师发展，"君，儒者。当谋谟庙堂，反在朝歌邪？"虞诩回答："朝歌者，韩魏之郊，背太行，临黄河，去敖仓百里，而青、冀之人流亡万数。贼不知开仓招众，劫库兵，守城皋，断天下右臂，此不足忧也。"① 是知朝歌有青、冀流民近万人。

另外，关东流民的产生，还与羌人起义造成人心惊恐不安有关。《续汉书·五行志一》载："安帝永初元年十一月，民讹言相惊，司隶、并、冀州民人流移。"同一件事，《后汉书·安帝纪》亦载，永初元年（107）十一月戊子，敕令司隶校尉、冀、并二州刺史："民讹言相惊，弃捐旧居，老弱相携，穷困道路。其各敕所部长吏，躬亲晓喻。若欲归本郡，在所为封长檄（李贤注：封谓印封之也。长檄犹今长牒也。欲归者皆给以长牒为验）；不欲，勿强。"所谓"民讹言相惊"，恐怕与该年六月爆发的先零羌起义有关。

顺帝时期，流民主要发生在关东地区。《后汉书·顺帝纪》记载：永建二年（127）二月甲辰，"诏禀贷荆、豫、兖、冀四州流冗贫人，所在安业之；疾病致医药"。永建六年（131）冬十一月辛亥诏："连年灾潦，冀部尤甚。比蠲除实伤，赡恤穷匮，而百姓犹有弃业，流亡不绝。"顺帝怀疑郡县官吏"用心怠惰"，致使朝廷"恩泽不宣"。为安辑流民，"令冀部勿收今年田租、刍稿"。

桓帝时期，社会日益黑暗，吏治更加败坏，加上各种自然灾害，使河北的流民问题更加严重。《后汉书·桓帝纪》载：永兴元年（153）秋七月，"郡国三十二蝗。河水溢。百姓饥穷，流冗道路，至有数十万户，冀州尤甚。诏在所赈给乏绝，安慰居业"②。永兴元年（153）的蝗灾及水灾，导致关东地区数十万户百姓流亡，而冀州的灾情最为严重。

---

① 《后汉书》卷五八《虞诩传》，第1867页。
② 同一件事，《后汉书·朱穆传》载："永兴元年，河溢，漂害人庶数十万户，百姓荒馑，流移道路。冀州盗贼尤多，故擢穆为冀州刺史。"

这些被迫流亡的百姓，因为得不到政府的及时救助，很多人为了生存，铤而走险，起为盗贼。《朱穆传》所言"冀州盗贼尤多"，即为明证。

3. 东汉末年河北人口的迁徙和锐减

东汉末年三十余年的战乱，主要发生在人口稠密、经济发达的黄河中下游地区。为了躲避战乱，人们纷纷迁移到相对安定的地区。战乱是造成东汉末年河北人口迁移和锐减的主要原因。

东汉末年的军阀混战及封建兼并战争，造成河北人口的巨大损耗。黄巾军初起时，冀州"民人殷盛，兵粮优足"①。幽州"民悦年登，谷石三十"②。袁绍初据冀州时，谋士沮授向冀州太守韩馥建议以武力抗击袁绍："冀州虽鄙，带甲百万，谷支十年。"③ 在连年战争的摧残下，经济凋敝，城市残败不堪，"士卒饥困"，竟至"民相食"的境地，时人称"百姓死亡，暴骨如莽"④；"名都空而不居，百里绝而无民者，不可胜数"⑤。蔡文姬的《悲愤诗》说："城郭为山林，庭宇生荆艾。白骨不知谁，从横莫覆盖。出门无人声，豺狼号且吠。"曹操的《蒿里行》也说："白骨暴于野，千里无鸡鸣。生民百遗一，念之断人肠。"描绘出北方遭受战争破坏的凄凉景象。由于大死丧和大流徙，政府能够控制的人口更少，"户口减耗，十裁一在"⑥，"至于民数，不过汉时一大郡"⑦。

东汉末年河北人口的第一次大迁移发生在黄巾大起义爆发之后。中平五年（188）冬十月，"青、徐黄巾复起，寇郡县"⑧。为躲避战乱，青州和徐州有上百万百姓纷纷逃往局势安定的幽州。幽州牧刘虞"务存宽政，劝督农植，开上谷胡市之利，通渔阳盐铁之饶，民悦年登，谷石三十。青、徐士庶避黄巾之难归虞者百余万口，皆收视温恤，为安立生业，流民皆忘其迁徙"⑨。但是，幽州的安定局面只维持了几年。在东汉末年的社会大动荡中，幽州的百姓也饱尝动乱流离之苦。右北平无终

① 《三国志》卷一《魏书·武帝纪》裴注引《英雄记》，第6页。
② 《后汉书》卷七三《刘虞传》，第2354页。
③ 《后汉书》卷七四上《袁绍传》，第2377页。
④ 《三国志》卷二《文帝纪》注引《典论·自序》，第89页。
⑤ 《后汉书》卷四九《仲长统传》，第1649页。
⑥ 《三国志》卷八《张绣传》，第262页。
⑦ 《三国志》卷一四《蒋济传》，第453页。
⑧ 《后汉书》卷八《灵帝纪》，第356页。
⑨ 《后汉书》卷七三《刘虞传》，第2354页。

（今天津蓟县）人田畴，初平元年（190）任幽州牧刘虞从事。初平四年（193），刘虞被公孙瓒攻杀，田畴率宗族及依附者数百人逃入徐无山（今河北玉田北）中。周围百姓仰慕田畴之名，数年间就有五千余家来到徐无山中归附。田畴被推为首领，制定并公布关于杀伤、犯盗、诉讼的法令，又制定婚姻嫁娶之礼，同时举办学校，人民安居乐业，道不拾遗。袁绍父子先后请他出山，均被他婉言拒绝。后来，田畴助曹操北征乌丸，率家属及族人定居邺城。

公元 3 世纪初，袁绍占有青、冀、幽、并四州之地，割据北方。鲜卑轲比能的部落靠近边塞，"自袁绍据河北，中国人多亡叛归之，教作兵器铠楯，颇学文字"①。东汉以来汉人逃往鲜卑地区的数目，相当可观。这些人中的大多数是劳动人民，他们帮助鲜卑人兴城筑塞，发展农田和手工业，对于开发边疆的生产做出了的贡献。

建安九年（204），曹操大破袁尚，幽、冀吏人十余万户奔乌桓，导致第二次河北人口大迁移。

建安九年（204）八月，曹操大破袁尚，平定冀州，自领冀州牧。袁尚战败，投奔乌桓蹋顿。此时，"幽、冀吏人奔乌桓者十余万户"。袁尚不甘心失败，"欲凭其兵力，复图中国"②。但这部分人口，在建安十二年（207）可能又返回了故里。《后汉书·乌桓鲜卑列传》载："建安十二年，曹操自征乌桓，大破蹋顿于柳城（今辽宁朝阳市南），斩之，首虏二十余万人。"同一件事，《资治通鉴》的记载略有不同。《后汉书》笼统地讲"首虏二十余万人"，《资治通鉴》卷六五记作：曹操"斩蹋顿及名王以下，胡、汉降者二十万余口"，将"降者二十万余口"区分为胡（指乌桓）人和汉人两类。其中的汉人应当是建安九年（204）逃往乌桓的幽、冀吏人。乌桓人口当有十万多，这可能只是三郡乌桓（即辽西蹋顿、辽东苏仆延、右北平乌延）的人口数。

曹操平定河北时，阎柔率鲜卑、乌桓归附曹操，被授予校尉之职。《后汉书·乌桓传》又云："袁尚与楼班、乌延等皆走辽东，辽东太守公孙康并斩送之。其余众万余落③，悉徙居中国云。"《三国志·魏书·

① 《三国志》卷三〇《魏书·鲜卑传》，第 838 页。
② 《后汉书》卷九〇《乌桓鲜卑列传》，第 2984 页。
③ 一落就是一个帐落，住一家人，每落按五人计算，"万落"则有五万人。

乌丸传》亦载："及幽州、并州阎柔所统乌丸万余落，悉徙其族居中国，率从其侯王大人种众与征伐。"从上述史料可以得到两点认识：第一，东汉末年一部分乌桓人徙居中国内地；第二，徙居中国内地的乌桓人数有一万余落，约六万人。

除阎柔所率一万余落乌桓人外，其他郡还分布有乌桓人。如《资治通鉴》卷六五载，建安十二年（207），曹操从辽东班师，"十一月，曹操至易水，乌桓单于代郡普富卢、上郡那楼皆来贺。"同书卷六七载：建安二十一年（216），"代郡乌桓三大人，皆称单于，恃力骄恣，太守不能治"。看来，代郡等地的乌桓势力不小，可能也有数万之众。

综上所述，建安年间，破蹋顿后归降的乌桓人口有十万多，阎柔所率的乌桓人口有六万，代郡、上谷郡等地的乌桓人口也有数万之多。各地的乌桓人口加起来，估计有二十多万。

曹操北征蹋顿，乌桓人口损失很大。《三国志·魏书·乌丸传》载：曹操"击破其众，临阵斩蹋顿首，死者被野"。《资治通鉴》卷六九亦云："太祖既克蹋顿，而乌桓浸衰。"因此，魏晋时期乌桓虽然还活动于北方，但影响已经衰微。内迁乌桓逐渐与汉族融合，留在边塞的乌桓可能融入了日益强大的鲜卑族。

总的来看，东汉末年北方逃避战乱的人口流向是由青州（山东东北）、徐州向幽州（河北北部及辽宁西部）迁移；由山东半岛渡海向辽东迁移；再由幽州、冀州（今河北中部）向北迁入鲜卑地。另外，乌桓也有相当数量的人口内迁到河北北部。

北方胡、汉人口的流动是东汉末年河北人口迁移的主流，同时，其他地区也有不少人口迁移到了河北。

据谷霁光先生研究，曹魏屯田的全盛时期，总人数要达到 60 万人，保守的推算就有十分之三的人口带有移民性质[①]。例如，建安十一年（206），兼任并州刺史的梁习，聘用当地豪强到幕府中任职，发动壮丁参军，又借大军出征之机，分别请求让他们充当勇士。作吏的和当兵的都离去之后，梁习又让他们的家属迁往邺县，前后达好几万人[②]。建安十三年（208），曹操平定荆州，原来寓居荆州的中原人士以及一部分

---

① 谷霁光：《中国古代经济史论文集》，江西人民出版社 1980 年版，第 188 页。

② 《三国志》卷一五《魏书·梁习传》："（习领并州刺史）乃次发诸丁缰（强）以为义从；又因大军出征，分请以为勇力。吏兵已去之后，稍移其家，前后送邺，凡数万口。"

荆州百姓，被迁移到冀州。《续汉书·五行志一》记载：

> 建安初，荆州童谣曰："八九年间始欲衰，至十三年无孑遗。"
> 言自中兴以来，荆州无破乱，及刘表为牧，民又丰乐，至此逮八九
> 年。当始衰者，言刘表妻当死，诸将并零落也。十三年无孑遗者，
> 言十三年表又当死，民当移诣冀州也。

从荆州童谣来看，建安十三年（208）荆州的百姓大部分被迁徙到
了冀州。建安十六年（211），曹操平定临洮、狄道之后，徙民充实河
北①。建安二十年（215），曹操征汉中，张鲁降。汉中的百姓有八万多
口被迁徙到洛阳和邺城。《三国志·魏书·杜袭传》说：杜袭"随太祖
到汉中讨张鲁。太祖还，拜袭驸马都尉，留督汉中军事。绥怀开导，百
姓自乐出徙洛、邺者，八万余口"。

罪犯流放也是东汉人口迁移的一项内容。在相当长的时期里，犯人
大多流徙朔方、雁门等北方边郡和合浦、日南等南方远郡。《后汉书·
皇后纪下》载：建安十九年（214），曹操废诛献帝伏皇后，"兄弟及宗
族死者百余人，母盈等十九人徙涿郡"。东汉末年，朔方、雁门等北方
边郡可能已不为朝廷控制，所以无法再将罪犯迁徙到那里。伏皇后亲属
被徙往涿郡，当是东汉末年的一个特例。史籍有让流徙者还归本郡的记
载。汉桓帝建和三年（149）诏："昔孝章帝前世禁徙，故建初之元，
并蒙恩泽，流徙者使还故郡。"并宣布："先皇德政，可不务乎！其自
永建元年迄于今岁，凡诸妖恶，支亲从坐，及吏民减死徙边者，悉归本
郡。"② 流徙者往往得以归还故郡，似乎说明流徙之刑的惩罚意义，在
相当大的程度上体现在行程的漫长与艰险之中。

此外，还有少数因政治原因从河北外迁的事例。例如，赵国（都今
邯郸）人王斌，妹妹为汉灵帝刘宏美人、汉献帝刘协生母，被何皇后毒
死。献帝刘协即位后，寻找其舅父。王斌因此带领全家到长安，汉献帝
赐予官屋田产，拜为奉车都尉，后封为都亭侯。东汉末年还有一批像张

---

① 《三国志》卷一五《魏书·张既传》："太祖别攻临洮、狄道，平之。是时，太祖徙民
以充河北。"此处的"河北"泛指黄河以北曹操控制的地区，范围比今河北大。
② 《后汉书》卷七《桓帝纪》，第293页。

飞（涿郡人）、赵云（常山真定人）等追随刘备（涿郡人）入蜀的北方人士。因篇幅所限，不再讨论。

东汉制度与西汉无异，除非经过特许，河北任职洛阳的官员户籍仍在故乡，退职后就应回原籍，死后或获罪后家属也应迁回故郡。①

（四）影响东汉河北人口分布、变动的因素

从上文可知，战争和自然灾害是影响人口变动的主要因素。此外，人口的分布、变动还与社会治理、经济发展状况和环境变迁等因素相关。

1. 关于漏籍和脱籍人口

上文关于河北地区的人口统计数字，没有考虑漏籍和脱籍人口。与西汉相比，东汉漏籍和脱籍人口问题更为突出，是我们在研究东汉人口问题时必须要注意的因素。东汉是在豪强地主支持下建立起来的政权，刘秀"度田"的失败，意味着朝廷放弃了对土地的管制，因而东汉土地私有化进程几乎是在不受限制的情况下迅速发展。豪强地主大量蔽占户口为私附，统计人口不全，成为东汉中期以后的普遍现象，河北地区自然也不例外。户籍统计与吏治关系甚密，各地不尽相同。贪官污吏盘剥百姓，造成人民贫困流亡。遇上自然灾害，更是流民遍地。例如，桓帝永兴元年（153），32个郡国发生蝗灾，黄河泛滥，发生严重饥荒，几十万户百姓外出逃荒，冀州尤其严重。

与西汉相比，东汉北部边郡人口有大幅下降。代郡、上谷、右北平和辽西郡，西汉户籍人口1069621，东汉仅为312581，减少了757040人。人口锐减的原因，主要是塞外乌桓经常入塞骚扰劫掠，边民不能安居，被迫南迁。光武以后，乌桓逐渐内迁，分布在缘边诸郡，对东汉朝廷叛服无常，边郡不得安定，致使北部边郡人口减少。同时，乌桓人的入居和骚扰，也打乱了东汉政府在这里的统治秩序，"郡县破坏"，朝廷不能对人口有效统计管理。

渔阳郡北部地区也不断遭受乌桓骚扰，但户籍人口却比西汉有很大增加。东汉永和五年（140），渔阳郡有户68456、口435740，平均每户

---

① 葛剑雄：《中国移民史（第二册）先秦至魏晋南北朝》，福建人民出版社1997年版，第137页。

6.37 口。西汉元始二年（2），渔阳郡有户 68802，口 264116，平均每户
3.84 口。如按人口数计算，东汉比西汉增加了 65%。渔阳地近幽州刺史
部统治中心，控制较严，受乌桓骚扰较轻，社会相对安定，近边人口受乌
桓侵扰而迁居渔阳。同时，渔阳郡人口的增加也是自然增殖的结果，与该
地兴修水利工程、发展农业生产有很大关系。与渔阳郡相邻的广阳郡，人
口增长更多，由西汉时的 70658 口，增至 280600 口，增加近三倍。其原
因大概有三：第一，辖区扩大，增加了今安次以南至大清河以北的狭长地
区，管理人口增多；第二，乌桓入塞，边郡部分人口被挤压到这里；第
三，豪强地主害怕乌桓劫掠，不敢在这里建立田庄，人口多被编入户籍。

　　汉代以降，直至隋唐，幽州地区的人口就从没有达到过两汉时期的
水平，这种状况也影响到该地区农业的发展。东汉至西晋末年，从今河
北北部地区流入辽西、辽东和内蒙古地区的劳动力，对于汉族和乌桓、
鲜卑族的民族融合，促进该地区社会经济的发展，都发挥了积极作用。

　　2. 黄河改道对河北人口增减的影响

　　汉代黄河的改道对其流经地区的人口分布和变动产生了重要影响。
河北地区的魏郡、清河郡、信都国和勃海郡，是西汉黄河流经之地。东
汉自王景治河后，黄河不再流经这四个郡国。黄河改道对这四个郡国人
口的增减产生了重要影响，下面将这四个郡国在两汉时期的人口状况作
一比较（见表 3-11）。

表 3-11　　　魏郡、清河、信都、勃海四郡国两汉人口比较

郡 国	户、口	元始二年（2）	永和五年（140）	人口增长率（%）
魏郡	户	212849（18）*	129310（15）	-39.2
	口	909655	695606	-23.5
清河郡	户	201774（14）	123964（7）	-38.6
	口	875422	760418	-13.1
信都国（安平国）	户	65556（17）	91440（13）	39.5
	口	304384	655118	115.2
勃海郡	户	256377（26）	132389（8）	-48.4
	口	905119	1106500	22.2

　*括号内的数字为该郡所辖的县数，下同。

上表所列四个郡国，东汉魏郡和清河郡的户口比西汉有所下降，而信都国和勃海郡的人口有所增长。尤其是上文已经论及的地处黄河入海口的勃海郡，西汉辖 26 县，东汉减至 8 个，户数减少了 48.4%，但人口却增长了 22% 以上。东汉时黄河不在勃海郡入海，使勃海郡减少了水患，固然有利于促进人口的增长，但增长率也不可能如此之高。可能是数字有误，理由前文已述。信都国（安平国）的人口增长，恐怕也与东汉黄河不再流经此地，特别是不再泛滥为害有关。

魏郡和清河郡户口下降的问题，应当与王莽时黄河决口到王景治河前的河患长期影响有关。《汉书·王莽传》说，始建国三年（11 年），"河决魏郡，泛清河以东数郡。先是，莽恐河决，为元城冢墓害。及决东去，元城不忧水，故遂不隄塞"。黄河在魏郡决口，泛滥清河以东数郡，时间持续了五六十年，河患造成的危害可想而知，田地房屋被毁，农业减产，人口锐减自在情理之中。

据李晓杰统计，《汉书·地理志》所载魏郡的 18 个县，东汉初年省并了 4 个；《汉书·地理志》所载清河郡的 14 个县，东汉初年省并了 9 个①。东汉初年省并郡县，精兵简政，战乱导致经济残破固然是重要原因，但魏郡和清河郡省并的属县如此之多，与黄河的长期泛滥关系甚大。因此，王景治河后，尽管清河、魏郡不再遭受黄河的水患，但由于长期受河患影响而导致的人口锐减，一时难以恢复，也是可能的。

除个别地区外，东汉时河北的户籍人口密度和西汉相比普遍下降。黄河改道对魏郡、清河、信都、勃海四个郡国人口的增减产生了重要影响。东汉时期，河北汉族人口的减少、迁移与北方民族的内迁融合这两个方面一直在持续进行。东汉初年，河北人口的变动表现为边郡人口的迁徙和乌桓、南匈奴的内附。东汉中后期，流民是河北人口迁移的主要内容。东汉末年，战乱频仍，河北北部汉族和少数民族的人口变动剧烈，数量锐减。②

---

① 李晓杰：《东汉政区地理》，山东教育出版社 1999 年版，第 83、105 页。
② 本节内容参见王文涛《东汉河北人口的迁徙与变动》，《河北学刊》2012 年第 1 期。

第四章　汉代河北的农牧副业与自然灾害

　　司马迁在《史记·货殖列传》中把西汉全境划分为四个经济区，它们是：山东、山西、江南和龙门碣石（龙门为今陕西省韩城县和山西省河津县中间的龙门山，碣石指今河北省昌黎县北碣石山）以北，这是按自然区划的区分，也显示出各地经济的特征。

　　从战国到西汉，中国北部农耕地区与游牧地区的分界线是在碣石到龙门一线。从东部海滨的碣石向西偏北，沿着今燕山南麓西迁，再折向西南，经过恒山（在今唐县西北）和汾水上游，循昌梁山而至龙门。河北地区的渔阳、上谷和代郡都处在这条农牧分界线的边缘①。汉代的封国赵（都今邯郸）、中山（都今定州）全境和燕（都今北京）就在这个经济区域内。

　　《史记·货殖列传》记载这一区域的特产说："龙门、碣石北多马、牛、旃裘、筋角；铜铁则千里往往山出棋置：此其大较也。"两汉时期，由于有铁器、牛耕和水利灌溉等促进农业生产发展的新因素的介入，燕赵区域的农业经济经营模式已经从过去比较粗放的经营转为比较集约的经营，农业经济区也已经由春秋时的燕国都城蓟一个比较发达的点，发展成为几乎连成一线的若干个点。据《货殖列传》和《盐铁论》等文献记载，这时期燕赵区域的经济都会有燕、涿、沙丘、中山、邯郸等，基本上是沿太行山西麓南北排成一线。根据《四民月令》等文献的记载，可以大体了解东汉河北地区的农业生产情况，农作物的栽培，尤其是粮食生产占据绝对优势地位，畜牧业处于从属地位，蚕桑或桑麻比畜牧业重要。至于山区和牧区，则另当别论，是以畜牧业为主。

---

　　① 代郡最初在今河北蔚县，西汉以后才逐渐移向西北，东汉时移至今山西阳高。

河北南部靠黄河北岸一带经济最发达，越向北发展程度越低，呈梯状递减分布。由南向北，冀南经济发达地区有：赵、广平（邢台、任县）、信都（南宫）、钜鹿、清河（清河、枣强）；冀中有：常山郡（石家庄、井陉）、中山国（安国）、真定（保定）、河间（河间、献县）。河北北部大体上是战国时燕地的范围，即今保定以北。京津到海边经济较发达的地区有：涿州（良乡、安平）、广阳（蓟县）、勃海（唐山、乐亭）。由此向北，从西向东的经济区，是上谷（怀来）、右北平（密云、昌平）、渔阳（平谷）、辽西。

根据农业发展的程度，河北农业经济区大致可以分成南、中、北三个经济亚区。南部经济区以邯郸为北界，位于今漳、卫河冲积扇平原，是殷代以来传统农业区，包括殷墟和战国邺地。这里的风俗与南面的"郑、卫相类而近梁、鲁"。

中部经济区位于今河北省中部的滹沱河、唐河、子牙河洪积冲积扇平原，是战国时赵国和中山国东部。赵国、中山在今石家庄市以南地区，从中山国再向北是燕地的涿郡（治今涿州）。一般认为，"这个区域是一个半农半牧的经济区，农业还比较粗放，比中原地区为落后，但畜牧业则比较发达"①。这是概而言之，赵和中山辖地应属农区范围之内。战国期中期修筑黄河大堤后，水患平息，逐渐开发，至西汉成为一个重要的农业区。

北部经济区所辖为勃、碣之间的燕国，位于河北平原最北部的今潮白河、永定河洪积冲积扇和渤海滨海海积平原、滦河洪积冲积平原。气温低、近山区，农业不发达。南端又为"九河"下游，河流支岔分歧，沼泽密布，土壤碱化，不宜种植。故本区主要依靠"鱼盐枣栗之饶"，以畜牧业为主。"民虽不由田作，枣、栗之实足食于民矣。"②

滨海的天津平原在战国初期属燕国，战国末期，齐国进入天津平原，双方在军事角逐中彼此削弱，赵国又乘虚而入，几乎攫取了整个滨海平原。但赵国的好景不长，未经几年，燕、齐、赵三国皆为秦所灭。天津平原经过战国时期二百多年的开发，引起了西汉王朝的重视。沿渤

---

① 傅筑夫：《中国封建社会经济史（第二卷）》，人民出版社1982年版，第43页。
② 参见何建章注释《战国策注释》卷二十九《燕策一·苏秦将为从北说燕文侯章》"苏秦说燕文侯语"，中华书局1990年版，第1082页。

海湾西岸接连设置了 5 个县治，作为开发平原的基地，这便是渔阳郡的泉州、雍奴，勃海郡的文安、东平舒、章武。泉州故城位于今天津武清区城上村北，雍奴故城位于武清区旧城东八里的丘古庄，其他各县均位于今河北省。约在西汉末至东汉后期，渤海湾西岸曾发生过大海侵，村落废弃，县治内迁，欣欣向荣的开发进程被迫中断，一切又回到了接近原始海岸的荒凉状态。这一地区人口稀疏、经济落后的局面，直到隋唐时期才有显著改变。

从全国范围的农业基本经济区来看，对于两汉时期河北平原的农业经济，并不能估计得过高，农业发展的水平并不乐观。在《周礼·职方志》和《史记·货殖列传》中，始终没有提到这一地区的粮食作物。而在其他地区，却有许多诸如关中"膏壤沃野千里"，"好稼穑，殖五谷"，齐国"膏壤千里，宜桑麻"，鲁国"颇有桑麻之业"，梁宋"好稼穑"的记载。《周礼·职方志》只说幽州"其利鱼盐"，"其谷宜三种"。旧注三种为黍、稷、稻，劳榦认为当改作黍、稷、麦。《货殖列传》中同样只是说到燕地的物产是鱼盐枣栗。由此可知，当时河北平原的中部和东部，仍然在很大程度上保持着上古以来沼泽遍布、丛棘茂盛、猛兽出没的自然生态。

虽然中山国和燕地的农业没有明显的成就，但并不能因此做出这样的结论："就是说太行山东平原以燕国和中山的农业最为不好。其他地区可能还不如燕国和中山，只是司马迁没有详细提到而已。"[①] 中山国的农业生产在西汉时逐渐发展起来，畜牧业已退居末位。《盐铁论·未通》云："内郡人众，水泉荐草，不能相赡，地势温湿，不宜牛马。"

两汉时期，赵和中山靠近太行山东麓的地区均有较宜耕作的自然条件，农业经济较为繁荣。通过兴修水利，治理土壤的盐碱化，西汉时期太行山东平原中部的经济已相继发展起来。上谷至辽东畜牧业比较发达，涿郡则兼营农业和畜牧。农牧业之外，人们还种植果木、蔬菜、瓜果等作物，饲养家禽、家畜，作为家庭经济的补充。考古学资料向我们揭示：两汉时期由于河北冶铁业的进步，成套的铁农具在河北广阔的地域内出土，为河北社会经济的发展提供了重要的物质条件，表明河北的

---

① 史念海：《战国至唐初太行山东经济地区的发展》，《河山集一》，生活·读书·新知三联书店 1963 年版，第 132 页。

农业生产已普遍地采用了深耕细作技术。两汉时期，经过河北劳动人民的辛勤劳动，社会经济迅速地恢复和发展起来。

一　恢复发展农业生产的措施

楚汉战争结束后，为恢复遭受战乱破坏的社会生产，汉高祖刘邦下诏："民前或相聚保山泽，不书名数。今天下已定，令名归其县，复故爵田宅，……民以饥饿自卖为人奴婢者，皆免为庶人。"① 从西汉元始二年（2）河北人口居全国第三的情况来看，汉初河北应有相当数量的流民回归，奴婢赎免，增加了农业生产劳动力。流散人口逐渐回归乡土，吕后时，"天下晏然，刑罚罕用，民务稼穑，衣食滋殖"②。不过，至文帝十二年（前168），河北境内还有很多土地尚未垦复。文帝在诏书中说："朕亲率天下农，十年于今，而野不加辟"③，虽然是泛指全国，也包括河北在内。文景年间，入粟拜爵，准许人们把粟运到长城沿线，以此购买爵位或者赎罪。这项政策的实行，使国家存粮大大增加，为反击匈奴奠定了物质基础，农民的生活和生产得到了改善，商人的社会地位和政治地位也得以提高。还采取了减免田租、轻徭薄赋等重视农业生产的措施，经济逐渐发展起来。

武帝时连年大规模用兵，致使"海内虚耗"，劳民伤财，赋税剥削不断加重，农业生产受到严重影响，农民大批流亡，一遇天灾，数量更多。到了晚年，武帝改变统治政策，致力于发展农业生产，推广先进的农业生产技术。武帝任用赵过为搜粟都尉，大力推广犁耕和耧车，命令全国各地的郡守派遣所属县令、三老、力田和乡里老农等，到长安学习使用先进农具经营、开垦土地的方法。正是在这一推动下，先进的农具、耕作方法也得以在河北地区迅速推广开来，有力地推动了河北农业生产的发展。昭宣时期，注意与民休息，经济恢复，社会也比较安定。昭帝时，黄河水患减少，流民逐渐回归乡里，"田野益辟，颇有畜

---

① 《汉书》卷一下《高帝纪下》，第54页。
② 《汉书》卷三《高后纪》，第104页。
③ 《汉书》卷四《文帝纪》，第124页。

积"①。宣帝时岁漕关东谷四百万斛以给京师，可见河北平原的农业已有恢复。

西汉哀帝时，贾让在《治河三策》中奏言："若有渠溉，则盐卤下湿，填淤加肥，故种禾麦，更为秔稻，高田五倍，下田十倍。"②虽然这一建议当时并未实行，但反映出这时河北的农业生产条件比以前已经有了改善。

东汉初年，受战乱影响，经济严重衰落，当时经济发展的主要地区普遍缺乏粮食③。光武帝刘秀为恢复农业、增加粮食生产，采取了一系列经济措施。建武六年（30）十二月，刘秀下诏："顷者师旅未解，用度不足，故行什一之税。今军士屯田，粮储差积，其令郡国收见田租三十税一，如旧制。"④当时，不惜以相当大的兵力去屯田，而恢复三十税一的旧制，其急于想增加粮食生产的用意是显而易见的。从建武二年（26）到十四年（38）的12年间，刘秀九次下达释放奴婢、改善奴婢地位的诏令，安辑流民，以增加农业劳动人口。明帝时政府招抚流民，开垦荒地，经营水利。这些措施对河北地区社会经济的恢复和发展产生了积极作用。

安定社会秩序对经济的恢复和发展同样重要。建武四年（28），王伋出任中山太守。次年，彭宠灭，王伋转任渔阳太守。"渔阳既离王莽之乱，重以彭宠之败"，"寇贼充斥"，局势动荡不安。郭伋到任后，"示以信赏，纤儳渠帅，盗贼销散，时匈奴数抄郡界，边境苦之，（郭）伋整勒士马，设攻守之略，匈奴畏惮远迹，不敢复入塞，民得安业，在职五岁，户口增倍"⑤。张堪继任渔阳太守，继续沿用郭伋治理地方的方法，"捕击奸滑，赏罚必信，吏民皆乐为用……郡界以静"⑥。

东汉时期河北平原得到进一步发展的另一个重要因素，就是大规模

① 《汉书》卷二四上《食货志上》，第1141页。
② 《汉书》卷二九《沟洫志》，第1695页。
③ 《后汉书》卷二八上《冯衍传》："建武二年，关中饥，民相食。"《后汉书》卷一上《光武帝纪》："时（建武二年）三辅大饥，人相食，城郭皆空，白骨蔽野。"同书卷三六《郑兴传》："是时（建武九年），丧乱之余，郡县残荒。"又卷一三《公孙述传》："山东饥馑，人庶相食，兵所屠灭，城邑丘墟。"
④ 《后汉书》卷一上《光武帝纪上》，第50页。
⑤ 《后汉书》卷三一《郭伋传》，第1091页。
⑥ 《后汉书》卷三一《张堪传》，第1100页。

地兴修水利和推广水稻种植。建武年间，渔阳太守张堪"于狐奴开稻田八千余顷，劝民耕种，以致殷富"①。狐奴县在今北京市顺义区东北，这是华北平原种植水稻的最早记载。安帝元初二年（115）又兴修战国西门豹所开漳水十二渠，"以溉民田"②。章帝元和年间河北平原"肥田尚多，未有垦辟，其悉以赋贫民，给与粮种，务尽地力，勿令游手"③。不久整个平原的农业发展水平已超过了西汉时期，河北平原的农业经济对于以河北平原为根据地起家的东汉政权的重要性超过了西汉政权。随着农业经济的发展，土地的价格也不断上涨，"中州内郡……田亩一金"④。总的来看，从光武、明章以至和帝时期，社会经济处在恢复和向前发展之中，安、顺、桓三帝时进入时落时起、基本上停滞不前或稍有发展的状况，灵帝时开始下降。

二　汉代河北的屯田和度田

（一）两汉政府的土地政策

始皇三十一年（前216），秦王朝"使黔首自实田"，意味着国家承认土地私有权。从此，封建土地私有制真正在全国确立起来。汉初，经过长期的战争之后，人口锐减，出现了大片荒地，刘邦下令："故秦苑囿园池，令民得田之。"实行军功赐爵制，七大夫以上爵位的将士，按等级分给"田宅"，还可取得"食邑"的优厚待遇，形成了地主阶级中的一个特权阶层。又招抚流亡，"令各归其县，复故爵田宅。"文景之时，重视农业，减轻田租，减省地方徭役，还开放山泽禁苑给贫民耕种，社会经济逐步恢复发展起来。

封建社会，土地不仅是重要的生产手段，是财富的稳妥形式，而且也是社会地位和一切权力的基础。拥有土地，就有地租。占有钱财，享有权势。二者紧密结合。因此在封建时代的财富所有者，往往都是不遗余力地抢占、兼并土地。这种情况，在汉初还不甚明显。但从汉武帝开

①　《后汉书》卷三一《张堪传》，第1100页。
②　《后汉书》卷五《安帝纪》，第222页。
③　《后汉书》卷三《章帝纪》，第154页。"游手"，游手好闲，闲荡不务正业。
④　（汉）王符撰，（清）汪继培笺：《潜夫论笺校正》卷五《实边第二十四》，中华书局1985年版，第284页。

始，地主、豪商兼并农民，便已成为重要的社会问题了。针对这种现象，董仲舒提出"限田论"，企图限制贵族、官僚、豪商对土地的兼并。此时正值汉武帝广事四夷，这一建议没有实施。后来，汉武帝虽然采取了严厉措施打击商人，没收了富商的大量土地和奴婢，然而土地兼并的趋势，并未得到遏止。

西汉中期以后，土地私有的欲望，成为社会上的支配思想，不仅贵族、官僚和豪商大肆兼并土地，就是普通人民之间，小块土地买卖也是常有的事。这类普通民间的小块土地买卖，和前述官僚地主的兼并，在性质上不同。民间的小块土地买卖，一般接近于"自由"交易，而且东汉以后，当这种买卖行为发生时，往往双方立有契约，作为法律根据，以表明地权的转移。事实上，两汉时代，不仅民间私人可以购买土地成为私产，甚至封建皇帝，如西汉的成帝和东汉的灵帝，也都曾经购买过私田。这说明当时土地买卖的程度更为深化，投入买卖的土地和参与土地买卖的人更加广泛，土地买卖也逐渐形成一套比较完善的制度。

封建地主土地所有制的扩大和发展，必然使更多的自耕农民失去土地。破产以后的农民，或沦为奴婢，或为人"庸耕"，或四处流亡，脱离国家户籍，成为"无名数"的游民。随着封建租佃关系的发展，更多的是成为地主的佃农，受封建地租剥削。

西汉后期，土地兼并之风更加剧烈，仗势强占土地的情况经常发生。大批自耕农民破产，被迫离开土地，"失业流散"，阶级矛盾日益尖锐。哀帝即位之初，师丹又重新提出了"限田"的主张[1]。这个限田方案，只是限制诸侯王、列侯、公主及一般吏民的占田，而且限额很宽，多至三十顷。它并没有触动地主土地所有制。但仍然遭到官僚、权贵的反对，不得不宣告废止。

王莽时，面对土地空前集中的严重社会问题，颁布"王田令"。尽管王莽采用严刑峻法，强令推行王田令。但是不久，莽知民怨，只好下令王田"皆得买卖，勿拘以法"。周代的井田制，为战国两汉的私有制所代替，是"顺民心"；而王莽实行王田制，将私有土地收归为国有，

---

① 《汉书》卷二四下《食货志下》："汉书诸侯王列侯，皆得名田国中。列侯在长安，公主名田县、道，及关内侯、吏民名田皆无过三十顷。诸侯王奴婢二百人，列侯、公主百人，关内侯、吏民三十人。期尽三年，犯者没入管。"

是"违民心"。所以,"王田制"遭到失败是必然的。

(二) 汉代河北的屯田和度田

军事屯田是汉代河北北部地区农业经济中的重要内容,从西汉一直延续到东汉末年。西汉边地屯田始于汉文帝时。晁错上书文帝说:"远方之卒守塞一岁而更,不知胡人之能。不如选常居者家室田作以备之,为之高城深堑,先为室屋具田器,募罪人及免徒复作及民之欲往者,皆赐高爵,复其家,俾实塞下,使屯戍之事者,输将之费寡。"① 这时的屯田是募民屯田。至于军队屯田则始于汉武帝时代。元鼎五年 (前112),汉武帝"初置张掖、酒泉郡,而上郡、朔方、西河、河西开田官,斥塞卒六十万人戍田之"②。这些屯田士最初的主要任务仍是守边,屯田只是完成守边任务的手段,间或还要参加作战。以后年月既久,渐渐形成以务农为主业。与此同时,即使被调往边地作战的军队,为了省却军粮长途转运之劳,也要在作战空隙从事屯田。《汉书·韩安国传》载,汉武帝元光六年 (前129) 秋,渔阳地区屡受匈奴抄掠,汉朝以卫尉韩安国为材官将军,率军屯渔阳。逾年秋,匈奴复入塞,杀辽西太守,掠二千余人,旋退。韩安国轻信俘虏之言,误以为匈奴远去,上书朝廷:"言方佃作时,请且罢屯",疏于防守。不料,一个月后匈奴又出其不意复犯渔阳,围攻韩安国军。当时汉军士卒大多在外耕作,塞中只有七百余人,出战失利。匈奴又大掠一千余人和牲畜后离去。为此,韩安国受到朝廷谴责,郁闷而死。据此可知,当时屯边的军队也负有屯田的任务,只不过他们的主要任务是作战,这与专门务农的屯田士又有不同。据《后汉书·百官志五》记载,西汉时"边郡置农都尉,主屯田殖谷"。

东汉屯田与西汉不同,一是不限于边境地区,二是从内地开始。王莽错误的民族政策,激化了与匈奴的关系,西北沿边一带遭受匈奴进犯。彭宠在渔阳,卢芳在五原拥兵割据。建武七年 (31),刘秀派骠骑大将军杜茂率兵屯田晋阳 (治今山西太原)、广武 (治今山西代县),

---

① (元) 马端临撰:《文献通考》卷七《田赋考七·屯田》,中华书局 2011 年版,第157 页。

② 《汉书》卷二四下《食货志下》,第 1173 页。

"以备胡寇"①。建武九年（33），派朱祐屯常山（治今河北元氏），王常屯涿郡（治今河北涿州），王霸在上谷（治今河北怀来）屯田戍边②。"大军屯聚的地方，多半是实行屯田的场所"③。顺帝永建元年（126）。鲜卑犯边，东汉遣黎阳营兵，出屯中山（治卢奴，今河北北定州）北界，令幽州刺史，"缘边郡增置步兵，列屯塞下"④。可能也是兼有屯田的军事行动。东汉初年，光武帝建武六年（30）省诸郡都尉，但在边郡仍"往往置都尉"⑤。幽州（治今北京）地区在两汉时期均属边郡，农都尉之设始终不废，管辖着数万屯田士。中平五年（188），汉宗室刘虞出任幽州牧，驻蓟城。当时社会动荡，政令不通，幽州屯田士身受田官的盘剥。刘虞到任后，"罢省屯兵，务广恩信"，缓和了社会矛盾。驻守幽州的汉中郎将公孙瓒非常跋扈，不听刘虞节制，独掌幽州军事大权，擅自行事，两人矛盾日深。汉献帝初平四年（193）冬，刘虞"遂自率诸屯兵众合十万人以攻（公孙）瓒"⑥。由于刘虞临时动员的只是专事务农的屯兵，"不习战"，所以反被公孙瓒锐士数百人因风纵火击败，刘虞被杀。从以上史实中可以得知，东汉末年幽州屯田士仍有十万之众，这些屯田士长年专事农业生产，以至于失去作战能力，以十万之众却被数百人击溃。另外，如果以每个屯田士耕种20亩计算⑦，则蓟城周围当有2万余顷屯田土地。兴平二年（195），割据幽州的公孙瓒被刘虞部将和袁绍部将打败，"遂保易京（治今河北雄县西北），开置屯田，稍得自支"⑧。

　　东汉末年延续三十多年的军阀混战使河北地区的社会经济遭到了前所未有的大破坏。献帝初平元年（190）时中原尚未扰乱，董卓推举刘

---

　　① 《后汉书》卷五二《杜茂传》，第776页。

　　② 《后汉书》卷五〇《王霸传》，第737页。

　　③ 陈连庆：《中国古代史研究（上册）》，吉林文史出版社1991年版，第409页。

　　④ 《后汉书》卷六《顺帝纪》，第253页。

　　⑤ 《后汉书》卷一一八《百官志五·州郡条》：建武六年（30），"省关都尉，唯边郡往往置都尉及属国都尉，稍有分县，治民比郡"。第3621页。

　　⑥ 《后汉书》卷七三《刘虞传》，第2356页。

　　⑦ 《文献通考》卷七《田赋考七·屯田》载：西汉宣帝神爵元年（前61）赵充国击羌，请罢骑兵，屯田以待其敝，云："田事出，赋人二十亩。"第156页。

　　⑧ 《后汉书》卷七三《公孙瓒传》，第2363页。

馥为冀州牧。此时冀州"民人殷盛，兵粮优足"①。黄巾军初起时，幽州还是"民悦年登，谷石三十，青徐士庶避黄巾之难归虞者百万余口（可能是夸大），皆收视温恤，为安立生业，流民皆忘其迁徙"②。经刘虞和公孙瓒、公孙瓒和袁绍之间的连年战争后，残败不堪，"士卒饥困"，竟至"民相食"的境地。袁绍初据冀州时，沮授向韩馥说，"冀州虽鄙，带甲百万，谷支十年"③。经过袁绍、曹操几年混战后，也已是人民死亡殆尽。蔡文姬由匈奴回来时在所作的《悲愤诗》中曾描写了她看到的北方遭到破坏的荒凉景象："城郭为山林，庭宇生荆艾。白骨不知谁，从横莫覆盖。出门无人声，豺狼号且吠。茕茕对孤景，怛咤糜肝肺。"

为了解决军事和经济的需要，曹操在其辖区内实行屯田，兴修水利。在河北地区设立的屯田区有钜鹿（治今宁晋附近）、魏郡（治今磁县东南）；开凿整修的沟渠陂塘有：白沟、利漕渠、泉州渠、新河、戾陵堨、车箱渠等。曹操的屯田政策和水利事业，既解决了军粮供应，也有利于长期遭受战乱的北方地区社会经济的恢复和发展。

东汉初年，人口与田地状况十分混乱，"天下垦田多不以实，又户口年纪互有增减"④，直接影响了国家赋税的征收。光武帝刘秀惩于西汉和王莽时期的教训，为了缓和社会矛盾，增加财政收入，试图解决土地兼并过于集中的问题，于建武十五年（39）"诏下州郡检核垦田顷亩及户口、年纪"⑤。"度田"对象涉及自耕农和豪强地主。由于度田触及了豪强地主的既得利益，一开始就出现了度田不实、"优饶豪右、侵刻羸弱"等问题。度田官吏畏惧或偏袒豪强地主，没有严格检核豪强的田亩与户口数，对于贫民则"以度田为名，聚人田中，并度庐屋里落"⑥，将豪强隐匿的田亩和人口数字转嫁给贫民，"优饶豪右，侵刻羸弱"，致使"百姓嗟怨，遮道号呼"⑦。建武十六年（40），刘秀严惩度田不实

① 《三国志》卷一《魏书·武帝纪》裴注引《英雄记》，第6页。
② 《后汉书》卷七三《刘虞传》，第2354页。
③ 《后汉书》卷七四上《袁绍传》，第2378页。
④ 《后汉书》卷二二《刘隆传》，第780页。
⑤ 《后汉书》卷一下《光武帝纪下》，第66页。
⑥ 《后汉书》卷一下《光武帝纪下》李贤注引《东观纪》，第66页。
⑦ 《后汉书》卷二二《刘隆传》，第780页。

的官员，河南尹张伋和诸郡守十余人因度田不实，"皆下狱死"，同时处死的还有大司徒欧阳歙等人。此举直接危及先前受到庇护的豪强地主，于是"郡国大姓及兵长、群盗处处并起，攻劫所在，害杀长吏。郡县追讨，到则解散，去复屯结。青、徐、幽、冀四州尤甚"①。可见当时幽、冀二州豪强地主势力的强大。刘秀权衡利弊，不想激化中央与强大的豪强地主的矛盾，采取分化政策平息了民变和叛乱，度田不了了之。度田的失败，等于放弃对土地的管制，东汉土地私有化的进程无限制地发展，地主田园庄成为东汉社会经济发展的主要模式。

汉王朝虽然屡次下令"禁民二业"，"商者不农"。但事实上，不仅贵族、官僚占有大量土地，兼营商业，而且商人拥有大批资产后，同样把资本投放于土地，成为商人地主。贵族、官僚和商人三位一体，疯狂兼并土地。

以上事实说明，两汉的土地问题，主要是王侯、贵族、官僚及豪商占田太多。师丹的限田、王莽的王田、刘秀的度田，其对象主要是针对这些人的。可以说，汉代土地问题尖锐，主要是贵族、官僚和豪商的土地兼并严重。

三　汉代河北的阶级关系

两汉时期，随着封建农业经济的发展，大地主、大商人的土地兼并也日益严重起来，出现了许多大地主豪强。就河北地区而言，地主阶级主要包括贵族地主、官僚地主、豪强地主、工商地主和中小地主，农民阶级主要包括自耕农、佃农、雇农和依附农等。诸侯王是等级最高的贵族地主。汉初的诸侯王封域广大，享有相对独立的行政、财政等权力。景帝以后，诸侯王虽然被取消了"治民"权，但仍"衣食租税"，过着不劳而获的享乐生活。有的甚至横行不法，骄奢淫逸。例如，汉景帝时，赵王刘彭祖"为人巧佞，卑谄足共"，而"二千石莫敢治"②，派使者到各县帮商贾说合交易，从中征税，收入比从封国所得的租税还多。中山王刘胜"乐酒好内，有子百二十余人"，宣称"王者当日听音乐，御声色"。广川王刘去及其王后昭信,"燔烧亨煮,生割剥人","凡杀无辜十六人";"太子勃私奸、饮酒、博戏、击筑,与女子载驰,环城过市"。平干(都今鸡泽县鸡泽镇东南)王刘元"杀奴婢,子男杀谒者","令能为乐奴婢从死,迫胁自杀者凡十六人,暴虐不道"。满城中山王刘胜墓和其妻窦绾墓,共出土金、银、玉、石、陶、漆器、丝织品和车马具等器物 2800 多件,反映了汉代河北诸侯王的奢侈淫逸。其中,两座大墓还各出土一套"金缕玉衣"。一号玉衣由大小 2498 片玉片组成,用金丝缀合成衣,使用金丝 1100 克①。

列侯也是封建贵族地主。据《汉书》《王子侯表》《功臣侯表》和《外戚恩泽侯表》,西汉王朝在河北地区分封了 140 多个侯国。其中封户最多的是窦广国的章武侯国(时属勃海郡,在今河北盐山东北),11000 户;最小的是公孙弘的平津侯国,仅 273 户。封侯所得"衣食租税",主要是按照"三十税一"的税率向封户征收田租。张延寿继承父亲张汤的爵位,"国在陈留,别邑在魏郡,租入岁千余万"②,此例反映了封侯向封户征收田租的情况。

豪强地主、工商地主和中小地主主要依靠出租土地剥削广大农民。如涿郡"大姓西高氏、东高氏,自郡吏以下皆畏避之,莫敢与忤,咸曰:'宁负二千石,无负豪大家',宾客放为盗贼,发辄入高氏,吏不敢近,浸浸日多,道路张弓拔刃,然后敢行,其乱如此"③。这里说的西高氏、东高氏,就是典型的豪强地主。今北京平谷区有博陆城遗址,是汉武帝时大将军霍光的封地。1958 年在北城子村发现一座古城址,东面濒临错河,西靠北城子村,依郦道元《水经·鲍丘水注》所记,此即汉代霍光受封为博陆侯的博陆城。霍光的食邑在今山东、河北、河南境内的汉北海、河间、东郡,封邑内的农民都受到霍氏宗族的欺压和剥削。

统治阶级对农民进行残酷剥削压迫,追慕奢侈。如大葆台一号汉墓由墓道、甬道、外回廊、"黄肠题凑"便房和棺室构成,全长达 40 多

①　中国科学院考古研究所技术室:《满城汉墓金缕玉衣的清理和和复原》,《考古》1972年第 2 期。
②　《汉书》卷五九《张汤传附孙延寿传》,第 2653 页。
③　《汉书》卷九〇《酷吏列传·严延年传》,第 3668 页。

米。陪葬的珍贵物品有陶、铜铁、玉、玛瑙和丝织品约 400 余件，并且有陪葬朱轮华毂车三辆，马干一匹。这可能是广阳王刘建之陵。墓主死后如此奢侈，生前定然更加奢华。1976 年在天津市武清县（东汉时属渔阳郡）兰城村发现东汉雁门太守鲜于璜墓。鲜于氏是幽州渔阳郡土著大族①。鲜于璜墓虽然早先被盗，但仍出土大量随葬物品，如铁削、铅制车马饰具、漆器、骨梳、玉器、石砚、五铢钱、铜熏炉、铜镜、鎏金扣饰和大量陶器。漆器为案、盘、耳杯、奁、盒、魁等，部分器表有朱漆彩绘，并镶有鎏金铜扣饰。陶器大多是实际生活用具的仿制品。有一座陶灯台，高达 96 厘米，由座、盘、柱等部分组成。灯座分 3 层，每层均有人物雕像，人物身份各别，神情各异，内容为东汉幽州封建豪强地主威严显贵、安逸享受的真实写照②。北京西郊八宝山西部发现的东汉和帝永元十七年（105）的"汉故幽州书佐秦君"神道石阙，同样反映了幽州官僚地主的腐朽生活。神道石阙构件均有精美的纹饰，规模宏大。陈直先生据已有文献资料推算，建造石阙的费用在二十万钱以上③。

汉代的阶级对立和贫富差别，在已发现的墓葬群中也表现得十分明显。近几十年来，考古工作者在河北满城陵山，怀安耿家屯，涿县半壁店，石家庄市北宋村，邯郸市的王郎村、彭家寨、百家村、张庄桥，定州市城关附近，望都县东关、八里庄，安平县逯家庄，沧县四冢村等地发掘了许多西汉墓群。其中有不少墓葬不足 2 米，出土器物仅有数件。④北京昌平史家桥发现的 19 座东汉早期平民墓葬也很简陋。各墓均为土坑葬，随葬陶器的器型也小，不见大型陶器，这显然与墓主的经济地位有关。昌平半截塔村发现的 5 座东汉晚期墓。虽然都是砖室墓，但是结构简单，均为长方形，墓砖也烧制得十分粗糙。除 1 号、2 号墓外，其他 3 座墓的随葬陶器都十分简陋，2 号墓和 7 号墓分别有 5 件，17 号墓只有 1 件。从河北地区发现的汉代墓葬中，我们可以了解到当时社会上

---

① 据《鲜于璜碑》（现存天津市博物馆）墓志铭文所记，鲜于璜起初被渔阳郡王太守荐举为孝廉，授官郎中，迁度辽右部司马，复迁赣榆令，后因父忧去官。服终，复辟太尉府，除西曹属，延平中（106）拜安边使，延光四年（125）逝世。天津市文物管理处考古队：《武清东汉鲜于璜墓》，《考古学报》1982 年第 3 期。

② 天津市文物管理处考古队：《武清东汉鲜于璜墓》，《考古学报》1982 年第 3 期。

③ 陈直：《关于汉幽州书佐秦君石柱题字的补充意见》，《考古》1965 年第 4 期。

④ 河北省博物馆、文物管理处：《河北省考古工作概述》，《河北出土文物选集》，文物出版社 1980 年 5 月第 1 版，第 49 页。

存在着巨大的贫富差别现象。

四　气候变迁与土壤治理

　　河北省气候的形成主要受地理位置、地形条件和大气环流的影响。中纬度亚洲大陆东岸的地理位置，决定了河北暖温带大陆性季风气候的基本特征。地形的起伏变化加深了境内各地的气候差异，导致了区域气候特征的形成。

　　先秦时期的温暖气候一直持续到公元前一世纪。汉武帝刘彻（前140—前87）时，司马迁作《史记》，在《货殖列传》中描写了当时经济作物的地理："蜀汉江陵千树橘；……陈夏千亩漆；齐鲁千亩桑麻；渭川千亩竹。"对照现在的植物分布图[1]，可以清楚地知道司马迁时植物分布比现在分布靠北。至公元 1 世纪末期，中国北方不断遭受寒冷空气的侵袭。《氾胜之书》记载了西安至洛阳一带在 9 月下旬可能出现的霜冻和防御办法[2]，而现在初霜日期平均在 11 月初。当时冬小麦播种期在 9 月上旬[3]，现在是 9 月底，相差近 20 天。曹操种橘于铜雀台，只开花而不结果[4]，气候已比西汉时寒冷。

　　在中国历史上，雨量的变化趋势和温度变化的趋势一致，而且湿润期和温暖期、干燥期与寒冷期也大体吻合。据笔者统计，汉代水旱灾害次数大体相当。两汉水灾 118 次，西汉（含新莽）45 次，东汉 73 次。旱灾 117 次，西汉（含新莽）42 次，其中的 75% 集中在气温较低的汉武帝至西汉末年；东汉 75 次。根据《括地志》中 3675 次旱涝记载分析，发现中国自公元初以来，水灾相对减少，而旱灾相对增加。

　　气候的变迁造成了中国西北湿润区和半湿润区退缩，干旱区和半干旱区向南推移 200—300 千米。同样，如果减少 100 毫米的降水，中国

---

　　① 侯学煜编：《中国之植被》，人民教育出版社 1960 年版。

　　② 石声汉：《氾胜之书今释》："植禾，夏至后八十、九十日，常夜半侯之，天有霜，若白露下，以平明时，令两人持长索，相对，各持一端，以概禾中，支霜露，日出乃止。如此禾稼五谷不伤矣。"科学出版社 1956 年版。

　　③ 石声汉：《氾胜之书今释》："种麦得时无不善，夏至后七十日，可种宿麦。早种，则虫而有节；晚种则穗小而少实。"第 17 页。

　　④ （清）董诰等编：《全唐文》卷六百九十七《李德裕·瑞橘赋序》："昔汉武致石榴于异国，灵根遍布……魏武植朱橘于铜雀，华实莫就。"中华书局 1983 年版，第 7160 页。

东部农业区就会向东南退缩 100 千米以上，在河北和山西达 500 千米以上。就是说，气候变冷变干会使一些地区变得不适宜农作物种植，农业区南退。傅筑夫先生指出，东汉人口"大量南流"，致使"经济重心开始南移，江南经济区的重要性亦即从这时开始以日益加快的步伐迅速增长起来，而关中和华北平原两个古老的经济区则在相反地日益走向衰退和没落"。他认为，"这是中国历史上一个影响深远的巨大变化"①。

从古至今，在耕地的开垦方面，经历了一个从耕地少、荒地多到耕地多、荒地少的转变。农民获得耕地的主要办法是放火焚林，河北地区亦是如此。孟子追述这种情形说："当尧之时，天下犹未平，洪水横流，泛滥于中国。草木畅茂，禽兽繁殖，五谷不登，禽兽逼人，兽蹄鸟迹之迹交于中国。尧独忧之，举舜而敷治焉。舜使益掌火，益烈山泽而焚之，禽兽逃匿。"② 这段追述清楚地说明了当时原始生态与农耕制度的矛盾，同时也表明了火焚方法的重要。到汉代许慎作《说文解字》时，仍将"焚"字解释为："焚，烧田也，从火烧林意。"至北魏贾思勰编写《齐民要术》时，也还是说："凡开荒山泽田，皆七月芟艾之，草干即放火，至春而开垦。其林木大者，劙杀之③，叶死不扇④，便任耕种。三岁后，根枯茎朽，以火烧之。"也就是说，最初先不急于将树木完全焚去，而是先割断树皮，使树木干死，这时已可开始耕种，三年以后，树木完全枯朽，再最后焚尽。在伐木工具比较落后的古代，这确实是一种简便易行的办法。

《禹贡》将九州的土壤分为九等，冀州的白壤是第五等。白壤是由于土壤含盐碱较多，呈现白色。土壤盐碱化与地面水分过多及地下水位较浅有直接关系。靠近太行山附近的地区地势比中部和东部高，盐碱化的土壤也较为稀少。太行山由西向东，匜陡至平，地下水位由深到浅，土壤含盐量也由低到高，盐碱化由无到有，由轻到重。

为了治理土壤的盐碱化，古代劳动人民进行了不懈的努力。《汉书·沟洫志》记载，战国魏文侯时，西门豹治邺，将漳水沿岸潟卤的贫

---

① 傅筑夫：《中国封建社会经济史》第二卷，人民出版社 1982 年版，第 25 页。
② （清）焦循撰：《孟子正义》卷十一《滕文公章句上》，中华书局 1987 年版，第 377 页。
③ 劙，王祯《农书·垦耕篇》注"劙杀之"说："谓剥断树皮，其树立死。"
④ "扇"，指遮阴，"不扇"指树冠不再遮蔽日光。

瘠土壤改良为肥沃的膏壤，"以富魏之河内"。西门豹之后，史起引漳水灌邺，受到百姓的称赞："邺有贤令为史公，决漳水兮灌邺旁，终古舄兮生稻粱。"盐碱地得到了治理，变成可种植稻粱的良田。在河北地区种植水稻，始终含有用水改造低洼盐碱地的主观意图。直至唐朝，张说在请置屯田的建议中依然认为："窃见漳水可以灌巨野，淇水可以溉汤阴，若开屯田，不减万顷。化萑苇为秔稻，变斥卤为膏腴。"①

司马迁《史记·货殖列传》和班固《汉书·地理志》，都说处于太行山东麓的赵和中山"地薄"，即土质较差，发展农业的条件不太好，这是相对于中原地区而言。"地薄"应是笼统评价，实际上赵和中山并不尽是瘦薄之地，均有较宜耕作的自然条件。

从自然条件来看，赵国大部分地区为冲积性黄土平原，气候温和，雨量充沛，适宜于发展农业经济。中山国地处太行山东侧，属滹沱河冲积扇和山麓平原地带。东去即为大平原，地势低平，排水条件好，地下水源丰富，也是宜于耕作的地区。

中国各地的土质有很大不同，黄土高原的土质是经典型黄土，具有"自行肥效"的功能。河北平原的土质是次生黄土，这种土质保持肥效的途径不是靠"自行肥效"，而是靠"自行更新"。河北平原是冲积平原，直到今日，每当夏季暴雨过后，还可以见到大量的挟带泥沙的急流自山上奔泻而下。由洪水挟带产生的泥沙不仅数量巨大，而且含有丰富的肥料。

据科学计算，中国北部夏季洪水中泥沙的重量占 14% —22%，表明每一次降雨，就要随着山上泻下的洪水中带来数千吨肥饶的淤泥。洪水对社会的影响是具有两重性的，它一方面造成了经常性的洪涝灾害，另一方面又周期性地不断更新土质，保持土壤的肥力。由于黄土高原土质"自行肥效"的功能和河北冲积平原土质"自行更新"的功能，曾经有人（如西姆柯维奇 V. G. Simkhovitch，1921）称中国的农业为"持久农业"，指出即使不科学地补充无机质肥料，这种存在于很狭小的地面之上的集约农业，也能够无限期地维持下去，这就是古代罗马文明所以衰落而中国文明得以长期延续的原因。然而，这种持久延续、无限期的延

---

① （唐）张说：《张燕公集》卷十三《请置屯田表》，《文渊阁四库全书》，台湾商务印书馆 1986 年版，第 1065 册，第 758d 页。

续同时也是有限度的延续，每一次重新起步，都要从最低水平开始，周而复始。

文帝十二年（前168）诏书中说，他即位十余年，"而野不加辟"①，虽是泛指全国，也足以说明河北地区还有很多土地尚未开垦。东汉气候较西汉寒冷，但黄河水患减少，有利于河北的开发，耕地面积与西汉相比有所增加。东汉末年，北方受战乱影响，人口锐减，耕地荒芜，于是曹操将汉代行之于边郡的屯田制度转行于内地。由于有大量的无主荒地，才能将土地收为国有，强制军民从事军屯和民屯。所以，曹操推行的屯田制实际上就是一种荒地开垦的政策。

五　农作物种类

赵和中山地区经济总的特点是以种植业为主，战国时期，这里的农作物已经有禾、黍、稷、麦、稻、粱等②，至汉代农作物的种类进一步增多。西汉时期的农书《氾胜之书》记载了多种农作物的栽培方法，其中提到的大田作物有：禾、黍、稻、稗、枲、麻、豆、小豆、宿麦、旋麦、芋等；崔寔《四民月令》中提到的粮食作物有：春麦、禾、粳稻、黍、稺米、大麦、小麦、𦯩，豆类有豌豆、大豆、小豆、胡豆等。这些粮食作物在河北地区均已有种植。其中麦就是小麦，到西汉时已经分有春种的旋麦和秋种的宿麦；禾是北方谷子，稷和粱都是北方谷子的别名；麻是麻类的总称，麻是雌雄分株的，枲是雄麻，苴是雌麻；菽是大豆；大麦、稻、黍、小豆与现在的作物同名；芋的块茎长在地下称大芋头；稗是饲料，遇上荒年人也可以用来充饥。

粟仍然在粮食作物中占主要地位。郑玄注《周礼·地官·仓人》说："九谷尽藏焉，以粟为主。"《淮南子·主术训》："然民有糟糠菽粟不接于口者。""量粟而舂，数米而炊。"③《史记·项羽本纪》："章邯军其南，筑通道而输之粟。"《史记·平准书》："汉兴，……转漕山东

---

①　《汉书》卷四《文帝纪》，第124页。

②　邢春民：《春秋战国时期邯郸经济的探视》，《赵国历史文化论丛》，河北人民出版社1989年版，第287页。

③　（汉）刘安编：《淮南子集释》卷十四《诠言训》，中华书局1998年版，第1034页。

粟以给中都官，岁不过数十万石。"汉文帝时采纳晁错建议，输边粟者拜爵。汉武帝以桑弘羊为治粟都尉。《后汉书·光武帝纪》："王莽末，天下旱蝗，黄金一斤，易粟一斛。"《说文》："粟，嘉谷实也。"以上列举的一部分文献记载，已足以说明粟（也即稷）到两汉时始终是河北广大人民的主要口粮，也是大田中的主要作物。

黍在两汉河北地区仍普遍种植，但多用于酿酒。《吕氏春秋·审时篇》《氾胜之书》《四民月令》都有种黍的记载。但《齐民要术·黍穄第四》说："凡黍，黏者收薄；穄，味美者，亦收薄，难舂。"因其产量不高，人们多用来酿酒，其在粮食中地位已不如稷。

菽即大豆。有人认为，战国以后菽渐替代黍，与粟成为当时人民的主食，这是有根据的。《氾胜之书》云："大豆保岁易为，宜古之所以备凶年也。谨计家口数种大豆，率人五亩，此田之丰也。"《后汉书·陈蕃传》："又青徐旱，五谷损伤，民物流徙，茹菽不足。"与青、徐相邻，气候条件相去不远的冀州，菽也是大田的一种基本作物。

《四民月令》中除了九月和十二月，其他十个月都有关于"豆"的内容。如：

> 正月，"可种春麦、𤙡豆，尽二月止"。
> 二月，"可种植禾、大豆、苴麻、胡麻。""可粜粟、黍、大小豆、麻、麦子"。
> 三月，"可种秔稻及植禾、苴麻、胡豆、胡麻"，"'昏参夕，桑椹赤'，可种大豆，谓之上时"。
> 四月，"可种黍、禾——谓之上时——及大小豆、胡麻"。
> 五月，"粜大小豆、胡麻"。
> 六月，"可粜大豆"。
> 七月，"可粜大小豆"。
> 八月，"收豆䕫"。
> 十月，"籴粟、大小豆、麻子"。
> 十一月，"籴秔稻、粟、大小豆、麻子"。

刘秀起兵河北，被王郎追杀，逃至饶阳无蒌亭，"时天寒烈，众皆饥疲，（冯）异上豆粥"①。次日，光武帝谓诸将曰："昨得公孙（冯异字公孙）豆粥，饥寒俱解。"至建武六年（30），刘秀仍然感记冯异之情，"仓卒无蒌亭豆粥，虖沱河麦饭，厚意久不报"②。可知豆粥当是该地经常性的饮食。时逢战乱，豆类食物从外地调运的可能性不大，可视为已在河北普遍种植。

麦有春种秋收的春麦和秋种夏收的冬麦之分。春麦又称旋麦，冬麦又称宿麦③。西汉时河北平原种植的主要是冬小麦。汉武帝时董仲舒上书，以为"今关中俗不好种麦"，"损生民之具"，建议诏大司农，"使关中民益种宿麦"④。这也从侧面反映出河北地区已普遍种植冬小麦。这是因为冬小麦可以在水、旱灾之后，接种以供翌年夏秋青黄不接时的需要。所以，汉武帝元狩三年（前120）"劝有水灾郡种宿麦"⑤。东汉安帝永初三年（109），"诏令种宿麦蔬食，务尽地力，其贫者给种饷"⑥。

粟麦轮种的两年三熟制或一年两熟制，大大提高了河北平原农业的产量。从《吕氏春秋》《氾胜之书》《四民月令》《齐民要术》等农书来看，麦的地位始终未超过黍稷。但从具体史事来看，从西汉到东汉，河北平原上麦的生产有很大的发展。刘秀至南宫，冯异进麦饭⑦。建武末年，沛王刘辅等五位王子"皆好宾客，更遣清丹，不能改"。外戚阴就设计招来井丹，"（阴）就故设麦饭、葱叶之食。丹推去之，曰：'以君侯能供甘旨，故来相过，何其薄乎？'更置盛馔，乃食。"⑧可见麦饭在当时被视为粗食，是普通百姓的日常主食。

两汉时期水稻种植在华北平原有几处比较集中。

冀西南地区。临漳县西南一带，自战国西门豹引漳灌田以来，以盛产水稻著称。东汉安帝元初二年（115）修复了西门豹所开支渠，灌溉

①　《后汉书》卷一七《冯异传》，第641页。
②　《后汉书》卷一七《冯异传》，第649页。
③　《汉书》卷六《武帝纪》："遣谒者劝有水灾郡种宿麦。"颜师古注曰："秋冬种之，经岁乃熟，故云宿麦。"第177页。
④　《汉书》卷二四上《食货志上》，第1137页。
⑤　《汉书》卷六《武帝纪》，第177页。
⑥　《后汉书》卷五《安帝纪》，第213页。
⑦　《后汉书》卷一七《冯异传》，第649页。
⑧　《后汉书》卷七七《逸民传·井丹传》，第2765页。

民田。东汉末曹操都邺,更注意周围的农业生产。左思《魏都赋》云:"西门溉其前,史起灌其后。墱流十二,同源异口。蓄为屯云,泄为行雨。水澍稉稌(稻),陆莳稷黍。""雍丘之粱,清流之稻。"李善注:"清流,邺西,出御稻。"①

幽冀地区。今河北涿县、新城一带是战国时代著名的督亢陂水利区,具备种植水稻的条件。荆轲刺秦王,即以督亢地图为进献礼。"考古发现的汉代稻谷有22处,出于长江流域及其以南地区12处,淮河流域一处,黄河流域八处,北京一处。在北方地区,随着农田水利的发展,水稻的种植也在扩大。记述北方耕作技术的农书《氾胜之书》把种稻列为重要的一章,介绍其耕种方法,可见当时在黄河流域种稻已经相当普遍。"②东汉建武年间,渔阳太守张堪带领当地民众进行农田水利建设,发展水稻生产,他利用当地沽水及鲍丘水丰沛的水源,在狐奴山(今北京市顺义区牛栏山附近)开稻田八千余顷。幽蓟地势偏北,气温较低,但只要有丰富的水源,也完全可以种植水稻的。"北京植物园所藏北京黄土岗的汉代稻谷遗存是这一地区种稻的有利佐证。河南、河北、陕西、苏北等地均发现了稻谷的遗存"③。

继张堪之后,汉章帝建初(76—84)年间,邓训奉诏屯兵于狐奴山,防御匈奴、乌桓侵犯,与上谷太守任兴在这里屯田,并取得了很好的效果,"开水田一千余顷,今尚存"④,还用屯田收获的稻谷,"抚接边民,为幽部所归"⑤。东汉时期的渔阳郡,水稻的种植已经有了很大的发展,不仅成为此时幽蓟地区的一个水稻的主要产区,而且影响深远。

总之,两汉时期华北平原粮食作物有明显发展,其表现:一是两年三熟制推广,提高了亩产量;二是水稻生产的扩展,冬小麦在粮食作物中地位逐渐提高,代替了黍,成为广大人民的主要口粮之一。

---

① (清)严可均编:《全上古三代秦汉三国六朝文·全晋文》卷七四《左思·魏都赋》,中华书局1958年版,第3776页。

② 林甘泉主编:《中国经济通史·秦汉经济卷上册》,经济日报出版社1999年版,第229页。

③ 林甘泉主编:《中国经济通史·秦汉经济卷上册》,第229页。

④ (清)黄成章:《顺义县志》卷二。清康熙五十八年刻本。

⑤ 《后汉书》卷一六《邓禹附子训传》,第608页。

除种大田作物外，还种植果木、蔬菜、瓜类等多种作物。据崔寔《四民月令》，油料和经济作物有：蓼、苏、牧宿、苴麻、胡麻、牡蓝、冬蓝、葵、冬葵等。蔬菜类有：瓜、瓠、大葱、小葱、杂蒜、大蒜、小蒜、芋、芜菁、姜、芥、胡葱等。而且对这些作物又都安排了种植、分间、移栽的时间。

六　农耕技术的进步

农业生产的发展主要体现为耕地面积的扩大和单位面积产量的提高，包括改进农具、耕作制度和栽培技术，发展水利灌溉，引进新作物，推广良种等。至今尚未发现汉代河北从国外引入新的粮食作物或采用过明显增产的新物种，提高单位面积产量的主要途径是农具和生产技术的改进。两汉时期，中原地区先进的生产工具也很快传播到今河北北部，这主要是由于当时国家统一、交通方便和经济往来频繁。

除铁犁外，在河北已出土的其他铁农具种类较多，择其要可分为翻土农具、中耕农具、收割农具和辅助农具四大类。

（一）铁犁牛耕的推广

铁犁在河北考古中汉代犁铧发现的数量和分布范围超过了战国时期。考古所见最为普遍的是一种呈"V"形的铧，这是一种套在木叶上的铁铧口部分。这种犁铧虽然只能将田土耕松，但其翻地效率显然高于木犁、石犁和耒耜类农具。此外还发现一些全铁制的犁铧，这种犁铧呈三角形，一面鼓起，另一面平。满城汉墓发现的一件犁铧，是大型铁铧中有准确年代可考的最早的一件，全器略呈三角形，刃部弧形，当中起脊，后部为三角形銎，平底。脊长32.5厘米、底宽30厘米，重3.25公斤①。类似的大铁铧，过去在陕西省西安市及富平、蓝田、蒲城、长安、礼泉、咸阳、陇县等地曾有出土，犁铧的长宽多在30厘米以上，重9公斤左右，年代为西汉中期到东汉初期。河北兴隆县发现的一件汉代铁铧，通长33.8厘米、尾宽29.7厘米、高11.5厘米、壁厚1厘米，

---

① 中国社会科学院考古研究所、河北省文物管理处：《满城汉墓发掘报告》，文物出版社1980年版，第279—283页。

重 4.75 公斤；全器略呈三角形，刃部弧形，后部为三角形銎，平底①。这件铁铧与满城汉墓刘胜妻窦绾出土的铁铧大小形制近似。在石家庄东岗头村汉墓出土的巨型犁铧，长 41 厘米，宽 46 厘米，重 21.5 公斤②。石家庄市赵陵铺镇西汉墓也出土铁铧 2 件③。此外，在河北平泉、承德、滦平④、磁县讲武城城址⑤等地均曾出土过这种大型汉代铁铧。《盐铁论·水旱篇》记载，铁业官营之后，铁官鼓铸的铁器"大抵多为大器"。这种大型铁铧应即所谓"大器"。这种犁的用途尚有争论，有人认为，大型铁犁铧的出现是犁铧形制上的一大进步，它对提高耕作效率、促进农业生产的发展具有重要的作用⑥；或以为这种全铁犁铧用于深耕、开沟等方面；张传玺师认为，巨型犁铧可能是由数牛牵挽的开沟犁，即王祯《农书》所称"浚犁"。但在土质松软的田中，也可以用它窜垡、活地⑦。既然在许多地方都有发现，说明这种全铁制的大型犁铧在当时是一种实用的农业生产工具。

东汉时期犁铧发现的更多，说明这时牛耕技术已有较大的发展，石家庄、保定等地都有犁铧发现。石家庄市东郊北宋村东汉墓出土的人字形铁犁，通长 19.5 厘米，通宽 11 厘米，厚 2 厘米⑧。东汉壁画墓、画像石墓中表现牛耕的画像很多，画像中的牛耕图都是二牛抬杠的形式，可见这种形式是汉代牛耕的主要形式。

（二）铁农具的广泛使用

1. 翻土农具

翻土用的农具在河北已出土的有镢、锸、铲三种。

（1）铁镢。镢是一种有多种用途的生产工具，除了用于翻土外，还可以用作点播，也可作为修建窖穴、水利设施和建筑工程中的起土工

---

① 李秀英：《兴隆县发现汉代铁犁铧》，《北方文物》1987 年第 4 期。
② 张志新：《汉代的牛耕》，《文物》1977 年第 8 期。
③ 河北省文物管理委员会：《河北石家庄市赵陵铺镇古墓清理简报》，《考古》1959 年第 7 期。
④ 李秀英：《兴隆县发现汉代铁犁铧》，《北方文物》1987 年第 4 期。
⑤ 文物编辑委员会：《文物考古工作三十年》，文物出版社 1979 年版，第 45 页。
⑥ 卢兆荫、张孝光：《满城汉墓农器刍议》，《农业考古》1982 年第 1 期。
⑦ 张传玺：《两汉大铁犁研究》，《北京大学学报》1985 年第 1 期。
⑧ 河北省文物管理委员会：《石家庄北宋村清理了两座汉墓》，《文物》1959 年第 1 期。

具。汉代"铁犁牛耕虽获得很大程度的推广，但并不能完全取代其他铁质翻土农具，尤其是镢和锸，这一时代可说是犁、镢、锸并用时代"①。铁镢从河北的满城到南部的邯郸均有出土，说明其使用范围很广泛。满城汉墓刘胜墓和窦绾墓共出土铁镢17件，刘胜墓出土15件，窦绾墓出土2件。器形基本相同。镢作楔形，两面刃，顶部有长方形銎。多数已残断。器形和巩县铁生沟（2）式镢相似，但较为宽扁；而和湖南长沙、衡阳战国墓中所出的一种器身较宽的镢也很近似。窦绾墓出土的一件，銎的口部饰凸弦纹两周，长11.5厘米、宽6.4厘米、銎5.5厘米×1.5厘米。其器形、纹饰和河南临汝夏店汉代炼铁遗址所出的大型铁镢基本相同，和河北兴隆所出战国铁镢及其铸范的形式也极为相似，说明此种铁镢在战国时期已经出现。②

在燕下都第23号遗址汉墓中出土铁镢一件。略呈扁平长方形，銎宽、刃窄，两面向刃部斜收缩，横剖面呈楔形。銎宽6.3厘米、厚2.1厘米、刃宽6.6厘米③。燕下都东汉墓填土中发现铁镢1件，已残，长方形，有銎。长17.7厘米，宽7.2厘米④。1984年6月，在位于冀北边缘的丰宁县大阁土城和凤山波罗诺河南出土2件铁镢。其一，铸铁，平顶，上宽；从颈向下渐收，弧刃。銎口为长方形深至刃部，侧视呈"V"字形，颈有两道箍。长13.4厘米，宽：顶部7.5厘米、刃部6.6厘米，中间厚2.3厘米⑤。邯郸市区古遗址亦有铁镢出土⑥。

满城汉墓出土镢内范共11件，可分为两型。1型7件。作长楔形，上宽下窄，下端呈V形或U形交角，又可分为三式：1式5件。两侧上部有一长条形突起，下部有合范铸痕迹。2式1件。两面中部稍鼓起，比1式更加厚重，但已残断。3式1件。一面上部凸起0.3厘米，在凸起的下部中间有三角形凹槽，可能是浇铸口。长21.2厘米。2型4件。作长条镢形，一面略作弧形，另一面上部有梯形浇铸口，两侧面上部突

---

① 梁家勉主编：《中国农业科学技术史稿》，农业出版社1989年版，第175页。
② 中国社会科学院考古研究所、河北省文物管理处编：《满城汉墓发掘报告》，第279页。
③ 河北省文物管理处：《燕下都第23号遗址出土一批铜戈》，《文物》1982年第8期。
④ 河北省文化局文物工作队：《1964—1965年燕下都墓葬发掘报告》，《考古》1965年第11期。
⑤ 白光等：《河北丰宁农业考古概述》，《农业考古》1990年第1期，第88页。
⑥ 邯郸市文物保管所：《河北邯郸市古遗址调查简报》，《考古》1980年第3期。

起。形状和河北兴隆所出战国铁镢内范大体相同。镢内范下端有经过加工磨制的痕迹，可能是被用作开凿墓室的工具而遗弃在墓内的。

（2）铁锸。汉代的铁锸是从先秦时期的耜发展而来的。耜和锸的主要区别是有无踏脚横木。考古发掘所见的石耜、铜耜刃部较窄，安上木柄后，两边余地不多，难以踏脚，因而需要在木柄下部绑一根供踏脚用的横木。春秋战国时代，铁器逐渐推广，铁耜刃加宽变薄，以方肩为踏脚之处，踏脚横木取消。这样，耜实际上就变成锸了。汉代耜、臿已经合而为一。《说文·木部》："耜，臿也，从木，㠯声。"西汉时期，由于各地方言的不同，臿有各种名称。扬雄《方言》卷五说：臿，"赵、魏之间谓之㭖（亦作鍫）。""鍫"是锹的异体字，汉代已用其称呼农具，与"臿"同义。《汉书·王莽传》（上）有"负笼荷锸"之语，颜师古释锸为臿。

考古发掘所见两汉铁锸的形制，一种为长方一字形平刃锸，套刃侧面作等腰三角形，上背有长形銎，可以纳锸身和装柄。河北阳原北关西汉墓出土这样的铁锸5件，形制大小都相同，体呈长方，体扁平，长14.8厘米、宽7.7厘米，中空成銎，平刃①。在定县北庄、阳原三汾沟等汉墓中，也有长方一字形铁锸出土。考古所见一字形铁锸宽度不等，一般为13—14厘米；高度也不一致，锸刃上部厚约2厘米，坚固锐利，便于翻土、作垄和开沟。

另一种为凹字形铁刃锸，它和长方形平刃锸不同的是铁刃包住木锸身下部的三面，都成锋利的刃，而长方一字形锸则只包住木锸身下端，不及两侧。凹字形铁刃锸的铁刃比长方一字形锸锋利，使用效率要高。这种锸在昌黎汉墓、唐山东汉墓中也有发现。

铁锸的主要功用有二：一是翻地起土，即《诗经·小雅·周颂》所言"俶载南亩"；二是兴修水利，即《周礼·考工记》所说"为沟洫"。汉代典籍有不少铁锸用于农田耕作和兴修水利的记载，《史记·秦始皇本纪》说：禹"身自持筑臿"。《淮南子·精神训》："今夫繇者，揭镢锸，负笼土。"《汉书·沟洫志》："举臿为云，决渠为雨。"同书《王莽传》（上）："父子兄弟负笼荷锸。"是知锸确为汉代农田水利建设中最重要的起土工具之一。

（3）铁铲。汉代始有铲的名称。《说文·金部》：铲，"一曰平铁"，

---

① 谢飞、李恩佳：《河北阳原北关汉墓发掘简报》，《考古》1990年第4期。

但未说明用途。《释名·释用器》云："铲，平削也。"铲是从耜分化出来的农具，和耜是同一类起土农具。其形式可分为两种：一是椭圆銎，方肩，宽刃；二是长方銎，斜肩，狭刃。宽刃铁铲（宽 10 厘米以上）可以用作翻土。小型铁铲是除草中耕农具。《齐民要术》卷一："养苗之道，锄不如耨，耨不如划。划柄长三尺，刃广二寸。"①

满城汉墓出土铁铲 7 件。器形相同。作脯形，圆肩，肩以下逐渐加宽，刃部平直，銎为长方形。合范铸成。铁铲在河北战国遗址、墓葬中就有出土，汉代的铁铲发现更多。满城汉墓所出铁铲器形和洛阳烧沟汉墓第四型铲差别较大，而同洛阳中州路（2）式铲、巩县铁生沟脯形直刃铲和陕西陇县"东二"铲等相类似。

《小校经阁金文拓本》（卷十三）著录的汉代农器中，有两件铸出"中山"二字铭文的铲子，未注明质料，可能也是铁铲。其中一件铭文为隶体，位于右侧肩部；另一件铭文为篆体，分铸于銎的两侧。这两件带"中山"铭文的铲，应是铁业官营之后铸造的，所以铸出郡国名称。发掘出土的铁铲铭文多铸在銎上，在肩部铸出铭文的少见。今石家庄在汉代中山国境内，石家庄市北宋村东汉晚期墓里出土有铁铲实物②。在磁县讲武城城址③、磁县下潘汪、邯郸市区古遗址等地亦有铁铲出土④。

铁铲也是一种有多种用途的生产工具，除用于翻土外，还用于水利兴修、铲土积肥、修建窖穴和房屋建筑等。

2. 中耕、收割农具

铁锄也是一种多用途的农具，除了用于中耕除草外，还可以用来起垄做畦等。除铁锄外，小型铁铲（宽度 10 厘米以下）亦可用于中耕。燕下都第 23 号遗址汉墓出土铁锄一件，长方銎，有肩，呈六角梅形状。宽 28.9 厘米、长 10.8 厘米、銎长 2.1 厘米、宽 1 厘米⑤。磁县讲武城城址⑥、石家庄市赵陵铺镇东汉墓等地也出土有铁锄⑦。满城汉墓出土锄

---

① 《一切经音义》卷九："铲，今作划，划削之也。"又卷十四："划，古文铲。"
② 河北省文物管理委员会：《石家庄北宋村清理了两座汉墓》，《文物》1959 年第 1 期。
③ 文物编辑委员会：《文物考古工作三十年》，文物出版社 1979 年版，第 45 页。
④ 邯郸市文物保管所：《河北邯郸市区古遗址调查简报》，《考古》1980 年第 3 期。
⑤ 河北省文物管理处：《燕下都第 23 号遗址出土一批铜戈》，《文物》1982 年第 8 期。
⑥ 文物编辑委员会：《文物考古工作三十年》，第 45 页。
⑦ 河北省文物管理委员会：《河北石家庄市赵陵铺镇古墓清理简报》，《考古》1959 年第 7 期。

内范 8 件。范形略作长方形。一面平直；另一面下部斜杀似刃，上部当中有一凹槽，可能是浇铸口，两侧有左右对称的长条形突起各一。使用这种锄范铸出的应为长方形锄刃，称为"铁口锄"，也有称之为"锸"者，锄的上部为木质。铁口锄也是从战国时期就开始使用的，辉县固围村 1 号墓出土铁口锄达 28 件之多，可见当时使用之普遍。

铁镰是农作物成熟后用来收割的农具。出土铁镰见于武安市午汲古城 5 号汉墓[①]、燕下都第 23 号遗址等汉墓[②]。

3. 辅助农具

农业生产中的辅助农具主要是斧、耙等。斧主要用于砍伐山林、开垦荒地，考古发现很普遍，此不详述。

铁耙。满城汉墓出土有二齿耙和三齿耙各一件。二齿耙或称"双齿镢"。顶部有方穿，二齿略作八字形，系单范铸成，通长 20.5 厘米。器形和巩县铁生沟所出双齿耙大体相同而稍有差别。巩县耙的双齿上宽下窄，齿端略向内敛，而此器的双齿则略作外敞。从使用观点看，双齿内敛更适合于深挖土地，所以前者的器形可能是从后者发展而来的，当然也不排除地区性差别的因素。

三齿耙，或称"三齿镢"。顶部有长方形穿，三齿已残，单范铸成。汉代的三齿耙还在河北保定壁阳城、磁县讲城城址、丰宁黄旗小河村西汉遗址波罗诺河南村的汉代烽燧[③]等地出土过。壁阳城耙属东汉时期农器，从器形观察，壁阳城耙与满城汉墓耙较为相似。满城汉墓还发现三齿耙范 1 件。下部已残断，从残存的三条凹槽观察，似为三齿耙的铸范。但其形制和上述三齿耙不同，当为另一种三齿耙的铁范。

二齿耙和三齿耙都是西汉时期新出现的，是当时较为进步的农具，适用于深挖土地和打碎土块。

成套的铁农具在河北广阔的范围内出土，反映出汉代河北在农业生产上已普遍采用了深耕细作的技术，有了系统完善的铁农具，农业生产

---

① 河北省文物管理委员会：《河北武安县午汲古城中的窑址》，《考古》1959 年第 7 期。

② 河北省文物管理处：《燕下都第 23 号遗址出土一批铜戈》，《文物》1982 年第 8 期。

③ 白光等：《河北丰宁农业考古概述》，《农业考古》1990 年第 1 期，第 88 页。

才能够"深耕易耨"①，"耕者且深，耨者熟耘也"②。

《盐铁论·水旱》说："农，天下之大业也，铁器，民之大用也。器用便利，则用力少而得作多，农夫乐，事劝功。"由于农具的进步，使耕地面积不断扩大，也便于采用精耕细作的耕作技术，从而大大地促进了农业生产的发展。

（三）谷物加工工具

汉代加工谷物的石转磨已广泛使用，畜力、水力和风力也相继被利用来加工谷物，是这一时期农具发展的另一巨大成就。

在邯郸已出土了战国的石磨③。陕西栎阳也出土过秦代的石磨④。不过，石转磨的推广是在汉代，汉代实物及模型出土数量很多，应用也相当广，有些石磨已使用畜力牵引。如满城汉墓就出土了大型石磨⑤，上下两盘，径54厘米、通高18厘米，磨盘蹭有铁轴。磨盘置于漏斗形铜器内，磨旁边有马骨架，说明畜力牵引的大型石转磨至迟到汉武帝时代就已产生。

（四）生产技术的进步

中国古代精耕细作的传统开始得很早，到战国时已相当成熟，两汉进一步发展在辨土、审时、深耕、除草、培本、治虫、施肥等各个环节，特别是在人工灌溉保墒方面，都积累了丰富的经验。《吕氏春秋·士容论·审时》中说道："得时之禾，长秱长穗，大本而茎杀，疏穖而穗大，其粟圆薄糠。其米多沃而食之强。""得时之麦，秱长而茎黑，二七以为行而服。薄糕而赤色，称之重，食之致香以息，使人肌泽且有力。"已经细微到分辨粮食的色香味并注意到它的营养和美容价值了。

从崔寔的《四民月令》看，当时的农业知识已有相当的发展。从土地的翻耕来讲已经知道不同土质宜于翻耕的时间不同。如正月"雨水

---

① （清）焦循撰：《孟子正义》卷二《梁惠王章句上》，第67页。
② （清）王先慎撰：《韩非子集解》卷十一《外储说左上第三十二》，中华书局1998年版，第275页。
③ 陈文华等：《中国农业考古资料索引（四）》，《农业考古》1983年第1期。
④ 陕西省文管会：《秦都栎阳初步勘探记》，《文物》1966年第1期。
⑤ 卢兆荫、张孝光：《满城汉墓农器刍议》，《农业考古》1982年第1期。

中，地气上腾，土长冒撅，陈根可拔，急菑强土黑垆之田"①。二月，"阴冻毕泽，可菑美田缓土及河堵小处"。三月，"花月也，杏花盛，可菑沙、白、轻上之田"。这些说明当时的农耕技术有了一定进步。《四民月令》中还有对水稻种植的安排，三月，"可种粳稻"，补本注。稻，关田欲稀，薄田欲稠。五月，"可别稻及蓝，尽夏至后二十日止"②。这段话说明以下三个问题：一是秧田的播种期问题：崔寔说"三月，可种粳稻"。三月，是指农历，即公历四月。东汉时期的年平均温度比现在低1—2摄氏度，秧田的播种期可能比现在要晚，在河北南部可能是在四月中旬播种；京津地区、河北中部可能是在四月下旬播种；而河北北部可能是在五月上旬播种。二是水稻的插秧密度：西汉以前，我国的水稻栽培都是采用稀植直播的方式。到东汉时，崔寔已认识到，种植水稻应当"美田欲稀，薄田欲稠"，因地制宜，决定合理的插秧密度。就是说，地力肥沃的稻田，插秧要稀，避免因苗数过多，造成通风透光不良，引发病虫害；反之，地力瘠薄的稻田，则应适当插密一些，让单位面积内有足够的穗数，以确保达到较高的产量。这是水稻栽培技术上的一大进步，这一经验不仅适用于当时，对现在的稻作仍具有重要的指导作用。三是育秧移栽的适宜期问题：崔寔说："五月，可别稻及蓝，尽至后二十日止。"所谓"可别稻"，就是指育秧移栽。西汉以前，我国的水稻种植都是采用直播的方式，到东汉时，育秧移栽得到了广泛的发展。育秧移栽比直播具有更多的优越性，容易集中管理，有利于经济用水，节约用肥，便于除治杂草，防治病虫害。同时，育秧移栽可以使大田内的稻苗生长整齐，防止缺苗现象，有利于提高产量，是水稻栽培技术上的重大发展。水稻的移栽时间，是在五月，即公历六月，但最晚不能超过夏至后二十日，即七月十一日前，必须结束插秧。否则，就可能影响水稻正常的灌浆成熟，造成减产，影响稻米的品质。

---

① 石汉声：《四民月令校注》说，"菑"字有"裁""兹"两个读法，后来分别写作"茬""茌"两个形式。近代读（也写）作"槎"，一般只作名词用，这里当动词用，就得加上"灭"字，说成"灭茬"。

② （汉）崔寔撰，石声汉校注：《四民月令校注》，中华书局2013年版，第21、27、28、44页。

（五）粮食产量的提高

引水灌溉对提高粮食产量有很大的直接作用。汉代王充《论衡·率性》追记战国魏国的灌溉说，魏之行田百亩，邺独二百，西门豹灌以漳水，使成膏腴，"则亩收一钟。"

《汉书·沟洫志》记载贾让奏言总结水利灌溉的成效说："若有渠溉，则盐卤下湿，填淤加肥，故种禾麦，更为秔稻，高田五倍，下田十倍。"通常情况下，粮食产量要超过一般产量的一倍，在用力特勤或比较特殊的情况下，也可以达到一般产量的四到五倍，超出十倍的情况则极为少见。

西汉时的粮食产量，据《汉书·食货志》从荀悦《前汉纪》所记晁错之语，百亩之收为三百小石粟或一百大石米，折成现在的重量为亩产 281 市斤，比战国时期略有增加。

传统农业在两种情况下粮食产量可以有较大幅度的增加。一是精耕细作，二是引水灌溉。西汉时赵过发明代田法，成帝时氾胜之发明区种法，也都是典型的旱地集约经营。据《齐民要术》的记载，区种法甚至要求在大旱时节"负水浇稼"。实行代田法后，"一岁之收，常过缦田亩一斛，善者倍之。"实行区种法后，"一亩常收百斛"，"十亩收千石，岁食三十六石，支二十六年"，"胜之试为之，收至亩四十石。"[①] 其产量是一般耕地亩产的 5.5 倍至 14 倍，成效尤为显著。然而区种法的耕作要求甚高，实际上难以大面积推广。

（本章的五、六两个问题根据拙文《汉代河北农业经济探视》写就，原载《河北师院学报》1997 年第 1 期，有修改）

七　水利灌溉的发展

水利是农业的命脉。兴修水利带来了土壤的改良和耕地面积的扩

---

① （北魏）贾思勰著，石声汉校释：《齐民要术今释》卷一《种谷第三》，中华书局 2009 年版，第 64 页。案：御览卷 821 所引，有泛胜之奏曰："昔汤有旱灾，伊尹为'区田'，教民粪种，收至亩百石。胜之试为之，收至亩四十石。""胜之试为之，收至亩四十石"，确是很特别的材料。"奏曰"和"胜之试为之，收至亩四十石"文气很相呼应；可惜没有注明更详细实在的出处，无法追查。

大，直接促进了农业的迅速发展。除了治理黄河，汉代河北水利工程有以下四个显著特征：第一，东汉河北地区开挖的新渠多用于漕运，具有军事目的；第二，井灌在河北普遍存在，井灌技术有了新的发展；第三，北方盐碱地区水田化；第四，水稻种植面积扩大。

河北所在的黄河下游地区属于温带季风气候，虽然年降雨量并不少，在 400—800 毫米，但降雨集中在夏季，常常造成春旱夏涝。据统计，两汉时代黄河中下游地区发生旱灾 124 次①，再加上黄河经常泛滥成灾，给种植业的发展与人民的生命财产造成严重威胁。河北地区的人民为了战胜干旱和水害曾动员大批人力物力，兴修水利，治理黄河。

（一）两汉时期河北的水利工程

《汉书·地理志》记载的河水大致为战国后期至西汉末年的河道干流。战国中期黄河下游河道全面筑堤以后，河道基本上被固定下来。当时平原中部地广人稀，黄河又具有游荡性，人们所筑的堤防距河床很远。例如河东的齐和河西的赵魏所筑堤距河床各 25 里，两堤相距 50 里，蓄洪拦沙作用很大。这条河道曾有多次决口改道，最著名的是汉武帝元光三年（前 132）在东郡濮阳瓠子（今河南濮阳西南）决口的一次，洪水泻入钜野泽，由泗水入淮②。这是见于记载的黄河第一次夺淮入海。历时 20 余年，直至元封二年（前 109）才堵住决口。其他几次决口造成的灾情也很严重，但大多经过几年就被堵住，河复故道。这条河道稳定了 400 多年，到西汉末年，因泥沙长期堆积，"河水高于平地，岁增堤防，犹尚决溢"③，重大改道已无法改变。

王莽始建国三年（11），河水在魏郡元城（治今河北大名东）以上决口，"泛清河以东数郡。先是，（王）莽恐河决为元城冢墓害，及决东去，元城不忧水，故遂不堤塞"④。洪水泛滥了 60 年，至东汉永平十二年（69），明帝调发士卒数十万，派遣王景与王吴"修渠筑堤，自荥阳东至千乘（治山东高青县东北）海口千余里。（王）景乃商度地埶，

---

① 文焕然：《秦汉时期黄河中下游气候研究》，商务印书馆 1959 年版，第 60 页。
② 《史记》卷二九《河渠书》："河决于瓠子，东南注钜野（巨野泽，在今山东西南部），通于淮、泗。"
③ 《汉书》卷二九《沟洫志》，第 1695 页。
④ 《汉书》卷九九中《王莽传中》，第 4127 页。

凿山阜，破砥绩，无复溃漏之患"①。自此开始形成东汉大河，也就是《水经注》和唐代《元和郡县志》里记载的黄河。这条黄河的位置较西汉大河偏东，从长寿津（河南濮阳西旺宾一带）自西汉大河故道别出，沿着古漯水河道东行，经今范水南，在今阳谷县南与古漯水分流，经今黄河与马颊河之间，至山东利津附近入海。距海里程比西汉大河短，河道也比较顺直，东汉以后河水含沙量也比西汉少，因此这条大河稳定了800年，其间虽然也有许多次决口，但没有发生大的改流。

灌溉是促进农业生产发展的一个有利因素。汉武帝说："农，天下之本也。泉流灌寖，所以育五谷也。"②主张兴修水利，以发展农业生产。太白渠是西汉在今河北地区开凿的一条渠道。这条渠道从现在的河北省平山县，引绵曼水（今冶河，滹沱河分支），流经现在的晋县，入斯洨水到鄡（今束鹿县东）的附近，注入漳河。全长近150里③。太白渠的开凿不仅使两岸的田地受到灌溉之利，而且沟通了滹沱河及漳水的联系，发展了航运。

东汉初期，一些郡守官吏在河北地区修建了几项水利工程。工程规模与西汉时由中央政府统一兴建水利有所不同，这反映了地主经济对水利的需要。

建武十五年（39），渔阳太守张堪在狐奴（治今北京顺义东北）修渠筑堰，引沽水（今白河）和鲍丘水（今潮河）灌溉农田，开辟了"稻田八千余顷，劝民耕种，以致殷富"④。当地百姓感激他的政绩，作歌颂之曰："桑无附枝，麦穗两歧，张君为政，乐不可支。""桑无附枝"是说桑树没有疯长的繁枝，长势旺盛，这非常有利于发展农村桑蚕业。"麦穗两歧"是指有的小麦长出罕见的双穗，预兆将喜获丰收。"桑无附枝，麦穗两歧"反映了东汉初年渔阳郡农业生产的兴旺景象。汉章帝建初初年（76），邓训率黎阳兵屯狐奴，亦开水田，"抚接边民，

---

① 《后汉书》卷七五《循吏传·王景传》，第2465页。

② 《汉书》卷二九《沟洫志》，第1685页。

③ 《汉书》卷二八下《地理志下》：颜师古注"绵曼"："斯洨水，首受太白渠，东至鄡入河。"王先谦《汉书补注》进一步解释说："河，即漳河也。鄡，钜鹿县。《浊漳水注》：'斯洨水首受太白渠。太白渠首受绵蔓水，绵蔓水上承桃水，桃水自常山桑中来，东南流迳绵蔓县，故城北自下，通谓之绵蔓水，下入常山乐阳。又云：白渠水自下曲阳为斯洨水。东分为二枝津，右出下入钜鹿和成，斯洨水下入钜鹿。'"

④ 《后汉书》卷三一《张堪传》，第1100页。

为幽部所归"①。

光武帝建武年间，上谷（今河北宣化、蔚县、涞源、保定及北京附近地区）太守王霸为北伐匈奴、乌桓，建议开挖新渠用于漕运，"陈委输可从温水漕，以省陆转输之劳，事皆施行"②，对温水进行了整治，开辟了一条水运航线——温水漕。《后汉书·王霸传》李贤注引《水经注》卷14《温余水》曰："温余水出上谷居庸关东，又东过军都县（治今北京昌平西南）南，又东过蓟县（治今北京西南）北。益通以运漕也。"③

东汉鲁丕在赵国修渠灌溉，为人们所称道。元和元年（84），鲁丕拜赵相，"修通溉灌，百姓殷富"④。安帝元初二年（115），"诏三辅、河内、河东、上党、赵国、太原，各修理旧渠，通利水道，以溉公私田畴"⑤。但见到有结果记载的，仅是赵国、太原二地。赵国是"修理西门豹所分漳水为支渠，以溉民田"。桓帝时仍有利用漳河水灌溉的记载。《水经注·浊漳水》载《漳河神坛碑》云："河内修武县张导，字景明。以建和三年（149）为钜鹿太守。漳津泛滥，土不稼穑。（张）导披按地图，与丞彭参，掾马道嵩等，原其逆顺，揆其表里，修防排通，以正水路，功绩有成，民用嘉赖。"

这个工程的特点，是在平原的缓流中做工程，不是像《管子·度地篇》所说在剽石的山峡中做拦河坝。在缓流中堰水宜于做水闸（水门），其灌溉工程本身分为两部分：一是渠口，即水门；二是灌溉渠。水从渠口出来直接流向灌溉渠，不需要经过导水路。灌溉渠又分干渠与支渠（一源分为十二流）。这种人工控制水流引水溉田的方法，在技术上比自然的"挹彼注兹"，显然有了进步。但是，它只能在河流与河流中间做渠，不能使渠道穿过中间横亘着的许多小河流而成为长距离的灌溉渠。至于十二渠的成效，《水经注》说它所流经的地区"咸成沃壤"，

---

①　《后汉书》卷一六《邓禹传附子训传》，第608页。

②　《后汉书》卷二〇《王霸传》，第737页。

③　有学者认为，《王霸传》"温水"为"灅水"之误，灅水即今永定河。灅水上源之一为治水，即今桑干河。当时刘秀正用兵代北，王霸疏通灅水、治水，从河北赵、魏地区向西北的代郡漕运军需似更合情理。

④　《后汉书》卷五五《鲁恭传附鲁丕传》，第884页。

⑤　《后汉书》卷五《安帝纪》，第222页。

使粮食产量大幅提高；王充说"亩收一钟"①，可见其成效显著。

上述水利工程扩大了水浇地面积，有助于弥补干旱与水灾造成的损失。当时水利事业汇集于太行山附近，那里的农业有所发展是理所当然的事情。

河北平原地区农业的发展和水利事业的进步，以东汉末年曹操在河北开凿白沟渠、利漕渠、平虏渠、泉州渠、新河为转折点，详情参见本书第六章两汉河北的交通部分。尽管曹操开凿这些运河的初衷都是出于漕运等军事目的，但在客观上促进了河北社会经济的发展，这也是确定无疑的。

（二）开凿井群，发展灌溉

除了兴修大型的水利工程外，汉代在河北地区还普遍利用井水灌溉。水井广泛用于农业生产大概始于春秋时期。据《庄子·天地篇》记载，春秋时已出现了专门从井中汲水的工具——桔槔②。至战国时期，井灌已相当广泛。《管子·地员篇》中已有关于不同土地、不同地势地下水泉埋藏深度的记载。如果没有长期的观察实践，没有相当水平的凿井技术，是不可能写出各地地下水位高低的具体数字的。它反映了战国时期我国北方缺乏地表水源的地区已广泛采用了井灌。井灌水利工程易于修建，耗费不大，便于普及推广，因而发展很快。

在河北的考古发掘中发现了许多汉代的水井残址、陶水井和水井模型等，向我们传递了汉代河北井灌事业发展的信息。随着水井用于灌溉，出现了井群。在河北正定县东柏棠村东，发现了12眼汉代古井，井的分布均在200米内。其中两眼用陶瓦衬砌，直径约一米，深度在二丈左右。陶瓦厚4厘米、高45厘米，弧长113厘米，用三块陶瓦可以对成一段井筒。燕下都汉代文化遗迹中发现水井三眼，上部口径较大，直径204厘米，深175厘米，下部为椭圆形井口，再向下呈圆形直筒

---

① 王充：《论衡·率性》："魏之行田以百亩，邺独二百。西门豹灌以漳水，成为膏腴，则亩收一钟。"钟，古代容量单位，春秋时齐国公室的公量，合六斛四斗。战国时已"亩收一钟"，东汉应不低于此数。

② 桔槔，是利用杠杆原理制成的提水机械。用它灌溉，不但省力，而且提高了灌溉功效。故《淮南子》卷一三《氾论训》说：古者"抱甀而汲，民劳而利薄，后世……桔槔而汲，民逸而利多焉"。

状。北壁井口向下有 105 厘米的陶片砌的井壁，至 250 厘米深处见陶井圈，井圈高皆为 46.8 厘米；井壁为版筑夯土①。

1956 年在北京宣武门以西到和平门一带发现了 151 座古瓦井，其中 36 座属战国时期，115 座属汉代。另外，1965 年分别在宣武区陶然亭、姚家井、广安门大街北线阁、白云观、宣武门内南顺城街、和平门外海王村等处，共发现 65 座先秦至西汉的古瓦井。分布最密集的是宣武门东至和平门一线，计有 50 多座。根据战国、两汉时期古瓦井和墓葬分布的位置推测，战国、两汉时期蓟城的位置可能在今北京宣武门至和平门一线以南一带。此外，在今琉璃厂、新华街、象来街、北线阁、广安门内大街、校场口、牛街、陶然亭、姚家井、白纸坊等地，直至西单的大木仓，都发现有汉代陶井。古瓦井分布如此之广泛而密集，不可能全部是城市居民生活所用，必有相当部分用于灌溉农田和园圃②。

上述古瓦井已经全部采用了陶圈沉井技术，陶圈沉井就是一边挖井，一边沉砌陶圈。运用这种技术挖井，既可以防止流沙塌陷，又能保证施工安全，便于加深井的深度，增加出水量。根据这种凿井方法，可以确认在凿井施工中已经有了开挖、提升、下圈等分工，说明汉代河北的凿井技术已经有了很大的进步。随着陶井的出现，提水工具由"抱瓮汲水""桔槔打水"，进而创造了辘轳提水，适应了已经专业化的园圃种菜业的需要。井灌事业上这些巨大的革新，说明人民群众有无限的创造力。

汉代河北墓葬里用陶井模型随葬比较普遍，在蠡县汉墓、定县北庄汉墓、沙河兴固汉墓、任丘东关汉墓、阜城桑庄东汉墓、燕下都东汉墓和石家庄北郊东汉墓都发现了陶井模型。例如，蠡县汉墓发现的一件陶井，井身呈束腰筒状，圈足，井口上立模制的鸟兽花卉井架，井架上有四阿式月井亭。制作精致，造型优美。井口直径 20 厘米、高 62 厘米，已残③。定县北庄汉墓所出陶井的井身呈方形，亭顶为两坡式，井架上有滑轮，通高 59.5 厘米，宽 32 厘米。燕下都东汉墓发现陶井亭 1 件，泥质黄陶。下面井筒已残失，只有一个人字形支架，上盖一个四阿式屋

---

① 河北省文物研究所：《燕下都》上册，文物出版社 1996 年版，第 574—575 页。
② 于德源：《北京农业经济史》，京华出版社 1998 年版，第 68 页。
③ 河北省文物研究所：《蠡县汉墓发掘记要》，《文物》1983 年第 6 期。

顶，残高 15.9 厘米①。石家庄北郊东汉墓出土的陶井，上面有一人字形房顶，下安滑轮。井座呈圆形束腰状。井内有水斗一个，高 40 厘米，井口直径 8.3 厘米，井台直径 19 厘米，井架高 17 厘米②。上述陶井模型中有些带有水槽，反映了用井水灌溉的社会生产实际。

在随葬器物组合方面，井和仓、灶陶制模型常组合在一起，灶为炊事用具，仓装粮食，和农业生产有关。如燕下都东汉墓葬中，有陶井亭 1 件，陶仓 2 件，碓房 1 件，陶磨件 1 件。陶仓和陶仓楼在河北定县北庄和涿鹿矾山五堡汉墓中也有发现，表明当地农业生产的发展。

河北地处黄河下游，黄河泛滥是最大的水害。著名的西汉武帝治黄和东汉明帝时王景、王吴治黄，地点虽然都不在河北地区，但对抑制黄河在河北境内的泛滥都发挥了重要作用。汉哀帝时，待诏贾让曾建议："多穿漕渠于冀州地，使民得以溉田，分杀水怒"③，可惜未被采纳。

在上述汉代中央与地方在河北兴建的水利灌溉事业中，有以下几个显著特征：第一，东汉河北地区开挖的新渠多用于漕运，具有军事目的；第二，井灌水利在河北普遍存在；第三，北方盐碱地区水田化；由于二、三两点，就带来了第四个特征，即水稻种植面积的迅速扩大。

汉代河北兴建的水利工程，多为引各地河水，用渠道输送给农田的方式进行灌溉，在修建水利工程的地区，多为有天然河水流经之地。在水量充足的地区，则用以灌溉"斥卤之地"以种水稻④。哀帝时的贾让，主张在冀州地区分黄河水溉田，以种"秔稻"⑤。建武年间，杜笃上《论都赋》中说：雍州"渐泽成川，粳稻陶遂"⑥。东汉初年，张堪在渔阳"狐奴开稻田八千余顷"。冀州的邺城一带，《禹贡》记其地"上为白壤"，即盐碱地区。《括地志》等书对此事亦有记载。《吕氏春秋·乐成篇》记载，史起治邺以后⑦，使这里的"终古斥卤，生之稻

---

① 河北省文化局文物工作队：《1964—1965 年燕下都墓葬发掘报告》，《考古》1965 年第 11 期。

② 石家庄市文物保管所：《石家庄北郊东汉墓》，《考古》1984 年第 9 期。

③ 《汉书》卷二九《沟洫志》，第 222 页。

④ 高敏：《秦汉时期的农业》，《秦汉史探讨》，中州古籍出版社 1998 年版，第 67 页。

⑤ 《汉书》卷二九《沟洫志》，第 1695 页。

⑥ 《后汉书》卷八〇《文苑传上·杜笃传》，第 2603 页。

⑦ 左思：《魏都赋》说："西门溉其前，史起灌其后"。在西门豹治邺的 100 多年后，魏襄王（前 311—前 296）任用史起为邺县县令，史起又重修了漳水渠。

梁"；而所谓"斥卤之地"，据《汉书·食货志》颜师古注引晋灼语释"淳卤之地"曰："淳，尽也，乌卤之田，不生五谷也。"《汉书·沟洫志》也说冀州之地多"盐卤下隰"。漳水流出山谷后进入冀南平原，由于长期泛滥为害，其地逐渐形成了严重的盐碱化土壤，在邺县下游不远就有以"斥漳"为名的县①。在这种地方开辟水利农田，首要的问题是如何除掉盐碱之害。漳水十二渠开成后，在盐碱地上种的庄稼首先是水稻，由此看来，十二渠的作用主要是洗碱②。"科学实验证明，在盐碱地上一边洗碱一边种庄稼，最适宜的作物是水稻，通过对水稻的长期淹灌作用，可以使土壤中的盐分随着水的排出和洗淋下渗作用而不断脱盐。所以种水稻是改良盐碱地的捷径。"③ 在漳水渠水源丰盛的条件下，这是将土壤改良与利用相结合的好方法。左思《魏都赋》描述当时漳水渠灌区说："畜为屯云，泄为行雨。水澍粳稌，陆莳稷黍。"描绘出有灌有排，排水良好，稻、稷并熟的丰收景象。

（本节根据拙文《试论汉代河北地区水利灌溉的发展》写成，
原载《聊城大学学报》2003 年第 5 期，有修改）

八　畜牧业

汉初，农业经济的恢复和发展，为畜牧业的发展准备了饲料等方面的物质前提；汉王朝对西北的开发，对匈奴战争的胜利，不仅加强了发展畜牧业的政治、军事需要，也积累和学习了发展畜牧业的经验，奠定了发展畜牧业所需的地盘。

马饲料的丰富，也有利于马的饲养。"马嗜苜蓿，汉使取其实来，于是天子始种苜蓿，……及天马多，外国使来众，则离宫别观旁尽种蒲萄、苜蓿极望。"④ 苜蓿于汉武帝时从西域传入中国，当时专门栽培作为马的饲料。朝廷设有管理苜蓿种植的官员，《续汉书·百官志二·太仆条》云："长乐厩丞一人。"刘昭注引《汉官》曰："员吏十五人，

---

① 《水经注·浊漳水》："又东北过斥漳县南。"郦道元注引应劭说："其国斥卤，故曰斥漳。"
② 灌溉排水能洗盐土，不能彻底洗碱土，只是"洗碱"已成通俗用语，从俗用之。
③ 梁家勉主编：《中国农业科学技术史稿》，农业出版社 1989 年版，第 115—116 页。
④ 《史记》卷一二三《大宛列传》，第 3173 页。

卒驺二十人。苜宿菀官田所，一人守之。"《四民月令》所说种苜蓿，也许春初用嫩尖作蔬菜，但主要用途仍然是作饲料，一年可以刈割三次。《四民月令》所说五月刈英刍，大概是用于当时饲养，但七、八两个月的刈刍茭，大部分是贮藏起来，作为冬季和早春的饲料。茭是指割下来饲养家畜的刍草。此外，《四民月令》还提到预贮麸麶，以便冬季养马，还利用瓠中的白肤养猪。可见对于家畜饲料问题是十分重视的。还用乌孙马、大宛马等良马改良马种。燕地的人们从事"田畜"，即兼营农业，还有一些畜牧，显出接近游牧地区的生产经营特色。司马迁称道燕国的出产是鱼盐栗枣，根本没有提到当地的粮食生产，看来那里的粮食生产不是主要的经济部门。

上谷至辽东一带地形多样，西部是山区，东部是渤海，中间是东北平原的南部和华北平原的北部。在这多变的地形影响下，经济也呈现出多样性。自古以来就是中原汉族人民和北方游牧民族交汇的地方。畜牧业比较发达，盛产马、牛、羊、旃、筋、角等畜产品；在一些地方也有一定的种植业，从事五谷的种植，同时人们还从事一些家庭手工业，织布帛以解决穿衣问题。以畜牧业为主，同时兼有种植业和手工业，是这一地区经济的主要特点。幽燕地区的畜牧业相当发达，有些畜类和毛皮还输往各地。秦汉之际，蓟城的筋角（筋是用作弓弦的，角可雕成器具印章等）已驰名天下。《尔雅》记载："北方之美者，有幽都之筋角。"[①]《周礼·考工记》也说："燕之角……材之美者。"当时，幽州筋角是输往全国的。

《四民月令》讲到当时的地主田庄饲养有马、牛、羊、豕等牲畜。《汉书·地理志上》说：冀州"畜宜牛羊"，幽州"畜宜四扰（马牛羊豕）"，并州"畜宜五扰（马牛羊豕犬）"。

九　家庭副业

战国时代，河北一般百姓以种植大田作物为主，种植蔬菜瓜果和饲养家禽、家畜的规模都不大，"还庐树桑，菜茹有畦，瓜瓠果蓏（瓜类

---

① （晋）郭璞注，（宋）邢昺等疏：《尔雅注疏》卷六：郑樵曰："幽都，即幽州，在今燕。"

植物的果实）殖于疆场，鸡豚狗彘毋失其时，女修蚕织"，经营收入勉强维持自家需用，只有老人才能享有较好的生活，"五十可以衣帛，七十可以食肉"①。

这种状况到西汉时已经有了较大的改观。汉代农业的发展，促进了种植果蔬、饲养家畜家禽和植桑养蚕等家庭副业的繁荣兴旺。《汉书·艺文志》中记载了一些当时研究农业及种树、养蚕、渔钓等副业的著作②，虽然这些著作都已失传，但也说明当时农副业已有了相当大的发展。

两汉时期，绝大多数农民一般都从事小规模的园艺生产，把种植瓜果、蔬菜，饲养家禽、家畜，植桑养蚕等作为副业，从事小规模经营。随着生产的发展，地主阶级兼并土地，个别的经营规模也有所扩大。《史记·货殖列传》就记载着"无秩禄之奉，爵邑之入"衣食租税的"素封"之人，他们的经营规模已相当可观：

> 陆地牧马二百蹄，牛蹄角千，千足羊，泽中千足彘，水中千石鱼陂，山居千章之材。……及名国万家之城，带郭千亩亩钟之田，若千亩卮茜，千畦姜韭：此其人皆与千户侯等。

这样的经营规模，肯定不完全是为自家食用，而是把多余的农产品作为商品去出卖，随着商品经济的扩大，一般的庶民百姓对副食的享用也会较前代为多。

（一）种植蔬菜和果树

西汉宣帝时，勃海郡（治今南皮）太守龚遂以郡政府的名义，命令农民每家每户利用房前屋后的小块宅地种植树木和蔬菜，"口种一树榆、百本薤、五十本葱、一畦韭"③。勃海郡有家庭副业，河北其他地区也

---

① 《汉书》卷二四上《食货志上》，第1120页。
② 《汉书·艺文志》中载有农家九家，其中两种为六国时作，四种不知何世，属于汉代的有三种：董安国十六篇（汉代内史，不知何帝时）、蔡葵一篇（宣帝时以言便宜，至弘农太守）、氾胜之十八篇（成帝时为议郎）。列入杂家的《神农教田相土耕耘》十四卷，《昭明子钓种生鱼鳖》八卷，《种树臧果相蚕》十三卷，以及列入形法家的《相六畜》三十八卷。
③ 《汉书》卷八九《循史列传·龚遂传》。薤，多年生草本植物。地下有圆锥形鳞茎，叶丛生，细长中空，断面为三角形，伞形花序，花紫色。新鲜鳞茎可作蔬菜，干燥鳞茎可入药。

不例外。东汉人崔寔在其《四民月令》中记载了瓜、瓠、芥、葵、冬葵、苜蓿、芜菁、芋、生姜、襄荷、大葱、小葱、胡葱、大蒜、小蒜、杂蒜、韭、䪥、蓼、苏等20多种蔬菜播种、收获的时间①。崔家是冀州安平（治今河北安平）很有名的"清门望族"，世代书香，崔寔所著《四民月令》与崔氏田庄的生产活动应当有着密切的关系，《四民月令》有着深深的"崔氏田庄"烙印。

上述蔬菜中，有8种是葱蒜类，生姜、襄荷、蓼、苏4种供调味用，荤辛调味类合计12种，占所列20种蔬菜的五分之三。这类蔬菜在汉代蔬菜种植中占有很重要的地位，种植面积很大，"千畦姜韭"十分普遍；勃海太守龚遂劝民务农桑，种的也都是葱蒜类的蔬菜。

再看其余8种，苜蓿基本上是牧草，只有春初嫩时可食；芋主要供煮食，不大作羹菜；冬葵是葵的一种；剩下只有两种瓜类，两种叶菜，一种根菜兼叶菜。这个蔬菜名单是不丰富的。此外，豆藿（大豆叶）和榆钱（榆树的翅果）嫩时也可食用。

苜蓿和大蒜在张骞通西域后传入中国；胡葱即丝葱，又名回回葱，表示来自胡地；其余都是中国原有或者早就栽培的。《四民月令》所说的瓜，除指菜瓜外，可能还包括黄瓜在内，黄瓜又叫胡瓜，也是张骞通西域后传入中国的。

关于果树竹木的种植，《四民月令》中有下列几条：

正月，从初一到月底，可以移种"竹、漆、桐、梓、松、柏、杂木"等，只有果树"及望而止"②。正月和二月，可以修剪树枝；自正月至六月，不可以砍伐竹木，否则"必生蠹虫"。二月，"榆荚（榆树的果实）成，及青收，干以为旨蓄"。二月，至三月为止，"可掩树枝"③。四月，"可作枣糒"④。七月，"收柏实"。十一月，"伐竹木"。

三国魏晋时人多次罗列河北的著名物产。如三国卢毓《冀州论》说

---

① 襄荷，一名蘘草。亦名覆菹、苴蒩。多年生草本植物。叶互生，椭圆状披针形，冬枯。夏秋开花，花白色或淡黄。根似姜，可入药。蓼，植物名。为一年生或多年生草本。有水蓼、红蓼、刺蓼等。味辛，又名辛菜，可作调味用。苏，植物名。即紫苏，又名桂荏。

② 望，指十五日；过了十五日，果树结果少。

③ 把树枝埋在土中，成活后两年，可以移种。

④ 枣糒，用枣或枣泥和粮食做成的干点心。

河北有"魏郡好杏，常山好梨""中山好栗"①。何晏（？—249）《九州论》提到"安平好枣，中山好栗，魏郡好杏……真定好梨"②。魏文帝在给群臣的诏书中说："真定御梨。大若拳。甘若蜜。脆若菱。可以解烦释渴。……凡枣味，莫言安邑御枣也。"③西晋左思《魏都赋》也言及"真定之梨，故安之栗""信都之枣"等④。

上述资料对于树的种类，树的培育、移栽、修剪和采伐时间，以及榆荚的利用等都有了一些规定。果树仅提到作枣糒，事实上还有别的果树。从崔寔的记载，可以看出当时河北地区的农家已经比较注意果树竹木的种植，而且积累了一些栽培利用的经验，但不是一般农民经济上的重点。

（二）饲养家禽、家畜

龚遂做勃海太守时，很重视饲养家禽、家畜。他叫百姓每家养二头母猪，五只鸡，又叫人卖剑买牛，卖刀买犊（小牛）⑤。汉代饲养家禽、家畜的史料，还有西汉黄霸做颍川太守时，命邮亭乡官都饲养鸡和猪⑥。东汉僮种做不其县县令时，命每家养一头猪，四只鸡⑦。

看来，饲养最普遍、头数最多的是鸡和猪；牛有强烈要求；马很少，羊和狗没有提到。这种以鸡和猪的饲养为主的情况由来已久，战国时代已是如此。《孟子·尽心上》说："五母鸡，二母彘，无失其时；老者足以无失肉矣。"同书《梁惠王上》说："鸡豚狗彘之畜，无失其时，七十者可以食肉矣。"豚和彘都是猪。

---

① （清）严可均辑：《全上古三代秦汉三国六朝文·全三国文》卷三十五《卢毓·冀州论》，中华书局1958年版，第2501页。
② （清）严可均辑：《全上古三代秦汉三国六朝文·全三国文》卷三十九《何晏·九州岛论》，第2549页。
③ （清）严可均辑：《全上古三代秦汉三国六朝文·全三国文》卷六《文帝·诏群臣》，第2165页。
④ 高步瀛：《文选李注义疏》卷六《赋丙·京都下·左太冲魏都赋一首·魏都赋》，中华书局1985年版，第1435页。
⑤ 《汉书》卷八九《循吏列传·龚遂传》："劝民务农桑，令口种一树榆，百本薤、五十本葱、一畦韭，家二母彘、五鸡。民有带持刀剑者，使卖剑买牛，卖刀买犊。"
⑥ 《汉书》卷八九《循吏列传·黄霸传》："使邮亭乡官皆畜鸡豚，以赡鳏寡贫穷者。"
⑦ 《后汉书》卷七六《循吏列传·童恢传》李贤注说，谢承《后汉书》作僮种。但童恢传不载此事，此据《齐民要术》自序。

考古资料反映的情况比上述文献资料要丰富得多，在河北的考古发掘中，发现不少汉代墓葬里有鸡、鸭、鹅、猪、牛、马、羊、狗等陶制家禽、家畜模型，使我们得以窥见当时河北地区家庭饲养业发展的繁荣景象。

例如，陶鸡在沙河兴固、阳原西城南关、涿鹿矾山、望都、石家庄市赵陵铺镇①等汉代葬墓中均有发现。在沙河兴固汉墓出土陶鸡两件，一雌一雄。雌鸡小冠，体矮肥；雄鸡高冠，体瘦高②。涿鹿矾山五堡东汉墓出土陶鸡8件，分雌雄两种，各4件③。

沙河兴固汉墓出土陶狗一件，长32厘米，高16.5厘米，四肢直立，卷尾，项下系带，是家庭豢养的明显标志。阳原西城南关东汉墓出土陶狗一件。狗扬首，挺胸，直立卷尾，颈和腰部各有一条带圈。涿鹿矾山五堡东汉墓狗3件，均系泥质陶，形态各异：丫立、蹲卧、伏卧。

陶猪和陶猪圈在河北的考古发掘中的发现十分普遍，阜城、涿鹿、燕下都、沙河、阳原、石家庄等地都有出土。例如，阜城桑庄东汉墓出土的陶猪，长31厘米，高18厘米，周身涂一层薄白粉，张嘴翘鼻，圆背大腹，短尾盘绕于臀上，形象生动④。涿鹿矾山五堡东汉墓出土猪1件，泥质红陶，作丫立式，双目平视，吻部突出，耳尾残缺⑤。

燕下都汉墓出土陶猪圈2件：一为泥质黄陶，平面为圆角长方形，有短墙及底，中有一四阿式顶的矮屋。另一为泥质灰陶，平面圆角长方形，有短墙及底，墙外并附有斜坡道，内置一两面有门的平顶屋，并轩有卧猪两只⑥。涿鹿矾山五堡东汉墓出土陶猪圈3件，可复原，均为泥

---

①　河北省文物管理委员会：《河北石家庄市赵陵铺镇古墓清理简报》，《考古》1959年第7期。

②　河北省文物研究所、邢台地区文物管理处：《河北沙河兴固汉墓》，《文物》1992年第9期。

③　张家口地区博物馆：《河北涿鹿矾山五堡东汉墓清理简报》，《文物春秋》1989年第4期。

④　河北省文物研究所：《河北阜城东汉墓发掘报告》，《文物》1990年第1期。

⑤　张家口地区博物馆：《河北涿鹿矾山五堡东汉墓清理简报》，《文物春秋》1989年第4期。

⑥　河北省文化局文物工作队：《1964—1965年燕下都墓葬发掘报告》，《考古》1965年第11期。

质灰陶，可分为三型。1 型：总体平面呈长方形，正面两侧各有一长方形门。进门后沿着斜坡跑道至猪舍，猪舍为悬山顶，一个略高另一稍低，圈墙均铺盖瓦顶，长 25 厘米、宽 33 厘米、高 37 厘米。2 型：长方形盒状，走道在圈外，沿着斜坡道向上可到猪舍，猪舍也是悬山顶，长 32 厘米、宽 20 厘米、高 30 厘米。3 型：方形盒状，走道在圈墙内，正面一侧有一小门。边长 32 厘米、左右高 10 厘米①。

不少陶猪圈和厕所连在一起。沙河兴固汉墓出土的陶猪圈，圈部平面为圆角长方形，圈墙上有半月形及条形装饰。围墙外有一板状斜梯通向厕所。圈内有一猪。猪圈的一角悬架茅厕，厕四壁呈椭圆筒形，墙上设门窗，悬山顶。厕所高 22 厘米，通高 34 厘米②。阳原西城南关东汉墓出土的陶猪圈，平面为长方形。正面两侧有长方形圈门，上部平沿外折。三面有圈墙，圈墙后半部上有平顶。两个圈门内有一面坡状长梯，可通后面券顶。圈内亦置一捏制的陶猪③。石家庄北郊东汉墓出土的陶猪圈，四周为起脊式圈墙，右侧斜坡上端有一厕所。圈内置小陶猪一头④。这些陶猪和陶猪圈的出土，不仅反映了汉代河北家庭养猪业的发展，还说明当时河北各地农民已经认识到养猪积肥在农业生产中的重要作用。

涿鹿矾山五堡东汉墓出土陶羊 4 件，均系泥质灰陶，模制，皆为绵羊，作昂首翘尾状。在定县中山王刘畅墓出土掐丝金羊群一件，在一錾有流云纹的金片上塑造了四只站立的小绵羊。这四只小绵羊前后各两只，每只仅长 1 厘米，高 0.8 厘米，神态温驯动人⑤。

此外，在定县中山王刘畅墓还出土一件"骑驼俑"，可见当时河北地区还饲养骆驼，以用于运输。

（三）种桑养蚕

西汉时河北气候温暖湿润，适宜植桑养蚕。在《诗经》所列全部木

---

① 张家口地区博物馆：《河北涿鹿矾山五堡东汉墓清理简报》，《文物春秋》1989 年第 4 期。

② 河北省文物研究所、邢台地区文物管理处：《河北沙河兴固汉墓》，《文物》1992 年第 9 期。

③ 河北省文物研究所、张家口地区文化局：《河北阳原西城南关东汉墓》，《文物》1990 年第 5 期。

④ 石家庄市文物保管所：《石家庄北郊东汉墓》，《考古》1984 年第 9 期。

⑤ 定县博物馆：《河北定县 43 号汉墓发掘报告》，《文物》1973 年第 11 期。

本和草本植物中，以出现篇数论，桑居第一位。著名的《国风·墉风·桑中》诗说："期我乎桑中，要我乎上宫，送我乎淇之上矣。"桑中为地名，应以其地多桑林而得名。西汉常山郡有桑中侯国①（治今河北平山东南），也应是此类。《史记·货殖列传》说，"燕、代田畜而事蚕"。荀子为赵人，著有一篇《蚕赋》，说蚕"食桑而吐丝""喜湿而恶雨""功被天下，为万世文"②。说明直到汉初，不仅在河北平原南部的赵有桑蚕，而且在北部的燕和西北部的代也都以桑蚕著名。东汉末年战乱时，袁绍在河北乏粮，曾利用桑椹补充军队的给养③。《三国志·魏书·杜畿传附子恕传》说，冀州"户口最多，田多垦辟，又有桑枣之饶，国家征求之府"。

汉代文献中所提到的北方桑树，多是高大的乔木型。汉代有一首著名的乐府民歌《陌上桑》，说"罗敷善蚕桑，采桑城南隅"。《陌上桑》一曰《艳歌罗敷行》。《古今乐录》曰："《陌上桑》歌瑟调。古辞《艳歌罗敷行》《日出东南隅篇》。"崔豹《古今注》说，乐府民歌《陌上桑》创源于河北邯郸。"《陌上桑》者，出秦氏女子。秦氏，邯郸人有女名罗敷，为邑人千乘王仁妻。王仁后为赵王家令。罗敷出采桑于陌上，赵王登台见而悦之，因置酒欲夺焉。罗敷巧弹筝，乃作《陌上桑》之歌以自明，赵王乃止。"《乐府解题》曰："古辞言罗敷采桑，为使君所邀，盛夸其夫为侍中郎以拒之。"与前说不同④。汉代画像石和画在砖上的采桑图，一种桑与采桑人等高，另一种桑比采桑人高得多，这和我国铜器上的采桑图一样，可能前者代表"地桑"，后者代表"树桑"。

崔寔所著《四民月令》对蚕桑有比较详细的记载。当时全年只养一季春蚕。养蚕季节，全家妇女，甚至连儿童也加入养蚕的行列，一家全力养蚕，不做其他杂事，充分表明对于蚕事的重视。收茧后，自己缲

---

① 《汉书·地理志上》："桑中，侯国。"第1576页。同书《王子侯表下》："桑中戴侯广汉，赵顷王子。地节二年（前68）四月癸卯封。"第489页。

② （清）王先谦撰：《荀子集解》卷十八《赋篇第二十六》，中华书局1988年版，第478—479页。

③ 《三国志》卷一《魏书·武帝纪》注引《魏书》："袁绍之在河北，军人仰食桑椹。"第14页。

④ （宋）郭茂倩编：《乐府诗集》卷二十八《相和歌辞三·三解》，中华书局1979年版，第411页。

丝、织缣缚、染色。茧和丝不在收购之列，而丝绵和丝织品则是市场上的商品①。这说明茧和丝一般留着自己加工，织成缣缚后出卖，反映出织绸作为家庭手工业的普遍性。

蚕室布置和养蚕规模在《四民月令》中也有记载：养蚕之前，先整修蚕室，涂封墙壁和地上的隙穴，这样既可以防止漏风和有害动物进入，又便于掌握蚕室温度。汉代已观察到温度对于蚕的生长发育快慢有密切关系。东汉仲长统《昌言》说："钧之蚕也，寒而饿之则引日多，温而饱之则引日少。"② 蚕室中扎起蚕架，架上放蚕箔养蚕，可见一家养蚕的规模并不小，所以要全家妇女甚至儿童都出勤。《四民月令》中提及的养蚕工具槌、栉、簿、笼等已见于《诗经》《左传》和《仪礼》，当是在汉以前已有的③。这种用蚕架、蚕箔的养蚕方法，分布也很广，黄河、长江两流域各地都采用这一套布置④。

在家庭副业发展的基础上，太行山东河北平原地区的蚕桑事业到东汉末年已经发展到相当可观的程度。曹魏时何晏著《九州论》，就称道清河（治今清阳）的缣总、房子（治今高邑）的好绵。西晋人左思撰《魏都赋》，也特别指出曹魏都城邺周围著名的丝织品产地有锦绣襄邑、罗绮朝歌、绵纩房子，缣总清河。⑤ 缣是河北平原较为普遍的产品，钜鹿、清河以北的赵郡（治今高邑）、中山（治今定州）和常山（治今正

---

① 《四民月令》：三月，"清明节，令蚕妾治蚕室，涂隙穴，具槌、栉、箔、笼。……谷雨中蚕毕生，乃同妇子，以勤其事，无或务他，以乱本业；有不顺命，罚之无疑。"四月，"蚕大食。……蚕入簇……茧既入簇，趣缲剖绵。具机杼，敬经络……收弊絮。"五月，"收弊絮及布帛。"六月，"命女红织缣缚……可烧灰，染青绀诸杂色……收缣缚。"七月，"收缣练"。八月，"凉风戒寒，趣练缣帛，染采色（注：柘，染色黄赤，人君所服）；擘绵、治絮，制新浣故"。十月，"卖缣帛、弊絮"。

② （清）严可均编：《全上古三代秦汉三国六朝文·全后汉文》卷八九《仲长统·昌言》，中华书局 1958 年版，第 1911 页。

③ 槌是蚕架的直柱，栉是横档，簿是蚕箔，笼是桑叶筐。《吕氏春秋·季春纪》已说："具栚曲簾筐"，栚是蚕架的横档，曲是蚕箔，簾是圆底的受桑器，筐是方底的受桑器；可见这种蚕室、蚕架、蚕箔等一套布置，至少在战国时代就已经如此。

④ 《方言》卷五说："槌，宋魏陈楚江淮之间谓之植，自关而西谓之槌，齐谓之样。其横，关西曰楬，宋魏陈楚江淮之间谓之栚，齐谓之栉。所以县栚，关西谓之䋰，东齐海岱之间谓之缳，宋魏陈楚江淮之间谓之缳，或谓之环。"又说："薄，宋魏陈楚江淮之间谓之曲，或谓之麹，自关而西谓之薄。"

⑤ 高步瀛：《文选李注义疏》卷六《赋丙·京都下·左太冲·魏都赋》，中华书局 1985 年版，第 1435 页。

定）等处的缣都曾经为人们所提及。不仅平原的南部如此，就是北部的燕国也以蚕事出名①，东汉末年，割据幽州的公孙瓒的部下李移子就是以"贩缯"出名的商人。②

除了以上所述，河北汉代家庭副业还有酿造，自己做曲酿酒等。据《四民月令》记载，做曲时在曲室里扎起像蚕架似的架子，架上置箔放曲，可见做曲的数量是相当多的。还制醋，做酱，酱有末都（一说即榆子酱）、鱼酱、肉酱、清酱、醢酱（肉酱）等。还自己制作饴糖（用米、麦芽熬成的糖浆）。这些酒、醋、酱、饴，没有说到出卖，大概是自己家里食用的。

（本节根据拙文《汉代河北家庭副业试论》写成，原载《文物春秋》2003 年第 4 期，有修改）

十　两汉河北的自然灾害与救助

20 世纪 80 年代以后，对中国古代荒政史的研究进入了一个全新的发展阶段，中国人对自身生存状况的关心增加，对减灾抗灾问题日趋重视，荒政史引起了学界前所未有的关注。但是，由于资料的零散，两汉时期河北的自然灾害问题至今尚未做过专门研究。自然灾害对农业生产和人民的生活影响很大，因此做了专文论述。

（一）汉代河北自然灾害

两汉时期河北的自然灾害见于《汉书》和《后汉书》的记载，文献对汉代自然灾害的记录有一定的偏向，失载之处也不在少数，肯定有缺失。根据我的统计，两汉时期（含王莽的新朝）水、旱、灾、虫、风、雹、雪、霜、寒冻、疫等灾害共有 590 多次。而东汉洛阳一地的自然灾害就多达 103 次（包括与其他地区同时发生灾害的次数），再者，两汉时期有很多范围广大的灾害，记载模糊，笼统地说几十郡国。这些灾害在后世的地方志中做了补充记载，酌情选用，根据这两类资料整理编制出"两汉河北自然灾害简表"（见表 4－1）。为使表

---

① 《史记》卷一二九《货殖列传》："燕、代田畜而事蚕。"第 3270 页。
② 《三国志·魏书》卷八《公孙瓒传》注引《英雄记》，第 243 页。

格简洁，用"H"代指"《汉书》"，"h"代指"《后汉书》"，"H 和 h"后面的数字指这两部书的卷数和中华书局版的页码。地方志标出书名和页码。

表 4-1   两汉河北自然灾害简表

序号	帝王纪年（公元）	季节（月份）	灾情简况	史料出处
1	文帝后三年（前161）	秋	大雨，昼夜不绝三十五日。……燕坏民室八千余所，杀三百余人	H27 上 P1346
2	武帝元封二年（前109）后		黄河复北决于馆陶，分为屯氏河，东北经魏郡、清河、信都、勃海入海，广深与大河等	H29P1686
3	汉武帝时		广阳县（治今北京房山区东北）雨麦	任防《述异记》
4	昭帝元凤元年（前80）		燕王都蓟大风雨，拔宫中树七围以上十六枚，坏城楼	H27 下 P1444
5	元帝初元元年（前48）	五	勃海水大溢	H26P1309
6	元帝永光五年（前39）		河决清河灵县鸣犊口，而屯氏河绝	H29P1688
7	成帝鸿嘉四年（前17）	正	水旱为灾，关东流冗者众，青、幽、冀部尤剧	H10P318
8	成帝鸿嘉四年（前17）	秋	勃海、清河、信都河水溢溢，灌县邑三十一，败官亭民舍四万余所	H29P1690
9	成帝永始二年（前15）		沧州一带巨雹成灾	《盐山县志》P164
10	永始二年（前15）	四	渤海大风拔树三万余株。六月，又大风	《盐山县志》P163

续表

序号	帝王纪年（公元）	季节（月份）	灾情简况	史料出处
11	永始二年（前15）	六	大雨	《盐山县志》P157
12	王莽始建国元年（9）		真定、常山大雨雹	H99中P4118
13	始建国三年（11）		濒河郡蝗生	H99中P4127
14	始建国三年（11）		河决魏郡，泛清河以东数郡	H99中P4127
15	王莽天凤二年（15）		邯郸以北大雨雾，水深数丈，流杀数千人	H99中P4141
16	光武帝建武十年（34）	十	上谷雨雹，伤稼	h105P3313
17	建武二十九年（53）	四	魏郡蝗	h105P3317
18	和帝永元元年（89）		海溢，溺死多人	《盐山县志》P153
19	永元十五年（103）	秋	冀州等四州比年雨水多伤稼，禁沽酒	h4P192
20	殇帝延平元年（106）	九	冀州等六州大水，泛溢伤秋稼	h5P205、h105P3309
21	安帝永初之初（107）		冀州钜鹿等郡有水旱之灾	H32P1127
22	安帝元初四年（117）	四	六州蝗。注引《东观记》曰："司隶、豫、兖、徐、青、冀六州。"	h5P215
23	元初六年（119）	四	沛国、勃海大风，拔树三万余枚	h106P3335
24	元初六年（119）	四	渤海雨雹	《盐山县志》P157
25	元初六年（119）		渤海大雨	《盐山县志》P154
26	顺帝永建四年（129）	五	冀州等五州雨水，淫雨伤稼	h6P256
27	永建六年（131）	十一	连年灾潦（潦，水淹；积水成灾），冀部尤甚，伤稼	h6P258

续表

序号	帝王纪年（公元）	季节（月份）	灾情简况	史料出处
28	顺帝阳嘉元年（132）	二	冀部比年水潦，民食不赡	h6P259
29	顺帝永和四年（139）		清河郡县蝗虫为灾	《清河县志》P115
30	质帝本初元年（146）	五	海水溢	h6P281
31	桓帝永兴元年（153）	七	郡国三十二蝗。河水溢，百姓饥；漂害人庶数十万户，冀州尤甚	h7P298
32	桓帝永寿元年（155）	二	冀州饥，人相食	h7P300
33	桓帝永康元年（167）	八	六州大水，勃海海溢，没杀人	h7、h105、h108
34	灵帝熹平五年（176）		大旱	《盐山县志》P153

表 4-1 所列汉代河北各类自然灾害记录共计 35 次，成帝鸿嘉四年（前 17）正月诏书既云"水旱为灾"，则是既有水灾，又有旱灾，应当作为两次灾害统计。其中见于《汉书》和《后汉书》的有 27 次，根据《述异记》和后世地方志补出的 8 次。灾害种类有水灾 19 次，蝗灾 4 次，雹灾 4 次，风灾 4 次，旱灾 2 次，大饥荒（桓帝永寿元年）1 次，待定灾种（安帝永初初年）1 次。上述灾害有些需要做些说明，分述如下。

第 1 条，文帝后三年（前 161）秋的雨灾。清人王念孙据《资治通鉴》"汉纪·文帝纪"，改"燕"为"汉水出"，认为此次严重水灾发生在汉水沿岸，而非燕地。但《光绪顺天府志》仍将其载入顺天府"祥异"条下。

第 2 条，元封二年（前 109），汉武帝堵塞黄河瓠子决口后不久，黄河再次在馆陶（今河北馆陶）决口，从东北冲出一条新河，即屯氏河，经魏郡、清河、信都、勃海入海，其规模与黄河原流大致相当。由于它起到了分散水势的作用，武帝便顺其自然，未加堵塞，与黄河正流并行达 70 年之久。在此期间，馆陶东北的四五个郡虽然"时小被水灾"（《汉书》卷二九《沟洫志》），但没有发生大的水患。

第 3 条，汉武帝时广阳县（在今北京市）雨麦。"广阳雨麦"是飓风吹到广阳后，因风势渐弱，而从其他地方卷扬而来的麦禾从空中纷纷落下，这是飓风尾势过境的表现。在中国古代史籍中常见"雨麦""雨禾""雨钱"的记载，皆属此类。

第5条，所据为《汉书·天文志》。《河北省志》第四卷《海洋志》引《沧县志》记载："汉元帝初元元年（前48）夏五月，海水大溢。"①新修《盐山县志》说："元帝初元元年，渤海大水溢。"②

第6条，新修《清河县志》说："汉元帝永光五年（前39），河决清河郡灵县鸣犊口。"③灵县治所在今山东高唐县南南镇，鸣犊口在高唐县西南，鸣犊河故道在今山东高唐县至河北景县界。

第7条，成帝鸿嘉四年（前17）正月诏书所言"水旱为灾"，"青、幽、冀部尤剧"。当是针对鸿嘉四年（前17）之前的灾害，因为这一年的正月没有灾害发生。冀部是冀州刺史部的简称，西汉时期，冀州刺史部辖清河、魏郡、常山、钜鹿4郡和中山、真定、赵国、广平、信都、河间6个诸侯王国，其中有118个县在今河北省境内。上述10个郡国是西汉200年间河北地区郡国分化演变的结果，所反映的也仅仅是西汉末年（即汉成帝元延、绥和之际）冀州行政区划设置的情况。据《汉书·成帝纪》，成帝鸿嘉二年（前19）三月，成帝诏书中说："朕承鸿业十有余年，数遭水旱疾疫之灾，黎民娄（屡）困于饥寒。"鸿嘉三年（前18）夏四月，大旱。

第8条，新修的几部县志中都有成帝鸿嘉四年（前17）发生水灾的记载。《清河县志》："成帝鸿嘉四年秋，黄河决，渤海、清河、信都河水溢，水淹31县，损官亭民舍4万余所。"④《盐山县志》："成帝鸿嘉四年秋，渤海郡清河水溢。"⑤《南皮县志》：鸿嘉四年秋，"河溢。"⑥西汉末年，渤海（当作勃海）郡辖26县（侯国），其中有22个县在今

---

① 河北省地方志编委会编：《河北省志》第四卷《海洋志》，河北人民出版社1994年版，第142页。
② 盐山县地方志编纂委员会编：《盐山县志》，南开大学出版社1991年版，第157页。
③ 河北省清河县地方志编纂委员会编：《清河县志》，中国城市出版社1993年版，第115页。
④ 河北省清河县地方志编纂委员会编：《清河县志》，中国城市出版社1993年版，第115页。
⑤ 盐山县地方志编纂委员会编：《盐山县志》，南开大学出版社1991年版，第157页。
⑥ 南皮县地方志编纂委员会编：《南皮县志》，河北人民出版社1992年版，第161页。

河北境内。即：浮阳、东光、阜城、千童、南皮、章武、中邑、高成、参户、成平、柳、临乐、东平舒、安次、修市、文安、景成、束州、建成、蒲领、章乡、柳丘。清河郡领 14 县，其中清阳、东武城、信成、芯题、缭、枣强、复阳 7 县在今河北境内。信都领信都、历县、扶柳、辟阳、南宫、下博、武邑、观津、高堤、广川、桃县等 12 县，乐乡、平堤、西梁、昌成、东昌 5 侯国，全部在今河北境内。

第 9 条、第 10 第和第 11 条，这三次灾害在《汉书》中都没有记载，《孔光传》记有永始二年（前 15）孔光上书所言灾害，"岁比不登，百姓饥馑，疾疫死者以万数"。又《食货志上》载："梁国、平原郡比年伤水灾，人相食。"县志作者未注明材料来源，不知其所据，存此备考。

第 14 条，新修《清河县志》说："新莽始建国三年（11），黄河决口于魏郡，清河郡县受灾。"[1] 王莽改汉魏郡为魏城郡，一作魏成。辖 18 县，14 县在今河北境内，用汉旧名的有：邺、馆陶、清渊、元城、梁期、武始、邯会、涉、邯沟；改名的有：利丘（汉斥丘）、魏城亭（汉魏县）、即是（汉即裴）、延平（汉平恩）、桓安（汉武安）。改清河郡为平河郡，领 17 县，清阳、东武城、信成、芯题、缭、枣强、乐岁（即汉复阳）7 县在今河北境内。

第 18 条，《续汉书·五行志三》记载："和帝永元元年（89）七月，郡国九大水，伤稼。"没有海溢记录。

第 20 条，冀州等六州大水。《后汉书》卷八〇上《文苑列传上·黄香传》：延平元年（106），魏郡"被水年饥"，魏郡属冀州部，应并入"六州大水"条。

第 21 条，安帝永初年间连年水旱灾害，引起了经济的衰退和人口的减少，灾区范围广大，冀州也在其中，灾种难以确定，暂作一次灾害处理。《后汉书·樊准传》载："永初之初，连年水旱灾异，郡国多被饥困。"永初元年（107）的灾害，据《续汉书·天文志中》："郡国四十一县三百一十五雨水。四渎溢，伤秋稼，坏城郭，杀人民。"又《五行志一》注引《古今注》："郡国八旱，分遣议郎请雨。"永初二年

---

① 河北省清河县地方志编纂委员会：《清河县志》，中国城市出版社 1993 年版，第 115 页。

（108）的灾害，据《安帝纪》："五月，旱。""六月，京师及郡国四十大水、大风、雨雹。"樊准上疏请求遣使救灾，太后从之，悉以公田赋与贫人。即擢升樊准与议郎吕仓并守光禄大夫，樊准出使冀州，吕仓出使兖州。樊准到冀州后，"开仓禀食，慰安生业，流人咸得苏息"。樊准完成使命回京，后来出任钜鹿太守，"时饥荒之余，人庶流进，家户且尽。"钜鹿，郡治在廮陶（今宁晋凤凰镇南），领 15 县：廮陶、钜鹿、杨氏、鄡县、下曲阳、任县、南和、广平、斥章、广宗、曲周、列人、广年、平乡、南蛮，全部在今河北省境内。

第 22 条，安帝元初四年（117）冀州蝗灾。元氏《汉祀三公山碑》记载该年冀州常山郡有蝗、旱灾害发生。东汉常山国都元氏，辖 13 县，12 县在今河北境内，即：元氏、高邑、都乡、南行唐、房子、平棘、栾城、九门、灵寿、蒲吾、井陉、真定。《常山贞石志·汉祀三公山碑》云："元初四年，常山相陇西冯君，到官承饥衰之后。……蝗旱鬲并，民流道荒。"[1] 鬲，通"隔"。"蝗旱隔并"，即蝗、旱灾害严重，屡有发生。根据碑文记述，在战乱和饥荒后的元初四年（117），冯君到常山国接任国相。因求雨有验，感谢三公山神的恩惠，打算到山神庙祭祀。但是原来的三公神庙远在深山，交通不便。于是在常山国国都元氏西门外选择新址，建坛立庙，就近祠祭，并刻立此碑。

第 24 条，新修《盐山县志》："安帝元初六年（119）四月，渤海遭雹灾。"[2]

第 25 条，渤海大雨。《后汉书》卷五《安帝纪》记载，元初六年（119）的灾害只有大风和冰雹，或许既有大雨，又有冰雹；或者《盐山县志》的作者将"雨雹"误作"大雨"。此处的"雨"作动词解，"雨雹"就是下冰雹。

第 28 条，"冀部"，指冀州刺史部，东汉辖魏郡、钜鹿、常山、中山、安平、河间、赵国、清河、勃海 9 郡国 100 县，其中有 88 县在今河北省境内。

第 29 条，《后汉书》所记永和四年（139）灾害有地震和太原郡旱

---

① （清）严可均编：《全上古三代秦汉三国六朝文·全后汉文》卷九八《汉祀三公山碑》，第 1996 页。

② 盐山县地方志编纂委员会编：《盐山县志》，南开大学出版社 1991 年版，第 157 页。

灾，没有蝗灾，备考。东汉清河国领七县，其中东武城和广川二县在今河北省境内。

第 30 条，质帝本初元年（146）海水溢，《河北省志》第四卷《海洋志》引《沧县志》以为此次海溢波及沧县①，《盐山县志》亦有记载②。

第 32 条，桓帝永寿元年（155），"冀州饥，人相食"。为什么会发生如此严重的饥荒？《后汉书》没有说明。永寿元年（155）也没有大的"人祸"，饥荒严重到"人相食"的程度，应与自然灾害有关，因为饥荒不会无缘无故地发生。永兴二年（154）的水灾和蝗灾可能就是造成第二年饥荒的原因，《后汉书·桓帝纪》记载：

> 永兴二年二月，桓帝"诏司隶校尉、部刺史曰：'蝗灾为害，水变仍至，五谷不登，人无宿储。其令所伤郡国种芜菁以助人食。'"
>
> 九月诏曰："朝政失中，云汉作旱，川灵涌水，蝗螽孳蔓，残我百谷，太阳亏光，饥馑荐臻。其不被害郡县，当为饥馁者储。天下一家，趣不糜烂，则为国宝。其禁郡国不得卖酒，祠祀裁足。"

这一年的灾害范围广，时间长，从二月和九月两次下诏救灾可知，而且灾害不止一种，水、旱、蝗并至，致使"五谷不登，人无宿储""饥馑荐臻"。冀州当在受灾范围之内。

第 33 条，桓帝永康元年（167）勃海海溢，没杀人。《河北省志》第四卷《海洋志》引《沧县志》："汉桓帝永康元年八月，海水溢。"③《盐山县志》也有同样记载④。两部县志所据均为《后汉书》的《桓帝纪》和《五行志》，永康元年（167）秋八月，"六州大水，勃海海溢"。六州，当指司隶、兖、豫、徐、冀、并州。

----

① 河北省地方志编委会编：《河北省志》第四卷《海洋志》，河北人民出版社 1994 年版，第 142 页。

② 盐山县地方志编纂委员会编：《盐山县志》，南开大学出版社 1991 年版，第 157 页。

③ 河北省地方志编委会编：《河北省志》第四卷《海洋志》，河北人民出版社 1994 年版，第 142 页。

④ 盐山县地方志编纂委员会编：《盐山县志》，南开大学出版社 1991 年版，第 157 页。

第34条，《盐山县志》记载，灵帝熹平五年（176）盐山大旱。《后汉书·灵帝纪》记有熹平五年夏四月"大雩"。遇上大旱，汉朝"公卿官长以次行雩礼求雨"。《公羊传》曰："大雩，旱祭也。"同书《五行志一》说：灵帝熹平五年夏，旱。注引蔡邕作《伯夷叔齐碑》曰："熹平五年，天下大旱，祷请名山，求获答应。"以上两条史料大概就是县志作者的根据，看来《盐山县志》的记载还是可信的。

汉代河北危害最大、发生次数最多的自然灾害是水灾。根据汉代文献记载统计，两汉水灾118次，其中西汉（含新莽）45次，东汉73次。而河北有16次（除去地方志所记3次），约占两汉水灾总灾次的十分之一（考虑若干地区同时发生水灾的因素）。河北的16次水灾，从时间上看，西汉8次，东汉8次，两汉相当，水灾时间集中在夏、秋季节，这是由我国降雨量的季节分配造成的，与现在中国水灾多发时期基本相同；从地域看，主要在冀州（河北南部），多达13次（其中有1次与幽州同时发生）；从类型看，海溢3次，黄河溢决5次（西汉4次，东汉1次），溢决的原因应当也是降雨所致。降雨成灾8次，其中有1次与海溢同时发生，即灵帝永康元年（167）"六州大水，勃海海溢"。汉代河北的水灾和旱灾记录非常悬殊，汉代文献的记载为16∶1，算上地方志的补充记载，二者之比为19∶2。由此起码可以得到这样两点认识：一是汉代河北的水灾比较多，与学术界关于汉代气候比现在温暖湿润的看法相吻合；二是汉代灾害记录不平衡，尽管汉代继承了秦朝的雨泽报告制度，规定"自立春至立夏尽立秋，郡国上雨泽"[1]，以祈雨避涝，抵抗旱涝灾害。但"两汉书"的作者在选用灾害记录时，以灾异政治为标准，灾害记录的选用与否，是详写还是略书，均视政治需要而定，从而导致了汉代灾害记载的缺失。文献记载汉代发生了117次旱灾，河北不可能只有1次。两汉文献中有近30次笼统记作"大旱""天下旱""郡国大旱"的旱灾记录，一般认为，这些通常都是指全国性的严重"旱灾"。例如，宣帝本始三年（前71），在"大旱"二字之后，补充有"东西数千里"[2]，就是很好的证明。旱灾如此广阔，河北焉能幸免？元氏《三公御语山神碑》便记有东汉常山国因旱灾而求雨

---

① 《续汉书》志五《礼仪志中·请雨条》，第3117页。
② 《汉书》卷八《宣帝纪》，第1393页。

的内容。该碑立于质帝本初元年（146），清代才面世，沈涛《常山贞石志》始录其文，并详加叙述和考证，遂为世人所知。碑文中说，明帝永平年间和章帝建初年间，皇帝曾下诏，由于天旱无雨，郡国可以向大川能兴云雨者祷请。常山国"遣廷掾具酒脯诣山请雨，计得雨……"由于求雨获验，常山国为三公和御语山神示法食，写出呈文，郡县转给太常，太常呈送尚书令，尚书令奏闻洛阳宫。皇帝批准后，自尚书令逐级向下传达。东汉常山国，汉明帝永平十五年（72）始置，都元氏（今元氏县西北）。汉章帝建初四年（79）四月，国除为郡。和帝永元二年（90）复置，至献帝建安十一年（206）国除。《三公御语山神碑》可辨认字迹不过四分之一。汉代文献中虽然没有碑文所云东汉明、章二帝时常山国发生旱灾的记载，但有此时发生大范围旱灾的记录。《续汉书·五行志一·旱》注引《古今注》说，明帝永平"十五年八月，十八年三月，并旱"。章帝建初四年（79）夏旱。同书《杨终传》云："建初元年，大旱谷贵"。杨终上书说："比年久旱，灾疫未息。"李贤注云："'灾'字或作'牛'。疫，病也。"《续汉书·五行志一·旱》注引《孔丛》曰："建初元年大旱，天子忧之"，侍御史孔子丰上疏请章帝下诏自责，"省畋散积，减御损食"，以应答灾变：

> "臣闻为不善而灾报，得其应也；为善而灾至，遭时运也。陛下即位日浅，视民如伤，而不幸耗旱，时运之会耳，非政教所致也。昔成汤遭旱，因自责，省畋散积，减御损食，而大有年。意者陛下未为成汤之事焉。"天子纳其言而从之，三日雨即降。

将碑文与文献相印证，可以认为东汉明、章二帝时在今河北南部有旱灾发生。

又如，"平帝元始二年（2）秋，蝗，遍天下"[1]，河北应当也在受灾范围之中。凡此种种，不一而足。

汉代称函谷关或潼关以东地区为关东。也通称崤山或华山以东为山东，与关东含义相同。冀、幽二州均在关东，河北当在其中，或者被殃及，这样的灾害记录西汉共有 9 次。列表如下（见表 4-2），可供

---

① 《汉书》卷二七中之下《五行志七中之下》，第 1436 页。

参用。

表4－2 表4－2　　　　　　　　　　汉代关东（山东）地区灾害

帝王	年　代	季节	灾　情	史料来源
武帝	元鼎二年（前115）	夏	大水，关东饿死者以千数	汉书卷6P182
	元鼎三年（前114）	四	雨雪，关东十余郡人相食	汉书卷27P1424
	元鼎四年（前113）		山东被水灾，及岁不登数年，人或相食，方一二千里	汉书卷24下P1162
成帝	阳朔二年（前23）	秋	关东大水	汉书卷10P313
王莽	天凤三年（16）	二	大雨雪，关东尤甚，深者一丈，竹柏或枯	汉书卷99中P4141
	天凤三年（16）	二	地震，关东尤甚	汉书卷99中P4141
	天凤六年（19）		关东饥、旱数年	汉书卷99下P4155
	地皇二年（21）	秋	阴霜杀菽，关东大饥	汉书卷99下P4167
	地皇二年（21）	秋	关东大饥，蝗	汉书卷99下P4167
	地皇四年（23）	秋	霜，关东人相食	太平御览卷878

东汉的灾害记载与西汉有所不同，对于大范围的灾害，不再使用"关东"之类的地区名称，而是记为"几十郡国"或"几州"，西汉突出地域概念，东汉突出数量概念。东汉时期，泛言几州或几十郡国的灾害有20多次。因区域不明，不再列举。笔者认为，这些汉代泛指的灾害记载之中应当也有一些河北的灾害记录。

（二）灾害的影响与救助

西汉后期，谏大夫鲍宣在给汉哀帝的上疏中列举了严重影响人民生产和生活的七件事，说"民有七亡"，将水旱灾害列为"七亡"之首，"阴阳不和，水旱为灾，一亡也"[1]。水旱灾害是汉代最主要的灾种，灾次分列一、二位。不仅因为水旱灾害发生频繁，而且危害性巨大，严重破坏了农业生产，导致农业减产甚至绝收。

黄河溢决对汉代河北的危害相当大，汉代黄河泛决16次，造成重

---

[1]　《汉书》卷七二《鲍宣传》颜师古注："亡，谓失其作业也。"第3088页。

大改道一次，其中殃及河北的就多达 5 次。元封二年（前 109）后，黄河在馆陶（今河北馆陶）决口，分为屯氏河，东北经魏郡、清河、信都、勃海入海。虽然史书没有记载此次灾害的灾情，但一条规模与黄河原流大致相当的新河道的形成对农业生产和人民生命财产造成的危害肯定不小。元帝永光五年（前 39），"河决清河灵县鸣犊口"，决口导致"屯氏河绝"。这次决口的重灾区在今山东高唐县，与其相邻的河北也被殃及，河水泛滥，致使屯氏河断绝。成帝鸿嘉四年（前 17），黄河水在勃海、清河、信都三郡泛滥，31 个县邑受灾，毁坏官亭民舍四万余所。王莽始建国三年（11），黄河在魏郡决口，泛滥清河以东数郡。桓帝永兴元年（153），黄河水溢，"漂害人庶数十万户"，冀州尤其严重，百姓饥穷，流离于道路。

西汉元帝时在渤海沿岸发生的大海啸，影响深远。《汉书·天文志》载：汉元帝初元元年（前 48）五月，"渤海水大溢"[1]。在中国史籍中，"海溢""海涨""海立""海决"都是指海啸现象。这次海啸造成的后果十分严重，致使位于渤海西岸的今天津郊区及河北黄骅县等地数百里被海水所浸，一度成为无人区。考古发现证明："今天津郊区、黄骅县北部和宁河县南部，仅见战国和西汉遗存，不见西汉晚期和东汉遗存，再迟就是唐宋时期的遗物，在年代上不连续，中间有一个突出的割裂现象。"[2] 滦河三角洲北面昌黎县的碣石山大部沦于海，从而从海岸线后退[3]。滦河三角洲的文化遗存在汉、唐之间出现中断现象，如果是人为原因，不可能造成某一地区数百年内都是荒无人烟[4]，最有可能的是自然灾害。对于这次灾害，王莽时大司空掾王横曾有追述："往者天尝连雨，东北风，海水溢，西南出，寖数百里，九河之地（今山东西北部及海河下游地区）已为海所渐矣。"[5]《水经注·濡水》记载："昔在汉世，海水波襄，吞食地广，当同碣石苞沦洪波也。"关于造成这次

---

① 《汉书》卷二六《天文志》，第 1309 页。
② 天津市文化局考古发掘队：《渤海西岸古文化遗址调查》，《考古》1956 年第 2 期。
③ 王育民：《碣石新辨》，《中华文史论丛》1981 年第 3 期。
④ 王育民：《中国历史地理概论（上册）》，人民教育出版社 1985 年版，第 172 页。
⑤ 《汉书》卷二九《沟洫志》，第 1697 页。

海啸的原因，学者所见略有分歧。有人认为属于地震引发的海啸①，有人以为是风暴潮海啸②。到唐宋时期，因地壳上升，碣石山才又从海水中露出身影，唐贞观十九年（645）唐太宗登临碣石，作《碣石观海》诗，留下"披襟眺沧海"的诗句（《全唐诗》卷一）。此外，县治建置的沿革对此也有所反映。西汉时的絫县（治今河北昌黎县南）被海浸淹没，于是罢而置临渝（西汉治今辽宁朝阳市东北一带。东汉移治今河北抚宁县东榆关站，一说即今河北山海关）。唐朝时，碣石山仍属其西北的卢龙县管辖。

汉代河北大范围的降雨成灾，造成农作物大面积的减产，致使"民食不赡"。王莽天凤二年（15）发生在邯郸的范围不大的一次水灾，危害也相当严重，"流杀数千人"。自然灾害导致的人口死亡有直接和间接两种形式，直接死亡不用解释，间接死亡是指由于自然灾害造成饥荒而导致的人口死亡。此类记载许多只是定性词语，如桓帝永康元年（167），"渤海海溢，没杀人"。我们已无法弄清灾害造成的人口死亡数字，饥荒造成的人口死亡远甚于自然灾害本身。尤其令人震惊的是"人相食"的悲惨景象。人口大量死亡，导致劳动力缺乏，农业衰退。水灾、风灾、雹灾等使农田遭到不同程度的破坏，农田荒废，是灾害造成的后遗症之一。灾害不仅破坏社会生产，还毁坏房屋、道路，甚至毁灭城市，造成物质财富的巨大破坏。

汉代专制帝王逢旱祷雨，遇涝祈晴，恭敬如仪，但在社会实践中也不乏务实措施。在河北的赈灾措施可大致分为经济和政治两类，经济措施有：赈济，免除田租、刍稿、赋税、逋贷（指借贷官物拖欠不还），蠲除实伤，赡恤穷匮，劝农功，赈乏绝，禁沽酒，为雇犁牛直，赐给死者葬钱等；政治措施有：遣使视察斟验灾情，招贤选士，因灾免相，大赦天下等。

《汉书·成帝纪》记载，汉成帝时，连续遭遇水旱疾疫之灾，认为灾害的发生可能与"招贤选士之路不通"有关，于是在鸿嘉二年（前19）三月下诏举荐"敦厚有行义能直言者"，希望能获得"切言嘉谋"，

———————————

　　① 陈可畏：《论西汉后期的一次大地震与渤海西岸地貌的变迁》，《考古》1982 年第3 期。

　　② 韩嘉谷：《西汉后期渤海西岸的海浸》，《考古》1982 年第3 期。

匡正其过失。鸿嘉四年（前17），"水旱为灾，关东流冗者众，青、幽、冀部尤剧"。成帝派遣使者循行郡国督导救灾，规定：遭受灾害十分之四以上，民众赀财不满三万，"勿出租赋。通贷未入，皆勿收"。准许流民进入关中，沿途所经郡国，"谨遇以理，务有以全活之"。同年秋，黄河在勃海、清河、信都三郡泛滥，"被灾者振贷之"。和帝永元十五年（103），兖、豫、徐、冀四州水灾，十六年（104）正月诏令，帮助有田地、因受灾匮乏而不能耕作的贫民生产自救，贷给他们种子和粮食。二月，禁止兖、豫、徐、冀四州沽酒，用酿酒的粮食救灾。四月，派遣三府掾分别巡行四州的灾情，贫民无力耕种者，政府出钱"为雇犁牛"①。殇帝延平元年（106），冀州等六州大水，洪水泛滥，伤害秋稼，"诏以宿麦不下，赈赐资贫人"②。元初四年（110）六州蝗灾，安帝大赦天下③。《后汉书·顺帝纪》记载，永建四年（129）冀州等五州发生水灾，顺帝派遣使者核实死亡人数，"收敛，禀赐"。又罢免太尉刘光和司空张皓，以应答天变。李贤注引《东观记》说明刘、张二人被免职的原因，"以阴阳不和，久托病，策罢。"永建六年（131）十一月，顺帝下救灾诏："连年灾潦，冀部尤甚。比蠲除实伤，赡恤穷匮，而百姓犹有弃业，流亡不绝。疑郡县用心怠惰，恩泽不宣。……其令冀部勿收今年田租、刍稿。"阳嘉元年（132），因冀州连年水潦，民食不赡，"诏案行禀贷，劝农功，赈乏绝"。质帝本初元年（146）五月，海水溢。朝廷派谒者巡视灾情，收葬被水漂没的死者，又禀给贫羸。同书《桓帝纪》载，永兴元年（153），32个郡国发生蝗灾，黄河泛滥，百姓饥穷，流冗道路，多达数十万户，冀州尤其严重。桓帝"诏在所赈给乏绝，安慰居业"。永康元年（167）六州大水，勃海海溢。诏命州郡赐给溺死者七岁以上钱，每人二千；全家遇难的，政府全部为他们收敛；"其亡失谷食，禀人三斛"。

汉代河北各类自然灾害记录共计35次（永始二年两次风灾），灾害种类有水、蝗、雹、风、旱灾等。发生次数最多的是水灾，约占河北灾

---

① 《后汉书》卷四《和帝纪》，第192页。

② 《后汉书》卷一〇上《和熹邓皇后纪》："及元兴、延平之际，……又遭水潦，东州饥荒。延平元年，安帝初即位，六州大水；永初元年（107），禀司隶、兖、豫、徐、冀、并六州贫人也。"

③ 《后汉书》卷五《安帝纪》，第215页。

害的 45%，接近当时全国水灾的 10%，危害也最大；水灾和旱灾记录非常悬殊，约为 9∶1，虽然灾害记录有缺失，但反映出汉代河北气候比现在温暖湿润，旱灾少也是事实，这对于研究河北环境变迁颇有参考价值。汉代政府救灾措施的主要内容在河北的救灾活动中都有表现，内容丰富，这些措施对于缓和社会矛盾，稳定社会秩序和增进社会和谐，都发挥了积极的作用。它们是先秦以来广大人民在与各种自然灾害的长期斗争中积累的历史经验，是先人留下的宝贵财富，有些措施至今还在沿用，值得认真研究。同时也应看到，汉代防灾救灾政策体系性并不强，在农业社会条件下，受国家财力和防灾抗灾能力等因素的限制，帝王贤愚、国力强弱、社会治乱、吏治清浊等，无一不影响到防灾救灾政策实施的有效性。

（三）从元氏汉碑看东汉的祷山求雨弥灾

元氏县旧为冀州地，战国初属中山，后并于赵国，始封公子元于此，因称元氏至今。这里曾是今石家庄地区的文化、政治中心。汉代常山国治元氏（在今河北元氏县殷村乡故城村），辖 13 县。元氏县境内有六大名山：无极山、三公山、封龙山、灵山、白石山、石溜山，均为秦汉三国时期的北方名山。元氏东汉碑刻七通，从汉安帝元初四年（117）至灵帝光和六年（183），历时 66 年。杜香文先生编著有《元氏封龙山汉碑群体研究》一书，对元氏汉碑群体作了系统的历史考察和叙述，着重介绍和论述它们在中国文化史和书法史上的深远影响及重要地位，对于本文所论问题虽然也有所涉及，但论述不够集中和深入，我们所做之工作意在通过对元氏汉碑和汉代文献的解读，丰富与元氏汉碑相关的祷山求雨弥灾观念和行为的认识。下面先按时间顺序叙述七通元氏汉碑祷山求雨的内容。

1. 元氏七通汉碑所见祷山求雨

（1）祀三公山碑。全称《汉常山相冯君祀三公山碑》，俗名《大三公山碑》。东汉安帝元初四年（117）常山国相冯君立。杜香文认为，三公山不是今河北元氏县仙翁寨山，而是元氏县西部高、中、低一组三座山的统称。[①] 三公，意为三阶、三台。这一带是汉代常山郡祭祀、祈

---

① 杜香文：《元氏封龙山汉碑群体研究》，文物出版社 2002 年版，第 50 页。

雨的重要场所。

元初四年（117），陇西郡人冯君就任常山国相，"到官承饥衰之后"。在此之前的元初元年（114），"郡国十五地震"，水、旱、风、雹灾、山崩等相继发生。元初二年（115）"郡国十九蝗"。冯君听当地人说，元氏境内的三公山神和御语山神十分灵验，以前官吏和百姓祈祷祭祀，常常乌云兴起不过肤寸，就能普遍降雨。近几年遭受羌乱影响，加之蝗灾和旱灾屡有发生，百姓流亡，道路荒芜，祭祀稀少，因此，祥和瑞气不至。于是，常山国相冯君命人占卜选择风水吉地，在县城西北建立祠堂神坛，"荐牲纳礼"，让三公山神享用。"神熹其位，甘雨屡降，报如景响。国界大丰，谷斗三钱，民无疾苦，永保其年"①。

（2）《三公御语山神碑》。又名《三公山神道碑》《三公山神碑》，与《无极山碑》常混为一谈。该碑建于质帝本初元年（146）。沈涛《常山贞石志》首录其文，并详加叙述和考证，遂为世人所知。沈氏认为此碑是"因求法食，兼记开道之绩"。"法食"，祭祀用的食物。

本初元年（146）旱灾严重，"自春涉夏，大旱炎赫"。五月甲午，质帝下忧旱诏："祷祈明祀，冀蒙润泽。前虽得雨，而宿麦颇伤，比日阴云，还复开霁。……郡国有名山大泽能兴云雨者，二千石长吏各洁斋请祷，竭诚尽礼。……遣使者案行，若无家属，及贫无资者，随宜赐恤，以慰孤魂。"②

碑文内容是常山国元氏县吏民承奉朝廷诏旨，祷山请雨获应，于本初元年（146）二月上书尚书台，为三公山神和御语山神求法食。此碑漫漶严重，缺失太多，几不可读。碑文第十四行："遣廷掾□□具酒脯，诣山请雨，计得雨。"③

《三公御语山神碑》中还有"山道""通道往来""通利故道""王家经钱给直"等文字。修祠庙祭山神求雨和"通利故道"都是大工程，元氏县的财政难以负担，由常山国相奏请朝廷，用"王家经钱给直"协助解决。事毕，勒石刻铭，以颂功德。

---

① 高文：《汉碑集释》，河南大学出版社1985年修订本，第33—34页。
② 《后汉书》卷六《质帝纪》，第278页。
③ 陆增祥：《八琼室金石补正》卷三《三公山神碑并阴》，文物出版社1985年版，第14页。

（3）封龙山碑。又名《封龙山颂》，全称《元氏封龙山之颂》。汉桓帝延熹七年（164）十月常山国相汝南人蔡禹立。此碑最早被南宋郑樵收录在《通志·金石略》中。

碑文中说：封龙山是北岳诸山中的精华。山势雄伟高大，"与天同耀。能烝云兴雨，与三公、灵山协德齐勋。国旧秩而祭之，以为三望。遭亡新之际，去其典祀"。桓帝延熹七年（164）正月，常山国相蔡禹、长史沐乘敬奉山神的美德，请求举办隆重的祭祀。认为山神广施恩惠于百姓，理应受到敬献圭璧和七牲的盛大供奉。桓帝下诏批准，命官员郎巽等人，"与义民修缮故祠"。神灵享受祭供，感谢百姓的信奉，雨泽施布，粮食丰收，"粟至三钱"。于是常山国相蔡禹建碑立铭，刻纪封龙山神的功德。"惠此邦域，以绥四方。国富年丰，穑民用章"。①

（4）三公山碑。又名《小三公碑》。汉灵帝光和四年（181）四月元氏左尉上郡人樊子义立。此碑最早收录于北宋欧阳修《集古录》中，北宋赵明诚《金石录》中也有收录。

三公山神明的降福和保佑是在暗中，表面看不到行迹。② 在它的神力作用下，"触石出云，不崇而雨"。还能"除民氛疠，莫不祯祉"。三公山神"德配五岳，王公所绪"，一年四季享受圭璧奉祭，每月有酒和干肉祭祀。"飔雨时降，和其寒暑。年丰岁稔……仓府既盈"，百姓都得到了赡养。于是感恩食德，立铭勒石。乃作颂曰：

> 兴云致雨，除民患兮，长吏肃恭。……四时奉祀，黍稷陈兮。……百姓家给，国富殷兮。仁爱下下，民附亲兮。遐迩携负，来若云兮。……民移俗改，恭肃神祇，敬而不怠。皇灵□佑，风雨时节。农夫执耝，或耘或籽。童妾壶饐，敬而宾之。稼穑穰穰，穀至两钱。③

（5）无极山碑。汉灵帝光和四年（181）八月常山人盖高、上党人范迁借神使传言请命，由常山相南阳人冯巡立。欧阳修《集古录》最

---

① 高文：《汉碑集释·封龙山颂》，第243—244页。

② 王充：《论衡·明雩》："况雨无形兆，深藏高山，人君雩祭，安得耐之。"

③ （宋）洪适：《隶释·隶续》卷三《三公山碑》，中华书局1985年版，第43—44页。

早收录（当时欧阳修未能辨认出名字，称为《北岳碑》），赵明诚在《金石录》中予以更正，此后再无踪迹可寻，亦无拓片传世。南宋洪适在《隶释》中收录了完整的碑文。碑文对事件过程的记载颇为详细，首先是主管宗庙礼仪的太常陈耽和太常丞敏给皇帝的奏疏："男子常山盖高、上党范迁，诣太常言为元氏三公神山。本初元年二月癸酉，光和二年二月戊子诏书，出其县钱，给四时祠具。"盖高、范迁曾经为三公山向太常索法食，请求将祭祀三公山纳入国家祀典，因此，常山国相冯巡"复使高与迁及县吏和卞令俱诣大常（即太常），为无极山神索法食"。尚书代表朝廷询问核实，可见朝廷对于地方神祇进入国家祀典持谨慎态度。碑文说，光和三年（180）五月，常山国相冯巡派官吏王勋等到三公山求雨，山神让盖高等人传言：把封龙、三公、灵山、无极山的山神聚焦在一起祭祀，可以得到好雨。遵照山神之意祭祀之后，"三公山即与龙、灵山、无极山共兴云交雨"。常山国相冯巡和元氏县令王翊分别举行赛神庙会，报答山神的恩惠。山神又令盖高、范迁与县吏和卞令，尽快晋见太常，"为无极山神索法食，比三公山"。

太常陈耽怀疑"高、迁言不实"，将文书移送常山国，令常山相核查落实。常山相回文说，常山国部督邮书掾成喜与县令王翊"参讯实问"。元氏县界有名山，"其三公、封龙、灵山皆得法食。每长史祈福，吏民祷告如言，有验乞今。无极山比三公、封龙、灵山祠□，七牲出用王家钱。小费蒙大福，尊神以珪璧为信"。太常陈耽认为常山国相冯巡所言属实，"为民来福，以祠祀为本。请少府给珪璧，本市祠具，如癸酉（指本初元年）、戊子（指光和四年）诏书故事报"。汉灵帝批准，尚书台秉承旨意办理。尚书令忠将实施意见奏报雒阳宫。光和四年（181）八月十七日，尚书令忠下发皇帝的诏书给太常陈耽。太常陈耽和太常丞敏又将诏书下发给常山相。常山国向下传达执行。诏书中说：

> 昔在礼典，国有名山，能异材用，兴云出雨，为民来福除央，则祀。元氏县有先时三公、封龙、灵山，已得法食，而独未。光和四年二月，房子大男盖高、上党范迁，奏祀大常。大常下郡国相南阳冯府君，咨之前志，□问者叟，佥以为实神且明。每国、县水旱，及民疾病，祷祈辄应时有报。……在礼秩祀，有功必报。今时无极山应法食，诚其宜耳。于是言大常，奏可。其年八月丁丑，诏

书听其九月更造神庙，恢拓祠官，置吏牺牲册制。月醮时祠，礼与
三山同，乃立碑铭德，颂山之神。①

（6）八都神庙碑。杜香文考证，元氏《八都神坛庙碑》为汉灵帝
光和年间常山国相冯巡立。该碑在武则天垂拱元年（685）被磨砻，碑
石改刻为《大唐八都神君之实录碑》。地方志中，有《八都神坛庙碑》
之名而无其实。② 因八座神山［封龙山、三公山、无极山、灵山、长
山、石溜山、白石山、黄山（即珍珠山，上有北岳神祠）］相距较远，
祭祀不便，所以在常山城（今河北故城）西门外建八都神坛庙，祭祀
八座神山，立有汉碑《八都神坛庙碑》。元代纳新《河朔访古记》云：
"八都神坛，在县西故城西门外。"遗憾的是，此碑没有保存下来，也
没有拓片和文字资料流传。

东汉中后期，常山国、元氏县的官吏民众每遇干旱，即向八位山神
求雨。在求雨过程中，不断建庙立碑，形成了八都神坛，就是共祭八座
山神的神坛。《大唐八都神君之实录碑》："八都坛者，都望八山之始坛
也。此地名山封龙之类有八，因坛立庙，遂为号焉。""昔汉光和，州
将冯氏，敬而不怠，谷至两钱，感恩立铭，盛绩犹在。"③

（7）白石神君碑。俗称《白石山碑》。汉灵帝光和六年（183）常
山国相冯巡。碑阳云：

礼有五经，莫重于祭④。祭有二义，或祈或报。报以章德，祈
以弭害。

望于山川，遍于群神。建立兆域，修设坛屏。所以昭孝息民，
辑宁上下也。

白石神君居九山之数……体连封龙，气通北岳。幽赞天地。长
育万物。触石而出，肤寸而合。不终朝日，而澍雨沾洽。前后国
县，屡有祈请。指日刻期，应时有验。……

① （宋）洪适：《隶释》卷三，中华书局1985年版，第44—46页。
② 杜香文：《元氏封龙山汉碑群体研究》，第128—130页。
③ 李子儒：《元氏封龙山汉碑研究》，河北人民出版社2007年版，第313页。
④ 礼有五经，莫重于祭。语出《礼记·祭统》。郑玄注："礼有五经，谓吉祀礼、凶礼、
宾礼、军礼、嘉礼也。"祭礼也称吉礼，为五经之首，所以最为重要。

县界有六名山，三公、封龙、灵山，先得法食。

去光和四年，三公守民盖高等，始为无极山诣太常求法食。相、县以白石神君道德灼然，乃具载本末，上尚书求依无极为比，即见听许。

遂开拓旧兆，改立殿堂。菅宇既定，礼秩有常。县出经用，备其牺牲。奉其珪璧，絜其粢盛。时无逆数，物无害生。用能光远宣朗，显融昭明。年谷岁熟，百姓丰盈。粟升五钱，国界安宁。

尔乃陟景山，登峥嵘，采玄石，勒功名。其辞曰：

唯山降神，髦士挺生。济济俊乂，朝野充盈。灾害不起，五谷熟成。……四时禋祀。……牺牲玉帛，粟稷稻粱。神降嘉祉，万寿无疆。子子孙孙，永永番昌。①

根据《无极山碑》和该碑的记述，光和四年（181）二月，常山国房子县巫师盖高和上党郡人范迁，呈文太常，为无极山神求法食。当年八月，得到批准。常山国相冯巡和元氏县令王翊具文说明事情的原委，向尚书台请求，"求依无极为比"，希望白石山也能像无极山神那样得到法食供奉，很快得到批准。这是当时常山国和元氏县的一件大事，收到批文后，扩大旧庙边界，改建殿堂，举行隆重的祭祀。感动了山神，因此"年谷岁熟，百姓丰盈。粟升五钱，国界安宁"。于是建立此碑，歌颂白石神君的功德。

2. 元氏汉碑所见常山国官祀经费的筹措管理

汉代国家祀典中的祭祀活动有皇帝祭祀和地方官祀两个等级。皇帝主持的国家大祭的费用由朝廷财政负担，地方官祀的经费主要由郡县地方财政承担②。元氏汉碑中的记述，有助于我们认识这一问题。

祠祀活动要耗费大量人力物力，地方官祀经费不足，国家财政予以补助。例如，《隶释·樊毅复华下民租田口算碑》载："县当孔道，加奉尊岳，一岁四祠，养牲百日，常当充，用谷藁三千余斛，或有请雨斋祷，役费兼倍。"③ 多数情况下，地方官员发动本地居民出资助祀。如

① （宋）洪适：《隶释》卷三《白石神君碑》，中华书局1985年版，第46—48页。
② 王柏中：《汉代祭祀财物管理问题试探》，《鞍山师范学院学报》1999年第1期。
③ 洪适：《隶释》卷三《樊毅复华下民租田口算碑》，第28页。

《封龙山之颂》云："允敕大吏郎巽等，兴义民修缮故祠，遂采嘉石，造立观阙。"① 这些义民不是普通的编户，应为当地的豪强大族。

《三公御语山神碑》载："荐圭璧□牲，四时祠□……万□□，以王家经钱给值。"② 前引《隶释·无极山神碑》载："出其县钱给四时祠具。……乞合无极山比三公、封龙、灵山，祠□七牲，出用王家钱。"《隶释·白石神君碑》载："相、县以白石神君道德灼然，乃具载本末，上尚书求依无极为比。即见听许，……县出经用。"

这三通碑记载了常山相、元氏县令及民众请求为境内的三公山、无极山和白石山神确立官祀资格的经过。碑中有三个涉及祭祀费用的关键词语："王家经钱""王家钱"和"县出经钱"。有学者认为："'王家'指的是常山王国，'经钱'指的是财政的经费。'王家经钱'、'王家钱'都应是王国财政经费，而绝非是诸侯王的'私奉养'。因为这三山之祠属地方官祀，不是诸侯王私祠。"③ 此说不妥。"王家"之意有二：第一，犹王室，王朝，朝廷。《书·武成》："至于大王，肇基王迹，王季其勤王家。"孔颖达疏："王季修古公之道，诸侯顺之，是能缵统大王之业，勤立王家之基本也。"第二，王侯之家。后面有详细的例证作具体论析。东汉的诸侯王国是同郡一样的行政区划，归朝廷直接管辖，诸侯王"衣食租税而不治民"。所以，碑文中的"王家经钱""王家钱"不能理解为常山王国的财政经费。因为，如果这样解读，碑文中的"王家"就应指常山王之家，"王家钱"就是常山王的私钱了。当然，我们也可以将"王家钱"强解为常山王国的经费，但与事实不符，实际情况是常山王国因经费困难向朝廷申请资助以供祭祀山神，所以才有"出其县钱"和"出用王家钱"的区别。检索汉代的"王家"一词的用例，没有发现"与郡同级的王国"的含义。限于篇幅，重点说东汉。

①《后汉书》中"王家"指王室、王朝、朝廷的用例。

《张衡传》："咎单、巫咸实守王家。"李贤注："咎单、巫咸，并殷贤臣也。"《尚书》曰："咎单作《明居》。"又曰"巫咸保乂王家"也。

① 高文：《汉碑集释》，第 244 页。
② 陆增祥：《八琼室金石补正》卷三《三公山神碑并阴》，第 14 页。
③ 王柏中：《汉代祭祀财物管理问题试探》，《鞍山师范学院学报》1999 年第 1 期。

《光武郭皇后纪》："自古虽主幼时艰，王家多衅，必委冢宰，简求忠贤，未有专任妇人，断割重器。"

《梁冀传》：东汉外戚梁冀"多拓林苑，禁同王家，西至弘农，东界荥阳，南极鲁阳，北达河、淇……殆将千里"。

②《后汉书》中"王家"指诸侯王之家的用例。

《灵帝纪》："甘陵王定薨。试太学生年六十以上百余人，除郎中、太子舍人至王家郎、郡国文学吏。"李贤注引《汉官仪》曰："太子舍人、王家郎中并秩二百石，无员。"

《光武郭皇后纪》："郭主（真定恭王女。恭王名普，景帝七代孙）虽王家女，而好礼节俭，有母仪之德。"

《光武十王传·沛献王辅》：孝王广"有固疾。安帝诏广祖母周领王家事"。

《光武十王传·东平宪王苍》："以骠骑长史为东平太傅，掾为中大夫，令史为王家郎。"李贤注引《汉官仪》："将军掾属二十九人，中大夫无员，令史四十一人。""初，苍归国，骠骑时吏丁牧、周栩以苍敬贤下士，不忍去之，遂为王家大夫，数十年事祖及孙。"

《光武十王传·中山简王焉》："永平二年冬，诸王来会辟雍，事毕归蕃，诏焉与俱就国，从以虎贲官骑。"李贤注引《汉官仪》："驺骑，王家名官骑。"

《章帝八王传·河间孝王开》：平原王硕嗜酒，"多过失，帝令马贵人领王家事"。

《续汉书》志三〇《舆服志下》刘昭注引《东观书》："中外官尚书令、御史中丞、治书侍御史、公将军长史、中二千石丞、正、平、诸司马、中宫王家仆、雒阳令秩皆千石。"

根据以上的史例，可以认为元氏汉碑中的"王家"是指朝廷，"王家钱"和"王家经钱"是中央财政经费，而不是常山国的经费。从元氏汉碑的内容看，祭祀元氏诸山神的费用主要出自郡县的地方财政，地方财政困难，可申请朝廷财政资助，而不是诸侯王"私府"之费。地方官祀资格的取得，有一套完整的程序，必须经由太常直至皇帝本人批准，足以说明汉代朝廷对地方官祀经费有严格的管理审批制度。这类祠祀活动反映出地方长吏权力日增、地方宗族势力开始向精神信仰领域伸张、中央对地方控制渐趋削弱的东汉地方社会政治生态。[①]

与祭祀经费的管理和使用相关，地方官府还负责官祀用牲的费用，还要派专人负责牺牲的饲养管理。如《白石神君碑》说："县出经用，备其牺牲。"元氏汉碑中，多有祭祀用玉的记载。关于少府对祭玉的保藏和供给，《无极山神碑》说："为民来福，以祠祀为本，请少府给王圭璧。"

3. 汉代山岳祭祀中的求雨弥灾观

汉代祷山求雨弥灾的观念源自远古时代的原始巫术。祭祀山川，是因为"山林川谷丘陵能出云，为风雨，见怪物，皆曰神"（《礼记·祭法》）。祈求山神降雨，改善气候条件，减少水、旱、风、雹灾害的发生是祭祀的主题。《礼记·传》曰："山川之神，则水旱疠疫之灾，于是乎禜之；日月星辰之神，则雪霜风雨之不时，于是乎禜之。"禜是禳灾之祭。山川崇拜与国家制度、政治思想相结合，表现了突出的政治化倾向。与之相适应的是山川神灵的自然属性弱化，社会属性增强[②]。

古人祭祀有很严格的等级制度。天子祭天下名山大川，五岳祭以三公之礼，四渎祭以诸侯之礼。诸侯只能祭其邦域内的名山大川。大夫祭门、户、井、灶、室中之神，士庶人等祭祖先而已。《礼记·祭法》说："功施于民则祀之，以死勤事则祀之，以劳定国则祀之，能御大灾则祀之。"又说："日月星辰，民所以瞻仰也；山林川谷丘陵，民所以取材用也。非此族也，不在祀典。"这里规定了祭祀的对象和说明祭祀的目的。"礼有五经，莫重于祭"。《礼记·王制》曰："山川神祇有不举者，为不敬。"祭祀是先民社会生活中的一件大事。

汉代的山岳崇拜继承于先秦。刻于桓帝延熹八年（165）的《西岳华山庙碑》中有很好的概括：

《春秋传》曰："山岳则配天。"乾坤定位，山泽通气，云行雨施，既成万物。《易》之义也。《祀典》曰："日月星辰，所昭印也。地理山种，所生殖也。功加于民，祀以报之。"《礼记》曰："天子祭天地及山种，岁遍焉。"自三五迭兴，其奉山川，或在天

---

① 沈刚：《东汉碑刻所见地方官员的祠祀活动》，《社会科学战线》2012 年第 7 期。
② 张怀通：《先秦时期的山川崇拜》，《河北师院学报》（社会科学版）1997 年第 2 期。

子，或在诸侯。……高祖初兴，改秦淫祀，大宗承循，各诏有司，其山川在诸侯者，以时祠之。①

汉代帝王从维护其统治地位出发，大力提倡崇拜祭祀山川神灵。汉王二年（前205）刘邦下"重祠诏"："吾甚重祠而敬祭。今上帝之祭，及山川诸神当祠者，各以其时礼祠之如故。"② 随着儒家思想占据统治地位，对国家祭祀活动的影响与渗透逐步加深，对山岳的祭祀就越来越为国家统治者所重视。建元元年（前140）五月，汉武帝诏曰："河海润千里，其令祠官修山川之祠，为岁事，曲加礼。"此诏将国家对山岳与河流的祭祀纳入祭礼，使其成为国家祭祀活动的一部分。

《封龙山碑》中提到"亡新之际，去其典祀"，"亡新"指王莽建立的新朝，因其改制激化社会矛盾，天下大乱，有些正常的祭祀活动被迫停止。

东汉时期，祭祀山岳仍然是国家祭礼的重要内容，并且规定更为明确。建武之元，事举其中，礼从其省，永平十八年（75）四月，明帝下祷雨诏："自春以来，时雨不降，宿麦伤旱，秋种未下。……二千石分祷五岳四渎。郡界有名山大川能兴云致雨者，长吏洁斋祷请，冀蒙嘉澍。"③ 诏书将国家祭祀的山岳分作两类：一是五岳名山；二是郡国辖区内的名山。建初五年（80）二月，章帝下"祷雨诏"："令二千石理冤狱，录轻系，祷五岳四渎，及名山能兴云致雨者，冀蒙不崇朝遍雨天下之报。务加肃敬焉。"元和二年（85）二月，章帝下"增修群祀诏"："今恐山川百神应典礼者尚未咸秩，其议增修群祀宜享祀者，以祈丰年，以致嘉福，以蕃兆民。"④ 阳嘉元年（132）二月庚申，顺帝"敕郡国二千石各祷名山岳渎，遣大夫、谒者诣嵩高、首阳山，并祠河、洛，请雨。"甲戌，诏命"侍中王辅等，持节分诣岱山、东海、荥阳、河、洛，尽心祈焉"⑤。正所谓"分祷祈请，靡神不禜。靡神不举。"

元氏汉碑中祭祀山神的文字正是东汉帝诏的反映。碑文中反映的饥

---

① （宋）洪适：《隶释》卷二《西岳华山庙碑》，第25页。
② 《汉书》卷二五上《郊祀志上》，第1210页。
③ 《后汉书》卷二《明帝纪》，第123页。
④ 《后汉书》卷三《章帝纪》，第139、149页。
⑤ 《后汉书》卷六《顺帝纪》，第253页。

荒、战乱、疾病、旱灾、"沉气""灾煇",都是为害人民的祸害和灾殃。碑文中说"为民求富,除殃则祀","每国县水旱及民疾病,祷祀辄应时有报"。其他汉碑中也多有类似的词语。蔡邕作《伯夷叔齐碑》曰:"熹平五年,天下大旱,祷请名山,求获答应。……天子开三府请雨使者,与郡县户曹掾吏登山升祠。手书要曰:'君况我圣主以洪泽之福。'天寻兴云,即降甘雨。"①《西岳佛山庙碑》:"其有风旱,祷请祈求,靡不报应。"②"有报"还是无报,难以考证是可以想见的,"兴云致雨"肯定与神灵的作用无关,但反映了汉代民众强烈的生存意识和对美好生活的渴望与追求。东汉初年,佛教刚刚传入中国,道教形成于东汉后期。原始宗教中的山岳崇拜在东汉时代依然盛行,长期统治人们的思想意识。人们相信山川之神有超乎寻常的神力,能降雨弥灾。所以对山神恭敬有加,"荐牲纳礼""令德不忘",还要"纪功刻勒",垂之后世。

元氏汉碑都是为祭祀山神所立,故称为神碑。碑文在讲述天旱祈雨、神明佑助、普降甘霖、农业丰收和谷价低廉的过程中,张扬为民求福的旗号和招牌,以含蓄的笔法,颂扬地方官员常山国相冯巡、元氏县令王翊和其他吏员、豪强的功绩。地方官吏祠祀境内名山的活动是其职责所在,直接目的是祈盼农业丰收,如果灾害不息,地方官员是要承担责任的。"皇天感物,不为伪动,灾变应人,要在责己。"③《后汉书·独行列传·谅辅传》记载,东汉人谅辅任郡从事,遇上夏季枯旱,"太守自出祈祷山川,连日而无所降"。谅辅在庭院中曝晒求雨,发誓说:"如果到了中午还不下雨,我就自焚。"到了中午,大雨降临,"世以此称其至诚"。

东汉时期,尽管也有人质疑祈祷山川求雨的灵验,"若令雨可请降,水可禳止,则岁无隔并,太平可待"④。但是,由于生产力和抵御自然灾害的力量低下,无法科学解释灾害不息的原因,在天灾人祸面前,祈求神灵佑护观念依然非常盛行。祭祀名山求雨与雩祭结合,体现出国家

---

① 《续汉书·五行志一》刘昭注引,第3280页。
② (宋)洪适:《隶释》卷二《西岳华山庙碑》,第25页。
③ 《后汉书》卷三〇下《襄楷传》,第1085页。
④ 《后汉书》卷三〇下《郎顗传》,第1074页。

统治者渴望降雨的迫切愿望。① 东汉中央和地方政府为求雨而举行的祭祀名山活动是一种不可忽视的灾害救助方式。

汉代帝王将山岳与河流的祭祀纳入祭礼，使其成为国家祭祀活动的一部分，元氏汉碑中祭祀山神的文字正是东汉帝诏的反映。碑文记述了元氏县境内名山纳入国家祭礼和建祠祷山求雨的内容。祭祀元氏诸山神的费用主要出自郡县的地方财政，地方财政困难，可申请朝廷财政资助。碑文中的"王家"指朝廷，"王家钱"和"王家经钱"是中央财政经费，既不是常山国的经费，也不是常山王私人的费用。东汉中央和地方政府为求雨而举行的祭祀名山活动是一种不可忽视的禳灾观念。②

---

① 张鹤泉：《汉碑中所见东汉时期的山岳祭祀》，《河北学刊》，2011 年第 1 期。

② 本章内容参见以下拙著：(1)《河北农业经济探视》，《河北师院学报》1997 年第 1 期；(2)《汉代河北家庭副业试论》，《文物春秋》2003 年第 4 期；(3)《试论汉代河北地区水利灌溉的发展》，《聊城大学学报》2003 年第 5 期；(4)《两汉时期河北地区的自然灾害与救助》，《河北师范大学学报》2008 年第 5 期；(5)《从元氏汉碑看东汉的祷山求雨弥灾》，《石家庄学院学报》2014 年第 4 期。

第五章 汉代河北的手工业

西汉时期，河北农业的发展，铁器的广泛使用，促进了河北手工业生产的发展。

一 冶铁业

两汉时期冶铁手工业是有关国计民生的重要手工业部门，从生产、生活，乃至军事等各个方面都离不开铁器。

（一）冶铁业的经营管理

秦统一后，不仅政府经营手工业，也允许私人经营冶铁手工业，这种情况一直延续到西汉前期。秦代已有铁官之设，不过，当时的铁官只负责征税，并不管理铁的生产销售。汉武帝为了从盐铁商贾手中夺取手工业利益，以增加政府的收入，于元狩四年（前119）实行盐铁官营政策，在产铁的郡国设置铁官，主持冶铁手工业事务。铁官是政府机构的组成部分，统领于大司农，行政上受郡太守领导，地位相当县级，其下管理若干个作坊。据《汉书·地理志》记载，全国共设铁官49处，在重要产铁地区设铁官，负责冶铸兵器和农具，在不产铁的郡设小铁官，销毁旧器，改铸新器。在河北设铁官六处，约占全国的八分之一。太行山东麓产铁的地方不少，西汉在魏郡的武安（治今武安市），常山郡的都乡（治今井陉县西），蒲吾（治今平山县东南），涿郡（治今涿州），中山国的北平（治今满城），右北平郡的夕阳（治今滦县南）设有铁官；《续汉书·郡国志》告诉我们，东汉在河北又增加了泉州（治今天津武清县西南）一处铁官。另外，在常山郡蒲吾县下记有"有铁山"三字，《汉书·地理志》一般只记铁官，不标铁山，因此可能是"有铁官"之误，如将此处加上，即50处。^① 东汉初年只是在个别地区恢复了冶铁手工业的官营，^② 章帝建初六年（81）曾恢复冶铁手工业官营制度，但为时不久。^③ 此后，和帝时虽然"复置涿郡故安铁官"^④，但在全国范围内却再也没有恢复冶铁手工业官营制度。

（二）汉代河北冶铁遗址

冶铁作坊遗址是研究当时冶铁手工业的重要材料，汉代的冶炼遗址在河北邯郸、灵寿、兴隆寿王坟^⑤、内邱西竖、沙河綦村等地多处发现。

《史记·货殖列传》记述各地都会的物产时指出，赵和中山的人们会作巧冶，所谓冶当指铁冶而言。汉代河北的冶铁业是比较发达的，赵和中山不过是其中两处最著名的地方。赵国的铁冶还在全国驰名，与宛（治今河南南阳）、棠溪（治今河南西平）等著名产铁地同享盛名。赵在战国时期就已产生了以冶铁致富的郭纵、卓氏等大铁商。在邯郸市区古遗址战国、汉文化层中，发现三处炼铁遗址（小量铁渣地点未计在内）。遗址周围有大量铁碴、红烧土，个别地点尚有木炭与矿石凝在一起。一号遗址在汉文化层内，残存炉壁长175厘米，附近有齿轮陶范，三角器形陶范及其他陶范残片。炉址周围有大量红烧土，应是一处铸造遗址。^⑥ 汉武帝时，"赵国以冶铁为业，（赵）王数讼铁官事"^⑦，足见铁业的兴废对赵国来说是生死攸关的大事。

中山国的冶铁在战国时期就已有了基础，中山桓公徙都灵寿后，中山国的冶铁技术取得了较大的成就，这可能与灵寿附近出产铁矿石有直接关系。在灵寿城遗址内，官府手工业铸铜、铁器的作坊遗址很大，面

---

① 曾延伟在《两汉社会经济史初探》中采此说，中国社会科学出版社1989年版，第146页。

② 《后汉书》卷七六《卫飒传》："又耒阳县［出］铁石，佗郡民庶常依因聚会，私为冶铸，遂招来亡命，多致奸盗。飒乃上起铁官，罢斥私铸，岁所增入五百余万。"

③ 《后汉书·和帝纪》记载，汉章帝章和二年临死前下诏废除冶铁手工业官营制度。先帝"复收盐铁，欲以防备不虞……遗戒郡国罢盐铁之禁，纵民煮铸，入税县官如故事"。第167页。

④ 《后汉书》卷四《和帝纪》李贤注引《续汉书》曰："其郡县有盐官、铁官者，随事广狭，置令、长及丞，秩次皆如县也。"第191页。

⑤ 罗平：《河北承德专区汉代矿冶遗址的调查》，《考古通讯》1957年第1期。

⑥ 邯郸市文物保管所：《河北邯郸市区古遗址调查简报》，《考古》1980年第3期。

⑦ 《史记》卷一一二《酷吏列传》，第3142页。

积达五十多万平方米。从已发掘出土的铁器中，属于农业工具的镢、铲、锄、镰等占了大多数。① 汉代中山国的冶铁继续发展，满城汉墓出土的铁农具，应该就是北平县的铁官铸造的，铁器中有数量颇多的农具铸范，也说明当地冶铸手工业的存在。满城汉墓出土的铁农具，有些是继承战国时期的器形，如铲、镢等；有些则是西汉时期新出现的农具，如二齿耙、三齿耙、大型犁铧等。

寿王坟矿冶遗址时当西汉初年，包括矿坑、选矿场、冶炼厂和居住址四部分。熔炉为圆形，冶炼出的铸锭也是圆形，重五公斤至十五公斤，上刻"东六十""东五十八""西六十""西五十三"等记号，表明当时可能是分头冶炼的。綦村冶铁遗址自汉至宋元，几百年从未间断。

在今北京城北郊的清河镇发现的汉代冶铁遗址中，出土的铁器有兵器，如剑、戟、钺等，有农具和手工工具，如锄、镢、铲、耧角、锛、凿、环刀等。此外，还有铁鼎、镜、车具、马饰等其他器具，种类繁多，说明当时冶铁业已相当发达。1975 年在丰台区大葆台发掘的汉墓中，也有不少铁器出土。其中有铁斧、铁箭铤、铁笄、铁扒钉、铁环首等工具。其中有一件铁斧，一面铸有"渔"字。可能是当时的渔阳铁官铸造的。

（三）冶铁技术的进步

由于铁制工具锋利且价格便宜，两汉时期冶铁业发展很快，冶铁技术有很大进步，为铁制工具的生产开辟了广阔的前景。

西汉的冶炼技术已由春秋末年出现的块炼钢发展到早期的百炼钢②。西汉中后期，又出现了用炒炼法炼钢的技术③。块炼钢和百炼钢所用的原料都是块炼铁。④ 满城汉墓铁器金相分析结果表明：有 6 件镢是用铸

---

① 陈应祺、李恩佳：《初论战国中山国农业发展状况》，《农业考古》1996 年第 2 期。
② 百炼钢就是块炼钢在制作过程中增加锻打的次数，使杂质减少，强度提高。
③ 炒炼法是把生铁加热至液体或半液体状态，然后加入矿石粉不断搅拌，以降低生铁的含碳量，使之接近钢。用这种工艺炼出的钢叫炒钢。这种炼钢法可以减少钢的杂质，简化工序，并进一步提高钢的质量。
④ 块炼铁就是把含铁量较高的铁矿石，用木炭熔炼出铁。由于木炭燃烧形成高温，生成一氧化碳气体，使铁矿中的氧化铁还原成金属铁。这种铁呈海绵状，含碳量较低，杂质很多，要经过反复锻打才能得到较纯的铁块。

铁脱碳成钢工艺生产的钢镞。铸铁脱碳成钢工艺是在铸铁退火过程中，以碳的氧化为主，不析出石墨而形成的钢铁复合件和钢件①。满城1号汉墓出土铁锭，经检验是含低硅、中磷、低硫元素的灰口优质铁；该墓还出土了一副铁甲和佩剑，铁甲使用2800多片细小铁片编成，极为精致。佩剑使用"百炼钢"工艺，这种工艺是在战国晚期"块炼渗碳钢"的基础上，经加热反复，挤出夹杂物而成。北京大葆台西汉墓葬出土具有钢的金属组织的铸铁件，它残存着少量细石墨，经过了脱碳热处理，熔铸时经过液态，杂质很少。铁农具的铸造质量也是相当高的，无论在种类或质量上都较前有所发展和提高。在铁镢中，有的经过可锻化热处理的可锻铸铁，具有较好的韧性；有的是白口铁和灰口铁混合组织，即麻口铁铸件；有的则是亚共晶白口铁铸件。铁铲也是可锻铸铁，韧性较好。铁犁铧的显微组织和锄内范相似，也是灰口铁铸件。② 灰口铁在冶炼过程中需要较高的温度和较低的冷却速度，它具有硬度比白口铁低、脆性较小、耐磨和润滑性能良好等特点。由此可见，汉代河北的冶铁手工业在战国的基础上有所发展和提高，特别是灰口铁的出现标志着冶铁工艺的新发展。

另外，在西汉的炼铁遗址中，我们所见到的燃料，除木材外，还发现有原煤和煤饼，说明煤已在冶铁作坊使用，但尚不普遍。东汉时冶铁技术进一步提高。南阳太守杜诗发明了用水力鼓风的水排，"用力少，见功多，百姓便之"。③

近年来出土西汉铁器的地点有60多处，东汉就达100余处，表明东汉时铁器的使用更为普遍。铁器在河北也有大量出土。磁县的讲武城始建于战国，延至汉代，出土了不少实用的铁器，如刀、剑、斧、镢、耙、铧、锄、权、钩、衔、锛、铲、鼎等。武安县午汲古城，磁县下潘汪、唐县灌城、保定市壁阳城、易县东古城，这几处城址也出土了大批铁器，其中铁齿轮的发现，证明当时在某些工具上已经使用了简单的机

① 中国社会科学院考古研究所实验室：《满城汉墓出土铁镞的金相鉴定》，《考古》1981年第1期。

② 中国社会科学院考古研究所、河北省文物管理处：《满城汉墓发掘报告》，文物出版社1980年版，第279—283页。

③ 《后汉书》卷三一《杜诗传》，第1094页。

械原理，为汉代生产力发展情况提供了可贵的研究资料。①

二　铜器铸造与金银玉器制作

（一）铜器铸造的经营管理

铜器在汉代人们的生活中占有比较重要的地位。宋治民认为：铜器铸造手工业的经营方式可分为三种：官府经营、私人经营和官府监制私人手工业作坊承制。官府经营的铜器铸造手工业，可分为汉王朝中央经营的手工业部门和地方各级政府（包括王国和侯国）经营的手工业部门。② 这几种铜器铸造形式在满城汉墓出土铜器的铭文中均有反映。1968 年在河北满城陵山发掘的中山王刘胜和王后窦绾墓，共出土铜器600 余件，其中30 件刻有铭文，有 6 件是私人作坊的产品，锅、钫、盆各 2 件。

1. 满城汉墓中属于汉王朝中央手工业部门生产的铜器

属于钟官铸造的铜灯，在满城汉墓中共发现四件，第一件铭文："枌林明堂铜锭，重三斤八两，高八寸，卅四年，钟官造，第二"。第二、三件除编号外，其他铭文均相同。第四件铭文："枌林明堂铜锭，重三斤，高八寸，卅九年，钟官造。"③据《汉书·百官公卿表》，钟官属水衡都尉。这四件铜灯都标明是钟官所造，是中央所属手工业部门的产品。铜灯上的纪年为卅四年、卅九年，与同墓出土的其他铜器纪年有相同者。中山靖王刘胜在位 42 年（前 154—前 113），卅四年、卅九年应为刘胜的纪年。这些铜灯可能由于某种原因，经过特许，由中央的手工业部门钟官为中山王国所铸造。④

2. 郡国手工业部门生产的铜器

汉王朝在一些条件较好的地区设铜官，专为统治集团服务，其行政管理则归郡国负责。汉代郡国也设有手工业部门，虽然文献中缺乏记

①　河北省博物馆、文物管理处编：《河北省出土文物选集》，文物出版社 1980 年版，第117 页。

②　宋治民：《汉代手工业》，巴蜀书社 1992 年版，第 35 页。

③　中国社会科学院考古研究所、河北省文物管理处：《满城汉墓发掘报告》，文物出版社1980 年版，第 74 页。

④　宋治民：《汉代手工业》，巴蜀书社 1992 年版，第 36 页。

载，但据 1949 年以来在河北及其相邻地区出土的铜器，可知一些铜器是属于郡的手工业部门所铸造。① 也有不同的意见，自景帝平定七国之乱后，严禁诸侯王和中央及地方官吏交通。② 工官或地方官府手工业不可能为中山王铸器，而从私人作坊订购铜器是很有可能的。

1961 年在山西省太原市东南郊之东太堡一座墓葬中出土了一批铜器。三号钟铭文为："清河太后中府钟，容五斗，重十七斤，第六。"铭文中的"清河"，指清河国，武帝时徙代王义于清河。"中府"是诸侯王、王太后藏财物之府③，三号钟为清河国太后中府之器，当为清河国手工业部门所铸。④

满城汉墓中出土铜器中有一些铜钟、铜镶、铜灯是中山国的手工业部门铸造。如一件铜钟的铭文为："中山内府钟一，容十斗，重（缺文），卅六年，工充国造。"一件铜镶的铭文为："中山内府铜镶，容十斗，重卅一斤，卅九年九月已酉，工丙造。"⑤

满城汉墓中还出土了一件赵国制造的铜器甒，由一件铜甗和一件铜盆组成一套，铜甗为上甑下釜。甑腹部的铭文："御铜金雍甒甑一具，盆备，卅七年十月，赵献。"釜肩部铭文："御铜金雍甒一，容十斗，盆备，卅七年十月，赵献。"盆上的铭文："御铜金雍甒盆，容十斗，卅七年十月，赵献。"⑥ 铭文中"御"指为中山王所用之物，"铜金"指铜器鎏金，"雍"可能是宫观名，许多汉代铜器在铭文中标明铜器使用的地点或机构名称。"赵献"，意为赵国赠予之器。满城汉墓出土铜器的铭文大都注明了铜器的来源，共有四种：有本国制造，有中央所属部门制造，有本国属县制造，有购买的。"赵献"，是说此甒的来源为赵国所赠。据《汉书·景十三王传》，景帝"贾夫人生赵敬肃王彭祖、中

① 宋治民：《汉代手工业》，巴蜀书社 1992 年版，第 38 页。

② 《汉书》卷一四《诸侯王表》："景遭七国之难，抑损诸侯，减黜其官。武有衡山、淮南之谋，作左官之律，设附益之法，诸侯惟得衣食税租，不与政事。"

③ 《汉书》卷三七《栾布传》："鲁王闻之，大惭，发中府钱，使相偿之。"颜师古注曰："中府，王之财物藏也。"

④ 宋治民：《汉代手工业》，巴蜀书社 1992 年版，第 39—40 页。

⑤ 中国社会科学院考古研究所、河北省文物管理处：《满城汉墓发掘报告》，文物出版社 1980 年版，第 48、56 页。

⑥ 中国社会科学院考古研究所、河北省文物管理处：《满城汉墓发掘报告》，文物出版社 1980 年版，第 52 页。

山靖王胜"。彭祖为兄，胜为弟，关系密切。刘彭祖死于征和元年（前92），这套铜甋乃刘胜三十七年（前118）赵王刘彭祖所赠。则此器必为赵国手工业部门生产。①

满城汉墓出土的铜器中有一些是县里的手工作坊铸造的。如一件铜灯的铭文为："中山宦者常浴铜锭，重三斤十二两。三十二年，第二十五，卢奴造。"另一件铜盆的铭文为："常浴，受卢奴。容十五斗五升，重十九斤十二两。"②《汉书·地理志》中山国下辖14县，都卢奴。这两件铜器当是卢奴县供奉中山王府之物。

3. 私人作坊生产的铜器

考古材料证明，汉代铜器的生产除了官府手工业以外，私人经营的手工业也有一定规模。满城汉墓出土的铜器有一些是购自河东和洛阳私人作坊的产品。它们的铭文格式、内容相同，只是购买人的名字和购买地点不同。

两件铜钫和两件铜盆是由中山国中郎柳买自洛阳。均有铭文，内容大致相同。（1）"中山内府铜钫一，容四斗，重十五斤八两，第一，卅四年，中郎柳市雒阳。"（2）"中山内府铜钫一，容四斗，重十五斤十两，第十一，卅四年，中郎柳市雒阳。"（3）"中山内府铜盆，容三斗，重七斤四两，第二，卅四年，中郎柳买雒阳"。（4）"中山内府铜盆，容二斗，重六斤六两，第六，卅四年，中郎柳买雒阳。"③

有三件铜鋗由郎中定买自河东。例如，1件铜鋗铭文为："中山内府铜鋗一，容三斗，重七斤五两，第卅五，卅四年四月，郎中定市河东，贾八百卅。"1965年5月，在行唐县北高里西汉墓葬中发现了钟、钫、鋗、豆、熏炉等一批青铜器。④ 其中一件铜鋗的口沿外侧刻有铭文："中山内府铜鋗一，容二斗，重六斤十两。第八十三。卅四年四月，郎中定市河东。"⑤ 鋗体重1700克，同满城陵山窦绾墓所出铜鋗形制相

---

① 宋治民：《汉代手工业》，巴蜀书社1992年版，第40页。
② 中国社会科学院考古研究所、河北省文物管理处：《满城汉墓发掘报告》，文物出版社1980年版，第74、58页。二号墓也出土铜鋗2件，器形相同，铭文相同，铭文作"铜鋗"，而此二鋗则命名为"铜盆"。《说文·金部》："鋗，小盆也。"可见，在汉代，鋗也可称作盆。
③ 中国社会科学院考古研究所、河北省文物管理处：《满城汉墓发掘报告》，文物出版社1980年版，第49、57页。
④ 郑绍宗：《河北行唐发现两件汉代容器》，《文物》1976年第12期。
⑤ 周筠、陈静：《满城汉墓出土铜器铭文研究》，《文物春秋》2010年第3期。

同，应是西汉中山靖王三十四年（前 121）同时购于河东郡的中山官器。上述七件铜器都是从外地买来的，"它们都是私人作坊的产品"。

（二）铜器冶炼和金银玉器制作

1. 铜的生产和供应

在兴隆县发现的一处西汉初年铜矿冶遗址，包括矿坑、选矿场、冶炼厂和居住地四部分。矿井深达 100 多米，中部是宽敞的开采矿场。矿井附近发现各种采矿用的工具。熔炉是圆形的，冶炼出来的成品是圆形铸锭，每个重 5—15 公斤，上刻"东六十""东五十八""西六十""西五十三"等记号，表明当时这里设有东西两个炼铜场所，分头进行冶炼。①

1953 年，在河北承德调查了一处西汉时的铜矿和炼铜遗址，② 发现了采矿的矿井、选矿场和冶炼工场等。矿井深达 100 多米，有宽广的采矿场。矿场附近发现的铁锤和铁钎，就是当时的采矿工具。采矿场四周有坑道，矿石从坑道里运出来以后，就在井口附近挑选。从遗留的炉砖形状来看，炼炉是圆形的。冶炼出来的成品是圆饼状的铜铸锭，每锭重 5 千克至 15 千克不等。铜铸锭上分别刻有"东六十""东五八""西六十""西五三"等铭文。数字是它们的编号，"东"和"西"大概是代表冶炼区。有的铸锭还刻有"二年"字样，表明它们的制作年代可能在汉武帝建立年号之前。上述材料说明当时铜的冶炼就在铜矿附近，就地冶炼出铜材，将铜材运往铸铜作坊所在地。

2. 精美铜器

两汉时代，青铜铸像亦有辉煌的创作，在设计和工艺方面均超过先秦时代。河北满城刘胜墓出土的踞坐说唱铜胡俑，以表情幽默、神态生动而见称。东汉的河北大型青铜雕塑，有徐水防陵村出土的一对大铜马，高 116 厘米。③

从战国晚期开始，封建贵族把灯具视为重要的案头实用雕塑品，造

① 河北省博物馆、文物管理处编：《河北省出土文物选集》，文物出版社 1980 年版，第 53 页。

② 罗平：《河北承德专区汉代矿冶遗址的调查》，《考古》1957 年第 1 期。

③ 罗清海：《河北省徐水县防陵村二号汉墓》，《文物》1984 年第 4 期。

型日趋考究华丽。满城窦绾墓出土的鎏金"长信宫灯"，为一宫女跽坐形状，宫女左手持灯盘，右臂上举，袖口下垂成灯罩，宫女体腔是空的可以储烟炱，以保持室内清洁。灯盘可以转动以调节照射方向和角度。灯上刻"长信尚浴""阳信家"等铭文。这件铜灯设计科学，造型优美，有实用价值，也是工艺品。人物性格鲜明，堪称工艺雕塑的典范①。满城汉墓中的铜器精品还有很多。如"楚大官糟钟"，通体镀金银，光彩夺目，主要的花纹是四条金龙，上下蟠绕，其间配置一些云朵，表示龙在云中②。又如"长乐飤官钟"，器身由镀金银的平原的横带和交叉的斜带许多菱形和三角形的安全可靠，其中满嵌碧琉璃，在镀金的斜带上又点缀着许多半球状的银珠，彩色缤纷，绮丽异常。又有"鸟篆文壶"一对，从壶盖到壶身，全部用金丝和银丝镶嵌出许多图案化的美术字，这种美术字是在篆体文字上装饰着象征性的鸟，有时也有虫的形象，所以称为"鸟篆文"或"鸟虫书"，它们不仅是壶上的花纹，而且构成了一篇奇妙的文章③。还有一件"错金博山炉"，炉身和炉盖的形状铸成层层起伏的山峦，其间有树木、山峰的细部，制作得极其精致。此外，还有当户灯、铜羊灯、铜雀灯、鼎开铜熏炉、中山内府钟、铜钫、铜镂、铜链子壶、料耳杯、铜戈、铜剑、铜镜等大批的精美文物，工艺水平很高，都是过去不多见的。总之，上述刘胜夫妇墓中的铜器，可以说是集中了汉代青铜器工艺的精华，显示了我国古代劳动人民的高度智慧。

从满城汉墓中的珍贵遗品看来，西汉的青铜工艺可以说是在战国的基础上又向前发展了一大步，不仅器物的造型越来越适应现实生活的需要，而且在装饰方面也显得更加丰富多彩。

刘胜夫妇墓中的这些青铜器，是当时宫廷、王府的专用品。④ 例如，"楚大官糟钟"原是楚元王刘交家里的器物，景帝前元三年（前154）

① 图版参见河北省博物馆、文物管理处编《河北省出土文物选集》，文物出版社1980年版，第118页"长信宫灯"。
② 本段下文所述文物图版，见中国科学院考古研究所满城发掘队《满城汉墓发掘纪要》，《考古》1972年第1期。
③ 肖蕴：《满城汉墓出土的错金银鸟虫书铜壶》，《考古》1972年第5期。张振林等《关于满城汉墓铜壶鸟篆文释文的讨论》（三篇），《考古》1979年第4期。张政烺《满城汉墓出土错金银鸟虫书铜壶（甲）释文》，《中华文史论丛》，1979年第3辑，第1—6页。
④ 王仲殊：《汉代考古学概说》，中华书局1984年版，第55页。

刘交的孙子参与"七国之乱"败死，此器乃被朝廷抄没，以后转赐刘胜。又如"长信宫灯"，原是信阳侯刘揭家里的器具，景帝前元六年（前151），他的儿子有罪，被削除封爵，撤销封地，此灯亦被朝廷没收，归长信宫中使用，以后可能是由居住在长信宫中的窦太后将它赠送给她的亲族女窦绾的。① 两件"鸟篆文壶"，虽然没有有关它们的制作者和所有者的铭文，但鸟篆文是春秋战国以来流行于南方的美术字，所以它们也很可能本是吴王或楚王府中的藏品，"七国之乱"以后被朝廷没收而转赐刘胜的。至于"长乐食官钟"，则本是长乐宫中的御用器物，应该也是由居住在长乐宫中的皇太后赐给刘胜的。以上都说明满城汉墓出土那些青铜器，即使在当时的宫廷、王府之中，也是不可多得的珍品，所以制作得特别精美。另外，可能是由于这些青铜器多系文帝时或文帝以前所制，年代较早，所以在装饰方面保留着战国以来的工艺技术，而且还有所发展。"长乐食官钟"的形制、花纹和装饰，与1928年在洛阳金村的战国墓中发现的铜壶极相似，便是最明显的例证。②

1965年发掘的定县三盘山的三座大墓，122号墓出土了两件"中山内府"铜钟，三墓共出土殉葬车9辆、马35匹，并有大量车马模型。122号墓出土的第三号车，车饰尤为精美，其中一件错金银铜车伞铤，长26.5厘米，直径3.6厘米，器表金银错各种人物鸟兽、云山花木，间镶嵌圆形和菱形的绿松石，组成上下四段图画。画面上，仅各种鸟兽就有125个，雕镂精细，结构严谨，造型生动，色彩艳丽，显示了我国汉代工艺美术的高度水平。

大葆台出土的鎏金铜铺首、龙枕、星云纹铜镜，四螭镜、昭明镜等，工艺水平都很高。这时这里普遍流行使用一种博山式铜熏炉，整个器体镂空，烟雾袅袅，是极富有特征的珍品。

3. 铜兵器的生产

汉代铜兵器主要是弩机，是远射兵器弩的核心部分③。

1959年，定县北庄子汉墓出土了不少铜器，有鎏金器架、戟、矛、

---

① 中国科学院考古研究所满城发掘队：《满城汉墓发掘纪要》，《考古》1972年第1期。

② ［日］梅原末治：《洛阳金村古墓聚英》（增订版）第21—22页，图版十八，1944年，［日］小林出版部。

③ 插图参见宋治民《战国两汉考古》，四川大学出版社1994年版，第191页"汉代弩机及其组合示意图"。

铺首衔环、嵌金银铜卧虎、铜镜、鎏金铜雀等。① 其中一件是建武三十二年（55）制造的铜弩机。其铭文为："建武三十二年二月，虎贲官，十湅铜濡镶机，百十枚，工李岩造。部郎内彤，朱掾主，右史侍郎刘伯录。"这件铜弩机为虎贲中郎将所属作坊制造，或为虎贲中郎将监制，据《汉书·百官公卿表》和《续汉书·百官志》，虎贲中郎将率领的虎贲郎是皇帝卫队的一部分，属于军事机构，证明汉代军事机构可以生产兵器。其生产机构当然是官府手工业的组成部分。

满城汉墓的铜箭头出土时光洁如新，其表面有一层灰色保护层，② 秦陵兵马俑坑中出土的铜剑也是如此。③ 经 X 光荧光分析及电子探针检查，是用铬化物进行了处理，使铜兵器耐腐耐磨。当时的工艺过程目前尚不清楚，但现代金属镀铬技术在西方很晚才出现。

4. 铜器的地方风格

汉代河北省北部同北方匈奴、乌桓等族有密切接触，所以在文化遗物，特别是铜器上，呈现出明显的地方色彩。如尚义县发现的双耳铜鍑，张家口市的双鹿形铜饰件、十鸟首带扣、镂孔斜方格纹饰件、蹲踞虎形饰件，宣化县的双马圆形饰件，赤城县龙关的蛤蟆纹饰件，康保县的盘虎形饰件，石家庄市的鎏金牛形饰件等。这种具有浓厚游牧部族文化特色的铜器，过去一律称为"鄂尔多斯式"青铜器，显然是不合适的。它与春秋、战国时期的同类器物有所不同，大件铜器少见，小件牌饰极多；以动物形象或几何纹作为装饰，是它们的主要特征。这些遗物分布地域广，流沿时间长，在器物铸造上和某些风格上接近汉代中原地区的铜器，但不难看出它们同战国时期的所谓"鄂尔多斯式"青铜器存在着一定的联系，依其地望观察，可能是属于当时匈奴族的文物。④ 上述双鹿形铜饰件，同内蒙古自治区乌兰察布明察右后旗二兰虎沟匈奴墓所出双鹿纹铜饰件极为相似。⑤ 搞清这一类型文化的内涵、分布规律

---

① 河北省文化局文物工作队：《河北定县北庄发掘报告》，《考古学报》1986 年第 2 期。

② 中国社会科学院考古研究所、河北省文物管理处：《满城汉墓发掘报告》，文物出版社 1980 年版。

③ 《秦俑馆开馆三年论文集》1982 年第 10 期。

④ 河北省博物馆、文物管理处编：《河北省出土文物选集》，文物出版社 1980 年版，第 54 页。

⑤ 内蒙古自治区文物工作队：《内蒙古出土文物选集》，文物出版社 1963 年版。

和发展特征，有助于深入探索汉民族同北方诸族之间的关系。

5. 金银玉器制作

汉代金银玉器等的制作工艺也有很大发展。在满城县城西陵山发掘的西汉中山靖王刘胜及其妻子窦绾的两座大墓，出土器物有铜、金、银、玉、石、陶、漆器，丝织品，车马具等两千八百多件。其中两套完整的"金缕玉衣"，是过去从未发现过的。玉衣是由玉石片琢成长方形和其他多种形状的小薄片，四角穿孔，并用金丝缀联而成。① 医用金针、错金银鸟篆钟、错金博山炉、各种鎏金铜几饰的制作工艺都很精美。1959 年，在定县北庄子汉墓出土的玉器有各式玉璧、玉石枕和玉猪、蝉、耳鼻塞、带钩等，还有 5169 件玉石片，穿孔内残存鎏金铜丝，证实为铜镂玉衣的残片，分属于两个个体，其中一件已经复原。1973 年夏，在定县八角郎村发掘的第 40 号西汉墓，出土一件完整的金镂玉衣，长 1.82 米，用玉片计 1203 片、金丝 2580 克。②

三　纺织业

（一）丝织业

汉代政府对植桑养蚕十分重视，两汉帝王多次下诏督劝农桑，促进了丝织业的发展。《汉书·文帝纪》十三年二月诏："朕亲率天下农耕以供粢盛，皇后亲桑以奉祭服。"同书《景帝纪》后三年诏："其令郡国务劝农桑，益种树可得衣食物。"《昭帝纪》元平元年诏："天下以农桑为本。"《后汉书·明帝纪》永平三年诏："其勉顺时气，劝督农桑。"同书《章帝纪》建初元年诏："二千石勉劝农桑，弘致劳来。"

汉代纺织品的原料主要是丝和麻，种植桑麻和养蚕缫丝是发展纺织业的重要基础。

河北是我国纺织业较发达的地区之一。植桑养蚕历史悠久，1972 年在河北藁城台西村商代前期遗址中出土的觚、爵、戈等器物上，发现

---

① 图版见河北省博物馆、文物管理处编：《河北省出土文物选集》，文物出版社 1980 年版，第 130—136 页。

② 图版见河北省博物馆、文物管理处编：《河北省出土文物选集》，文物出版社 1980 年版，第 142 页。

有附着的丝织品痕迹，据观测为蚕丝纤维，并且大体上可辨认出有五种不同的规格。① 在《诗经》所列全部木本和草本植物中，以出现篇数论，桑居第一位。著名的《桑中》诗说："期我乎桑中，要我乎上宫，送我乎淇之上矣。"桑中为地名，应以其地多桑林而得名。西汉常山郡有桑中县（治今灵寿），也应是此类。汉代河北气候温暖湿润，适宜植桑养蚕。《史记·货殖列传》称道，"燕、代田畜而事蚕"。荀子为赵人，曾写有一篇《蚕赋》，说蚕"食桑而吐丝，嘉湿而恶雨，功被天下，为万世文"。西汉初年，清河一带就有人从事采桑养蚕。如汉景帝的舅舅清河人窦广国，幼时家贫，"尝与其姊采桑"②。上述史料说明，汉初不仅在河北平原南部的赵有桑蚕，而且在北部的燕和西北部的代也都以桑蚕著名。东汉末年战乱时，袁绍在河北乏粮，曾利用桑葚补充军队的给养。③《三国志·杜畿传》说冀州是"户口最多，田多垦辟，又有桑枣之饶，国家征求之府"。

古代文献中所提到的北方桑树，都是高大的乔木型。汉代有一首著名的乐府民歌《陌上桑》，说：

> 秦氏有好女，自名为罗敷。罗敷善蚕桑，采桑城南隅。使君从南来，五马立踟蹰。使君谢罗敷，宁可共载不？罗敷前致辞，使君一何愚！使君自有妇，罗敷自有夫。

据五代人马缟《中华古今注》记载，乐府民歌《陌上桑》正是创源于河北的邯郸。

> 《陌上桑》出秦氏女子，秦氏邯郸人，有女名罗敷，为邑人千乘王仁妻，王仁为赵王家令。罗敷出采桑于陌上，赵王登台见而悦之，因引酒欲夺之，罗敷行弹筝乃作《陌上桑》歌以自明焉。

---

① 河北省博物馆、文物管理处：《河北藁城台西村商代遗址》，《考古》1973 年第 5 期。
② 《史记》卷四九《外戚世家》，第 1973 页。
③ 《三国志》卷一《魏志·武帝纪》注引《魏书》。《太平御览》卷三五引《英雄记》亦云："幽州岁岁不登，人相食，有蝗旱之灾，民人始知采稆，以枣椹为粮。"

汉代画像石和画在砖上的采桑图，一种桑高与采桑人等，另一种桑比采桑人高得多，这和我国铜器上的采桑图一样，可能前者代表"地桑"，① 后者代表"树桑"。

西汉后期的著作《氾胜之书》具体记述了种桑的方法，"每亩，以黍椹子各三升合种之"②。北魏的《齐民要术》也说用黍或豆与桑合种，可收"益桑"之效；桑生长后，"锄之"，"桑令稀疏调适"，"桑生，正与黍高平，因以利镰摩地刈之"，这样桑树次年便不会长得太高，不仅易于采摘，而且枝嫩叶润，宜于饲蚕。

《氾胜之书》还注意到蚕粪的使用和以煮茧缲丝的污水来调粪溲种。③ 当时使用蚕粪的地方是很多的，甚至十亩之瓠就要用二百石。④如果不是当时种桑养蚕的普遍，不可能积下这样多的蚕粪。

东汉冀州安平（治今河北安平）人崔寔所著《四民月令》对蚕桑的记载比较详细。从中可知，当时每年只养一季春蚕。到了养蚕季节，全家妇女，甚至连儿童也加入养蚕的行列，一家全力养蚕，不做其他杂事，充分表明对于蚕事的重视。收茧后，自己缲丝、织缣缚、染色。茧和丝不在收购之列，而丝绵和丝织品则是市场上的商品。⑤ 这说明茧和丝一般留着自己加工，织成缣缚后出卖，反映出织绸作为家庭手工业的普遍性。

蚕室布置和养蚕规模在《四民月令》中亦有记载：养蚕之前，先整治蚕室，涂封墙壁和地上的隙穴，这样既可以防止漏风和有害动物进入，又便于掌握蚕室温度。室中扎起蚕架，架上放蚕箔养蚕，可见一家养蚕的规模并不小，所以要全家妇女甚至儿童都参与其事。《四民月

---

① "地桑"次年即可饲蚕，不像"树桑"（荆桑）要连年剪枝条，至少要第三年才可采用。

② （北魏）贾思勰：《齐民要术今释》卷五《种桑柘第四十五》条引，中华书局2009年版，第406页。

③ （北魏）贾思勰：《齐民要术今释》卷二《种瓠第十五》，第201页。

④ （北魏）贾思勰：《齐民要术今释》卷一《种谷第三》条引，第41页。

⑤ 《四民月令》：三月，"清明节，令蚕妾治蚕室，涂隙穴，具槌、栉、箔、笼。……谷雨中蚕毕生，乃同妇子，以勤其事，无或务他，以乱本业；有不顺命，罚之无疑"。四月，"蚕大食……蚕入簇……茧既入簇，趣缲剖绵。具机杼，敬经络……收弊絮"。五月，"收弊絮及布帛"。六月，"命女红织缣缚……可烧灰，染青绀诸杂色……收缣缚"。七月，"收缣练"。八月，"凉风戒寒，趣练缣帛，染采色（注：柘，染色黄赤，人君所服）；擘绵、治絮，制新浣故"。十月，"卖缣帛、弊絮"。

令》中提及的养蚕工具槌、持、簿、笼等已见于《诗经》《左传》和《仪礼》，当是在汉以前已有的。[①] 这种用蚕架、蚕箔的养蚕方法，分布也很广，黄河、长江流域各地都采用这一套布置。[②] 汉代人已经发现温度与蚕的生长发育快慢有密切关系，开始采用人工加温饲蚕，这是我国养蚕技术的一大成就。

汉代丝绸产量很大，如元封四年（前107），政府要求从民间"输帛五百万匹"[③]。《汉书·张汤传附子安世传》载，张安世"尊为公侯，食邑万户，然身衣弋绨，夫人自纺绩"，连大臣的夫人尚"自纺绩"，可见民间丝织业是极昌盛的。

两汉时期丝织业生产主要集中在黄河流域的临淄、襄邑、长安、洛阳。西汉中叶钜鹿的缣曾为人们提及，昭帝时，大臣霍光赠送给淳于衍"蒲桃锦二十四匹，散花绫二十五匹。绫出（钜鹿人）陈宝光家，宝光妻传其法。霍显召入其第，使作之"。这一记载见于《西京杂记》，虽然《西京杂记》为委托之书，但钜鹿缣的质量优良，却并非《西京杂记》的作者所能虚构的。因为东汉初年的朝廷已经用它作为犒赏边庭立功将士的物品。马援奉命北征至右北平有功，光武帝刘秀下诏"赐援钜鹿缣三百匹"。[④] 不过，这里并没有设置服官，看来还比不上临淄、襄邑。

尽管如此，太行山东河北平原地区蚕桑事业日益发展，至东汉末年已经相当可观。曹魏时何晏著《九州论》，就称道清河（治今清阳）的缣总、房子（治今高邑）的好绵。西晋人左思撰《魏都赋》，也特别指出魏都邺周围著名的丝织品产地是：锦绣襄邑、罗绮朝歌、绵纩房子、缣总清河。[⑤] 缣是河北平原较为普遍的产品，钜鹿、清河以北的赵郡（治今高邑）、中山（治今定州）和常山（治今正定）等处的缣都曾为

---

① 槌是蚕架的直柱，持是横档，簿是蚕箔，笼是桑叶筐。《吕氏春秋·季春纪》已说："具栚曲篷筐"，栚是蚕架的横档，曲是蚕箔，篷是圆底的受桑器，筐是方底的受桑器；可见这种蚕室、蚕架、蚕箔等一套布置，至少在战国时代就已经如此。

② 《方言》卷五说："槌，宋魏陈楚江淮之间谓之植，自关而西谓之槌，齐谓之样。其横，关西曰欀，宋魏陈楚江淮之间谓之栿，齐谓之持。所以县栿，关西谓之缘，东齐海岱之间谓之缲，宋魏陈楚江淮之间谓之缳，或谓之环。"又说："薄，宋魏陈楚江淮之间谓之苗，或谓之麹，自关而西谓之薄。"

③ 《史记》卷三〇《平准书》，第1441页。

④ 《太平御览》卷八一八引《东观汉记》："马援行塞障，到右北平，诏书赐援钜鹿缣三百匹。"

⑤ 刘渊林注左思《魏都赋》云："引中都赋朝歌绮罗，又房子出御绵，清河出缣总。清河一名甘陵。"

人们称道。这一地区大概是当时丝织业集中的地区，距邯郸、濮阳都不太远，销售也很便利。不仅平原的南部如此，就是北部的燕国也以蚕事出名，[①] 其地有丝织业也是确定无疑的。东汉末年，割据幽州的公孙瓒的部下李移子就是以"贩缯"出名的商人。[②]

河北地区最普遍的产品应该是绢。东汉末年，曹操初定河北，征收户调，就规定每户出绢二匹，绵二斤。[③] 可见当时家家户户都能织绢。有的人家也可以不输绢，改用其他丝织品来代替。就是改输其他丝织品，也是以绢作为标准。户调制征绢的做法，为后来不少朝代所沿用，和河北普遍产绢有着密切的关系。

汉代丝织品种类主要有绢、畦纹绢、罗纱、绮、罗绮、锦、起毛锦等。这些丝织品的实物，在河北各地的汉代墓葬中也有不少发现。例如，阳原三汾沟汉墓群就曾出土多件丝织品实物，各件丝织品"呈黄、褐、墨绿和黑色，种类有绢、锦、罗、纱绮、漆纱等"[④]。河北出土的丝织品图案花样非常精美，从西域传入的蒲桃（葡萄）就被河北人民用作锦绣中的最新图案。河北怀安汉代五鹿充墓出土的刺绣，保留有一块采用索绣针法的人物残片[⑤]。残片上有缥缈的卷云、翱翔的凤鸟、奔驰的猛兽和层叠的群山等，狩猎和供养的人物及汉代铜镜上觉的带状花纹，非常精美。

在满城汉墓一号墓出土的丝织物，"多数是平纹的绢类，少数为纹罗、彩锦、刺绣等高级织物"。玉衣衬垫物内所出残素，"外观呈淡灰绿色，略泛胶质光泽，表面平滑如纸"，"织物的结构和纤维形态都还保存得相当完好"，每平方厘米经线 200 根，纬线 90 根，是当时最致密

---

①《史记》卷一二九《货殖列传》："燕、代田畜而事蚕。"第 3270 页。

②《三国志》卷八《魏书·公孙瓒传》注："瓒统内外，……所宠遇恣者，类多庸儿，若故卜数师刘纬台、贩缯李移子、贾人乐何当等三人，与之定兄弟之誓，自号为伯，谓三人者为仲叔季，富皆巨亿。"

③《三国志·魏志》卷一《武帝纪》注引《魏书》："其收田租亩四升，户出绢二匹、绵二斤。"

④ 河北省文物研究所、张家口地区文化局：《河北阳原三汾沟汉墓群发掘报告》，《文物》1990 年第 1 期。

⑤ 马衡：《汉代五鹿充墓出土的刺绣残片》，《文物参考资料》1958 年第 9 期。按：绣在汉代很珍贵。贾谊《新书·匈奴篇》说："匈奴之来者，家长已上固必衣绣，少者必衣锦。"可证绣的价值在锦之上，因为刺绣比织锦更加费工。

的细绢；① 可能就是当时负有盛名的"冰纨"②。冰纨虽然致密，但较细薄。比它更结实的一种平纹丝织品名缣。满城一号西汉墓玉衣的左袴筒内出土一块缣片，类似现代 2/2 经重平组织的双纬织物，残存面积不到 1 平方厘米，密度为 75×30（双）根。有人认为这类双纬的平纹织物，便是过去长期找不到实物证据的所谓"并丝缯"——缣。③ 有一小块朱绢，"采用朱砂染色，外观爽利柔和，具消旋光性"。还有一种织锦，"估计是以三四重经丝织造的，需要有一套提花和起圈装置相互配合才能织造"。在二号墓出土的一块绣花绢，绢绣花纹绮丽清秀，"单位纹样似由某种植物变化而来，具有旋转运动感，外廓呈鳞版形，长约 10.5 厘米，宽约 9 厘米，按菱形格组织排列，构成面饰，呈现出富丽绚烂的装饰效果"④。这些制作精美的丝织品，是古代劳动人民智慧的结晶，反映了汉代纺织业的高超技术水平。

汉代普通织机上只能织平纹织物，具有复杂花纹的罗、绮、锦、绒等织物须由提花机织造。西汉末年，河北劳动人民在长期积累的纺织经验的基础上发明了提花机。《西京杂记》说这种织花机是钜鹿人陈宝光的妻子发明的，织花机"用一百二十蹑⑤，六十日成一匹（散花绫）⑥，

---

① 中国社会科学院考古研究所、河北省文物管理处：《满城汉墓发掘报告》（上册），文物出版社 1980 年版，第 154 页。按：长沙马王堆 1 号汉墓出土绢 22 幅，其中经密每厘米 100 根以下的占 90%，100 根以上的细绢很少。经密 100 根以上的细绢是当时比较珍贵的织物，大多用于绵、夹袍和各种巾、袱的缘部，并用来制作囊、手套等细巧物品。经密 60—100 根的粗绢，则用作衣物的衬里。

② 《汉书》卷二八下《地理志下》：齐地"织作冰纨绮绣纯丽之物"，颜师古注引臣瓒曰："冰纨，纨细密坚如冰者也。"第 1660 页。

③ 《说文·糸部》："缣，并丝缯也。"《释名·释采帛》："缣，兼也；其丝细致，数兼于绢。染兼五色，细致不漏水也。"《急就篇》颜师古注："缣之言兼也，并丝而织，甚致密也。"满城一号西汉墓所出缣片的特征与文献中对缣的描述相合。

④ 中国社会科学院考古研究所、河北省文物管理处：《满城汉墓发掘报告》（上册），第 155 页。

⑤ 可能是竹制或金属制的用以夹挟"提花线"以便向上举起的东西，参见夏鼐《我国古代蚕、桑、丝、绸的历史》，《考古》1972 年第 2 期。

⑥ 陈直：《两汉经济史料论丛》："汉代的纺织机，在武梁祠石刻画像曾母投杼图中可以看到，与现时农村所用形式变化不大。织机每日的速度，据《九章算术》卷三有算题说：第一日织一寸余，第二日织三寸余，第三日织六寸余，第四日织一尺二寸，第五日织二尺五寸余。虽为假设算题，推断当距事实不远。以最后一日来看，每日成二尺五寸，十六日成一匹。《西京杂记》卷一：霍光妻遗淳于衍散花绫，六十日成一匹，每日不过六寸余，当然是最精细的绫子，才有如许加工。"陕西人民出版社 1980 年版，第 79 页。

匹直万钱"。据此则在昭帝时已经创造出了织花机。由于《西京杂记》
是后人委托之书，所以有人对此表示怀疑，有进一步探讨的必要。不
过，《后汉书》记载永平二年（59），汉明帝率公卿大臣祭天地，所穿
襄邑服官制成的五色新衣，就是织花机织出来的。刘秀在建武十三年
（37）灭蜀以后，国内战争才基本结束。从这时到永平二年，仅 22 年，
并且处在恢复经济时期，在此期间发明织花机的可能性不大，织花机的
发明仍可能是西汉末期的事。班固在《汉书·宣帝纪》的赞中说"至
于技巧工匠器械，自元成间鲜能及之"，具体是指什么讲的没有说，也
可能《西京杂记》的记载有某些根据。

（二）麻织业

我国北方一向以丝、麻并称，东汉一代北方的麻布有了很大的发
展。这可能是因为王莽末、建武初的农业残破以后，蚕丝业不易立即恢
复，而这时野麻丛生，因而麻织业就发展起来了。当时所用的布不会都
来自江南，大部分应是北方当地的产品。

在麻类作物中，汉代主要种植大麻和苎麻。大麻原产中亚，远古时已
传入中国，① 苎麻原产我国。② 汉代文献中所说的麻概指大麻，纻则指苎
麻。《四民月令》中记述的麻植物就有胡麻、苴麻、牡麻三个品种。《氾
胜之书》和《四民月令》都把利用韧皮纤维或利用子实的麻分开叙述，
又都谈到麻田施基肥，③ 可见对纤维用麻的重视。与河北相邻的齐鲁地区
栽桑麻者有达千亩之多的。④ 大麻不仅在黄河流域普遍种植，在河北北部
也生长得很好，"土宜麻枲"。直到西晋，左思在描写邺城的《魏都赋》
中，还说那里的田野中生长着"黝黝桑柘，油油麻纻"。

汉代麻纺织品以私营手工业为主，因为麻的生产者都是小农，而且
其绩麻、纺织的技术性较低。《后汉书·崔寔传》说，崔寔任五原太守
时推广了麻纺织技术。五原"俗不知织绩，民冬月无衣，积细草而卧其

---

① 《史记》卷四《周本纪》说，周人的始祖弃在儿时已"好种树麻、菽"。
② 浙江余姚河姆渡遗址曾出苎麻绳，见河姆渡遗址考古队《浙江河姆渡遗址第二期发掘的
主要收获》，《文物》1980 年第 5 期。吴兴钱山漾遗址中曾出苎麻布，见浙江省文管会《吴兴钱
山漾遗址第一、二次发掘报告》，《考古学报》1960 年第 2 期。
③ 《齐民要术·种麻》引崔寔《四民月令》："正月粪畴，畴，麻田也。"
④ 《史记》卷一二九《货殖列传》："齐、鲁千亩桑麻。"第 3272 页。

中，见吏则衣草而出。寔至官，斥卖储峙，为作纺绩、织纴、練缊之具以教之，民得以免寒苦"。《后汉书·仲长统传》说，崔寔"乃卖储峙，得二十余万，诣雁门、广武迎织师，使巧工作机及纺以教民织"，可见雁门、广武一带，早已有技术高超的民间"织师"，而且五原一带民户也普遍学会了纺织技术。边远地区的情况尚且如此，与之相邻的河北内地自然更不用说了。[①]

四　漆器业

汉代漆器，大都出在墓葬中，以西汉时期的制品为主，数量很多，出土地点明确，断代也比较可靠。满城刘胜夫妇墓出土的精美扣器，是目前已知的汉武帝时期漆器工艺的代表作。[②] 除家具（如案）用木胎外[③]，樽、奁、盒、盘、耳杯等饮食器、梳妆用器都是夹纻胎[④]。据《盐铁论·散不足》记载，当时已使用"纻器"的名称。刘胜墓中出土的漆器 1 件尊的铭文为："御者#尊一，卅七年十月，赵献"，11 件漆盘的铭文均为："御褚饭盘一，卅七年十月，赵献"，另 12 件漆耳杯的铭文也相同，均为："御褚#中杯一，卅七年十月一，赵献。"[⑤] 这批漆器都是赵王赠给中山王的。由赵国所辖手工业部门生产。这批漆器已残朽，从遗留下的金属、玉石饰件可以看出，中山王府的漆器普遍镶嵌银扣或鎏金铜扣，[⑥] 还用这类金属制成器物的纽、錾、足、铺首、包角等

---

① 本目内容参见王文涛《汉代河北纺织业述论》，《河北师范大学学报》2002 年第 1 期。

② 中国社会科学院考古研究所、河北省文物管理处：《满城汉墓发掘报告》，文物出版社 1980 年版。

③ 木胎的制作方法大概有三种：第一种是用轮旋刮削的方法制成器物的外壁，然后再剜空其内部，鼎、盒、壶、盂等圆形器物多用此法；第二种是用割削、剜凿的方法制成，而未经轮旋，杯、匜、钫案等非圆形器物用此法；第三种是用几块薄木片卷曲成弧形的器壁，用木钉拼接成一个圆筒，另接器底；有些直壁的圆筒状器如樽、奁等用此法。用后一种方法制成的木胎，要用麻布裱起来，然后再涂漆，使其不露接缝。

④ 夹纻胎是先用木头或泥土制成器型，作为内模，然后用多层麻布或缯帛附在内模上，干实以后，去掉内膜，便剩下麻布或缯帛的夹纻胎，这也是所谓"脱胎"。

⑤ 卢兆荫：《关于满城汉墓漆盘铭文及其他》，《考古》1974 年第 1 期。参见宋治民《战国秦汉考古》，四川大学出版社 1994 年版，第 197 页。

⑥ 薄板胎和夹纻胎漆器，因胎骨薄，为了加强其牢固程度，往往在这些漆器的口沿、底部周边和耳杯的耳缘部分以及奁的腹部，加上金属的箍，称为扣器。扣器出现于战国，发展到汉代成为名贵漆器。

附件。金属扣箍具有加固和装饰的双重作用，鎏金铜扣与彩绘配合，外观效果胜似银扣，已在扣器中占据主要地位。器盖上往往施以金银平脱柿蒂纹装饰[1]。银、铜饰件上，有铸出的形同镂刻或浮雕的美丽花纹，或是用金、银丝嵌错成各种图案。在器表或饰件上，又多镶嵌着玛瑙、白玉、绿松石、珍珠之类珠宝。

考古发掘出土的汉代漆器，主要是日常生活用具，最常见的是鼎、豆、盒、壶、盘、奁、耳杯，以及几案等。这些漆器造型优美，有些结构也很科学，如满城汉墓发现的一种梳妆用的奁，在1个圆形奁内，旋转各种形状的漆盒，分装不同的用具，集各种镶嵌细工于一器，实属不可多得的珍品[2]。从出土数量和分布地区看，这种结构的奁是汉代最流行的梳妆用具之一。

河北定县八角廊中山王墓[3]和北京大葆台燕王墓[4]，出土镶嵌、粘贴于漆器上的大量银扣、鎏金铜扣、金银箔、云母片、玛瑙、玉石饰件，可以看出原来随葬漆器品类繁多，髹饰华丽，不乏珍品。部分陶器上还施漆衣。这种漆衣陶器在云梦大坟头[5]、临沂银雀山[6]的西汉前期墓葬和陕西绥德东汉画像石墓[7]中也有发现，说明汉代仿漆器风尚的流行。

汉代在漆制造上，分工细密，而且要精工细作，费时费工。《盐铁论·散不足》说："一杯桊用百人之力，一屏风就成人之功。"这种说法虽然有夸大之处，但漆器制造花费劳动之多则是事实。所以汉代漆器价格昂贵，只有统治阶级才用得起。

五　制盐业

河北东临渤海，海线长达487千米，其中300千米的沿海滩涂，为

---

① 金银平脱漆器，是在漆器表面贴上用金银箔片所组成的花纹，然后多次髹漆，反复打磨，直到显露出金银箔饰片。这样漆器就显得格外光彩夺目，富丽堂皇。

② 中国科学院考古研究所满城发掘队：《满城汉墓发掘纪要》，《考古》1972年第1期。

③ 宋来成：《河北定县40号汉墓发掘简报》，《文物》1981年第8期。

④ 北京市古墓发掘办公室：《大葆台西汉木椁墓发掘简报》，《文物》1977年第6期。

⑤ 《云梦大坟头一号汉墓》，《文物资料》，第4期。

⑥ 蒋英炬、吴文棋：《临沂银雀山四座西汉墓葬》，《考古》1975年第6期。

⑦ 陕西省博物馆、陕西省文物管理委员会：《陕北东汉画像石刻选集》，文物出版社1959年版。

泥质粉沙岸段的冲积平原，地势平阔，渗漏量小；常年蒸发量约为196.8毫米，降水549.3毫米，雨量集中，干湿季分明；近岸海水浓度为2.9—3.4度，平均为3.0度，为海盐生产提供了很有利的条件，是我国重要海盐产区。河北的地下卤水资源也很丰富。

河北产盐的历史十分悠久，至今已有三千余年。西汉初，民营制盐业发展很快，政府仅设官征税，因而靠制盐致富的商人很多。一些经营盐铁业的豪强大家，生产规模相当可观，"一家聚众或至千余人"①。如豪强刁间派奴婢"逐渔盐商贾之利，……起富数千万"②，有的诸侯王也经营盐业，如吴王刘濞"煮海水为盐"，"国用饶足"③。富商大贾和诸侯王垄断制盐利润，对中央政府不利。汉朝主管盐铁的机构叫大农，长官大农令。大农下设两个独立机关，一个掌管盐事，另一个掌管铁事，分别由两个大农丞领导。汉武帝以前，盐铁税收均归皇室私有。汉武帝元狩四年（前119），采纳张汤建议，创兴盐政，实行盐专卖制度，由中央垄断制造和销售。太初元年（前104）改大农令为大司农。桑弘羊任大司农时，改革盐政弊端，设置大农部丞数十人，分别主管各郡国盐事，在各县设置均输盐铁官，这是中央直接选派地方盐官的开始。各郡国盐官，均归司农管辖。早在战国时代，辽东即有海盐生产。《管子·轻重甲》记载，管仲跟齐桓公纵论天下资源时说："楚有汝汉之黄金，而齐有渠展之盐，燕有辽东之煮。""辽东之煮"当指燕地辽东的海盐之利。《史记·货殖列传》即指出："燕有鱼盐枣栗之饶。"

《汉书·地理志》记载，西汉中叶后及王莽时所置盐官有36处，分布在27个郡国。后人考补出两处，一般认为，西汉全国有盐官38处④。其中在河北地区的盐官有勃海郡的章武（治今河北沧县）、钜鹿郡的堂阳（治今河北新河）⑤、渔阳郡的雍奴（治今天津武清东北）和泉州（治今天津武清西南）、辽西郡的海阳（治今河北滦县西南）等五处⑥，

---

① （汉）桓宽撰集，王利器校注：《盐铁论校注》卷一《复古第六》，中华书局1992年版，第201页。

② 《史记》卷一二九《货殖列传》，第3279页。

③ 《汉书》卷三五《刘濞传》，第1904页。

④ 罗庆康：《汉代盐制的几个问题》，考订两汉设置盐官有40处，见《中国盐业史论丛》，中国社会科学出版社1987年版。

⑤ 《汉书》卷二八上《地理志上》："堂阳，有盐官。"第1575页。

⑥ 《汉书》卷二八下《地理志下》："雍奴，泉州，有盐官。"第1624页。

管理盐业生产。元帝时，平当建议，"勃海盐池可且勿禁，以救民急"①。西汉在沿海地区设置的盐官有 18 个，几乎占全国盐官总数的一半，可知海盐在西汉时是食盐中的主要品种。

盐业专卖给政府带来了巨大的财政收益，桓宽在《盐铁论》中记有时人对盐铁之利的议论："建铁官以赡农用，开均输以足民财；盐、铁、均输，万民所戴仰而取给者。"② 但盐铁官营也产生了许多弊病。地节四年（前 66），宣帝在盐价上做了些让步，下诏说："盐，民之食，而贾（通'价'）咸贵，众庶重困。其减天下盐贾。"③ 元帝初元五年（前 44）曾罢盐官，后因财用不足，三年后又恢复。

武帝以后，还出现了不少基本上是家庭作坊的小规模盐铁生产的个体手工业者。在昭帝时召开的盐铁会议上，贤良说："故民得占租鼓铸煮盐之时，盐与五谷同贾，器和利而中用。"④ 盐与五谷同价，固然违反价值规律，却反映了盐的产量有较大发展的事实。

关于煮海水为盐，《汉书·食货志下》载有盐铁丞孔仅、东郭咸阳的建议："愿募民自给费，因官器作鬻盐，官与牢盆。"对于这一段话，古今中外学者，从文字的标点到释读，都存在明显的分歧，此不一一征引。金少英撰《汉书食货志集释》一书，标点与中华书局本不同。他认为，该段文字的标点应为："愿募民自给费，因官器作。煮盐，官与牢盆。"对"牢盆"的解释采纳郭嵩焘的意见，"'牢'为煮盐所，'盆'则煮盐器也"⑤。政府管理盐业生产的办法是招集盐民自己出资煮盐，官府提供煮盐场所，发给煮盐用的工具"盆"，产品的价格由官府确定，由官府全部收买。"盆"是煮盐用的大铁锅，上面刻有国家盐官的铭文和编号⑥。它既是生产必需的工具，又是政府允许煮盐的凭证。如果不用"盆"煮盐，就是私自制盐，一旦发现，不但没收其器具，还处以严刑。

---

① 《汉书》卷七一《平当传》，第 3050 页。
② （汉）桓宽撰集，王利器校注：《盐铁论校注》卷一《本议第一》，第 4—5 页。
③ 《汉书》卷八《宣帝纪》，第 252 页。
④ （汉）桓宽撰集，王利器校注：《盐铁论校注》卷六《水旱第三十六》，第 431 页。
⑤ 郭嵩焘：《史记札记》卷三"官与牢盆"条，商务印书馆 1957 年版。
⑥ 陈直：《两汉经济史料论丛》引《隶续》所收东汉铁盆，铭文为："巴官三百五十斤，永平七年，第廿七西。"

　　东汉产盐区有所扩大，尤以井盐生产显著。东汉是食盐私营时期，山海之利，多为地方豪强所占有。朝廷改革盐业管理，实行征税制，仅在产盐区设盐官，主要是管盐税。"凡郡县出盐多者置盐官，主盐税。"[1] 各郡国盐官不再隶属中央，而归地方郡县管辖。[2] 盐税收入，亦由郡国或上送，或留用。建武二年（26），渔阳太守彭宠，大力发展盐铁，用来"贸谷，积珍宝，益富强"[3]。建初元年（81），章帝又实行了盐的专卖，大约实行了四年。和帝即位后，又予以取消，恢复东汉初年食盐民制、民运、民售的做法，盐官征税，"盐利"入少府，直到东汉末年。献帝初平元年（190），幽州牧刘虞"开上谷胡市之利，通渔阳盐铁之饶"[4]，支撑了幽州地区的社会经济，巩固了当时的政权。

六　陶瓷业

　　陶瓷手工业在汉代是遍及全国的最重要的手工业之一。制陶手工业种类很多，据统计，两汉时期河北的陶器生产仍然以日用器皿为多，以泥质灰陶器皿为主，根据不同用途，有细泥陶、粗泥陶和夹砂陶之分，由于烧成气氛的不同，陶器的颜色有青灰色、灰褐色、红色、黑色等，还有各种彩绘陶[5]。其中以颜色纯正的青灰色陶器质量最好，火候高，烧制的还原控制很好，颜色均匀悦目，质地坚实耐用。器物以表面光素为多，很少纹饰。汉代陶器的装饰，一般陶器有弦纹、划纹、绳纹、印纹、模印浮雕、涂色和彩绘等若干种[6]，还有三角纹、连环纹、栉齿纹和阴刻动物纹，如虎、雀等。当时制作的陶器有鼎、罐、壶、盘、盆、钫、瓮、耳环等。西汉时期，陶器表面多施一层黑漆衣，亦有里施红漆

---

　　① 《后汉书》卷一一八《百官志五·亭里条》，第3624页。
　　② 《后汉书》卷二六《百官志三》："郡县盐官、铁官，本属司农；中兴，皆属郡县。"
　　③ 《后汉书》卷一二《彭宠传》，第503页。
　　④ 《后汉书》卷七三《刘虞传》，第2354页。
　　⑤ 彩绘陶一般是在质地相当好的陶器上面作画，有的很写实，有的很抽象，有的很夸张。画面布局很满。有粉绘、朱绘和彩绘之分。彩色有红、赭、黄、绿、橙、白、黑等色。
　　⑥ 有的弦纹比较宽，形似瓦沟状，故又称"瓦纹"；划纹有平行直线纹、连续点状纹，这种纹样像断线的珍珠；印纹是由刻有图案的印模，单个地打印在坯体上；模印浮雕是指将具有浮雕形象的泥片或捏塑形象粘贴在器物表面，如陶灶、井栏樽或仓的足部，铺首则贴在陶壶一类器物的肩部。

外施黑漆的。东汉时期，制陶业发展到了一种新阶段，具有代表性的有釉陶器和彩绘陶器等。其中绿釉陶制的庄园明器使用普遍，类型繁多。庄园明器内塑有亭台楼榭、井亭、仓库、猪圈、禽舍等建筑，还有炉、灯、壶等用具，奴仆俑以及狗、猪、羊、鸡、鸭等家畜。这种陶制明器反映了当时地主经济的繁荣情况。

两汉时期用陶质器皿殉葬的风气很盛行，河北也不例外。专门为殉葬而生产的陶器叫明器，明器包括一部分日常使用的器物造型，但质地不如日用陶器致密坚硬，更多的是仓、囷、炉、井、灶、磨、住宅、水榭和其他建筑模型。许多釉陶作品也是专门作殉葬用的明器。

两汉时期，河北地区墓葬里经常出现四种组合：（1）罐、鼎、壶、敦等，这是战国以来流行的器皿；（2）炉、井、仓、灶、磨等，这是汉代以来流行的器物和模型；（3）杯、盘、盒、案为代表的一套祭器，西汉晚期开始流行；到东汉流行一套仿漆器的模型；（4）住宅、水榭、坞堡模型和家畜家禽如猪、羊、狗、鸡等。

大约在汉武帝开始，陶器手工业中出现了一种表面施釉的陶器①。釉陶在西汉武帝时期至中期生产数量极少，主要是壶类产品。西汉晚期至东汉初期得到很大的发展，生产出各种型号的壶，还有钵、樽、仓、罐、洗、杯、勺盒、魁、几等。东汉末年又增加了博山炉、瓶形器，各类动物、人物，即俑类形象。釉陶丰富的内容把汉代现实社会的生产活动、农家的生活情景、家畜家禽的饲养、劳动者的衣食住行、统治阶级人物的娱乐和腐化的生活，意识形态的信仰等方面都形象地表现出来，具有很高的艺术水平。釉陶作为殉葬明器，满足人们厚葬的要求，比一般陶器和瓷器更理想，表现意识形态信仰方面的内容更广阔。例如，1956 年在孟村回族自治县王宅和 1976 年在无极县南驰阳出土的绿釉陶楼②，1958 年在邢台市前炉子出土的陶宅院，1951 年在沧县四冢村出土的绿釉陶猪，等等。

两汉的陶塑取得了巨大的成就，为中国今后两千多年雕塑艺术打下

---

① 在普通瓦胎器物表面，涂有浓厚的深绿、浅绿或棕黄色釉，由于釉料中掺加有大量的铅，这种金属熔点很低，在釉里起助熔的作用。这就能使普通陶器的烧制中，呈现出光亮美丽的釉层。

② 图版参见河北省博物馆、文物管理处编《河北省出土文物选集》，文物出版社 1980 年版，第 158 页。

了坚实的基础。秦代陶塑艺术，以陕西临潼始皇陵出土的陶兵马俑群为代表。汉代陶塑艺术逐渐趋向于反映社会现实，是属于表现人和社会生活的古典写实艺术。汉代除个体雕塑以外，群塑也极成功。不足之处是人物面部缺少变化，反映了西汉陶塑的时代特点。汉代陶塑的手法有捏塑、圆雕、浅浮雕、模印等，注重神似，线条简练而夸张，对汉代社会各种现象有极强的概括能力。例如，邯郸市彭家寨的西汉墓中出土陶俑彩绘如新，有男俑、女俑，作伫立或跪拜等姿势。再现了西汉以来一般中下层人物的生活①。

到西汉后期至东汉后期庖厨俑、舞蹈俑、击鼓说书俑等人物塑造和刻画上就细腻得多了。反映东汉社会生活的出土陶器很多，例如，望都汉墓出土有大批的朱绘陶器，鸡、鸭、鹅、狗和楼、灶等陶模型，陶十二支灯等②。1959年定县北庄子汉墓出土的灶、魁、长方案等陶器。

陶器是人们的日常生活必需品，加上当时盛行用陶明器随葬的风气，所以陶器的需要量很大。因而私人经营的陶器作坊普遍存在，同时，由于陶器需求多，官府手工业部门也从事陶器的生产。考古发现汉代河北陶器中，有一些戳印有"亭""市"的文字。如武安午汲古城、③邯郸百家村汉代遗址都发现有"邯亭"印文的陶器④，"亭""市"当是地方政府所辖工商业行政管理机构。

---

① 图版参见河北省博物馆、文物管理处编《河北省出土文物选集》，第145页"彩绘陶男俑、彩绘陶跪拜俑、彩绘陶女俑"。
② 图版参见河北省博物馆、文物管理处编《河北省出土文物选集》，第147页"陶楼"。
③ 俞伟超：《汉代的亭、市陶文》，《文物》1963年第2期。
④ 邯郸文保所：《河北邯郸市区古遗址调查简报》，《考古》1980年第2期。

第六章 汉代河北的交通、商业与城市

西汉的交通干线以秦始皇所修道路为基础。秦王朝把统一交通建设作为执政之一。除了"决通川防，夷去险阻"之外，还由中央直接主持，进行了"治驰道"的巨大工程①。秦"为驰道于天下，东穷燕齐，南极吴楚，江湖之上，濒海之观毕至"②。秦驰道在汉初基本得以保留，汉武帝巡幸和封禅又使驰道得到一次全规模的大修建。全国交通网的基本形成，为汉王朝实行集权统治提供了重要条件。

一 交通

（一）陆路交通

邯郸广阳道，经河东、上党，或由河内北上至邯郸、广阳、右北平通达燕赵，这是秦朝以驰道为主的全国陆路交通运输网的主要干线之一。太行山东麓的赵国、广平郡、钜鹿郡、中山国、涿郡即今京广铁路沿线地区附近，城市分布明显较他处稠密。而这一带正是秦汉时期"邯郸广阳道"的经过之处③，这条大道在战国时即已具重要地位。大道以西是连绵起伏的高山峻岭与岸壁陡峭的深堑大谷，战国以来人们自西向东逐渐开辟出几条穿越太行山的隘道。"太行八陉"中的滏口陉、井陉、飞狐陉、蒲阴陉和军都陉等均位于河北地区太行山东麓，它们与

---

① 《史记》卷六《秦始皇本纪》，第241页。
② 《汉书》卷五一《贾山传》，第2328页。
③ 王子今：《秦汉交通史稿》，中共中央党校出版社1994年版，第28—30页。

"邯郸广阳道"这条南北大道相交汇，构成扬雄所称的"载从载横"①的交通格局。这一交通体系的周围，则分布着邯郸、襄国、石邑、曲逆、涿县、蓟等最具历史传统和发展活力的大、中型城市。

秦汉驰道从长安东出函谷关，经洛阳，循济渎抵定陶，直达临淄，形成东西贯通的干线。又由此干线分延出三条分干线：其中的一条就是自洛阳渡河，经邺县、邯郸，以通涿、蓟，为东北干线。

为对付匈奴，在北部边境修长城、建直道。东汉初年，卢芳与匈奴、乌桓子弟兵，寇略边境。建武十三年（37），刘秀诏命王霸率领"弛刑徒六千余人，与杜茂治飞狐道。堆石布土，筑起亭障，自代至平城三百余里"②。飞狐道，从代县（今河北蔚县）飞狐口沿东南方向平城（治今山西大同市）一线延伸。

通乌桓道。东汉末年曹操征乌桓，令田畴为向导，"上徐无山，出卢龙，历平冈，登白狼堆……至柳城"③。即由今河北遵化（徐无），循滦河河谷出喜峰口（卢龙），绕道辽宁凌源（平冈，右北平郡治所），过辽宁喀喇沁旗（白狼县），抵达辽宁朝阳（柳城）。此道称为卢龙道，是中国古代关内外交通的主要通道。

便利的交通体系，对于促进作为政治、经济、军事据点而存在的城市的发展，其作用是不言而喻的。《盐铁论·通有篇》在论述天下名都之时，并不触及物产之丰裕，而是首赞其"居五诸侯之衢，跨街冲之路也"。

河北南部以邯郸为中心，有纵贯南北和横穿东西的三条道路，其经营可以上溯到战国以前。

"北通燕、涿"是南北道路中最主要的一条。据《史记·货殖列传》载，早在殷商时期，已有从朝歌经安阳到邯郸的道路，战国时代，这条道路的南端延伸到郑、卫。后来，新的经济都会温（今河南温县）、轵（今河南济源南）兴起，温、轵的商人可以"北贾邯郸"。由于燕国的崛起，其都城蓟（今北京）成为渤海、碣石山之间的经济都

---

① （清）严可均辑：《全上古三代秦汉三国六朝文·全汉文》卷五四《扬雄·冀州箴》，中华书局1958年版，第834页。

② 《后汉书》卷二〇《王霸传》，第737页。

③ 《三国志》卷一一《魏书·田畴传》，第342页。

会，燕与中原地区的政治、经济交往日益频繁。从赵国征战中山和中山城邑的分布，可大致推知这条道路经过的城邑。《史记·赵世家》记载："敬侯十年（前 377）与中山战于房子（今河北高邑西南）"，次年，"伐中山又战于中人（今河北唐县西南都亭）"；赵武灵王二十年（前 306），"王略中山地，至宁葭（今石家庄西北）"，其明年，"攻中山，取鄗（今高邑西南）、石邑（今获鹿东南）、封龙（今元氏西北）、东垣（今石家庄市区北、东、西古城之间）"。赵北攻中山的进军路线说明，这条大道从邯郸向北经过房子、石邑、东垣、鲜虞、中人诸邑，可以直达燕南长城之口汾门（今河北易县之南），并延伸到燕国的涿（今河北涿州）和蓟。①

秦统一后，蓟城的交通状况也得到了改善，秦始皇时下令修筑驰道，东至燕齐，南达吴楚。"道广五十步，三丈而树，厚筑其外，隐以金椎，树以青松。"② 燕地的驰道从咸阳出发，大约经太行山麓北上，渡怡水（今永定河）至蓟城，再经无终到达辽西郡的碣石。

从邯郸北行，还有一条经中山西北部斜贯代地（今张家口地区蔚县一带）的道路，这是邯郸、中山通往代地的捷径。据《史记·赵世家》，赵武灵王二十一年（前 305）赵攻中山曾"合军曲阳，攻取丹丘、华阳、鸱之塞（今倒马关）"。九年以后，惠文王二年（前 297），赵军"起灵寿，北地方从，代道大通"。由此可以推测，邯郸到代地的大道，大概是经由房子、宁葭、灵丘、曲阳、丹丘、华阳等邑，过鸱之塞进入代地。

这条以邯郸为中心，"北通燕、涿，南有郑、卫"的南北大道，在沟通中原、联系北方与东北方少数民族地区，促进相互之间经济文化的交流和发展都发挥了积极作用。

在河北中部，有一条横穿东西的道路，向东延伸到山东，向西过井陉直达山西。早在赵武灵王之时③，井陉道路即已开通。

秦始皇所修驰道中的一条，沿太行山东麓北上，经邯郸、中山而至于蓟。由于紧靠太行山脉，又处于诸水的上游，地势高亢，不易受到洪

---

① 沈长云等：《赵国史稿》，中华书局 2000 年版，第 249 页。
② 《汉书》卷五一《贾山传》，第 2328 页。
③ 孟繁峰：《曼葭与井陉的开通》，《文物春秋》1992 年增刊。

水的威胁，比起处于河流下游河北平原上的道路安全可靠。秦始皇修筑驰道的目的，当然主要是加强对全国的统治，但驰道的修成在客观上是会促进经济发展的。由秦迄于两汉，太行山东的经济都会一直很繁荣，固然有各自不同的因素，但无疑都受惠于这条道路的作用。

当时，黄河以北，沿太行山东麓的邺（今临漳西南）和易县（今雄县西北）都有驰道。《史记·滑稽列传》记载：战国时，西门豹为邺令，动员当地百姓开凿十二渠，引漳水灌溉农田，百姓因此家给足畜，"十二渠经绝驰道"。到西汉建立，长吏认为十二渠"桥绝驰道，相比近，不可，欲合渠水，且至驰道，合三渠为一桥"。邺县的父老认为十二渠桥是西门豹所修建的，不肯听从长吏的主张，"长吏终听置之"。西汉初年，周勃以将军身份随从汉高祖刘邦征讨燕王臧荼的反叛，破臧荼于易下（今易县），周勃所将士卒"当驰道为多"。①

秦末及汉匈战争中仍有车战，汉文帝十四年（前166），匈奴入边为寇，文帝发"车千乘，骑卒十万"② 往击匈奴。武帝时，卫青、霍去病与匈奴战于塞北，曾"令武刚车自环为营"③；李陵困于围中，也曾"军居两山间，以大车为营"④。大队兵车的通行必然要求交通道路的平整与畅通。

两汉长城防御体系由北边道连贯为一体。始皇三十二年（前215），秦始皇两次到东方巡狩，史籍记载简略，仅知此行东临勃海边，到达碣石（今昌黎北），"刻碣石门"，又巡历北部边境，由上郡返回咸阳。

汉武帝初封泰山，"复东巡海上，至碣石。自辽西历北边九原，归于甘泉"⑤。应当经过上谷郡（治今怀来东南）、代郡（治今蔚县东北），与秦始皇北巡的道路稍有不同。太史公马迁参加了封禅大典，他在《史记·太史公自序》中曾叙述自己游历所及之处，"西至空峒，北过涿鹿，东渐于海，南浮江淮"。涿鹿（今县东南）属上谷辖地，汉初，周勃曾转战于云中、雁门、代、上谷间⑥，可知此地本来就有大道

---

① 《史记》卷五七《绛侯周勃世家》，第2069页。
② 《史记》卷一〇《孝文本纪》，第428页。
③ 《史记》卷一一一《卫将军骠骑列传》，第2935页。
④ 《汉书》卷五四《李广传附孙陵传》，第2452页。
⑤ 《汉书》卷六《武帝纪》，第192页。
⑥ 《史记》卷五七《绛侯周勃世家》，第2070页。

可以通行，武帝即循此道西返。

元封四年（前107）十月，汉武帝"行幸雍，祠五畤，通回中道。遂北出萧关，历独鹿、鸣泽，自代而还，幸河东"①。这是河北与关中的另一条通道。

自元封元年封禅之后，汉武帝频岁屡出，登泰山，往来所行路线都经由中原诸郡，只有天汉三年（前98）登泰山之后，绕道祠常山；常山即恒山，位于上曲阳（今曲阳）的西北。

史念海先生在《战国至唐初太行山东经济地区的发展》一文中指出，事实上自秦至东汉以来，河北平原的东部和中部虽有南北纵贯的陆路交通存在，但相当偏僻。平原东部只有勃海、平原两郡为支点，实际上也很难构成一条通道。除了战国时燕、齐两国交聘用兵及后来秦兵由燕国南下灭齐可能使用过这条道路以外，很难认为它会吸引各地的商贾自由往来。始皇三十七年（前210），秦始皇最后一次出游归来，由齐地北行，至平原津而病，崩于沙丘平台。平原津即平原郡跨越黄河的渡口，秦始皇过平原津后，就折向西行，并未北上，说明平原东部的南北道路很难行走。平原中部的情况也相差无几，东汉初年光武帝刘秀未建国时，北行至蓟，适值卜者王郎在邯郸起兵，蓟城响应王郎，刘秀经芜蒌、饶阳、下曲阳、下博和信都一线南逃，仓皇落荒而走。《后汉书·光武帝纪上》称其"晨夜兼行，蒙犯霜雪，天时寒，面皆破裂。到滹沱河，无船，适遇冰合，得过，未毕数车而陷。进至下博城西，遑惑不适所之"。充分说明了这条道路的荒僻。

上谷、渔阳二郡，是自燕、秦以来，在北方开设的重要边郡之一。其地界东连辽西、右北平，北控草原坝上，历来是幽蓟门户、匄北藩屏。上谷郡治"沮阳"，地在今河北怀来县境大古城子，北靠五郡长城。《水经注》卷十二圣水条："圣水出上谷。""圣水"即今北京琉璃河。上谷是蓟城的屏障。渔阳郡则是从战国燕都蓟和西汉初燕王封地通往辽西的重要交通走廊地带，自上而下为中原与东北及北方草原、坝上地带相通的枢要地区，发挥着重要的纽带作用。直到汉初，上谷仍为燕北重镇、塞上雄

---

① 史念海先生认为服虔之言有误："独鹿，山名也；鸣泽，泽名也，皆在涿郡遒县北界。"《武帝纪》明言先独鹿、鸣泽，然后自代返，则独鹿、鸣泽不可能远在代郡以东，独鹿无考，鸣泽在洺水上源，其地正在新秦中。

关，是汉廷北拒匈奴的要镇。《史记》记载：元光六年（前129），"车骑将军卫青击匈奴，出上谷，破胡茏城"①。同书《李将军传》亦载："及孝景初立……徙（李）广为上谷太守，匈奴日以合战。"② 上谷郡所属长城塞内的居庸关和军都关等，更是燕北咽喉，幽州要隘。

渔阳郡也是秦汉之际，由中原连接燕北出塞和戍边屯营的又一重要关镇。秦末陈胜、吴广首举义旗，正是在屯戍渔阳的赴边途中。至汉初，渔阳与上谷，更成为戍边拒虏的要郡。《史记·匈奴列传》载：汉文帝时，"匈奴日已骄，岁入边。汉使四将军各万骑击胡关市下。将军卫青出上谷，至茏（龙）城，得胡首虏七百人。……其冬，匈奴数入盗边，渔阳尤甚。汉使将军韩安国屯渔阳备胡"③。渔阳部既是燕秦汉所置北方五郡中最南的一个郡城，也是最雄近燕、秦、汉腹地的北部边郡。因此历来为汉军屯戍的要地。其治所应在今密云县西南。其西接上谷，东连辽西、在渤海湾西岸的傍海道开通以前，为燕北交通孔道。在渔阳郡境，除郡治渔阳县外，最重要的数蓟县西镇（今北京西南）。

汉代北边的交通道路是随着长城防御系统的建立和完备而发展起来的，道路维护和通行状况与长城的作用直接关联。东汉以来，出现北方游牧民族以入侵和内附等形式南下的趋势，中央政府也曾组织北边居民向东向南迁徙。随着人口迁移方向的变化和长城防卫作用的减弱以及北边地区农业经济的衰落，北边道有的地段通行状况逐渐恶化。据《三国志·魏书·田畴传》记载："旧右北平郡治在平冈，道出卢龙，达于柳城。自建武以来，陷坏断绝，垂二百载。"到汉献帝建安年间曹操东征乌桓时，仅仅只"有微径可从"了。

（二）水路交通

两汉时期，黄河下游河道发生过巨大变化。西汉初期，黄河河道流经今河北大名，由山东章武入海。元光三年（前132），黄河向南北各冲开一条缺口，形成南北两条河道。另外还有一支从漯水入海，实际上形成了三条水道。元封二年（前109），汉武帝调集大量民工堵塞了瓠

---

① 《史记》卷一〇八《韩长孺列传》，第2864页
② 《史记》卷一〇九《李将军列传》，第2868页。
③ 《史记》卷一一〇《匈奴列传》，第2906页。

子决口，阻止了黄河流入淮泗的水道。此后，黄河入海口分为多支：一支经顿丘（治今河南清丰）至章武入海；一支从漯川水道出海；一支经馆陶、魏郡、清河、信都（治今河北冀县）、渤海（治今河北沧州）等郡入海。至西汉末，黄河各支断流，主流经漯川入海①。东汉时，王景治理黄河，黄河下流河道不再流经河北。黄河下游的支流、支津成为天然的水道交通网。

直至东汉建安年间以前，汉代在河北的水路交通除了自然河道之外，仅有一些短距离的漕运人工渠道。明帝永平年间，"理虖沱、石臼河"②，因工程浩大。章帝建初三年（78）夏四月己巳，"罢常山呼沱石臼河漕"③。今天的永定河当时称温水，《后汉书·王霸传》说：王霸熟悉边事，多次上书建议应当与匈奴和亲，又陈奏漕粮的转运"可从温水漕，以省陆转输之劳，事皆施行"④。这是利用永定河通航的最早记载。不过这些河流用于通漕的作用，显然不能与黄河水系的航运相比。

河北平原水路交通的发展，以汉魏之际曹操经营河北，开凿白沟渠、利漕渠、白马渠、平虏渠、泉州渠、新河等为转折点。

白沟又名宿胥渎，它是黄河南徙后留下的故道，因水源缺乏，不能承担大量的军粮运输。汉建安九年（204），曹操向袁绍的根据地邺城（治今河北临漳）进军，为了进军运粮的便利，首先开凿了白沟运渠。白沟从今河南浚县的淇水入黄河处，引淇水北流入洹水，入口在今河南内黄县境。淇水即今淇河，本来流入黄河，与白沟并不相通，二水之间相距约 18 里。阻止淇水流入黄河，使其改道注入白沟，以充实白沟的水量。白沟渠的南口称枋头，因建渠时曾使用大枋木作堰遏制淇水使入白沟渠而得名。白沟由于有淇水加入，水量大增，沿着黄河故道向北延

---

① 参见岑仲勉《黄河变迁史》第八节《两汉的黄河》，人民出版社 1957 年版，第 243 页。

② 《后汉书》卷一六《邓禹附子训传》。石臼河，在今河北省唐县境内。

③ 《后汉书》卷三《章帝纪》，第 136 页。

④ 《后汉书》卷二〇《王霸传》李贤注引《水经注》作"温余水"，"出上谷居庸关东，又东过军都县南，又东过蓟县北。益通以运漕也"。温余水在《水经注》的不同版本中常作㶟余水，谭其骧主编《中国历史地图集》及郑德坤《重编水经注图》亦作㶟余水，我国其他古籍中也有作温水、温余水、温榆河的。现在潮白河在密云水库以北，支流众多，如潮河、汤河、黑河、白河等。其中最清楚的是温余水，比例尺较大的地图上，仍然绘有此河。例如侯仁之主编的北朝《北魏图》上《北京历史地图集》（北京出版社 1988 年版，第 17 页），作为一条现代河流，名曰温榆河，其上游有北沙河、蔺沟等支流，南流东折，在通县以东汇合潮白河。

伸，至少可以和洹水（今安阳河）相接。这样一来，军粮就可以运到邺城以东一带。

　　船只从白沟进入洹水后，离邺城还有一段距离。建安十八年（213），曹操被封为魏公，省幽、并二州，以其郡、国并入冀州，黄河以北尽入其势力范围。曹操为经营其"王业本基"邺城，又开凿引漳水入白沟的利漕渠。《水经·浊漳水注》在漳水"又东北过斥漳县南"下记："汉献帝建安十八年，魏太祖凿渠，引漳水东入清、洹，以通河漕，名曰利漕渠。"斥漳县在今河北曲周县东南，其引漳水入白沟处，即为利漕渠的北口。又《水经·淇水注》在馆陶故城南述及："白沟又东北迳罗勒城东，又东北，漳水注之，谓之利漕口。自下清、漳、白沟、淇河，咸得通称也。"罗勒城址已不可考，馆陶故城在今馆陶县（即南馆陶）。利漕渠南口即在其西南。利漕渠的开凿，使白沟与漳水直接沟通以后，船只即可由白沟通过利漕渠进入漳水，直抵邺城。白沟在得到漳水的补给后，水量丰盈，其连接清河的运道，亦得以畅通无阻。后世在此基础上不断发展，最后形成现在的南运河及其上游漳河水系。

　　后来，又在今饶阳县附近，开凿了一条连接漳水与呼沱水的白马渠。它不但进一步沟通了河北平原中部地区的南北航运，而且还可以引呼沱水灌溉两岸的农田，在呼沱水汛期还有分泄洪水的作用。①

　　袁绍败亡之后，其子袁尚、袁熙北依乌桓，图谋东山再起。曹操为了灭绝后患，又挥师北上，在北征过程中，为了沟通水路运输，保证军运，又先后开凿了平虏渠②和泉州渠。平虏、泉州二渠与下文谈及的新

---

　　① 这条渠道至宋代变成滹沱河河道的一部分。

　　② 《三国志》卷一《魏书·武帝纪》："辽西单于蹋顿尤强，为绍所厚，故尚兄弟归之，数入塞为害。公将征之，凿渠自呼滹入泒水，名平虏渠。"平虏渠之得名即在于此。由于《水经注》呼滹河和泒水两篇亡佚，平虏渠的具体方位不明。唐李吉甫《元和郡县志》载，"平虏渠，在（鲁城县）郭内，魏武北伐匈奴开之"（卷一八《河北道三·沧州·鲁城县》）。宋乐史《太平寰宇记》的记载较为详细：平虏渠在（乾符）县南二百步，魏建安中于此穿平虏渠，以通军漕，北伐匈奴；又筑城在渠之左（卷六五《河北道十四·沧州·乾符县》）。按乾符与鲁城实为一地，在今沧州市东北八十里。据《旧唐书·地理志二·河北道》记载："隋鲁城县，武德四年属景州，贞观九年改属沧州，乾符年改为乾符"。黄盛璋先生认为，平虏渠应从乾符起向北开凿，亦即此为平虏渠南口所在（《曹操主持开凿的运河及其贡献》，《历史研究》1982年第6期）。至于平虏渠会合泒水的北口，则无记载可考。从今南运河与大清河会流的情况看，约在今天津市静海区的独流镇。平虏渠的故道，也大体上界于青县到静海区独流镇，相当于以后京杭大运河南运河的北段。

河这三条运河，同为曹操在建安十一年（206）所开凿，且首尾相衔接。平虏渠的开凿把呼沲河和泒水联在一起。呼沲水的上游相当于现在的滹沱河，下游流经今河北青县以东入海。泒水的上游相当于现在的沙河，下游循今大清河到天津入海。开凿平虏渠，使得清河、滹沱河即今海河水系南半部的南运河、子牙河水系加入了初期的海河水系，奠定了今五大水系汇合天津的海河水系格局。

平虏渠凿成后，曹操接着又开凿了泉州渠，"从泃河口凿入潞河，名泉州渠，以通海"①。大概因为渠道南起泉州（故址在今武清县城上村）境而得名。据《水经·淇水注》记载：

> 清河又东北迳穷河邑南，东北至泉州县北入滹沱。《水经》曰：笥沟东南至泉州县，与清河合，自下为泒河尾也，又东，泉州渠出焉。

穷河邑在今静海县南，地当平虏渠所经，说明汉代沟通呼沲河（滹沱河）与泒水后，清河已在泉州县境与潞河下游（笥沟）汇合。如此泉州渠南口当在潞河下游即今天津市以东的海河之上。关于泉州渠的北口，《水经·鲍丘水注》记载：

> 北迳泉州县东，又北迳雍奴县东，西去雍奴故城百二十里，自滹沱北入。春下历水泽百八十里，入鲍丘河，谓之泉州口。

雍奴故城在今宝坻东南十里的秦城。从泉州渠西去雍奴故城 120 里的距离，以及所经 180 里的广阔的水泽地区来看，渠道当自今天津市东，经七里海、黄庄洼等洼地北上。其北入鲍丘水的水口，《水经·鲍丘水注》亦有记载："水出右北平无终县（治今蓟县）西山白杨谷"的泃水，"又南入鲍丘水，鲍丘水又东合泉州渠口"。这说明泉州渠的北口，当在泃水进入鲍丘水处的下方。泉州渠沟通泃水和潞水，其地在今天津武清区境。滹沱河与漳水下游是相通的，因此平虏渠和泉州渠虽然较短，加上已有的白沟运渠，却使得河北平原上的主要水系贯通起来，

---

① 《三国志》卷一《魏书·武帝纪》，第 28 页。

形成一条由南到北的水上通道，从而对河北平原地区的经济发展产生了重要的促进作用。

由于乌桓在古北口调有重兵防守，曹军改道向东线进军。曹操在泉州渠与鲍丘水相会处的北面，从盐关口（今宝坻、宁河附近）经右北平（今丰润、唐山一带）至濡水（今滦河），在这一片滨海湿洼地区开凿了一条名叫新河的运渠。①

曹操原拟利用潞水运道由今古北口出塞，北征蹋顿，后因潞水下游有几处水势湍急，不利于行船，于是决定在下方加开泉州渠通鲍丘水，再开运道转而向东达濡水（今滦河），以便由辽西进军乌桓。所以在开凿泉州渠的同时，又自鲍丘水开运渠东入濡水，谓之新河。据《水经·濡水注》记载：

> 渎自雍奴县承鲍丘水东出，谓之盐关口，魏太祖征蹋顿，与沟口俱导也，世谓之新河矣。陈寿《三国志·魏志》云：以通海也。新河又东北绝庚水，又东北出迳右北平，绝巨梁水，又东北迳昌城县故城北，新河又东分二水，枝渎东南入海，新河自枝渠东出，合封大水，谓之交流口。……新河又东出海阳县与缓虚水会。……新河又东与素河会，谓白水口。……新河又东迳海阳县故城南，新河又与清水会。……新河东绝清水，又东木究水出焉，南入海。新河又东，左迤为北阳孤淀，淀水右绝新河，南注海。新河又东，会于濡水。

虽然关于新河径流的记载相当详细，但由于这一带历史地理变化较大，不仅地名多有改变，河流、城邑的位置亦不可尽考。按新河既与泉州渠运道相连接，其承鲍丘水东出的盐关口，当在泉州渠进入鲍丘水的洵河口下方不远处。沿途横截的庚水即今州河，巨梁水即今还乡河，封大水为今之徒河，缓虚水为今之沙河，素河即沂河，清水今仍名清河。新河最后合濡水在乐安亭同，乐安亭即汉乐安故城。光绪《乐亭县志》载："有新河套在县西二十五里，夹于河滦之间。"今新河套地名尚可访问，其地并无遗迹。新河自西向东穿过这些由北而南注入海的河流，

---

① （北魏）郦道元著，陈桥驿校证：《水经注校证》十四《濡水》，第349页。

横截之处必采取一定措施，如何施工开凿，因记载简略已无从得知，但可以肯定，新河开凿工程比较大，也比较复杂，并且是前所未有。这大概就是"新河"之所以得名的原因。

平虏、泉州、新河三渠，由西南转向东北呈弧形，与海岸线基本平行，用以代替海运，可避海上风浪之险。但这些地方沿着海边，自古就是一片沮洳之地，夏秋之交常形成水洼，浅不能行车，深不及载舟。渠成后的翌年，建安十二年（207）曹操北伐乌桓，"夏五月，至无终，秋七月，大水，傍海道不通"，遂"引军出卢龙塞，塞外道绝不通，乃堑山堙谷五百余里，……东指柳城"①。只好改由陆路进军。

开挖新河，使河北平原东北部的几乎所有河流、水系，都加入了海河水系系统，进一步加强了河北中南部、蓟东与河北东北部的联系，对发展河北的社会经济有着非常重要的意义。

以上贯通河北平原运河工程的兴建，使来自中原地区的船只，由淇水进入白沟，溯清河北上，通过平虏渠、泒水、潞水、泉州渠、新河等运渠可直抵辽西；而河北重镇邺城，南由白沟入黄以转江淮，北通平虏诸渠以达边陲。北魏崔光曾说："邺城平原千里，漕运四通。"② 这对加强邺城的经济和战略地位也起了一定的作用，并为以后南北大运河的开发奠定了基础。

美国学者施坚雅（G. WSkinner）在论及中国古代城市的发展时指出："有利的（运输条件）于其中发挥主要作用。同陆路运输相比，水路运输由于单价低廉，在可通航的地区，几乎全是水路运输的天下。即使在河流不能通航的地区，那里的河谷也典型地提供了最有效的陆路运输。"③

碣石是两汉时期北方重要的海港。碣石在今河北秦皇岛一带，秦汉时可能已经形成由若干港湾构成的港区。《史记·货殖列传》说："夫燕亦勃、碣之间一都会也。"④《盐铁论·险固》也说："燕塞碣石。"

---

① 《三国志》卷一《魏书·武帝纪》，第 29 页。

② （宋）乐史：《太平寰宇记》卷五五《河北道四·相州》，中华书局 2007 年版，第 1135 页。

③ ［美］施坚雅主编：《中华帝国晚期的城市》，叶光庭等译，中华书局 2000 年版，第 248 页。

④ 《汉书》卷二八下《地理志下》："蓟，南通齐、赵，勃，碣之间一都会也。"

碣石确为燕地海陆交通的要冲。秦始皇和秦二世都曾巡幸碣石。《史记·秦始皇本纪》说，秦始皇至碣石，使燕人卢生入海求仙人。《史记·封禅书》则写道："（秦始皇）游碣石，考入海方士。"①《史记·封禅书》和《汉书·郊祀志上》记载，"尤敬鬼神之祀"的汉武帝也曾"北至碣石"。虽然碣石地区海港的早期历史与秦皇、汉武以狂热的神仙崇拜为主要动机的巡行相联系，我们却不能因此误以为碣石港只与祠祀活动有关，而忽视其作为经济交往的重要通路和著名军港的作用。碣石很早就已成为沿海贡道襟喉和重要贸易口岸。《禹贡》说："岛夷皮服，夹右碣石入于河。"苏秦说燕文侯，也说到燕"南有碣石、雁门之饶"②。建安十一年（206），曹操将北征，"凿平虏、泉州二渠入海通运"③，渤海北部海域被曹军作为转运军需物资的主要通道。曹操征乌桓还师，曾在碣石休整，看到碣石作为天然良港"水何澹澹，山岛竦峙"的景象，写下了"东临碣石，以观沧海"的著名诗篇。《水经注·濡水》引《三齐略记》说："始皇于海中作石桥，海神为之竖柱。"后海神怒，柱崩，"众山之石皆倾注"④。从海神助作石桥的传说，似乎可以窥见当时在碣石已有建造军事码头的尝试。

汉代中央政府要求各级地方行政部门都把养护维修道路，保证运输畅通作为基本职责之一。元鼎三年（前114）义纵为右内史，汉武帝幸甘泉，见"道不治"，怒而衔恨在心。同年义纵因阻滞杨可告缗，竟论罪弃市⑤。作为地方官吏，如果"桥梁邮亭不修"，即被视为"不能"⑥。甚至位列九卿，管理诸陵县的太常，也有因交通道路通行状况不好而遭贬斥的。元朔三年（前126），蓼侯太常孔臧"坐南陵桥坏衣

---

①　《史记》卷二八《封禅书》裴骃《集解》引服虔曰："疑诈，故考之。"瓒曰："考校其虚实也。"第1369页。

②　何建章注释：《战国策注释》卷二十九《燕策一·苏秦将为从北说燕文侯章》，中华书局1990年版，第1082页。

③　《三国志》卷一四《魏书·董昭传》，第439页。

④　《水经注》卷十四《濡水》引《三齐略记》曰："始皇于海中作石桥，海神为之竖柱。始皇求与相见。神曰：我形丑，莫图我形，当与帝相见。乃入海四十里（《艺文类聚》引作三十余里），见海神，左右莫动手，工人潜以脚画其状。神怒曰：帝负约，速去。始皇转马还，前脚犹立，后脚随崩，公得岸，画者溺死于海，众山之石皆倾注，今犹岌岌东趣，疑即是也。"

⑤　《汉书》卷九〇《酷吏列传·义纵传》，第3654页。

⑥　《汉书》卷八三《薛宣传》，第3397页。

冠道绝，免"①。太始四年（前93），江邹侯靳石"坐为太常行幸离宫道桥苦恶，太仆（今孙）敬声系以谒闻，赦免"②。修治进路，往往使"吏民困苦，百官烦费"③，成为沉重的社会负担。

尽管秦汉时期道路修治的直接目的多偏重于军事和政治需要，然而在客观上便利交通运输，促进经济发展的意义仍不可低估。特别是东汉时区域性道路的修建，已更多地出于经济上的考虑，亦即作为商路通行。④

二　商业

（一）商业的繁荣

随着农业和手工业的发展，商业也迅速繁荣起来。

两汉时期，河北规模较大的郡城国都不仅是行政管理中心，也是辖区的商业贸易中心。例如，西汉时邯郸是黄河北岸最大的工商业城市，城镇人口达10万—15万人，"北通燕、涿，南有郑卫"，"南通齐赵，东北边胡"，商贾们"转毂以百数，贾郡国，无所不至"⑤。燕国的都城涿，为汉代渤海、碣石之间的一个经济都会。这些城市都起着沟通本地区与邻近地区间的经济交换的重要作用。城市市场上的商品种类有哪些呢？据《史记·货殖列传》所说，大城市中已有三十多个商业行业（有的是亦工亦商）⑥。吃的有粟、米、饼、鱼、猪、牛、羊、枣、橘、姜、韭、酒、盐、酱、醋、豉、果、菜等；穿的有帛絮、细布（麻布）、榻布⑦、文采、皮革、狐裘、貂皮、羊羔裘、鞋履等；烧的有薪、稿；用的有竹器、铜器、素木器、上漆木器和毡席等；交通工具有船、

---

① 《汉书》卷一九下《百官公卿表第七下》，第771页。
② 《汉书》卷一六《高惠高后文功臣表第四》，第606页。
③ 《汉书》卷二五《郊祀志下》，第1254页。
④ 林甘泉主编：《中国经济通史·秦汉经济卷》，第834页。
⑤ 《史记》卷一二九《货殖列传》，第3279页。
⑥ 《史记·货殖列传》："通邑大都，酤一岁千酿，醯酱千瓨，浆千甔，屠牛羊彘千皮，贩谷粜千钟，薪稿千车，船长千丈，木千章，竹竿万个，其轺车百乘，牛车千两，木器髹者千枚，铜器千钧，素木铁器若卮茜千石，马蹄躈千，牛千足，羊彘千双，僮手指千，筋角丹沙千斤，其帛絮细布千钧，文采千匹，榻布皮革千石，漆千斗，蘖曲盐豉千荅，鲐鮆千斤，鲰千石，鲍千钧，枣栗千石者三之，狐貂裘千皮，羔羊裘千石，旃席千具，佗果菜千钟。"
⑦ 《史记·货殖列传》裴骃《集解》引《汉书音义》曰："榻布，白叠也。"第3274页。
白叠，即棉布。或译作白緤、帛叠，自西域和南方九真郡传来，系草本棉花纺织而成。

车和驾车的牛马；手工业原料有竹、木、漆、丹砂、筋骨等；另外还有治病用的草药等，丧葬用的棺椁、衣衾等，奢侈品珠宝、金器、玉器、远方珍奇等。

西汉初年，陈豨据代地举兵反叛，所置将领多为当地的大商人①。赵国的商人有很强的经济实力。赵王刘彭祖在位60余年，"二千石莫敢治，而赵王擅权。使使即县为贾人榷会"，韦昭曰："平会两家买卖之贾者。榷者，禁他家，独王家得为之也。"颜师古曰："就诸县而专榷贾人之会，若今和市矣。""入多于国租税。以是赵王家多金钱。"②

左思对邺城的市有这样一段非常精彩的描写：

> 廓三市而开廛，籍平逵而九达。班列肆以兼罗，设阛阓以襟带。济有无之常偏，距日中而毕会。抗旗亭之峣薛，侈所俯之博大。百隧毂击，连轸万贯。凭轼捶马，袖幕纷半。壹八方而混同，极风采之异观。质剂平而交易，刀布贸而无算。财以工化，贿以商通。难得之货，此则弗容。器周用而长务，物背窳而就攻。不鬻邪而豫贾，著驯风之醇浓。③

邺城还有专门的马市，是当时重要的马匹集散地。曹操北征乌桓"还邺，辽东送袁尚首，悬在马市"，护乌桓校尉牵招，曾是袁绍幕僚，"睹之悲感，设祭头下"④。据左思《魏都赋》，在汉末邺城的市场陈列着河北各地以及全国其他地区的著名特产。其中有：雍丘（今河南杞县）的粱，真定（今正定南）的梨，故安（今易县东南）的栗，中山（今定州市）的酒，信都（今冀县）的枣，襄邑（今河南睢县）的锦绣，朝歌（今河南淇县）的罗绫，房子（今高邑西南）的绵纩，清河（今清河东）的缣緵。又说："常山、平干、钜鹿、河间，列真非一，

---

　　① 《汉书》卷一下《高帝纪下》："豨将，皆故贾人。……（刘邦）乃多以金购豨将，豨将多降。"

　　② 《汉书》卷五三《景十三王传·赵敬肃王彭祖传》，第2420页。

　　③ （清）严可均辑：《全上古三代秦汉三国六朝文·全晋文》卷七十四《左思·魏都赋》，中华书局1958年版，第3777页。

　　④ 《三国志》卷二六《魏志·牵招传》，第731页。

往往出焉。"① 河北城市市场的繁荣景象，由此可见一斑。

各地之间的贩运贸易，是汉代商业活动的主要内容。当时，贩运贸易的商品，主要是地方特产。例如，幽州北部地区盛产名马，各地的大商人多来此地贩马。王莽末年，吴汉因为宾客犯法，从南阳逃亡到渔阳，由于资用匮乏，"贩马自业"，往来于燕、蓟之间，"所至皆交结豪杰"②。东汉末年，中山国大商人张世平、苏双等有千金之资，"贩马周旋于涿郡"③，见刘备而异之，给了他很多"金财"，刘备因此才得以聚众起事。张、苏二人能够拿出大量金钱财物资助刘备起事，可见当时从事贩马贸易的商业利润十分丰厚。④

蓟城是河北北部燕地的贸易中心。《盐铁论·通有篇》说："燕之涿、蓟，赵之邯郸，魏之温、轵，韩之荥阳，齐之临淄，楚之宛丘，郑之阳翟，三川之二周，富冠海内，皆为天下名都。"这里的市场，商品除了本地的农产品和手工业品外⑤，还有来自中原各地的布帛、漆器和来自乌桓、夫余、秽貉、朝鲜、真番的皮毛、牲畜及其他产品。蓟城的金属制品，粮、布、盐等，也由此输往东北地区。近年在朝鲜出土的用中国技术织成的菱形纹绢残片和各种漆器，可能就是从这里转运去的。商业的发展使蓟城周围也出现了富有的大商人阶层。《史记·货殖列传》说："燕秦千树栗"，"枣栗千石者三之，狐貂裘千皮，羔羊裘千石，旃席千具……此亦比千乘之家。"形象地描述了从事转贩商业的燕地大商人的情况。

货币是商业交换的媒介，是交换活动中的一般等价物。汉武帝元狩四年（前119），实行币制改革，采用了新的"白金"和"皮币"。所谓白金，实际上是银和锡的合金。"皮币"的原料是用皇家上林苑中养的白鹿的皮，长宽各一尺，上面有彩色的绘图。作钱40万，当时行不通。但可以说是中国纸币的第一次尝试。为了纠正白金、皮币不便流通的弊端，几个月后，开始铸造"五铢钱"。五铢钱相当精美，铜色浑厚匀称，文字端庄俊秀，并且采用环钱边缘凸起的轮廓，以保护币上的文

① （清）严可均辑：《全上古三代秦汉三国六朝文·全晋文》卷七四《左思·魏都赋》，中华书局1958年版，第3778页。
② 《后汉书》卷一八《吴汉传》，第675页。
③ 《三国志》卷三二《蜀书·先主传》，第872页。
④ 吕苏生：《河北通史·秦汉卷》，河北人民出版社2000年版，第269—270页。
⑤ 《盐铁论·本议》："燕齐之鱼盐旃裘。"

字不致磨损，同时增加牢度。这一边缘突起轮廓的铸法从此就固定了下来。五铢钱大小得体、轻重适中，汉代发行了五铢钱以后，钱币使用得更加广泛，流通的渠道也更多了。从汉武帝元鼎元年（前 116）起，五铢钱已作为唯一的钱币，独步于汉帝国的疆域。西汉"五铢钱"一直流通到三国以后。王莽称帝，将刀钱和五铢钱一并废除，专用新钱大泉、小泉，仅一年，又花样翻新，定出 6 种 28 等不同货币，分别用金、银、铜、龟、贝五种实物作为币材。交易时极为麻烦。东汉政权建立后，才重铸五铢钱。一直沿用至隋朝。

五铢钱在河北的考古发掘中有大量发现。1972 年在石家庄市发现的西汉时期五铢钱范分大小两种，范背有弓形柄，大者每一次铸 16 枚，小者每一次铸 14 枚。满城汉墓出土的五铢钱，书体与洛阳烧沟汉墓中的 II 型五铢钱相同，有周郭，直径 2.5—2.6 厘米，有的穿上有郭，有的穿下有月牙状凸起，穿的反面有郭。钱文书体仍为篆文，主要变化在"五"字上，其相交两笔是弯曲的，相交两笔和上下两横画相接处略向内收而显得较直，还有就是"铢"字的金字头略小。[①] 河北阳原三汾沟汉墓出土五铢钱 21 枚，6 枚残破，余 15 枚可分为 2 型。A 型 7 枚，与洛阳烧沟汉墓第 I 型五铢钱相同，"五"字交叉两笔斜直，"铢"字的"金"字头为三角形，四点较短，"朱"字头方折。钱径 2.5 厘米。B 型 8 枚，与洛阳烧沟汉墓 II 型五铢钱相同，"五"字交叉两笔弯曲，与上下两横相接处垂直，"铢"字的"金"字头如一带翼箭镞，四点较短。"朱"字头方折，钱径 2.6 厘米。[②] 在燕下都老姆台遗址的台上发现半两钱范，台上及台的东部发现汉五铢铜钱。[③] 邯郸市王郎村的西汉墓出土有西汉五铢。1958 年石家庄市文物单位在废品站发现一个铜制东汉五铢钱范母。长椭圆盘形，内有五铢钱模两行，每行二枚，正背各二。范背左边两格内铸铭文："建武十七年三月丙申，大仆监掾苍，考工令通、丞或，令史凤，工周仪造"。[④] 这 1 件铜钱范母和陈直先生在

---

①　宋治民：《战国两汉考古》图二十三，3，四川大学出版社 1994 年版，第 93 页。

②　河北省文物研究所、张家口地区文化局：《河北阳原三汾沟汉墓群发掘报告》，《文物》1990 年第 1 期。

③　河北省文物研究所：《燕下都》上册，文物出版社 1996 年版，第 6 页。

④　王海航：《石家庄市发现东汉五铢钱范》，《文物》1979 年第 3 期。

《两汉经济史料论丛》一书中所收的建武十七年范完全一样。[①] 建开十六年开始铸造五铢钱，钱范刻于始铸钱的次年，反映了东汉初年河北冶铜铸钱的情况，是极宝贵的材料。

(二)《四民月令》所见商业活动

自给自足是封建地主经济经营的基本特点。据崔寔《四民月令》，粮食可以完全自给而有余，蔬菜自栽，猪、羊、鸡自养，自制麹、酒、醋、茜、饴、糖（当时中原还没有蔗糖），自作脯腊、枣糒、葵菹、藏瓜；布帛自己织，自种蓝、茜草、地黄，自己染青、绀及彩色，自制衣服、白履。衣食几乎自给自足。

而且还采集药材，自制多种药膏丸散，药材有白犬骨及肝血、地黄、桃花、括楼、土瓜根、乌头、天雄、天门冬、术、艾、乌韭、瞿麦、柳絮、葸耳、蟾蜍、东行蝼蛄、柏实、车前子实、王不留行、菊花、枳实、白鸡头、牛胆等。成药包括诸膏、注药、小草续命丸、马舌下散、止利黄连丸、霍乱丸、创药、蓝丸、蜀漆丸、少小药等。

由此可见，封建经济自给自足的范围相当广泛，凡是可以自给自足，而且又有利可图的经营活动都尽可能做了。

表 6 - 1 　　　　　　　　《四民月令》中所见商业活动

月份	卖出	买进
二	粟、黍、大豆、小豆、麻子、麦	薪炭
三	黍	布
四		矿、大麦、弊絮
五	大豆、小豆、胡麻	矿、大麦、小麦、麸鞴、弊絮、布帛
六	大豆	矿、小麦、缣缚
七	大豆、小豆	麦、缣缚
八	种麦	黍、韦履
十	缣帛、弊絮	大豆、小豆、麻子、括楼
十一		秔稻、粟、大豆、小豆、麻子、白犬

---

① 陈直：《两汉经济史料论丛》，陕西人民出版社 1980 年版，第 123 页。

从表 6 - 1 可以看出：买卖商品的种类主要是粮食，其次是纺织品，还有薪炭、韦履、白犬，没有"雕文刻镂"的商品，与崔寔在《政论》里反对"列肆卖侈功，高贾鬻僭服，百工作淫器"的思想是一致的。商品的买卖有三种情况：第一，只有买进、没有卖出的产品，如薪炭、韦履、括撱、麰麴、秔稻等，这大概是因为地主家庭不生产或生产较少，而需要量较大，稻在北方很少栽培，而大米在古代被看作贵重的食品，符合地主生活上的需要。布只有买进，没有卖出，可能不是事实；因为自己也种麻织布，而且重视织布，不至于供不应求；也许在九月卖布，而九月原文散失了。䵃和大麦也只有买进，但十月和八月卖出麦，其中可能包括䵃麦和大麦。

第二，只卖出，不买进的产品，如胡麻。可能由于胡麻生产较多，满足需要后还有剩余，又不经营油坊（胡麻即芝麻，用于榨油）。"种麦"在冬麦播种来临之际的八月份出卖，价格在全年中最高。汉代已经把选择优良品种作为发展农业生产的有效措施，有的实行穗选，甚至出现了专门生产种子的种子田。崔寔没有说明卖的"种麦"是经过优选或在自家种子田生产，还是把买来的质量较好的大麦、小麦、䵃麦卖给他人做"种子"，无论是哪种情况，都是商品性的，对发展农业生产都有积极意义。

第三，既买进又卖出的产品，包括粟、黍、麦、大小豆、麻子、缣帛、弊絮等，这些都是大宗商品。

从以上商品买进卖出的时间来看，经营者遵循这样的经营原则：总是在农作物刚收获时或市场上的产品较多时买进，因为这时正是商品价格较低的时候，而卖出总是在市场供应较少而价格已经上涨的时候。对于成为大宗商品的粮食和丝织品，不但自己生产的待价而沽，而且还趁价格低落时收买，等待价格上涨时卖出，获取买贱卖贵的利润；同时具有调节有无的性质。

三　城　市

战国末期，七雄争霸，河北是主要战场之一，不仅一些名城遭到毁灭，由于人口锐减，不少城镇也湮没于黄沙蒿莱之中。秦的统一，在政治上结束了长达数百年的纷争割据局面，在行政管理上普遍推行"郡县制"。秦初在全国设 36 郡，后增到 40 多郡，郡下辖县。其中河北境内有 8 郡：右北平、渔阳、上谷、广阳、代、邯郸、钜鹿、恒（常）山，8 郡辖县一百多个，此外，还有 13 郡、24 县辖地部分位于今河北省境内。

汉承秦制，除设郡县外，又广封同姓王，郡县制与分封制同时并行。西汉初年，郡和封国同为地方最高一级行政区划。《汉书·地理志》记载，当时河北境内主要有 11 郡、7 国 202 个县。郡城和国都有：邺、邯郸、钜鹿、元氏、清阳、广平、真定、卢奴、信都、乐成、浮阳、涿、代、沮阳、渔阳、平刚、蓟和阳乐。[①] 东汉时，地方建制沿袭西汉，但对郡、国、县、道进行了并省调整，据《续汉书·郡国志》记载，河北境内置有 10 郡、6 国，129 个县。郡城和国都有：邺、邯郸、元氏、卢奴、信都、乐成、涿、代、沮阳、蓟、渔阳、廮陶、南皮、土垠、蔚县等。这些郡城、国都和县的治所成为所辖区域的行政中心，随着行政职能的不断强化，又刺激了其经济文化商贸职能的增强，成为当地的工商业中心，进而使各级行政中心地深化为不同级别的城镇。

（一）主要城市

随着社会经济的发展，河北出现了一批著名的全国性商业大都市。西汉有郡城 103 个，县级城 1587 个。其中，《史记·货殖列传》列举的"都会"有 15 个，河北 2 个。这两个就是南部的邯郸和北部的蓟（今北京），《盐铁论·通有篇》言及天下名城十二，河北占其三："燕之涿、蓟，赵之邯郸……富冠海内，皆为天下名都。"在邯郸与蓟之间由南往北的重要城市有中山、沙丘、涿等，已由春秋时的燕都蓟一个比较发达的点，发展成为近乎连成一线的若干个点。涿在今河北涿州，沙丘在今河北广宗，中山在今河北定州，邯郸在今河北邯郸。这些经济都会基本上是沿太行山东麓南北排成一线，北端偏向东延伸到燕山南麓，南端偏向西延伸到太行山麓。规模较大的郡城国都除作为行政管理中心外，也是辖区的手工业、商业贸易中心。

河北地区地处黄河下游北部，东濒渤海，地势西北高，东南低。地貌类型多样，有北部燕山山地区、坝上高原区、西北部山间盆地区、西

---

① 阳乐，辽西郡治所，在今辽宁义县西。蓟，广阳郡治所，在今北京市。

部太行山地区和东南部河北平原区。西汉时期，这一地区设有县治以上城市 222 个。①　这些城市中，有 67 个沿用了战国以前的城邑，13 个为秦代设置的，142 个是西汉新建的。②

东汉在河北地区的郡国设置自西向东逐渐减少。西部一线自北向南设有广阳、涿郡、中山、常山（治今元氏）、赵国（治今邯郸）、魏郡（治今邺县）六个郡国。平原中部一线有河间（治今献县）、安平（西汉信都郡，治今冀县）、清河（治今临清）三个郡国。平原东部一线设有勃海郡（治今南皮）。郡和侯国的治所既是地方性的政治都会，也是农业水平比较高和人口比较稠密的地方。郡国设置由西向东逐渐减少，说明在东汉时河北平原的东部和中部尚未开发到与平原西部足以相提并论的程度，也说明直到东汉时期河北平原的农业仍限于若干个点或南北走向的三条直线上。

从区域分布来看，河北地区汉代城市呈现出南密北疏的总体特征。位于该地区中南部的冀州刺史部所辖的 10 郡国，西汉时期的城市密度仅次于青州，高达 19.97（单位：城/万平方千米，以下同）③。尤其是太行山东麓至黄河西北岸之间的平原地带，包括真定、广平、信都、河间四国和钜鹿、清河两郡，以及魏郡和中山国的大部分，构成关东地区城市分布最为密集的四个区域之一。东汉时期省并郡县，河北地区的城市数减至 130 个④，但城市分布的大致格局基本未变。冀州所辖郡国城市密度仍达 10.95，仅次于兖州，仍为城市分布最密集的区域之一。⑤

考古工作者已经调查了两汉时期河北地区（含京、津）的几十处城市遗址，其中见诸各类报告的有 30 余处，为研究河北地区汉代城市的发展状况提供了便利。

---

① 此处取《汉书》卷二八《地理志》所载西汉成帝元延、绥和年间的县数。
② 日本学者木村正雄为探讨中华古代帝国的形成，曾对汉代诸县的成立过程和废置沿革进行过缜密的考证，其中亦有涉及河北地区汉代县治由来及沿革的文字。可参见氏著《中国古代帝国の形成——特にその成立の基础条件》，不昧堂书店 1965 年版。
③ 周长山：《汉代城市研究》，人民出版社 2001 年版，第 16 页。
④ 此处取《续汉书·郡国志》所载东汉顺帝永和年间的县数。
⑤ 两汉的州郡面积参考葛剑雄著《中国人口发展史》（福建人民出版社 1991 年版）第 327—338 页中提供的数字。

表 6 - 2 河北地区所见汉代城址一览①

古城名	今地	城郭规模（米）	城基厚度（米）	夯层厚度（厘米）	出处
要阳县	滦平县	东 300、西残长 90、北 133			驹井和爱：《中国都城·渤海研究》，雄山阁 1977 年
白檀县	滦平县兴洲乡	东西 460、南北 460 残宽 8.7			河北省地方志编纂委员会：《河北市县概况》1986 年
沮阳县	怀来县大古城	大城东西 500、南北 900。小城位于大城东南隅外侧	4.7—13	12—22	《考古》2001 年第 11 期
蔚县代王城镇	代县	椭圆形，周长 9265	2—38，有马面 11	3—16	《文物春秋》1997 年第 3 期
	阳原县	东西 230、南北 330			《中国文物报》1997 年 8 月 24 日
	崇礼县	面积约 105000m²			《河北市县概况》
曲逆	顺平县	周围约 10000			《河北市县概况》
保定东璧阳城					《文物》1959 年 9 月
井陉城	井陉矿区	东西 431、南北 500			《文物春秋增刊》1992 年
石邑	获鹿县铜冶镇	东西 1500、南北 1000			《河北市县概况》
房子县	高邑县古城村				河北省文物研究所《河北考古文集》，东方出版社 1998 年版

---

① 本表参考周长山《河北地区汉代城市的历史考察》（《中国历史地理论丛》2005 年第 2 期）文中表格制作。

续表

古城名	今地	城郭规模（米）	城基厚度（米）	夯层厚度（厘米）	出处
元氏县	元氏县故城村	东西1100、南北1100	23	10	《文物参考丛刊》1期《考古与文物》2001年第6期
柏人城	隆尧县西部	周长8320	15		《河北市县概况》
武垣县	肃宁县城东	东西1750、南北1750			《河北市县概况》
东垣县	石家庄北郊				《考古》1980年第1期
藁城县	藁城	面积48600平方米			《文物资料丛刊》1期
	章武县	黄骅伏漪城			《考古》1965年第2期
	临城县东柏畅村	东西420、南北600、周长2040	8—15	4—8	《文物》1988年第3期
邯郸	邯郸市	大北城：东4800、西5604、南3090、北1820	10—14		《考古学集刊》4期
武安市午汲古城		东西889、南北768 面积668000平方米	8—13	7—14	《文物考古资料》1954年第9期；《考古通讯》1957年第4期
磁县讲武城	磁县讲武城	东西1100、南北1150	12	8—11	《考古》1959年第7期
邺北城	临漳县	东西2400、南北1700	15—18		《考古》1990年第7期
良乡县	北京房山区窦店	内城：东西1100、南北860；外城：东西1200、南北960	7—10	内城12—17	《文物》1959年第9期；《考古》1992年第8期
西乡县	北京房山区长沟	东西360、南北500			《考古》1963年第3期
广阳县	北京房山区良乡镇	残存500余	37		《中国考古学年鉴》1期

续表

古城名	今地	城郭规模 （米）	城基厚度 （米）	夯层厚度 （厘米）	出处
	北京 昌平县	周长约 2000			《文物》1955 年第 1 期
博陆县	北京 平谷县	东西 220、南北 240			《考古》1962 年第 5 期
东平舒县	天津静 海县南	正方形，周长 2055			《中国考古学年鉴》 1994 年
泉州县	天津武清 县黄庄乡	东西 500、南北 600		10	《文物考古工作三十 年》1981 年
漂榆邑 （？）	天津军 粮城	东西 300、南北 170			《考古》1993 年第 2 期
雍奴县	天津兰城	方形，边长 1000			张传玺：《秦汉问题研 究》，北京大学出版社 1995 年版

　　燕国的都城在涿，为汉代渤海、碣石之间的一个经济都会，"南通齐赵，东北边胡"。《史记》所说的燕仅指蓟而言，蓟为古燕都之地，入汉后为渔阳要镇。蓟镇在连接中原燕赵故地与幽州北境的辽东、辽西、右北平等边郡中，为襟腹要地，对沟通中原幽燕地区与东北地区各民族政治、经济、文化的发展以及民族间的往来所系尤重。① 成书于《史记》之后的《盐铁论》在说到燕的都会时，则以涿、蓟并称（见《通有篇》），说明涿在汉代已有新的发展。

　　邯郸建立于战国时期，为赵国国都。秦二世元年（前 209），秦将章邯兵至邯郸，"徙其民河内，夷其城廓"②，邯郸故城被夷为废墟。西汉时邯郸再度兴起，城镇人口达 10 万—15 万人，成为黄河北岸最大的工商业城市，邯郸还拥有漳水、滏水、沁水等舟楫之利，因而成为这一地区的交通枢纽和贸易中心。在地质学家看来，河流是雕刻大自然的工

---

① 王绵厚：《秦汉东北史》，辽宁人民出版社 1994 年版，第 69 页。
② 《史记》卷八九《张耳陈馀列传》，第 2578 页。

具；历史学家认为，河流是人类古代文明的摇篮。河流哺育了城市，河流两岸有肥沃的土地，清澈的河水给人们以充足的水源，用以饮食和灌溉土地。

《史记·货殖列传》描绘了邯郸的盛况，"邯郸亦漳、河之间一都会也。北通燕、涿，南有郑、卫"。邯郸是河内区、河东区最大的商业城市。它通过河内区的温与轵两个商业城市，与西部上党区贸易；通过河东区的杨与平阳两个商业城市，"西贾秦、翟，北贾种、代"，与边塞外匈奴人贸易。邯郸向南，与郑、卫、齐、鲁地区贸易。邯郸是一个转运商业的城市，商贾们"转毂以百数，贾郡国，无所不致"，不仅促进了这个地区的经济发展，也进一步沟通了这一地区与邻近地区间的经济往来。邯郸与临淄、洛阳、长安、成都合称海内五大都会，冶铁等手工业和商业繁荣昌盛达五百年之久。

东汉末年，曹操定都邺城（治今临漳西南），对邺城进行大规模兴建，随着邺城的兴起，邯郸逐渐衰落。

邺城位于河北省临漳县与河南省安阳县交界处，在临漳县城西南17.5公里，在漳河岸边，有灌溉之利，是河北平原最富裕的地区之一。西北依邻太行山，三面为富饶的大平原所环绕，通过太行山谷道滏口径，可进入山西高原，南部临近中原地区。控制邺城及其周围，可以河北为根本而问鼎中原。

邺城始建于春秋齐桓公时代，战国初期魏文侯在此建都。东汉末期，邺为冀州治所。东汉初平元年（190），袁绍领冀州牧，镇邺。不久，兼并了青、并、幽三州之地，邺成了黄河流域大部分地区的统治中心，时有"邺都"之称[1]。颍川人郭图建议袁绍"迎天子都邺，绍不从"[2]。建安九年（204），曹操打败袁绍，统领了黄河中下游地区。此时，曹操已居挟天子以令诸侯之势，成为有名无实的皇朝。曹操很看重邺城，以魏王的名义定都邺城，在战国魏都旧址上进行重建，在邺建社稷、宗庙，虽名义上属汉，都城在许，而实际上的政治中心在曹操所在

---

① 《三国志·魏书·武帝纪》注引《世语》：魏讽"倾动邺都"。《三国志·魏书·袁绍传》注引《献帝传》："沮授说绍云：'今州城粗定，宜迎大驾，安宫邺都，挟天子而令诸侯。'"《三国志·魏书·韩暨传》："时新都洛阳，制度未备，而宗庙主拓，皆在邺都。"又《后汉书·袁绍传》："摧严敌于邺都，扬休烈于朔土。"

② 《三国志》卷六《魏书·袁绍传》，第194页。

的邺。《水经注·浊漳水》条描绘曹魏邺城说："（城）东西七里，南北五里，饰表以砖。"按晋尺（1 晋尺 = 0.245 米）折算，合东西 3037 米，南北 2205 米。

邺城规划周密，宫城、官署与民居截然分开，城内有一条东西大街，将皇城分为南北两部分。城北部又分三部分，从东向西依次为戚里，是宗室外戚的住所；宫殿、官署区，是曹操处理政务，或朝会四方之所；最西为王室专用园林铜雀园。城市南部主要是居民区，商业区和文化区。整个邺城"东西七里，南北五里"[①]，城有七门。曹魏时代的邺城布局，对中国古代都城的发展有深刻影响。

曹魏邺都的皇宫建筑十分豪华辉煌，在中国历史上的皇宫建筑中占有重要地位。外朝以文昌殿为正殿，其南正对着皇城的南门（即端门），是天子朝会群臣、班行大礼之处。文昌殿前一东一西，建有钟楼、鼓楼，晨钟暮鼓，主宰着都城军民的生活节奏。

其皇宫内朝正殿为听政殿，在言昌殿之东，殿前为听政门，门外则为中央政务机构，如听政闼、纳言闼、尚书台、升贤署，谒者台阁、符节台阁、御史台阁、丞相府各属曹，均在此处。其皇宫分外朝、中朝（即内朝）二等级，大司马、侍中、散骑等官在内朝听政，其下的低级官员则在外朝处理政务。

皇宫的后宫之中有鸣鹤堂、文石室、楸梓坊、森兰坊等建筑，均在听政殿之后，除了这些正殿后宫之外，周围则有供皇室游玩的园林。在言昌殿之西，有铜爵园，园西有著名的铜雀三台，即铜雀台、金凤台、冰井台。

邺城之西，曹操又建有玄武苑，引新河水入苑，苑中建有鱼梁、钓台、竹园、葡萄园。又在漳水之南开凿玄武池，以备水师练习之用。此外又有芳林园、灵芝园、灵芝池等园林池沼。

（二）社会风习

蓟城和代城（治今蔚县）位于河北平原的北部，很有北方的特点。中山（治今完县）、邢城（治今邢台）、沙丘（治今广宗）、邯郸和邺城位于河北平原的南部，既有北方的特点，又兼有南面中原文化的特点。

___

① （北魏）郦道元著，陈桥驿校证：《水经注校证》卷十《浊漳水》，第 260 页。

《汉书·地理志下》说蓟地的女子,"初,太子丹宾养勇士,不爱后宫美女,民化以为俗,至今犹然。宾客相过,以妇侍宿,嫁取之夕,男女无别,反以为荣。后稍颇止,然终未改。"

赵地邯郸的女子表现又有不同,司马迁《史记·货殖列传》中说邯郸的风俗是男子相聚游戏,掘冢剽掠,作巧奸冶,"女子则鼓鸣瑟,跕屣,游媚贵富,入后宫,遍诸侯"。司马迁还说:"今夫赵女郑姬,设形容,揳鸣琴,揄长袂,蹑利屣,目挑心招,出不远千里,不择老少。"就是说邯郸城中的女子一向以美貌闻名,自己也善于修饰容貌,平时操琴,穿长袖衣,穿轻便的舞鞋,凡是富贵人家,各国君王的后宫,不论有多远,都能找到她们。司马迁说邯郸女子之所以这样的原因,是由于那里有商纣王"淫地余民"的遗风。阳翟大贾吕不韦娶了邯郸诸姬中一位容貌绝好而且善于歌舞的女子为妾,还是邯郸豪家之女,后来做了秦庄襄王的王后,秦始皇即位后尊为帝太后。汉文帝慎夫人、尹姬和汉武帝王夫人也都是邯郸人。此外,汉文帝窦皇后为赵清河人,汉武帝钩弋赵婕妤为河间人,临近邯郸。汉武帝李夫人为赵中山人,父母兄弟世代为乐人。

邯郸男子的冶游举动更是有弹琴百万歌、斗鸡、走犬、六博、蹴鞠、饮酒、狎妓等多种名目,其中尤以六博和狎妓最为突出。汉代人认为,这些举动虽然和商纣王、燕太子丹的感染有些关联,但主要是由于社会经济的繁荣所造成的。班固的《两都赋》中就说:"于是既庶且富,娱乐无疆,都人士女,殊异乎五方。游士拟于公侯,殖肆侈于姬姜,乡曲豪俊游侠之雄连次合众,骋骛乎其中。"[1] 仲长统的《昌言》中也说:"豪人之室,连栋数百,膏田满野,奴婢千群,徒附万计。船车贾贩,周于四方,废居积贮,满于都城。琦赂宝货,巨室不能容,马牛羊豕,山谷不能受。妖童美妾,填乎绮室,倡讴妓乐,列乎深堂。宾客待见而不敢去,车骑交错而不敢进。"[2]

(本章内容参见拙著《两汉河北地区的交通及其对城市的影响》,《南都学坛》2011 年第 4 期)

---

[1] (清)严可均辑:《全上古三代秦汉三国六朝文·全后汉文》卷二十四《班固·西都赋》,中华书局 1958 年版,第 1205 页。

[2] 《后汉书》卷四九《仲长统传》,第 1648 页。

第七章　汉代河北与北边
少数民族的关系

　　本章所述北边少数民族的活动，在详略处理上视其与河北关系的疏密有无而定，不作全面论述。

一　两汉与匈奴的关系

（一）河北的汉长城

　　秦统一后，为了抵御匈奴，将原来秦、燕、赵北边的长城连接起来。汉王朝为防匈奴，在修缮秦长城的同时，不断构筑新的长城。汉长城东起辽东，西至新疆罗布泊，总长达 1 万多千米，大体可分西、中、东三段。西、中两段与今河北无关，略而不述。东段北线，汉武帝和昭帝时修治。西起今内蒙古卓资县，经商都、兴和入河北张家口、承德地区，又进入内蒙古宁城县，东南折和辽宁，达于朝鲜境内的浿水。东段南线，从河套以东经今山西左云县，向东南至雁门，越恒山沿太行山脉至今河北临漳境内，这条内层防线，为西汉武帝、东汉光武帝修筑。

　　汉长城线上的关隘，是控制重要长城地段的专设关城和隘口。这种关城多在长城山口或交通要隘处。其建置无定制，距离也无定式。汉武帝时期体系进一步得到完善，增设边城、障塞和烽火台等设施，形成汉帝国北部的坚固。在河北省境内代表性的长城关隘，是围场县境的岱尹梁东和西关城。围场县岱尹梁隘口，东、西二城相对筑于山口之两侧。西侧小城东西宽 58 米，南北长 76 米。东侧小城东西宽 66 米，南北长 40 米。这种控制山口的城堡，小于长城沿线的守备城而大于亭燧遗址。它的作用正是"通川之道"上的关城。类似这种关城的墙寨，在长城的重要隘口，多有遗存。……是扼守这一线长城隘口的特殊建筑①。

据河北省考古工作者的初步调查统计，有遗迹可寻的河北省北部的汉长城线墩台不下百余座。它经河北省承德进入宁城县境，再东行与辽宁西部的建平县汉长城遗迹相衔接，其基本走向在北纬41°40′稍北的东西横线上。在西起今河北省北部的承德地区，东到内蒙古自治区东部的宁城一线，均有汉代北方障塞的零散遗迹。这道汉代障塞线，大部分在燕、秦长城偏南，所以考古调查者又称其"第三道长城"。这第三道长城，应为汉武帝之后增设的又一条障塞线或戍边线。据考古调查所见："第三道长城，位于明长城北，燕秦长城以南，时代较晚，属汉代。……这道长城和内蒙昭盟（赤峰）第三道长城即宁城县西部之汉长城相连，在河北省的承德、隆化、滦平、丰宁都发现了这道长城以及和这道长城有关的墩台（烽燧）遗址。……（长城）残高1.5米，宽8—10米，存长约15千米。大部为土筑，有的地方以石为基，上为夯土，长城附近有墩台，从志云乡西行，长城变为墩台形式，即不筑城墙，而是相距二公里筑墩台一座。"②承德地区汉代墩台遗址有上百余座，墩台为方形，底宽顶窄，一般存高3米以下，每边长8—12米不等，多修建在两河交汇之处的三角地带或交通要衢的山口。当地群众俗称为"馒头包"或"炮台山"。在墩台附近发现大量属于西汉早期特征的绳纹瓦片、瓮、罐等陶器残片和陶纺轮等遗物。汉代古长城沿线及其交通隘口上的重要关隘遗址，与长城线上的守备城堡，障堠小城和烽燧遗址等，共同构成了完整的防御体系。

汉代承袭秦朝的边塞制度，并进一步完善。据汉简的记载，汉代长城是"五里一燧，十里一墩，卅里一堡，百里一城"。根据长城遗迹调查所知，实际上约莫三里就有一燧，数十里就有一城。郑绍宗调查，"在河北，西汉长城外线从尚义桃山乡——老掌沟，全长292.519公里（与秦长城同），从丰宁猴顶山东麓窟窿山五员外村西1公里啥乞沟门出现西汉北线列燧起，东行到承德县志云东七老网山脊与内蒙古宁城大营子上拐村的西汉长城相接，北线列燧长约120公里。以上合计长

_____

① 王绵厚、李健才：《东北古代交通》，沈阳出版社1990年版，第68页。
② 文物编辑委员会：《中国长城遗迹调查报告集》，文物出版社1981年版，第35、36页。

412.519 公里。"河北的燕、秦长城一侧已发现 21 座城址，主要分布在长城内侧，每隔 20 千米左右一座。今承德的西汉列燧长城旁分为北线（外线）和南线（内线），共有 16 座城址。① 烽台"高四丈二尺，广丈六尺，积六百七十二尺，率人二百廿三尺"②。亭燧为管理烽燧传递边警的驻地，每燧的戍卒三至五六十人不等，负责瞭望敌情，传递消息。"边方备警急，作高土台，台上作桔皋，桔皋头有兜零，以薪草置其中，常低之，有寇即燃火，举之以相告，曰烽。又多积薪，寇至即燔之，望其烟，曰燧。昼则燔燧，夜乃举烽。"③ 军情可以迅速传达到京城，防备严密。汉文帝采纳晁错募民实边的建议，"募民相徙，以实塞下"④。至西汉末，北边凉、并、幽 3 州和朔方等 28 郡已有人口近 800 万。东汉初，光武帝刘秀忙于国内的统一，无暇顾及周边。平定各地的割据势力后，光武帝着手加强边防，不断派兵戍边和修筑长城烽燧。建武十二年（36）十二月，"遣骠骑大将军杜茂将众部施刑，屯北边，筑亭候，修烽燧。"⑤ 同时，"遣谒者段忠将众部施刑配茂，镇守北边，因发边卒筑亭候，修烽火"⑥。建武十三年，"诏霸将施刑徒六千人，与杜茂治飞狐道，堆石布土，筑起亭障。自代至平城三百余里"⑦。翌年，扬武将军马成屯驻常山、中山，"以备北边"。"又代骠骑大将军杜茂缮治障塞，自西河至渭桥，河上至安邑，太原至井陉，中山至邺。皆筑堡壁，起烽燧，十里一候"⑧。建武十五年，迁徙雁门、上谷、代郡吏民六万余人到居庸关和常山关以东，垦田实边。⑨ 建武二十一年（45），"始遣中郎将马援、谒者分筑烽堠，堡壁稍兴"。⑩

长城处于农业经济区与游牧民族区的分界处，具有经济隔离带的作

① 郑绍宗：《河北古长城》，河北教育出版社 2016 年版，第 328、335、337 页。
② 林梅村、李均明：《疏勒河流域出土汉简》，文物出版社 1984 年版，第 46 页。
③ 《后汉书》卷一下《光武帝纪下》李贤注引《前书音义》，第 60 页。
④ 《汉书》卷四九《晁错传》，第 2288 页。
⑤ 《后汉书》卷一下《光武帝纪》，第 60 页。
⑥ 《后汉书》卷二二《杜茂传》，第 777 页。
⑦ 《后汉书》卷二〇《王霸传》，第 737 页。
⑧ 《后汉书》卷二二《马成传》，第 779 页。
⑨ 《后汉书》卷一下《光武帝纪》，第 64 页；《续汉书》志一〇《天文志上·光武十二条》，第 3221 页。
⑩ 《续汉书》志二三《郡国志五·日南条》应劭注引《汉官》，第 3532 页。

用，是农耕民族为对付游牧民族进攻而设的战略防御措施。修筑长城，进可作为前进基地，守可作为防御前沿，因此能有效阻止快速机动的匈奴骑兵。长城作为军事防御设施，既是阻碍民族融合的障碍，同时也是民族交流的纽带。据《史记·匈奴列传》记载，自匈奴冒顿单于以来汉长城关市一直对匈奴开放，"匈奴贪，尚乐关市，嗜汉财物，汉亦尚关市不绝以中之"。"景帝复与匈奴和亲，通关市"。武帝初年，亦"明和亲约束，厚遇，通关市饶给之"。长城两边的居民和商人的往来受军事形势的影响，有时频繁，有时中断。南匈奴归附后，与南匈奴族原住地区的贸易，成为境内贸易的一部分，与北匈奴的关系则是战争与贸易交替出现。

(二) 西汉河北与匈奴的关系

西汉建立后，匈奴的势力已延伸到今山西、河北北部。从汉高祖刘邦到汉武帝初年，汉对匈奴一直采取"和亲"政策。河北北部，时为汉人和胡人的错居之地，是匈奴和西汉的对峙地带。刘邦在燕赵地区所封异姓王，为了自保，动摇于汉和匈奴两强之间，或因失去西汉的信任而归降匈奴，或因受匈奴的胁诱而背汉。刘邦之世，燕王臧荼、卢绾先后叛汉，逃亡匈奴，代相陈豨之叛，也与暗中联结匈奴有关。刘邦剪除异姓王后，在燕赵地区改封同姓王，先封其兄刘喜为代王，后又立子刘恒为代王、刘建为燕王、刘如意为赵王等。在燕赵地区分封宗室子弟为王，就是为了应对汉匈既和又争的形势，在这里既展现了民族间经济文化融合的一面，也呈现出军事和政治上冲突的一面。

自文景之世，直至武帝初年，汉与匈奴和亲不绝，同时不断修缮边塞，而燕赵北部边境经常受到匈奴的侵袭。汉武帝即位后，国家已经积聚了大量的粮食和钱财，中央集权大大加强，战马增多了，战士有了较好的训练，反击匈奴的时机已经成熟。汉武帝元光六年（前129）以后数年，匈奴多次侵入代郡（治代县，今蔚县）、上谷（治沮阳，今怀来）、渔阳（治渔阳，今密云）及辽西（治阳乐，今辽宁义县）诸郡，杀代郡太守恭及、代郡都尉朱英，败渔阳太守，杀辽西太守，每次虏略民众数千人。

从武帝元光六年（前129）至武帝元狩四年（前119）的10年间，西汉与匈奴进行了十多次战争，其中大型的决战有3次，有2次是从河北北部出兵，可见其战略地位的重要。元光六年，遣韩安国屯渔阳以备匈奴。元朔元年（前128），卫青击退侵入辽西、渔阳、雁门的匈奴骑兵。元朔二年，匈奴进攻上谷、渔阳两地，汉武帝派卫青出兵云中，在河套大败匈奴军，取河南地，此后设置朔方和五原两郡，并募民10万迁居这里屯田戍边。元朔三年，匈奴掳掠雁门、代郡。元朔四年，匈奴侵扰代郡、定襄、上郡。元朔六年，大将军卫青先后两次击败匈奴骑兵。剽姚校尉霍去病功最著。元狩元年（前122），匈奴骑扰上谷。元狩三年，匈奴骑入右北平、定襄掳掠。元狩四年（前119），匈奴从右北平（今河北平泉县一带）、定襄（今内蒙古和林格尔一带）攻汉边郡。武帝派大将军卫青、骠骑将军霍去病率骑兵分两路迎击。卫青出定襄塞外一千余里，大败匈奴军，单于仅率数百骑逃往漠北；霍去病出代郡（治今河北蔚县）塞外两千余里，大败匈奴左贤王，俘获7万余人，匈奴残部逃往漠北。征和二年（前91），匈奴骑扰上谷、五原。

汉昭帝时，匈奴统治集团内部为争夺统治权相互攻杀。宣帝时，匈奴形成五单于纷争的局面，呼韩邪单于率部众到五原塞向西汉称臣，郅支单于也遣使入汉通好。元帝时，郅支单于西入康居，被西汉西域都护甘延寿和西域副使陈汤击杀。从此，匈奴全归呼韩邪单于统辖。甘露三年（前51），呼韩邪单于亲自入汉觐见元帝，"赞谒称臣"，汉朝待以殊礼，赐给他黄金做的匈奴单于玺，正式确定了汉匈间的君臣关系。从此，汉族与匈奴族人民和睦相处达半个多世纪之久，"是时边城晏闭，牛马布野，三世无犬吠之警，黎庶忘干戈之役"①。呼韩邪附汉，开创了汉族与匈奴族和平友好、团结合作的新局面，促进了中原与匈奴间的经济文化交流。计算、筑城、建屋、打井等汉文化和汉族人民的生产技术传入匈奴，推动了匈奴族的生产和生活的进步；匈奴的良马和养马术等传入中原，也促进了西汉养马业的发展。

王莽执政期间，对匈奴采取了错误的民族政策，一方面无理干涉匈奴内政，另一方面贬低匈奴单于的政治地位，这些引起了匈奴的不满，反抗斗争不断。为此王莽再次对匈奴进行全面战争，这不仅加重了国内人民的负担，而且破坏了自汉武帝元狩四年（前119）以来的汉匈之间

---

① 《后汉书》卷八九《匈奴传》李贤注引《前书·赞》，第2966页。

和平相处的局面。

（三）东汉河北与匈奴的关系

东汉初，渔阳太守彭宠与涿郡太守张丰，联结匈奴，叛汉自立。彭宠攻幽州牧朱浮，并分兵攻占广阳、上谷、右北平。匈奴单于遣骑兵助彭宠，攻陷蓟城，朱浮逃走，彭宠自立为燕王。光武帝刘秀亲自到卢奴（治今河北定州市）指挥平叛，在良乡（今北京市南）、阳乡（今河北固安西北）与彭宠、匈奴联军激战，张丰被俘，彭宠败逃，后被苍头（奴隶）子密杀死。平定叛乱后，刘秀遣将屯守常山、涿郡、渔阳、上谷，修治飞狐道，沿边筑亭障，修烽燧。后又迁雁门、上谷、代郡吏民6万余口，安置在居庸关和常山关（即飞狐口）以东，充实边防。渔阳太守郭伋和继任的张堪，劝农耕稼以致富，训民为兵以备匈奴，匈奴不敢犯塞，沿边诸境比较安定。

东汉时期，在燕赵北部边疆又有乌桓、鲜卑、辽东高句丽和南匈奴的侵扰，终东汉时期屡犯不绝。王莽政权覆灭后，代郡闵堪参加了匈奴扶持以安定卢芳为首的割据政权。建武二年（26），渔阳太守彭宠据地自立为"燕王"，与闵堪联合，匈奴单于派左南将军率领七八千骑兵，"往来为游兵以助宠"[1]。势力最盛时，控制了渔阳、涿郡、上谷、右北平诸郡。建武五年，彭宠被刘秀消灭。卢芳割据政权内部发生斗争，代郡闵堪归降刘秀。但匈奴仍继续侵扰边郡，二十一年冬，"复寇上谷、中山，杀略钞掠甚众，北边无复宁岁"[2]。建武十二年，刘秀派遣骠骑大将军杜茂将众郡施刑屯边，"筑亭障，修烽燧"[3]；十三年，选捕虏将军马武屯兵滹沱河，防备匈奴；十五年，迁徙雁门、代郡、上谷三郡的民众，安置在"常山关、居庸关以东"[4]。十七年，匈奴、乌桓、鲜卑数次连兵入汉边塞。东汉政府对匈奴、鲜卑、乌桓的侵扰，以退却、防御为主，先后放弃了云中、五原、朔方、北地、定襄、雁门、上谷、代

---

① 《后汉书》卷一二《彭宠传》，第 504 页。

② 《后汉书》卷八九《南匈奴传》，第 2940 页。

③ 《资治通鉴》卷四三《汉纪三十五》，第 1379 页。

④ 《后汉书》卷一下《光武帝纪下》，第 64 页。《续汉书》志一〇《天文志上·光武十二条》："吴汉、马武又徙雁门、代郡、上谷、关西县吏民六万余口，置常山关、居庸关以东，以避胡寇。"

郡等八郡，徙其吏民于内地。建武二十一年，由于乌桓、鲜卑、南匈奴的联兵侵袭，代郡、上谷、渔阳、右北平与辽西五郡一度空虚，百姓流亡，边陲萧条，无复人迹。光武帝遣将修筑堡塞，或空置太守令长，以招还人民。又置护羌校尉、护匈奴中郎将，常年防守。西羌侵占关陇、益州，势力强盛时也曾东达赵、魏，汉安帝曾诏令魏郡、赵国、常山、中山修缮建立坞堡六百一十六所，以防避羌人。

建武二十二年（46），匈奴连年旱蝗，赤地数千里，人畜死于饥疫者大半，单于害怕汉朝乘机对他用兵，遣使至渔阳求和亲，乌桓却乘匈奴饥疫击败匈奴，匈奴北迁，漠南地空。不久，匈奴为争夺王位发生内讧。建武二十四年（48），匈奴八部大人共推日逐王比为呼韩邪单于，并派人至五原塞，表示愿永为汉朝藩屏，刘秀接受了比的归附，从此匈奴分南、北两部，南匈奴归附汉朝后，奉藩称臣，求派使者监护，进一步巩固了与东汉王朝的关系。南匈奴附汉，解除了东汉王朝北面的忧患。由于"久居塞内"，与汉族杂居，逐渐"与编户大同"。①

合市是匈奴人民的广泛要求，符合汉匈两族人民的利益，但是，由于北匈奴的侵扰，致使汉匈两族间正常的互市难以维持。为解除北匈奴南侵之患，东汉政府于永平十六年（73）和永元元年（89），先后派遣窦固、窦宪、耿秉等率军北伐，大败北匈奴。北匈奴被迫西迁。这样，南匈奴和招降的北匈奴，南迁定居于今河北、内蒙古、山西、陕西长城内外地区，同汉族人民杂居，长期交往，经济文化相互沟通，相互吸收，共同为开发这一地区做出了贡献。

东汉的民族贸易和对外贸易，与西汉似有所不同，主要是从中央管理转到边郡管理（东汉未见有王朝统一管制对外贸易的记载）。因而，民族贸易和对外贸易的限制也就放松了，进行民族贸易和对外贸易的地点也就扩大了。东汉初年，"北匈奴见南匈奴来附，惧谋其国，故数乞和亲，又远驱牛马与汉合市"②。汉匈两地交换的主要商品是汉地输出缯絮、食物、盐铁，匈奴地区则为牛马等畜产。

---

① 《资治通鉴》卷六七《汉纪五十九·汉献帝纪》，第 2147 页。
② 《后汉书》卷八九《南匈奴传》，第 2946 页。

二　两汉河北与乌桓的关系

乌桓，亦作"乌丸""古丸""乌延"等，为东胡系统的古代民族之一。语言与鲜卑同，属东胡语言的分支，无文字，刻木为信。乌桓的内迁与匈奴、汉势力的消长盛衰及汉对乌桓的政策紧密相连。西汉前期，乌桓居东胡故地乌桓山，远在塞外牧地。刘邦死后，"卢绾遂将其众，亡入匈奴，匈奴以为东胡卢王"①。直至汉景帝中元六年（前144），卢绾孙他之始以东胡王降汉，封为亚谷侯。汉人卢氏率领部众统治东胡五十年之久，对于乌桓、鲜卑的汉化应当发生了不小的促进作用。汉武帝元狩四年（前119），骠骑将军霍去病击破匈奴左地，迁乌桓于上谷（治今河北省怀来县东南）、渔阳（治今北京市密云县西南）、右北平（治今辽宁省凌源县西南）、辽西（治今辽宁省义县西）、辽东（治今辽阳市城区）五郡塞外，即老哈河流域、滦河上游以及大小凌河流域之地。"其大人岁一朝见。"②

西汉并在幽州即今北京地区设置护乌桓校尉，秩二千石，拥节监领之，使不得与匈奴交通，且为汉侦察匈奴动静。护乌桓校尉的设置显然是汉廷监领和羁縻乌桓部众的民族建置之一。至西汉末，一职"护乌桓校尉"已不能有效地控制乌桓的缘边入塞和对边郡的寇掠。至五郡之边出现了乌桓等"皆居塞内，布于缘边诸郡"③ 的局面。这就是西汉末河北北部边郡出现危机的原因。

汉朝一方面利用乌桓防御匈奴，另一方面利用匈奴与乌桓的矛盾，坐收渔人之利。但乌桓对西汉仅是维持一种松弛的从属关系，部落大人仍保有统治权力。同时，乌桓并未能完全摆脱匈奴的控制，仍须缴纳"皮布税"，故时而助汉攻匈奴，时而从匈奴入掠汉边。汉昭帝元凤三年（前78），辽东乌桓起兵扰边，汉廷遣中郎将范明友为度辽将军，率北边七郡一万四千骑击之。元凤六年，乌桓又犯塞，范明友再次击之，并遣编乌桓之众，去屯戍代郡等边地，以分解乌桓的力量。及王莽改号

---

① 《史记》卷三四《韩信卢绾列传》，第 2639 页。
② 《后汉书》卷九〇《乌桓传》，第 2981 页。
③ 《后汉书》卷九〇《乌桓传》，第 2982 页。

新，屡征乌桓兵击匈奴。使东城将严尤领乌桓、丁零兵屯代郡，将其妻子质于郡县，乌桓求出代郡，不许，于是逃亡，而诸郡杀人质，遂结怨于汉，同匈奴接近。

东汉光武帝初年，在辽东、辽西、右北平、渔阳、广阳、上谷、代、雁门、太原、朔方缘边十郡分布着乌桓大小部落，人口当在 30 万以上，对东汉的政治、经济和军事都有很大的影响。乌桓屡与匈奴连兵掠边，代郡以东尤受其害。"居止近塞，朝发穹庐，暮至城郭，五郡民庶，家受其辜，至于郡县损坏，百姓流亡。"① 建武二十一年（45），东汉派遣伏波将军马援率三千骑兵出五阮关（今河北省易县西北紫荆关）袭击乌桓。乌桓预先得到报告，相率逃走。马援追击斩首百人回军。而乌桓又尾击马援，马援晨夜奔驰，返回塞内，战马累死一千余匹。次年，乌桓乘匈奴内乱及旱蝗饥荒击破之，迫使匈奴北徙数千里，"漠南地空"。乌桓从此完全摆脱匈奴的控制。

乌桓击败匈奴后，光武帝赐以币帛，用各种手段招纳乌桓。建武二十四年（48），乌桓遣使至洛阳，请求为汉藩臣。次年，辽西乌桓大人郝旦等 922 人率众诣阙朝贡，献奴婢、牛马、弓及虎、豹、貂皮。"是时，四夷朝贺，络绎而至，天子乃命大会劳飨，赐以珍宝。乌桓或愿留宿卫，于是封其渠帅为侯王君长者八十一人。"② 并许入居塞内，令招徕乌桓部众，给其衣食，遂为汉侦候，助击匈奴、鲜卑。于是，部分乌桓冲破边塞之禁，内徙辽东属国（一说为辽东郡）、辽西、右北平、渔阳、上谷、代、雁门、太原、朔方等郡。大约从今天我国东北的大凌河下游，经河北省的北部、内蒙古自治区南部、山西省北部和中部，最西到达内蒙古的鄂尔多斯草原，均有乌桓部众驻牧其间，一面从事农牧业生产，一面进行边防侦候，渐为汉人所同化。而鲜卑在乌桓内迁后，南徙至塞外乌桓故地。乌桓留牧于塞外者，亦附鲜卑，并逐渐鲜卑化，但叛附无常，如渔阳塞外乌桓，初投降于鲜卑，永平年间复叛，后与鲜卑融合。

光武帝在册封乌桓渠帅的同时，又采纳司徒掾班彪的建议，于建武二十五年（49）在上谷宁城（治今河北省宣化县西北）复置护乌桓校

---

① 《后汉书》卷九〇《乌桓传》，第 2982 页。
② 《后汉书》卷九〇《乌桓传》，第 2982 页。

尉，"开营府，并领鲜卑，赏赐质子，岁时互市焉"①。管理乌桓、鲜卑的赏赐、质子和岁时互市三大事务。还负有"理其怨结，岁时循行，问所疾苦"之责，并经常派遣使者互通动静，使乌桓等充当州郡耳目，协助边防。乌桓与东汉的关系较好。自东汉初年开始，乌桓校尉就在宁城每年定期与乌桓互市，互市规模还比较大。《后汉书·乌桓传》记载：顺帝阳嘉四年（135）冬，乌桓"遮截道上商贾车牛余辆"。这一千多辆牛车应当是载物互市或互市回来的，由此可见互市的规模。《后汉书·刘虞传》记载，献帝时，刘虞任幽州牧，"开上谷胡市之利"，所言"胡市"也是宁城的关市。官府管理下的边关互市，是同近边民族贸易的主要形式。边关互市当时称为"通关市"。关市是一种规定一定时间、一定地点的定期市集，大都设在边关之下。关市场所四面有堑沟，设有篱垣，派人守门。每逢交市日期市门开放，双方人民都用车马载着货物，会聚在一起，参加人数很多。先由官府和对方讲好物价，然后相互交易，故又称"合市"。私商经官府许可后，给予符传（通行凭证），可以参加贸易；除商人外，西汉政府也指定官员用金帛同对方头人进行交换。在每年一定的交市的时间中，一般是一日三合。原来的民族地区在改为郡县后就不再设关禁，边关互市就变成一般的国内贸易了。

上谷至辽东一带地形多样，西部是山区，东部是渤海，中间是东北平原的南部和华北平原的北部。在这多变的地形影响下，经济也呈现出多样性。畜牧业比较发达，盛产马、牛、羊、旃、筋、角等畜产品；在一些地方也有一定的种植业，从事五谷的种植，同时人们还从事一些家庭手工业，织布帛以解决穿衣问题。以畜牧业为主，同时兼有种植业和手工业，是这一地区经济的主要特点。商品经济也有了一定程度的发展，上述畜产品和地方特产，就是作为商品用于市场交换的，"北隙乌丸、夫余，东贾真番之利"②。在河北北部地区，汉民族与匈奴、乌桓、鲜卑等少数民族之间也互通有无，有频繁的贸易活动。

1971年，在内蒙古和林格尔东汉墓中发现有一幅壁画《宁城护乌桓校尉幕府图》，壁画以东汉中后期曾任护乌桓校尉的墓主人"庆功筵宴"等为画题，描绘了当时幕府举行盛宴，乌桓、鲜卑诸部酋长前往庆

---

① 《后汉书》卷九〇《乌桓传》，第 2982 页。
② 《汉书》卷二八下《地理志下》，第 1657 页。

贺的场面。同时，从"出行图""幕府图"可看出护乌桓校尉握有军队、开设幕府、权力显赫的情景。"幕府图"还展示了宁城的规模，在县衙之前，有一方形城垣，榜题"宁市中"三字，可证宁城当时确有市的设置。从画面上看，市的位置处在宁城中心空阔的广场上。乌桓主要以牛马等牲畜求市，交易量相当大。而乌桓换回的除"精金良铁"外，还有生活必需品和奢侈品，如粮食、布、帛、缯等以及其他"珍货"①。互市加强了各民族之间的友好往来，促进了河北北部地区的农牧业生产的进一步发展。乌桓出产皮毛制品，曾向汉王朝进献"虎豹貂皮"。

自建武末，历明、章、和三帝（58—105），乌桓皆与汉通好，保塞无事。约从 2 世纪初起，乌桓诸部的活动处于各自为政的状态。塞外的乌桓或从南匈奴扰汉边，或随鲜卑掠郡县，有时与鲜卑、匈奴联合与汉对抗，扰边与通好往往交替进行。塞内的乌桓更为分散，互相之间不通声息，或随汉军征匈奴、鲜卑，或叛汉以附匈奴，或依附于汉族中的一个政权与另一个政权抗衡。例如，安帝永初三年（109）夏，渔阳、右北平乌桓扰上谷、涿郡、代郡。桓帝延熹九年（166）夏，乌桓、鲜卑、南匈奴扰汉缘边九郡。汉以张奂为护匈奴中郎将，"匈奴、乌桓闻奂至，因相率还降，凡二十万口"②。只有鲜卑逃出塞外。汉灵帝（168—189）初，乌桓形成几个政治中心，上谷乌桓大人难楼有众 9000 余落，辽西乌桓大人丘力居有众 5000 余落，皆自称王；辽东乌桓大人苏仆延有众千余落，自称峭王；右北平乌桓大人乌延，有众 8000 余落，自称汗鲁王，四郡共 16000 余落。诸部大人皆"勇健而多计策"。以丘力居为盛。献帝初平（190—193）中，丘力居死，子楼班年少，从子蹋顿有武略，代立，总摄辽东、辽西、右北平三郡乌桓，众皆从其号令，雄踞北边诸郡，不断参与汉族军阀之间的争斗。中平元年（184），后车骑将军张温发 3000 乌桓突骑想镇压凉州边章，因军粮不继，乌桓骑皆奔还幽州。这时，前中山相张纯暗中鼓动前太山太守张举："今乌桓既畔，皆愿为乱，凉州贼起，朝廷不能禁。又洛阳人妻生子两头，此

---

① 李逸友：《略论和林格尔东汉墓壁画中的乌桓和鲜卑》，《考古与文物》1980 年第 2 期。

② 《后汉书》卷六五《张奂传》，第 2140 页。

汉祚衰尽，天下有两主之征也。若与吾共率乌桓之众以起兵，庶几可定大业。"① 张举以为然。张纯等与乌桓大人共同联络盟誓，出兵攻蓟下（北京市），杀了乌桓校尉箕稠、右北平太守刘政、辽东太守阳终等，众达十余万人，屯于肥如。称张举为"天子"，称张纯为"弥天将军安定王"，"称书州郡，云举当代汉，告天子避位，敕公卿奉迎"。② 这时，张纯又遣乌桓峭王等步骑 5 万，攻破清河、平原。中平五年（188），朝廷拜刘虞为幽州牧，他"遣使告峭王等以朝恩宽弘，开许善路。又设赏购（张）举、（张）纯"③。离间乌桓首领与张举、张纯的联合，张举、张纯心虚，逃往塞外。

东汉末年，牧守割据，兵连祸结，汉族地主武装集团竭力争取乌桓等支持，而逃入乌桓地区的汉官，为乌桓运筹策划，对乌桓政治、军事产生一定影响。献帝建安初，降虏校尉公孙瓒并杀幽州牧刘虞，与冀州牧袁绍混战。刘虞部下推举阎柔为乌丸校尉，"招诱乌丸、鲜卑，得胡、汉数万人"④，攻打公孙瓒。此时，"三郡乌丸承天下乱，破幽州，略有汉民合十余万户"⑤。袁绍也借乌桓之力率兵击败公孙瓒，并以家人女为己女嫁乌桓单于蹋顿，实行和亲。于建安四年（199），矫制以单于印绶赐蹋顿、峭王苏仆延、汗鲁王乌延等，给予安车、华盖、羽旄、黄屋、左纛等，因而"抚有三郡乌丸，宠其名王而收其精骑"⑥。官渡之战袁绍败后，原与乌桓有密切联系的阎柔等归曹操，为乌桓校尉。当时各方割据势力都竭力拉拢乌桓。建安十年（205），袁绍次子袁尚被曹操击败后，与弟袁熙胁迫幽、冀军民十余万投奔蹋顿，欲借蹋顿之力"复图冀州"。

曹操为彻底消灭袁氏残余势力，安定其东北境，解除南下西进后顾之忧，遂决定东征乌桓。建安十一年（206）夏，统军出无终（今天津市蓟县），东攻乌桓，八月，至距柳城（今辽宁省朝阳市）约 200 里处，蹋顿等才发觉，仓皇调集数万骑迎击，两军遭遇于白狼山（今辽宁

---

① 《后汉书》卷七三《刘虞传》，第 2353 页。
② 《后汉书》卷七三《刘虞传》，第 2353 页。
③ 《后汉书》卷七三《刘虞传》，第 2354 页。
④ 《三国志》卷八《魏书·公孙瓒传》，第 243 页。
⑤ 《三国志》卷一《魏书·武帝纪》，第 28 页。
⑥ 《三国志》卷三〇《魏书·乌丸传》，第 831 页。

省喀喇沁左翼蒙古族自治县东境白鹿山）。乌桓军大败，蹋顿被杀。乌桓及汉民前后降者 20 余万。楼班、苏仆延、乌延等及袁氏兄弟率数千骑亡走辽东，后为辽东太守公孙康所杀。十一月，代郡行单于普富卢、上郡行单于那楼率名王谒曹操于易水，北方尽服。于是，曹操迁三郡乌桓降者万余落及乌桓校尉阎柔所统幽、冀乌桓万余落（共约 3 万落左右）于邺城附近诸郡或幽、并二州之州治即蓟县（治今北京市西南）、晋阳（治今山西省太原市西南）一带。并选壮健者为骑兵，由侯王大人率领参加征战，"由是三郡乌丸为天下名骑"①。三郡乌桓的进一步内迁和加入军队，不仅增强了曹魏的军事力量，也促进了乌桓与汉族的融合过程，促使其由游牧经济向农业定居生活过渡。

三　两汉河北与鲜卑的关系

与乌桓一样，鲜卑也是东胡的一支。据《三国志》记载："鲜卑亦东胡之余也，别保鲜卑山，因号焉。"②《三国志》中所称之"保鲜卑山"的鲜卑，应指西汉时的"北部鲜卑"。当时鲜卑"与乌桓相接，未常通中国焉"③。说明西汉时期的鲜卑尚地处乌桓之北，与汉廷边郡尚隔有乌桓之地。当乌桓势盛时，鲜卑未曾与汉通使。但随着乌桓入塞和鲜卑势力的发展，至西汉末和东汉初年，北部鲜卑已从最初的"大鲜卑山"（今大兴安岭），逐渐南迁接近了汉廷各边郡塞外。东汉初年，鲜卑开始与汉发生关系。当时，鲜卑与匈奴、乌桓侵犯汉的北部边塞。汉辽东太守祭肜乃利用鲜卑对抗匈奴。建武二十五年（49），鲜卑大人偏何至辽东归附，祭肜嗾使偏何反击匈奴左伊秩訾部，从此双方岁岁相攻，匈奴衰弱。不久，偏何又攻下赤山，杀乌桓大人歆志贲。从此，乌桓在塞外的根据地尽失，转入塞内，鲜卑遂在塞外占据优势，成为汉郡的不安定因素之一。

和帝永元元年（89），窦宪、耿夔击败匈奴，北单于逃走，"鲜卑因此转徙居其地。匈奴余种留者尚有十余万落，皆自号鲜卑，鲜卑由此

---

① 《三国志》卷三〇《魏书·鲜卑传》，第 835 页。
② 《三国志》卷三〇《魏书·鲜卑传》注引《魏书》，第 835 页。
③ 《后汉书》卷九〇《鲜卑传》，第 2985 页。

渐盛"①。这既是民族分布的一次大变化,即整个大漠以北为鲜卑所居,同时又是鲜卑自身发展的一大转机,在相当长的时间内,不受约束地迅速发展起来。

据《后汉书·鲜卑传》记载,从西汉未到东汉,鲜卑不断大举寇边入塞。光武帝建武二十五年(49),"鲜卑与匈奴入辽东,辽东太守祭彤击破之"。和帝永元九年(97),辽东鲜卑入塞,攻肥如县,太守祭参挫败之。永元十三年(101),辽东鲜卑寇右北平,旋入渔阳郡。渔阳太守击破之。殇帝建平元年(106),鲜卑复寇渔阳,太守张显率数百骑出塞追逐之。安帝元初五年(118)秋,代郡鲜卑万余骑穿塞而入,攻城邑,烧官寺,杀长吏而去。冬天,入上谷(怀来县),攻居庸关。安帝永初中,鲜卑虽一度纳款朝贡,但元初二年(115)。辽东鲜卑又"进围无虑县……复攻扶黎营,杀长吏"。顺帝永建三年(128),鲜卑入渔阳。冲帝永嘉元年(145),鲜卑扰代郡。桓帝熹平二年(173),鲜卑扰幽、并二州。熹平四年(175)、五年(176),鲜卑扰幽州。灵帝光和二年(179)、中平二年(185)和三年(186),鲜卑扰幽、并二州。

鲜卑与乌桓或匈奴余部寇边入塞已成河北诸边郡的腹患。

到桓帝时,鲜卑在檀石槐统领下,鲜卑已尽据匈奴故地,成立了一个草原部落军事大联盟。檀石槐为鲜卑部族制定了法令,并在仇水(今河北怀来)建立行政中心。"乃自分其地为三部,从右北平以东到辽东,接夫余、濊貊二十余邑为东部,从右北平以西到上谷十余邑为中部,从上谷以西到敦煌、乌孙二十余邑为西部,各置大人主领之,皆属檀石槐。"檀石槐北拒丁零,南抄汉边,东却夫余,西去乌孙,"尽据匈奴故地,东西方四千余里,南北七千余里,网罗山川水泽盐地"②,实力非常强大。此时,鲜卑的农牧、狩猎、捕鱼等都得到了发展,与汉族的联系加强,接受汉族封建经济、文化影响的趋势并未中止,而且仍在不断扩大。檀石槐时,对缘边诸郡的骚扰掳掠有增无已。为什么呢?当时的鲜卑正处于从原始社会的部落联盟向阶级社会过渡的阶段,檀石槐统一各部,正是部落联盟,战争和掠夺是其发展的重要手段。"灵帝

---

① 《后汉书》卷九〇《鲜卑传》,第2986页。
② 《后汉书》卷九〇《鲜卑传》,第2989页。

立（168），幽、并、凉三州缘边诸郡无岁不被鲜卑寇抄，杀略不可胜数。"① 灵帝熹平六年（177）秋，护乌桓校尉夏育上言："鲜卑寇边，自春以来，三十余发。"② 侵扰次数之多达到空前。

鲜卑的社会组织，略与乌桓相同，也是邑落公社。安帝永初年间，鲜卑大人朝汉，汉于宁城下筑南北两部质馆，以处乌桓、鲜卑邑落大人的人质和市客。鲜卑大人燕荔阳率邑落二十（或一百二十）部入馆互市。《三国志·鲜卑传》注引《魏书》作"受邑落质者二十部"。《后汉书·鲜卑传》作"通胡市，因筑南北两部质馆。鲜卑邑落百二十部，各遣入质"。

鲜卑出产，"有貂、豽、鼲子，皮毛柔蠕，故天下以为名裘"③。鲜卑与汉朝交易的商品主要是畜产品和农产品。鲜卑从汉朝商人购买的主要是粮食，汉朝从他们那里买的主要是马牛等牲畜、奴婢和虎豹貂皮。但是，在与鲜卑、乌桓的贸易中，可能铁还是限制输出的。如《后汉书·应奉传》载，应劭于中平二年（179）谏止灵帝不要招募鲜卑兵时说到，过去招募鲜卑兵时，"得赏既多，不肯去，复欲以物买铁。边将不听，便取缣帛聚欲烧之。边将恐怖，畏其反叛，辞谢抚顺，无敢拒违"。双方在贸易时，气氛也很紧张。鲜卑要内地珍贵货物，要铁器，不同意就以放火威胁。所招募的鲜卑兵也可能不是境外的，而是境内散居的，但也同样具有不让铁器流往鲜卑的意思，只不过是无力实行了。3 世纪初期，鲜卑的生产仍以畜牧为主，他们经常以牛羊与曹魏互市。

"旃裘"等毛皮制品是汉代河北北部经济区的主要物产之一。大约成书于战国时期的《禹贡》一书记述以"碣石"为重要地理标志的冀州的经济，说到"岛夷皮服"。

马长寿先生指出："在两汉四百二十多年期间，乌桓和鲜卑虽然节节南下，但与此同时，汉族的各阶级阶层因各种原因通过各种方式，也不断向乌桓、鲜卑分布的地区渗透或移进。"④ 汉代边郡实际上是汉人、匈奴、乌桓、鲜卑等族的错居杂处之区。河北等汉族人民向少数民族地

---

① 《后汉书》卷九〇《鲜卑传》，第 2990 页。下同不注。
② 《后汉书》卷九〇《鲜卑传》，第 2990 页。
③ 《后汉书》卷九〇《乌桓传》，第 2985 页。
④ 马长寿：《乌桓与鲜卑》，上海人民出版社 1962 年版，第 36 页。

区流徙的情况，在第三章"汉代河北人口的分布与流徙"中已经述及。西汉初年，有些政治上失意的贵族、官僚和军事上失败的边将往往率领部众"北走胡，南走越"，如燕王卢绾、韩王信皆属此类。又如东汉中平四年（187），故中山相张纯和故太山太守张举带领十多万流民投奔辽西乌桓。张举自称天子，张纯自称"弥天将军安定王、诸郡乌桓元帅"，他们趁势而起不到两年就失败了，但有许多汉人留居在乌桓、鲜卑地区。此外，建安十年（205）袁绍死后，其子袁熙和袁尚带领残部及幽、冀吏民十万多户奔走辽西，想借乌桓蹋顿的势力恢复失地。这是汉族外徙的一种主要方式。

　　另一种主要方式是因社会动乱而发生的士庶流徙。东汉安、顺二帝时，北方州郡多年灾荒，民不聊生，农民为了逃避租役，离开家乡，流亡边疆。尤其是黄巾起义后，各郡士大夫纷纷向冀州北部迁徙。例如，太原王烈、北海管宁和邴原、乐安国渊、东莱太史慈都迁往辽东，涿州刘放等迁往辽西①。内郡百姓也向边郡迁移。《后汉书·刘虞传》记载："青徐士庶避黄巾之难归虞者百余万口。"刘虞时为幽州牧，青徐二州的士庶既逃往幽州各郡，其中自然也包括了乌桓、鲜卑所在的辽东、辽西、右北平、渔阳诸郡在内。随着内郡"士庶"的流徙，汉族的文化知识和生产技术也传播到各郡乌桓、鲜卑，促进了他们的文化和经济发展。献帝初平三年（192），袁绍击溃了河北赵郡、常山、中山的黄巾军，部分领袖投降曹操，还有一些溃散的部众逃往乌桓、鲜卑地区。所以《三国志·魏书·鲜卑传》称："自袁绍据河北，中国人多亡叛归之，教作兵器铠楯，颇学文字。"因而使鲜卑首领轲比能"勒御部众，拟则中国，出入弋猎，建立旌麾，以鼓节为进退。"鲜卑的物质生产和社会制度从此有了很大的进步。

　　东汉初年，司徒掾班彪上书说："乌桓天性轻黠，好为寇贼。若久放纵而无总领者，必复侵掠居人。"②可知乌桓掳掠汉人早已有之。东汉末年，三郡乌桓常单独或者联合，有时且联合张纯等在幽州各地大肆掠劫，故《三国志·魏书·武帝纪》云："三郡乌桓承天下乱，破幽

---

①《三国志·魏书·王烈传》《管宁传》《邴原传》《国烈传》《刘放传》，《三国志·吴书·太史慈传》。

②《后汉书》卷九〇《乌桓传》，第2982页。

州，略有汉民，合十余万户。"这些汉民户数加上前述袁尚所率幽、冀吏民十万多户，共二十多万户，远远超过乌桓原有人口的一万六千落。中原和边郡的汉族不断向乌桓、鲜卑地区迁移，对于两族在政治、经济、文化、语言方面都产生了巨大的影响。

第八章　汉代河北的思想文化

　　中国幅员辽阔，由于自然环境和社会历史条件的不同，经济文化存在区域差异，不同地区的民俗传统也存在差异。河北是战国时期的燕、赵地区，今河北省的省界大体与战国燕、赵二国疆界相合，河北的文化亦称为燕赵文化。狭义的燕赵文化，是指在战国时期燕国、赵国区域内产生的一种区域文化。

一　汉代河北文化的基本特征

　　中国幅员辽阔，由于自然地理条件的不同，经济文化存在区域差异。李学勤先生曾经把东周列国划分为 7 个文化圈，赵国北部属于"北方文化圈"，赵国其他地区属于"中原文化圈"①。司马迁在《史记·货殖列传》中把全国划分为"山西""山东""江南""龙门、碣石北"四个基本经济区，综述各区的物产，介绍经济特征和文化风貌时，也大致是从这样几个分区依次叙述的。王子今先生在《秦汉区域文化研究》一书中，具体讨论了秦汉时期 12 个文化区的特征，对于从区域文化的角度来认识区域史、理解区域史做出了很有意义的工作②。在这 12 个文化区中，"赵地文化和北边区的军事文化"均有相当大的面积在今天的河北省。还有学者在分析西汉文化区域时，将全国分为 11 个文化区，其中"赵地文化区"又被划分为 3 个亚区：太行山东亚区，太原上党亚区，种代石北亚区③。有益于文化区域的划分，自然可以有不同的意

---

　　① 李学勤：《东周与秦代文明》，文物出版社 1984 年版，第 11 页。
　　② 王子今：《秦汉区域文化研究》，四川人民出版社 1998 年版，见目录页。
　　③ 卢云：《汉晋文化地理》，陕西人民教育出版社 1991 年版，第 485 页。

见，然而认为赵地社会文化可以进一步做更细致的地域分析的观点，显然是符合历史实际的①。张京华的《燕赵文化》论述时间范围从先秦到清代②。

在班固笔下，汉代人认定的"赵地"，大体相当于今河北、山西两省的大部分地区，其中属于今河北省的郡国大致为："北有信都、真定、常山、中山，又得涿郡之高阳、鄚、州乡；东有广平、钜鹿、清河、河间，又得渤海郡之东平舒、中邑、文安、束州、成平、章武，河以北也……皆赵分也。"③

赵地兼有山地、平原、海滨、荒漠等地理条件，社会文化独具特色，最突出的特点是司马迁所言"民俗懁急""悲歌慷慨"④。《汉书·地理志下》又指出，河北地区的民俗风格具有"精急""高气势""剽悍"等特征，"邯郸……土广俗杂，大率精急，高气势，轻为奸。……种、代、石、北，迫近胡寇，民俗懁忮，好气为奸，不事农商，自全晋时，已患其剽悍，武灵王又益厉之"。

"冀州"的得名，据说就和"民俗懁忮"有关。《汉书》颜师古注引臣瓒曰："懁，音冀。今北土名强直为懁中。"王先谦《汉书补注·地理志下》引钱坫曰："'懁'即'冀'字别也。《释名》亦云'坚懁'。'冀'为北方州者，以民俗坚冀称之欤。"

燕赵地区出身的官吏多有为政残厉的突出风格，这其实是和燕赵地区"地域文化'剽悍''精急'的独特风格有关系的"⑤。

涿郡蠡吾人赵广汉是西汉著名的"循吏"。《汉书·赵广汉传》记载，颍川大姓横行恣肆，"宾客犯为盗贼"，地方官"莫能禽制"。朝廷任命赵广为颍川太守，几个月就诛其首恶，"郡中震栗"。后调任京兆尹，长安少年犯法者均被捕治。赵广汉的同乡王商，元帝时为右将军，成帝时为左将军，后为丞相，性情刚毅忠直，时人批评他"取必于上，性残贼不仁"⑥，虽为攻讦之语，亦可见其行政作风。涿郡高阳人王尊

① 王子今：《秦汉区域文化研究》，第 69 页。
② 张京华：《燕赵文化》，辽宁教育出版社 1995 年版。
③ 《汉书》卷二八下《地理志下》，第 1655 页。引文中略去了不属于今河北省的地方。
④ 《史记》卷一二九《货殖列传》，第 3263 页。
⑤ 王子今：《秦汉区域文化研究》，四川人民出版社 1998 年版，第 64 页。
⑥ 《汉书》卷八二《王商传》，第 3372 页。

任担任槐里代理县令"兼行美阳令事"时，将"不孝子县磔著树，使骑吏五人张弓射杀之，吏民震骇"。升任安定太守以后，"威震郡中，盗贼分散，入傍郡界。豪强多诛伤伏辜者"。后来，由于为政"残贼"被免职。他在京辅都尉及京兆尹任上，虽然能够使"旬月间盗贼清"，结果仍然因为"暴虐不改"而丢官。不过，时人对他的政绩也给予了充分肯定，称其"厉奔北之吏，起沮伤之气"，"拨剧整乱，诛暴禁邪，皆前所稀有，名将所不及"①。

燕赵之人理政多以严猛为治，以杀伐立威，也与本地区民俗"好气为奸""号为难治"和"盗贼常为它州剧"等特点有关。

《史记·酷吏列传》中"以酷烈为声"的赵人，有钜鹿杨氏人尹赏，其事迹以残杀"长安中轻薄少年恶子"最著名。《汉书·酷吏列传·尹赏》记载，他在地方官任上，数次"坐残贼免"。病逝前，告诫儿子们说："丈夫为吏，正坐残贼免，追思其功效，则复进用矣。一坐软弱不胜任免，终身废弃无有赦时，其羞辱甚于贪污坐臧。慎毋然！"尹赏宁肯"残贼"，也决不"软弱"，表现出鲜明的性格倾向。尹赏的四个儿子后来都做了郡守，长子尹立则有乃父之风，在京兆尹任上"尚威严，有治办名"。

"巫蛊之祸"是汉武帝晚年的一场严重政治危机②。挑起这场政治动乱的权臣江充，就是赵国邯郸人。江充曾自请出使匈奴，回朝后，担任直指绣衣使者，"督三辅盗贼，禁察逾侈"，贵戚近臣多不避忌。这时，汉武帝晚年多病，怀疑是身边的人用巫术诅咒造成的。这时卫皇后已失宠，江充用事。征和元年（前92），丞相公孙贺被人告发，在驰道埋木偶人，死于狱中。江充带领胡巫"掘地求偶人捕蛊"，以严刑"强服之"，以至"坐而死者前后数万人"③。江充与卫皇后、太子刘据有矛盾，生怕武帝死后太子报复自己，打算先下手谋害太子。次年，江充诬告太子宫中埋有木人，太子刘据大惧，在长安起兵，杀江充及胡巫，与政府军激战五日，死者数万人。结果刘据兵败自杀。后来，有人替太子鸣冤叫屈，说巫蛊之事多不可信，武帝弄清了太子"惶恐无他意"，为

① 《汉书》卷七六《王尊传》，第3234页。
② 汉代人迷信，以为用巫术诅咒及用木偶人埋地下，可以害人，称为"巫蛊"。
③ 《汉书》卷四五《江充传》，第2178页。

太子作"思子宫",下令"族灭江充家"①。

燕赵许多地区"迫近北夷",或"地边胡,数被寇"②,有些甚至"本戎狄地",匈奴等草原游牧民族"轻疾悍亟","至如猋风,去如收电"③,这种生活节奏也影响到与其相邻的燕赵,民风"雕捍"。

燕赵地区的文化与周边地区既有差异,又受其影响。《汉书·王尊传》记载,琅邪人王阳为益州刺史,巡行所属部域,经过地势险峻的邛崃九折坂,感叹道:"奉先人遗体,奈何数乘此险!"后来以有病为由离去。及王尊为益州刺史,也到了九折坂,问属吏:"这不就是王阳所畏惧的道路吗?"属吏回答:"是。"王尊命其驭吏曰:"驱之!王阳为孝子,王尊为忠臣。"前者临险道而畏缩,后者却叱令"驱之";前者以"孝"为饰辞退怯,后者以"忠"为名号急进。这一事例表现了燕赵文化与齐地文化的某种差异④。另外,临近齐、鲁、中原的地区,又受到当地文化的影响。

从战国末年以后,"慷慨悲歌"成为燕赵之地延续二千年而未改的独特文化风格。汉代河北的文化可以视为一个整体,但受战国时期燕、赵文化传统的影响而有不同的侧重。"赵地文化源出三晋,……是由社会经济的繁荣而导致的一种文化。"燕地的文化是一种由政治经济的相对落后而导致出激变的"苦寒文化"⑤。

二 汉代河北的儒学

(一) 汉代河北的儒家学者

本章所论及的河北学者,皆可视为汉代河北的儒家学者,并不限于《儒林传》所举。汉代河北学者众多,《汉书》和《后汉书》的《儒林列传》仅录其能通经可称为一家者。本人有传者,在后文其他类目中讨论。两汉时期,河北重要的儒家代表人物有董仲舒、毛公、韩婴、安平三崔、卢植、高诱等,路温舒与其《尚德缓刑书》也颇具影响,单独

---

① 《汉书》卷六三《武五子传·戾太子刘据传》,第 2747 页。
② 《史记》卷一二九《货殖列传》,第 3263 页。
③ 《汉书》卷五二《韩安国传》,第 2401 页。
④ 参见王子今《秦汉区域文化研究》,第 65 页。
⑤ 张京华:《燕赵文化》,辽宁教育出版社 1995 年版,第 258 页。

立目论述。

《汉书·儒林传》叙"五经"大师 8 人，并传者 22 人，附见者 184 人，共计 214 人之多。名列《汉书·儒林传》的燕赵籍儒家学者，有孟但、鲍宣、秦恭、胡常、毛公、贯长卿、段仲、贯公、张禹等人。

广川人孟但，跟从东武人王同学《易》，因通晓《易》而为太子门大夫①。

鲍宣，渤海高城人（今河北盐山东南），好学明经。哀帝时，两度为谏大夫，其时外戚丁、傅并进，宠臣董贤贵幸，鲍宣上书切谏，抨击时弊上优容之。官至司隶校尉，"徒众尤盛，知名者也"②。后为王莽所害。

秦恭，信都人。师从平陵张山拊学习《尚书》，山拊师事夏侯建。秦恭"增师法至百万言"③，官至城阳国内史。

清河胡常，字少子。西汉后期师从胶东庸生和江博士，学习《谷梁春秋》，以明经"为博士、部刺史"④。又从尹更始受《左氏》。⑤

毛公，赵人也。治《诗》，为河间献王博士，授同国贯长卿。详见后文"毛公与《毛诗》"。

广川段仲，董仲舒弟子，应即《史记·儒林列传》所谓董仲舒弟子"广川殷忠"。

贯公，贯长卿之父。贾谊"为《左氏传》训故，授赵人贯公，为河间献王博士"⑥。

张禹，清河人。师从贯长卿，张禹"与萧望之同时为御史，数为望之言《左氏》，望之善之，上书数以称说。后望之为太子太傅，荐禹于宣帝，征禹待诏，未及问，会疾死"。

隽不疑，勃海人。"治《春秋》，为郡文学，进退必以礼，名闻州

---

① 太子门大夫：东宫属官。掌远近表牒、关通内外。《汉书·百官公卿表》："太子太傅、少傅，古官。属官有太子门大夫。"颜师古注引应劭曰："员五人，秩六百石。"

② 《汉书》卷八八《儒林传·林尊传》，第 3604 页。

③ 《汉书》卷八八《儒林传·张山拊传》，第 3605 页。"内史"，西汉诸侯王国官名，掌民政。

④ 《汉书》卷八八《儒林传·孔安国传》，第 3607 页。据《汉书·翟方进传》，胡常为青州刺史，第 3416 页。

⑤ 《汉书》卷八八《儒林传·房凤传》，第 3620 页。

⑥ 《汉书》卷八八《儒林传·房凤传》，第 3620 页。

郡"，武帝末年为青州刺史，昭帝时擢为京兆尹，以"用经术明于大谊"，"名声重于朝廷"。班固的赞语曰："隽不疑学以从政，临事不惑，遂立名迹，终始可述。"①

韩生亦以易授人，推《易》意而为之传。燕、赵间好《诗》，故其《易》微，唯韩生自传之。后其孙韩商为博士。汉宣帝时，涿郡韩生是其后人，因通《易》而受到朝廷征召，待诏殿中，曰："所受《易》即先太傅所传也。尝受《韩诗》，不如韩氏《易》深，太傅故专传之。"②

盖宽饶（？—前60），字次公，魏郡人。"明经为郡文学，以孝廉为郎，举方正，迁谏大夫"，后"擢为司隶校尉"，"京师为清"③。本受《易》于孟喜，见涿郡韩生说《易》而好之，即更从受焉。

觟阳鸿字孟孙，中山国人，亦以《孟氏易》教授，有名称。东汉永平中为少府④。

范升字辩卿，代郡（西汉治今河北蔚县西南）人也。少孤，依外家居。九岁通《论语》《孝经》，及长，习《梁丘易》《老子》，教授后生⑤。王莽至东汉明帝时著名经学家。东汉建立，设立经学博士，范升与梁恭等人被刘秀立为《易经》博士。此时，范升已有一定的学术声望，而且颇懂政治，善于观察分析形势，所以受到刘秀的重视和礼遇。

王禹，常山人，成帝时为谒者，世受河间《乐》，能说其义。《汉书·艺文志》有《王禹记》二十四篇。

他们都以经学入仕，其中有些人还以自身的政治实践影响当时的社会文化。史称"（隽）不疑为吏，严而不残"，体现出以"礼"为基点的"经术"对于酷吏政治的修正。而所谓"路温舒辞顺而意笃"，以及"诏书令公卿选可使匈奴才，温舒上书，愿给厮养，暴骨方外，以尽臣节"⑥ 等事迹，又说明赵人在儒学指导下的从政生涯中，有时仍然能够表现出"鄙朴""慷慨""高气势"的心理倾向。更典型的是盖宽饶，他"为人刚直高节"，"刺举无可回避"，志在奉公。"然深刻喜陷害

---

①　《汉书》卷七一《隽不疑传》，第 3035、3053 页。
②　《汉书》卷八八《儒林传·韩婴传》，第 3613 页。
③　《汉书》卷七七《盖宽饶传》，第 3244 页。
④　《后汉书》卷七九《儒林列传上·洼丹传》，第 2551 页。
⑤　《后汉书》卷三六《范升传》，第 1226 页。
⑥　《汉书》卷五一《路温舒传》，第 2371 页。

人"，"又好言事刺讥，奸犯上意"，以致"多仇少与"，最终因事论罪，竟"引佩刀自刭北阙下"①。

（二）董仲舒的灾异观和社会救助思想

关于董仲舒思想的研究成果很多，这里不做综合性的一般叙述，主要谈谈两个个人体悟较深的问题：董仲舒的灾异思想和社会救助思想。

董仲舒（前179—前104），广川（今河北景县）人，中年以前一直在家乡治学和讲学。刘歆说："仲舒遭汉承秦灭学之后，六经离析，下帷发愤，潜心大业，令后学者有所统壹，为群儒首。然考其师友渊源所渐，犹未及虖（子）游（子）夏。"②《史记·儒林列传》记载：

> 董仲舒，广川人也。以治《春秋》，孝景时为博士。下帷讲诵，弟子传以久次相受业，或莫见其面，盖三年董仲舒不观于舍园，其精如此。进退容止非礼不行，学士皆师尊之。

董仲舒得到汉武帝的特殊信用，他的理论和政见，对中国政治文化的基本形态产生了重要的影响。董仲舒晚年专"以修学著书为事"，成为学界领袖，"汉兴至于五世之间，唯董仲舒名为明于《春秋》，其传公羊氏也"。"弟子通者至于命大夫，为郎、谒者、掌故者以百数。而董仲舒子及孙皆以学至大官。"其中学业突出的殷忠，也是广川人。《汉书·儒林传》在总结汉兴以来的学术大势时说："言《春秋》，于齐则胡毋生，于赵则董仲舒。"

董仲舒虽然与齐人胡毋生同为汉代研究《公羊春秋》的大师，但其思想体系却完全不同于齐鲁儒学。董仲舒很崇拜荀子，荀子的治学方法和政治思想对董仲舒的影响很深。董仲舒探讨经典的微言大义，以儒家宗法思想为中心，杂以阴阳五行学说，发挥《公羊春秋》关于封建大一统的主张，创立了西汉的新儒学体系。这个体系的核心是"天人感应"学说，与皇权政治相结合，由此而把神权、君权、父权、夫权贯穿起来，形成了"三纲五常"的封建伦理观。

---

① 《汉书》卷七七《盖宽饶传》，第3248页。
② 《汉书》卷五六《董仲舒传》班固赞语，第2526页。

汉景帝时，董仲舒被任命为博士。汉武帝元光元年（前134），他向汉武帝提出了《天人三策》，从"天人感应"出发，对封建统治的政治原则进行了充分论证，建议："诸不在六艺之科孔子之术者，皆绝其道，勿使并进。"① 汉武帝采纳了他的主张，"罢黜百家，独尊儒术"，开创了此后2000年以儒学为正统的局面。此外，董仲舒的天人宇宙论图式也在外在规范方面对河北的学术发展倾向产生了很大的影响。

这次对策后，董仲舒被任命为江都王相。不久，因辽东高庙、长陵高园殿灾异上书事，董仲舒被捕下狱，后被赦免。后来，董仲舒又曾出任胶西王相，因胶西王"纵恣，数害吏二千石"，董仲舒担心获罪而称病归家。"终不问家产业，以修学著书为事。"② 著作有《春秋繁露》《董子文集》等。

董仲舒适应时代需要，完成了以儒家思想为主体的诸子百家的集大成任务，开辟出中国经学史的新时代。

1. 借天象示儆的禳灾术

天命禳灾，是中国最原始的一种弥灾救荒思想，源于"万物有灵"的观念。汉代的社会生产有了相当的发展，但是，对自然的控制能力仍然非常薄弱，作为立国之本的农业生产完全听凭自然的支配。人们对于自然的认识还处在幼稚状态，根据人类社会由天子主宰的现实，认为自然界也有一个支配万物吉凶祸福的最高主宰——"天帝"，人类的一切都是由天命决定的。每当久旱不雨和淫雨连绵之时，就举行各种不同的祈祷仪式，希望能以此感动神灵，消灾去祸。

董仲舒的天人感应说认为，天是至高无上的人格神，天不仅创造了万物，也创造了人，天是有意志的，和人一样"有喜怒之气，哀乐之心"③。天人感应理论把王朝政治与天道运行紧密联系起来，自然天象成为王朝统治好坏的晴雨表，各种自然灾害和异常现象都被看成是上天对人君悖天逆行的警告。董仲舒以《春秋》说灾异，认为阴阳、五行的异常变化即为灾异，天以此来表达自己的意愿。"凡灾异之本，尽生

---

① 《汉书》卷五六《董仲舒传》，第2523页。

② 《汉书》卷五六《董仲舒传》，第2525页。

③ （汉）董仲舒著，（清）苏舆撰，钟哲点校：《春秋繁露义证》卷十二《阴阳义第四十九》，中华书局1992年版，第342页。

于国家之失"①，把发生灾异的根本原因归结为政治的失误。他认为，水、旱之灾是由于五行干犯、阴阳失常所致，必须进行挽救，即经过调整使阴阳五行恢复正常状态。这在董仲舒的求雨、止雨活动中，有着突出的表现，《春秋繁露》对求雨、止雨的方法有着详尽的记载。

元光五年（前134）五月，董仲舒在长安参加完对策，接着就到江都国上任。七月，董仲舒作《雨雹对》，大谈阴阳灾异。然后又有《奏江都王求雨》云：

> 求雨之方，损阳益阴。愿大王无收广陵女子为人祝者一月租。……诸巫母大小皆相聚于郭门，为小坛，以脯酒祭；女独择宽大便处移市，市使无内丈夫，丈夫无得相从饮食；令吏妻各往视其夫。②

这种求雨方法就是把大、小巫士召集到国都的郭门处，建坛祭神；让妇女们把市场移到开阔宽敞、交通便利的地方，不让男人进入市场；求雨期间，禁止男人聚会饮酒；让官吏的妻子都去衙门看望丈夫，官吏见到妻子恭敬相迎。这些做法同时并举，直到大雨降下为止。

董仲舒的求雨术以"开阴闭阳""损阳益阴"为基本原则。他认为，天和人可以互相感应，正如天气的变化会对人体及情绪发生影响一样，人的行为也能使上天发出回应。旱灾的成因是阳气过盛，为击退过盛的阳气，人必须有意识地去强化阴气。这种思想在《春秋繁露·同类相动》中有明确表述：

> 天有阴阳，人亦有阴阳。天地之阴气起，而人之阴气应之而起；人之阴气起，而天地之阴气亦宜应之而起，其道一也。明于此者，欲致雨，则动阴以起阴；欲止雨，则动阳以起阳。故致雨非神也，而疑（拟）于神者，其理微妙矣。

---

① （汉）董仲舒著，（清）苏舆撰，钟哲点校：《春秋繁露义证》卷八《必仁且智第三十》，第260页。

② 《续汉书》志五《礼仪志中·请雨》李贤引何休注，第3117页。

那么怎样开阴闭阳呢？例如，按照阴阳家对事物阴阳属性的先验判断，南方属阳，北方属阴；火为阳，水为阴；男为阳，女为阴。因此，求雨时必须关闭南门，开放北门；禁止举火，到处洒水；使属阳的男子藏匿，而属阴的女子暴露，即"丈夫欲藏匿，女子欲和而乐"①。

在《春秋繁露》中，董仲舒全面而系统地论述了他设计的春、夏、季夏、秋、冬五种求雨仪式。每个环节中的仪法都必须符合五行学说的要求。董仲舒的新雩礼集传统求雨巫术之大成。如焚柴焚牲、暴晒巫尪等求雨之法在先秦本属另一巫术体系，董氏都将其纳入雩礼的框架之内。土龙感应术是其祈雨御灾的核心内容，影响也最大。土龙是用土做成的龙，用来求雨。《春秋繁露·求雨》对这种求雨法有详尽的介绍，内容涉及土龙制作的规格、数量、颜色、摆放位置、舞龙人数及其服饰等，仪式也分为春、夏、季夏、秋、冬季五种。董氏主张，一年四季，不论何时发生旱灾，举行雩祭之礼时，"皆以水日，为龙，必取洁土为之，结盖，龙成而发之"。土龙感应术并非董仲舒的首创，这种祈雨法是政教、礼法与巫术相结合的产物。《淮南子·说山训》："圣人用物，若用朱丝约刍狗；若为土龙以求雨。"高诱注《淮南子·坠形训》"土龙致雨"曰："汤遭旱，作土龙以象龙。云从龙，故致雨也。"在高诱看来，塑土龙祈雨在殷商时代即已出现。《续汉书·礼仪志中》记载：从立春到立秋这段时间，全国如果天旱少雨，中央和郡县官吏就要清扫祭坛，依次去举行雩礼。"闭，诸阳，衣皂，兴土龙，立土人舞僮二佾，七日一变，如故事。反拘朱索社，伐朱鼓。祷赛以少牢如礼。"②"如故事"所指，当是西汉时的旧例，说明两汉均曾举行过土龙求雨仪式。

止雨之法首先在董仲舒为相的江都国试行。元光二年（前135，即江都二十一年），董仲舒著《止雨》，其中说："二十一年八月甲申，朔。丙午，江都相仲舒告内史中尉：'阴雨太久，恐伤五谷，趣止

---

① 《春秋繁露校释》卷十六《求雨》，第805页。

② 《续汉书》志五《礼仪志中》刘昭注引《汉旧仪》曰："成帝三年六月，始命诸官止雨，朱绳反萦社，击鼓攻之，是后水旱常不和。"干宝曰："朱丝萦社。社，太阴也。朱，火色也。丝，维属。天子伐鼓于社，责群阴也；诸侯伐币于社，请上公也；伐鼓于朝，退自攻也。此圣人之厌胜之法也。"第3117页。《诸子集成》第三册《淮南子·说林训》："旱则修土龙。"（第209页）杜而未《凤麟龟龙考释》云："应龙即土龙，为雨神。"台湾商务印书馆1971年版。

雨。'"江都国秋雨连绵，董仲舒担心伤害五谷，布置内史、中尉赶快止雨。元光六年（前129），因辽东高庙、长陵高园殿灾异上书事，董仲舒被捕下狱，后被赦免，遂"不敢复言灾异"①。但是，后来，董仲舒提倡的求雨止雨仪式就在全国范围内实施过。《汉书·食货志下》记载，元封元年（前110），"小旱，上令百官求雨"。卜式言曰："县官当食租衣税而已，今弘羊令吏坐市列贩物求利。亨弘羊，天乃雨。"武帝元封六年（前105），"诸儒奏请施行董仲舒请雨事，（武帝）始令丞相以下求雨，曝城南，舞女童，祷天神。成帝五年，始令诸官止雨，朱绳萦社击鼓攻之"②。《续汉书·礼仪志中》刘昭注引《古今注》亦云："武帝元封六年五月旱，女及巫丈夫不入市也。"

对于董仲舒的土龙求雨等祈祷思想，自汉代以来学者的看法就不一致。扬雄在《法言·先知》中对土龙求雨提出质疑："像龙之致雨也，难矣哉！龙乎！龙乎！"假龙能算龙吗？用它求雨岂不难哉！与扬雄同时的刘歆深信土龙致雨之术："刘歆致雨，具作土龙，吹律，及诸方术，无不备设。"③桓谭反对刘歆之论，驳斥同类感应说，刘歆无言以对。后来王充又反驳桓谭，专门写了《乱龙篇》为土龙致雨辩护，阐述其中包含的合理性和政治意义。他认为，古代圣人讲"天"都是为了吓唬无道之君和无知之民。"《六经》之文，圣人之语，动言'天'者，欲化无道，惧愚者。"④设土龙致雨，自然是求不到雨的，但表示了董氏的诚意，"仲舒用之致精诚，不顾物之伪真也"⑤。历史上许多学者都赞同王充的这种说法。清代学者皮锡瑞在《经学历史·经学极盛时代》中也说，汉儒"借天象以示儆"，"借此以匡正其主"，"后世不明此义，谓汉儒不应言灾异，引纤纬，于是天变不足畏之说出矣"。所以，接着他又告诫人们："言非一端，义各有当，不得以今人之见，轻议古人也。"后来的梁启超、徐复观都有类似见解。不过，仍有学者认为，董

---

① 《汉书》卷五六《董仲舒传》，第2524页。
② （宋）李昉等编：《太平御览》卷五二六《礼仪部五·祭礼下》，中华书局1960年版，第2388页。
③ 《续汉书·礼仪志》刘昭注引《新论》，第3117页。
④ （汉）王充著，黄晖撰：《论衡校释》卷十四《谴告篇》，中华书局1990年版，第648页。
⑤ （汉）王充著，黄晖撰：《论衡校释》卷二十一《死伪篇》，第893页。

仲舒的求雨的方法，"其实这只是一种迷信的仪式而已"①。面对水、旱等自然灾害，董仲舒认识到天灾的危害可以通过尽人事来减轻，王朝政治对于灾害救助非常重要，这种包含在禳灾术中的政治意义是进步的。汉代的科学技术不可能影响天气的晴或雨，求雨、止雨仪式的举行，表达了他对旱涝灾害的关注，是在具体的救灾措施之外对于政治活动与自然灾害之间关系的一种思考和对策，是董氏灾害救助的一种表现形式，是借"天"之威来补救"国家之失"。

2. 灾异思想及其批判功能

灾异说是董仲舒天人感应思想的重要组成部分，其主旨是劝谏君主改过向善，维护专制统治。灾异说在貌似荒诞的外衣下，包裹着积极而强烈的社会批判功能内核，是专制制度下儒生参政、议政的重要思想武器。因其与圣化君主的"君权神授"孪生连体，从而在西汉后期获得了相当快的发展与传播。

灾异说起缘于汉武帝对天下贤良文学之士的策问。武帝即位之初，召集天下贤良文学之士到京师，下诏策问天人关系，"三代受命，其符安在？灾异之变，何缘而起？""盖闻善言天者，必有征于人；善言古者，必有验于今。故朕垂问乎天人之应。"②后来的两道策问，也和"阴阳错缪"等灾异有关。灾异发生的根本原因是什么？灾异与现实有着怎样的紧密联系？天与人怎样彼此感应？这些都是汉武帝关注的焦点。董仲舒回答汉武帝策问的"天人三策"及其后来的著作《春秋繁露》，比较全面地阐明了"天人感应"灾异说的理论架构。

灾异，指自然灾害或某些异常的自然现象。《汉书·宣帝纪》说："盖灾异者，天地之戒也。""灾"与"异"意义不同。灾的含义有二：第一，自然发生的火灾③；第二，泛指灾害，祸患④。异，指怪异的事

---

① 白寿彝主编：《中国通史·秦汉时期》（下册），上海人民出版社 1999 年版，第 109 页。

② 《汉书》卷五六《董仲舒传》，第 2513 页。

③ 《左传·宣公十六年》："凡火，人火曰火，天火曰灾。"

④ 《周礼·天官·膳夫》："天地有灾则不举。"郑玄注："天灾，日月晦食；地灾，崩动也。"《孟子·离娄上》："城郭不完，兵甲不多，非国之灾也。"

物①。又特指灾异②。董仲舒在《春秋繁露·必仁且知》中对"灾""异"是这样解说的："灾"和"异"不同，"天地之物，有不常之变者，谓之异。小者谓之灾"。"灾者，天之谴也。异者，天之威也。""灾"与"异"的出现，在时序上有先后，"灾常先至，而异乃随之。谴之而不知，乃畏之以威。""灾"是天发出的谴告，带有善意的提醒；"异"是天发出的警告，具有严厉的批评。在回答汉武帝的策问时，董仲舒明确地将"灾异"与政治联系在一起，"国家将有失道之败，而天乃先出灾害以谴告之，不知自省，又出怪异以警惧之，尚不知变，而伤败乃至。"③"灾"与"异"有谴告程度上的不同及分量的轻重。灾因小过而降临，天谴程度较轻；而异因大错而生成，天谴程度较重。通常情况下，有异必有灾，但有灾未必有异。因为有"仁"性的天只有在君王见到灾害谴告仍不改弦易辙的情况下，才会进一步显示异变之威。董仲舒把特别异常的自然现象称之为"大异"。"常星不见，地震，梁山、沙鹿崩。宋、卫、陈、郑灾……《春秋》皆书以为大异。"④如果上天示灾无效，施异也没有达到目的，那么，天就会显示"大异"。山崩、地震、常星不见等"大异"现象都是国家灾难、政权颠覆的先期征兆。例如，谷永说汉成帝时有大异，"元年九月黑龙见，其晦，日有食之。今年二月己未夜星陨，乙酉，日有食之。六月之间，大异四发，二而同月"，这些"大异"是国家衰微的表现，"三代之末，春秋之乱，未尝有也。"⑤由灾而异、而大异的天意表达，与人君从小过向大错不断发展的行为相对应。

汉武帝"罢黜百家，独尊儒术"，新儒学的核心是董仲舒所创立的"天人感应"理论，天人感应是董仲舒灾异说的理论根据。在这种理论下，自然天象成为王朝统治好坏的晴雨表，各种祥瑞，是帝王兴盛和德

① （清）徐灏：《说文解字注笺·异部》："异，盖谓怪异之物也。"《左传·昭公二十六年》："然（梁丘）据有异焉。"杜预注："异，犹怪也。"

② （清）徐灏：《说文解字注笺·异部》："异，灾变称异。"《汉书·刘向传》："往者众臣见异，不务自修，深惟其故，而反晻昧说天，托咎此人。"颜师古注："异，灾异也。"《后汉书·徐防传》："春一物枯即为灾，秋一物华即为异。"

③ 《汉书》卷五六《董仲舒传》，第2498页。

④ （汉）董仲舒著，（清）苏舆撰，钟哲点校：《春秋繁露义证》卷九《奉本第三十四》，第279页。

⑤ 《汉书》卷八五《谷永传》，第3459页。

政的征兆；而自然灾害和异常现象则被看成是上天对人君悖天逆行的警
告。因为作为"天子"的人君可以与"天"互相感通、应合，人君可
以积极主动地去体会、领悟天的性情，所以，天所施降于人君的灾异更
主要的还是与人君的行为有关，甚至就取决于人君的行为。所以，如果
帝王"淫佚衰微，不能统理群生，诸侯背畔，残贼良民以争壤土，废德
教而任刑罚。刑罚不中，则生邪气。邪气积于下，怨恶畜于上。上下不
和，则阴阳缪盭而妖孽生矣。此灾异所缘而起也"。①

董仲舒认为，按照灾先异后、灾轻异重的原则，凡人君为政有失，
天便以自然灾害的形式予以谴告。一句"凡灾异之本，尽生于国家之
失"，高度概括了灾异与人君行为的关系。如果人君违反了天的意志和
目的，就必然会使阴阳失调、五行失序，引起天的震怒，显现各种灾
异，以示谴告和惩罚。人君的过失刚萌芽时，天显示"灾害以谴告
之"②；如果谴告无效，即人君不能及时纠正过失，天又用种种怪异现
象使之惊骇；如果人君对惊骇仍然无动于衷，还不知道畏惧悔改的话，
接踵而来的则必然是灾难与祸殃。可见，灾异与人事行为尤其是政治得
失之间存在着一种因果性的关联。换言之，国家政治的好坏能够直接感
应天，显示祥瑞或灾异。

由灾而异、而大异的天意表达，可以看出上天是仁慈的，对人君是
关心和爱护的，并非要惩罚人君，即所谓"天意之仁"，"不欲陷人
也"③。谴告、惊骇、畏恐都是"天"表达其意愿的手段，而劝人君改
过向善才是根本目的。

人君对天意的理解和领悟，是灾异谴告发生作用的前提。天意有所
为也有所不为，怎样才能够正确地与天意交通呢？董仲舒指出，"天人
之征，古今之道也"，人的认识活动受命于天，而认识的目的是了解天
意。人君欲知天意，应当像孔子作《春秋》那样，"上揆之天道，下质
诸人情，参之于古，考之于今"，即可知"怪异之所施也"④。而且应当

---

①《汉书》卷五六《董仲舒传》，第2500页。

②（汉）董仲舒著，（清）苏舆撰，钟哲点校：《春秋繁露义证》卷八《必仁且智第三
十》，第260页。

③（汉）董仲舒著，（清）苏舆撰，钟哲点校：《春秋繁露义证》卷八《必仁且智第三
十》，第260页。

④《汉书》卷五六《董仲舒传》，第2515页。

把灾异谴告看作是天对自己的善意帮助，灾异或大异是天为了纠正人君过失、拯救人君所做的努力，对天意应当"畏之而不恶"。

董仲舒认为，君王变更国家的政制，如果上天有所感应并垂示灾异，这是"幸国"。他举例说，楚庄王因为天地不显现灾、孽，心中不安，就对着山岳河川祈祷说：难道上天要使我灭亡吗？灾异不现，"不说吾过"，是要等我的罪孽滋长到极点的时候才提醒我吗？以此观之，可以说天灾是随着人的过失而出现的，是人事得失成败的反映；异是彰显天的畏惧性，"此乃天之所欲救也"①。圣主贤君能够接受忠臣的进谏，那么有什么理由不能接受"天谴"呢？灾异变怪经常发生，无世而不然。皇天用灾异谴告人君过失，"犹严父之明诚"②。畏惧敬改，修德善政，则咎殃消亡，祸转为福。

董仲舒建构灾异谴告说的目的，是想充分引起人君的内心反省，"内视反听"③，从而求得天意，实现"察身以知天"，"以身度天"④；通过"察物之异，以求天意"⑤，即由内省的途径就能判断是非，达到"知天"的目的。董仲舒认为，检验和衡量所求天意是否准确的标准，建立在具有性情特征的自身感受基础上。只有用自己的心去思量天意、领悟天意，人心才能获得与天的感通和应合。天意体现民心的向背，民心是一种共性的表现，不是纯粹自我化、绝对私密化的一己之心。这样，天意与民心便获得了可以感通、交流的基础，这就是"察身以知天"得以成立的先决条件，它既是人君通过自省求取天意的方法，也是感知天意正当性和结果可靠性的正确途径。

此外，还必须通过对阴阳五行的观察，才能达到对天意、天道的了解。他在《春秋繁露·五行变救》中集中阐述了五行之变与政治的关

---

① （汉）董仲舒著，（清）苏舆撰，钟哲点校：《春秋繁露义证》卷八《必仁且智第三十》，第 262 页。

② 《汉书》卷八五《谷永传》，第 3450 页。

③ （汉）董仲舒著，（清）苏舆撰，钟哲点校：《春秋繁露义证》卷十三《同类相动第五十七》，第 361 页。

④ （汉）董仲舒著，（清）苏舆撰，钟哲点校：《春秋繁露义证》卷十四《郊语第六十五》，第 400 页。

⑤ （汉）董仲舒著，（清）苏舆撰，钟哲点校：《春秋繁露义证》卷十七《天地之行第七十八》，第 459 页。

系和救助之道。五行变化到极点，君王应当"救之以德，施之天下"①，就能免除罪过。不用德行救助，不超过三年，上天就会落下陨石。木发生灾变，表现为春季凋零而秋季开花，秋季树木结冰，春季多雨。这是因为徭役繁重，赋税太多，百姓"贫穷叛去，道多饥人"。救助方法是"省徭役，薄赋敛，出仓谷，振困穷"。火发生灾变，表现为冬季温暖夏季寒冷。这是因为君主不明察，"善者不赏，恶者不绌，不肖在位，贤者伏匿，则寒暑失序"，百姓多生疾病。救助方法是"举贤良，赏有功，封有德"。土发生灾变，表现为大风到来，五谷受到伤害。这是因为不信任贤能和仁爱的人，不尊敬父兄，荒淫过度，宫室豪华。救助方法是减省宫室，去掉雕饰彩绘，举拔孝悌，抚恤百姓。金发生灾变，表现为毕宿、昴宿发生回旋并多次相互覆盖，预兆有战事发生，"多兵，多盗寇"。这是因为"弃义贪财，轻民命，重货赂，百姓趣利，多奸轨"。救助方法是"举廉洁，立正直，隐武行文，束甲械"。水发生灾变，表现为冬季潮湿多雾，春夏两季下冰雹。这是因为法令宽缓，刑罚不能执行。救助方法是"忧囹圄，案奸宄，诛有罪，麐（搜索）五日"。

在君、民、天三者之间的关系中，董仲舒的观点是"屈民而伸君，屈君而伸天，春秋之大义也"②。民受制于君，君又受制于天，而天又是人情民意的反映。天是至高无上的最高主宰，人世万物无不服从于天。君为民主，虽然君主凌驾于万民之上，但并不意味着君主就可以为所欲为、肆无忌惮，在他上面还有一个神圣万能、不可违逆的天。"古代中国一直存在着一个十分强大而且久远的传统观念系统，即宇宙与社会、人类同源同构互感，它是几乎所有思想学说及知识技术的一个总体背景与产生土壤。"③ 在董仲舒建构的"天人感应"灾异说体系里，他同样也设定了一个有意志、具有是非判断标准和能力的天，它用自己独有的方式对其所属的人类社会表达臧否赏罚。透过董仲舒灾异谴告说的

---

① （汉）董仲舒著，（清）苏舆撰，钟哲点校：《春秋繁露义证》卷十四《五行变救第六十三》，第 386 页。

② （汉）董仲舒著，（清）苏舆撰，钟哲点校：《春秋繁露义证》卷一《玉杯第二》，第 33 页。

③ 葛兆光：《七世纪前中国的知识、思想与信仰世界》（《中国思想史》第 1 卷），复旦大学出版社 1998 年版，第 382 页。

许多貌似荒诞虚妄、经不起求证的论述，我们还是能够体会到他那建立在忠君基石上的重民、仁民思想。

董仲舒是汉代灾异谴告说承上启下的关键性人物。金春峰先生指出"董仲舒的灾异谴告思想，可以说是直接承袭陆贾而来"[1] 的。王充在《论衡·明诚》中说："《新语》，陆贾所造，盖董仲舒相被服焉，皆言君臣政治得失"；有学者指出："《明诚》篇陈天文虫灾之变，谓天道因乎人道，开言《春秋》五行、陈灾异封事者之先。"[2] 陆贾解释《春秋》中的灾异，即已运用了"天人感应"的思想：

> 恶政生恶气，恶气生灾异。蝝虫之类，随气而生；虹蜺之属，因政而见。治道失于下，则天文变于上；恶政流于民，则蝝虫生于野。贤君智则知随变而改，缘类而试思之，于□□□变。

董氏灾异说中"同类相动"的感应原则，承袭了战国至西汉前期"同类相应"的观点。如《吕氏春秋·应同》说："类同相招，气同则合，声比则应"；陆贾《新语·术事》："事以类相从，声以音相应"；《汉书·公孙弘传》载公孙弘语："气同则从，声比则应。今人主和德于上，百姓和合于下"，等等。《春秋繁露·同类相动》说："天有阴阳，人亦有阴阳。天地之阴气起，而人之阴气应之而起，人之阴气起，而天地之阴气亦宜应之而起，其道一也。明于此者，欲致雨则动阴以起阴，欲止雨则动阳以起阳。"董仲舒的说法与前几人没有什么本质的不同。

董仲舒因善为灾异之说而步入仕途，三次对策后，即被任命为江都国的相。后来，亦因言灾异而致祸。元光六年（前129），辽东高庙和长陵高园殿发生火灾，时任太中大夫的董仲舒在家里推说其意，写成《灾异之记》[3] 草稿，尚未上书皇帝。主父偃私见其稿，因为嫉妒董仲舒，便将《灾异之记》草稿偷出来上奏朝廷。汉武帝将它交给朝中诸

---

[1]　金春峰：《汉代思想史》，中国社会科学出版社1997年版，第87页。

[2]　（汉）陆贾撰，王利器校注：《新语校注·明诚第十一》注引唐晏语，中华书局2012年版，第153页。

[3]　《史记》卷一二一《儒林列传》，第3128页。

儒审议。其中有讽刺时政的文字，当时董仲舒的弟子吕步舒并不知道它是老师所写，"以为大愚"①。汉武帝一怒之下，把董仲舒下了大狱，不久又下诏赦免其罪。此后，董仲舒再也不敢谈论灾异了。武帝虽然接受了董仲舒的"天人三策"，但只钟情于"君权神授"，并不喜欢"灾异谴告"，从董仲舒言灾异被下狱即可明了武帝的好恶。

汉武帝定儒学于一尊，在思想领域内实行文化专制主义，战国时期的"百家争鸣"已是明日黄花，成为士人们美好的愿望。但其影响并未消失，汉儒巧妙地继承了战国"百家争鸣"的传统，在吸收墨、道、法、阴阳五行等学说的同时，也汲取了各派间互相争鸣的精神，在现行制度许可的范围内寻觅发表自己政见的机会。从某种意义上讲，董仲舒的"灾异谴告说"正是适应这一要求而创立的。灾异说是专制制度下儒生参政、议政的重要思想武器，也可以认为是一定的民主权利的表现，这种权利对于强大的专制制度来说是十分微弱的，它既是专制政治的对立面，又依附于专制政治而存在。

灾异说具有很强的社会批判功能，虽然董仲舒不敢复言灾异，但是天人感应说既已被汉武帝立为国家的统治思想，灾异说也随之很快就发展为一种社会思潮。班固归纳西汉灾异说发展的概况时说：

> 汉兴推阴阳言灾异者，孝武时有董仲舒、夏侯始昌，昭宣则眭孟、夏侯胜，元成则京房、翼奉、刘向、谷永，哀平则李寻、田终术。此其纳说时君著明者也。察其所言，仿佛一端。假经设谊，依托象类，或不免乎"亿则屡中"。②

灾异说在西汉后期的发展，从"灾异"一词在《史记》和《汉书》中的使用频率亦可见一斑。据笔者统计，"灾异"在《史记》中无见，《春秋繁露》出现了6次，而在《汉书》中则多达91次，全部出现在武帝至西汉末期。

---

① 《汉书》卷五六《董仲舒传》，第2524页。
② 《汉书》卷七五《眭两夏侯京翼李传》。颜师古注说："《论语》称孔子曰：'赐不受命，而货殖焉，亿则屡中。'故此赞引之，言仲舒等亿度，所言既多，故时有中者耳，非必道述皆通明也。"

　　董仲舒之后，更多的知识分子运用灾异谴告这一思想武器，借助"天"的启示的形式大胆地揭露现实矛盾，主张限制君主的恣意妄为，以挽救政治危机。灾异说认为，灾害因政治失误而发生，亦因政治革新除弊而消除。"凡异所生，灾所起，各以政变之则除。其不可变，则施之亦除。"① 据统计，西汉帝王因灾害所下自谴诏共计 16 次。武帝也曾在灾害面前检讨自己的错误，"（朕）夙兴夜寐，明不能烛，重以不德，是以比年凶灾害众"② 。面临地震、山崩等灾异之变，宣帝下诏鼓励臣下进献应对之策。③ 汉代因灾下诏自谴次数最多的皇帝是汉元帝，共 7 次。初元元年（前 48），有水、疾疫、地震之灾，次年又发生了两次地震，关东郡国大饥，人或相食，元帝下诏自谴，承认自己"明不能烛，……治有大亏，咎至于斯"；永光二年（前 42），元帝灾后诏称："朕之不明，政有所亏。咎至于此，朕甚自耻。"④ 出现这种现象的原因主要有两个方面：一是元帝在位期间是一个相对的灾害多发期，16 年间有灾 24 次，平均每年 1.5 次灾害，高于此前 3 年 2 次左右的发灾率。更主要的是，此时是经学统治地位的全面确立、阴阳灾异和政教合一的时期⑤ ，灾异说对元帝的影响和作用，远远超过自然灾害本身。初元三年（前 46），元帝诏令"丞相御史举天下明阴阳灾异者各三人"。于是"言事者众"，灾异说得到迅速传播。

　　此时，专制帝王也发现了灾异说的另一妙用。君主有过失，臣下也负有不可推卸的责任，因此臣下也应当是天谴的承担者。从元帝开始，皇帝在灾后不仅自谴，同时谴责大臣，以整顿吏治。皇帝自责仍然是皇帝，大臣受责，轻者去官，重者获罪。如元帝即位初年，"关东连年被灾害，民流入关，言事者归咎于大臣。上于是数以朝日引见丞相、御史，入受诏，条责以职事"。永光元年（前 43），春霜夏寒，日青无光，元帝下诏切责，丞相于定国遂上书自劾归侯印、辞相位，罢官就第。次

---

　　① （汉）王充著，黄晖撰：《论衡校释》卷十八《感类篇》注引《易稽览图》，第795 页。

　　② 《汉书》卷六四上《严助传》，第 2786 页。

　　③ 《汉书》卷八《宣帝纪》："本始四年夏四月壬寅，郡国四十九地震，或山崩水出。"诏曰："丞相、御史其与列侯、中二千石博问经学之士，有以应变，辅朕之不逮，毋有所讳。"

　　④ 《汉书》卷九《元帝纪》，第 288 页。

　　⑤ 参见汤志钧等《西汉经学与政治》，上海古籍出版社 1994 年版，第 198—217 页。

年，御史大夫薛广德以岁恶民多流亡，与丞相、大司马、车骑将军俱乞骸骨，免官养老。

董仲舒构建的"君权神授"与"灾异谴告"是一个完整的思想体系，像是一对连体兄弟，俩兄弟一俊一丑，专制君主虽然喜俊恶丑，迫于无法取舍，也只能有所偏好。"天人感应"和"灾异谴告"的主观意图是借神权来限制君权，"是他用来推行自己理论的工具并为后代儒者提供一种向集权者皇帝进谏的手段或方式。在缺乏民权的专制时代，实践证明，这还是可行的方式。历史事实也说明它在许多时候还是行之有效的。如果说三纲是束缚人民思想的三条绳索，那么，天人感应则是专为皇帝特制的精神枷锁"①。专制帝王在思想深处对灾异说是持排斥、厌恶态度的，有哪一个帝王愿意臣民借助天来批评自己呢？由于否认灾异谴告，等于间接否定天降祥瑞和君权神授，所以专制帝王才不得不接受灾异说。董仲舒的天人感应说又有点像是带刺的玫瑰，灾异说是刺，天降祥瑞和君权神授则是缤纷艳丽的花，专制帝王是为了得到花才允许刺的存在。在多次遭受天谴之"刺"之后，专制帝王发现这根"刺"也可以用来"刺"大臣，自元帝以降，谴责大臣几乎成为汉代帝王灾后应变的通例。

3. 调均贫富的救助思想

社会救助是中国古代社会保障的主体，是中国古代"民事"问题的一部分。灾害救助、社会救济、社会福利、优待抚恤等现代社会保障形态在汉代都已经出现。民众是国家政权的统治对象，又是社会赖以存在的基础，故民为国之本。治天下者必先治其民，而要长治久安，在平时就要重民、惠民、保民、安民，关注民众的衣食住行育乐等问题。发生了自然灾害，便要救灾安民，减灾抗灾。有关这些问题的议论就是社会保障思想。汉武帝"罢黜百家，独尊儒术"，汉代新儒学的思想架构是在先秦儒学的基础上广泛吸收法、道、阴阳五行等思想建立起来的，核心是董仲舒所创立的"天人感应"理论。学术界从哲学史和政治思想史等角度对天人感应说进行了深入细致的研究，对于蕴含在天人感应说中的社会救助思想则鲜有论及。

在董仲舒的天人感应思想体系中，既有借天象示儆、貌似迷信的禳

---

① 周桂钿：《董学探微》，北京师范大学出版社 1989 年版，前言第 2—3 页。

灾术，也有直面现实的救助主张。汉武帝"罢黜百家，独尊儒术"，自然接受了儒家的"仁""义"道德思想，为了更有效地施行"刑礼并施"的统治方式，采取了不少保民、安民的保障措施，以缓和因天灾人祸带来的种种社会矛盾。

《汉书·食货志上》说：武帝时期，"外事四夷，内兴功利，役费并兴，而民去本"。元狩三年（前120）秋，山东地区遭受水灾，民多饥乏。董仲舒对农民"去本"的问题十分关注，他向汉武帝建议："《春秋》它谷不书，至于麦禾不成则书之，以此见圣人于五谷最重麦与禾也。今关中俗不好种麦，是岁失《春秋》之所重，而损生民之具也。愿陛下幸诏大司农，使关中民益种宿麦，令毋后时。"① 他设想用改变关中农田的种植结构来缓解民生之苦，以为关中只要种麦，农民的生活就会得到改善。这一建议是他在"天人三策"中提出的，在《春秋繁露·五行顺逆》中也有类似的表述："木者春，生之性，农之本也。劝农事，无夺民时。"表现了他对农业的重视。董仲舒的这一建议可能为武帝所采纳，《汉书·武帝纪》说，武帝"遣谒者劝有水灾郡种宿麦。举吏民能假贷贫民者以名闻"。重农是专制君主重要的安民之术，重农思想与仓储后备的社会保障思想密不可分。只有把农业放在头等重要的地位，爱惜民力，让农民有较多的时间去从事耕织，获得更多的财富，才能解救"饥乏"的农民。

元狩四年（前119）冬，"关东贫民徙陇西、北地、西河、上郡、会稽凡七十二万五千口，县官衣食振业，用度不足"（《汉书·武帝纪》）。在这种情况下，董仲舒又向武帝建议："限民名田，以澹不足，塞并兼之路。……去奴婢，除专杀之威。薄赋敛，省繇役，以宽民力。然后可善治也。"② 这段话集中反映了董仲舒的社会救助思想，可以从以下三个方面来理解。

1. "限民名田"

这是董仲舒经济思想中最富积极意义而对后世影响深远的社会救助主张。这一主张是针对当时贫富悬殊、苦乐极异的社会现实提出的。他在论述土地兼并的危害时说：秦自商鞅变法以后，土地自由买卖，以致

---

① 《汉书》卷二四上《食货志上》，第1137页。
② 《汉书》卷二四上《食货志上》，第1137页。

"富者田连阡陌，贫者亡立锥之地"。政府"又颛川泽之利，管山林之饶，荒淫越制"。文、景时代，由于地主和富商大贾对农民的兼并，社会贫富悬殊现象已十分突出，农民竟然到了"卖田宅，鬻子孙以偿责"的悲惨境地①。在董仲舒之前，贾谊、晁错等思想家也提出了解决贫富悬殊问题的建议，大声疾呼重视农业，但没有正面涉及土地——这个最本质的问题，汉初崇尚无为而治的皇帝也未采取措施来阻止土地兼并。董仲舒生活的时代，土地兼并日益剧烈，"富者田连阡陌，贫者无立锥之地"，成为严重的社会问题。大批农业劳动力被迫与生产资料脱离，沦为饥寒交迫的流民，严重影响人口的增长，威胁着封建统治秩序的稳定和社会经济的发展。董仲舒认识到土地兼并是造成社会贫富悬殊的根本原因，主张"限民名田"。但是，如何限？以什么标准限？他并没有提出具体意见。不过，他提出了限田原则："使富者足以示贵而不至于骄，贫者足以养生而不至于忧，以此为度而调均之，是以财不匮而上下相安。"② 限田的目的是"以赡不足"③，是救济生产资料"不足"的农民，使贫困者能够养活自己而无生存之忧，同时，保证富有者的尊贵地位，抑制他们的骄横，调均对土地的占有，希望从解决土地兼并问题入手，以缓和社会矛盾，"上下相安"。

2. "去奴婢，除专杀"

这里的所谓"去"奴婢，即减少意，不是禁绝。"除专杀"，意即禁止主人随意擅杀奴隶，这也是董仲舒首先提出的有进步意义的救助主张。汉代奴婢数量很大，有官奴婢与私奴婢之别。官奴婢主要是罪犯及其没官为奴的家属，私奴婢则主要是破产卖身的农民。汉武帝时，杨可告缗没收的奴婢以"千万数"，大多服役于宫苑和官府。私奴婢在市场上同牛马同栏买卖。大官僚、大地主、大商人拥有成百上千的奴婢。私奴婢除了家事服役外，还从事农业、手工业生产或商业活动。④ 奴婢没

① 《汉书》卷二四上《食货志上》，本段后面的引文出处同此，不再注。

② （汉）董仲舒著，（清）苏舆撰，钟哲点校：《春秋繁露义证》卷八《度制第二十七》，第229页。

③ （汉）董仲舒著，（清）苏舆撰，钟哲点校：《春秋繁露义证》卷八《度制第二十七》注引，第227页。

④ （清）严可均辑：《全上古三代秦汉三国六朝文·全汉文》卷四十二《王褒·僮约》，中华书局1958年版，第718—719页。

有人身自由，地位卑贱，生命没有保障。董仲舒对此极为不满，反对把奴婢看成是财产和物品而加以买卖、屠杀。因为，人虽分圣人之性、中民之性、斗筲之性，或者有圣人、仁人、君子、贤人、善人、正人、庶人、小人等区别。但小人也是人，也是受命于天的。人在自然界的万物之中处于特殊地位，最为可贵。人与天是相合的，"天人一也"。奴婢既是人，却像牛马一样劳动、生活，不符合天理和人道。所以，他坚决反对这种影响社会生产力发展的奴隶制度残余，具有安民、保民的进步意义。

3. "薄赋敛、省徭役，以宽民力"

董仲舒认为封建国家的苛征暴敛、乱用民力是引起小农大量破产和加剧社会贫富分化的最普遍原因，他说："赋敛亡度，竭民财力，百姓散亡不得从耕织之业。"① 因此，他把轻徭薄赋作为限制贫富分化以保民、安民，实现社会救助的重要措施。

提倡轻徭薄赋、反对重敛是先秦儒家的重要主张。董仲舒继承了这一思想，又做了反复的阐述论证。董仲舒以前的思想家们是从"富国"与"富民"的关系上来谈论赋役，把赋役沉重视为产生贫富分化的重要原因之一，是其救助思想的独到之处。占有大量土地的贵族和官僚地主，一般都享有减免赋役的特权，把赋役负担转嫁到小农身上，苛征暴敛与赋役负担的严重不均往往相伴而生。这就必然会加剧社会的两极分化进程和小农破产。

董仲舒忧心于当时横征暴敛造成的赋多役繁、田租苛重。这样，"小民安得不困？"所以，必须"薄赋敛，省徭役，以宽民力"。他夸饰三代为汉朝立极："古者税民不过什一，其求易供；使民不过三日，其力易足。民财内足以养老尽孝，外足以事上共税，下足以畜妻子极爱，故民说从上。"② 他并不反对征税征役，而是主张"无夺民时"，把税收限制在一个合理的范围之内，就可"民家给人足"，实现天下大治。他又以亡秦为鉴，批评秦朝赋役繁重，"又加月为更卒，已复为正，一岁屯戍，一岁力役，三十倍于古；田租、口赋、盐铁之利，二十倍于古"。致使"贫民常衣牛马之衣，而食犬彘之食"。而"汉兴，循而未改"六

① 《汉书》卷五六《董仲舒传》，第2511页。
② 《汉书》卷二四上《食货志上》，第1137页。

字，才是董仲舒真正想说的话，它以画龙点睛之笔道出了武帝时代赋敛的沉重。他在《春秋繁露》中进一步指出赋役沉重的危害："徭役众，赋敛重，百姓贫穷叛去，道多饥人。"（《五行变救》）如果"赋敛无度，以夺民财，多发徭役，以夺民时，作事无极，以夺民力"（《五行相胜》），必然导致"百姓愁苦""民不能堪"的严重后果。与董仲舒同时代的人也从不同角度谈到这一严峻的社会问题，如严安上书汉武帝，以秦喻汉："乡使秦缓刑罚，薄赋敛，省繇役……化于海内，则世世必安矣。"①东方朔借非有先生之口劝谏武帝："开内臧，振贫穷，存耆老，恤孤独；薄赋敛，省刑辟。行此三年，海内晏然……国无灾害之变，民无饥寒之色，家给人足。"②

要重农爱民，必须减轻赋役负担。董仲舒在《春秋繁露》中举《春秋》"重民"的史例来表达他的这一救助思想。他说："《春秋》之法，凶年不修旧，意在无苦民尔。……故曰：凶年修旧则讥，造邑则讳。"（《竹林》）因为鲁僖公"作南门"；庄公"刻桷、丹楹"，"筑三台，新延厩"；定公"作雉门及两观"，所以《春秋》讥刺他们"骄溢不恤下也"。梁国徭役频仍，人民不堪忍受，《春秋》就说："梁亡，亡者自亡也，非人亡之也。"（《王道》）

董仲舒又指出，爱惜民力，轻徭薄赋，也是上天意志的表现。如果背离了天意，上天就会显现灾异以示惩罚。如木的灾变表现为春凋秋荣，秋天结冰，春季多雨。这是由于徭役繁多、赋敛沉重、百姓贫穷饥饿流亡道路所致。作为君主，如果不悔过自新，不及时采取"省徭役、薄赋敛、出仓谷、振穷困"的救助措施（《五行变救》），那么就会像楚灵王一样，遭到"身弑"的悲惨下场。而土的灾变表现为大风到来，五谷受到伤害。这是因为不信任贤能和仁爱的人，不尊敬父兄，荒淫过度，宫室豪华。救助的办法，减省宫室，去掉雕饰彩绘，举拔孝悌，抚恤百姓。

总之，只要五行发生灾变，统治者就应当"救之以德，施之天下"，以免除罪过。不用德行救助，不超过三年，上天就会落下陨石。此外，他在《治水五行》中还提出"养长老，存幼孤，矜寡独，赐孝

---

① 《汉书》卷六四下《严安传》，第2811页。
② 《汉书》卷六五《东方朔传》，第2872页。

弟，施恩泽"等救助措施。

在董仲舒的"天副人数"思想中含有积极的保民、安民主张。他认为，"天"完全按照自己的模型塑造了人类，人类的形体、精神、思想感情，都被说成是"天"的复制品，与"天"相吻合。而之所以如此，是因为人类为"天"所生，"人之为人，本于天，天亦人之曾祖父也，此人之所以乃上类天也"。"天"既生了人，也就相应地生出粮食五谷来养活人。他在《春秋繁露》中说："五谷，食物之性也，天之所以为人赐也。"（《祭义》）"生育养长，成而更生，终而复始其事，所以利活民者无已，天虽不言，其欲赡足之意可见也。"（《诸侯》）那么，作为"天之子"的皇帝，是举国上下的中心，也就负有养育子民的责任。"君者，民之心也，民者，君之体也；心之所好，体必安之。"（《为人者天》）全国受命于君，身以心为本，国以君为主，君主的一言一行为"万物之枢机"，民众生活的安定取决于君主。因此，君主首先考虑的是天下和人民。应当像尧那样，受命为帝，以天下为忧，而不以得位为乐。处理政事，应"宜于民"，生杀予夺也要合理。所以，君主治国理民，"准绳不可以不正"。

董仲舒依据天人感应学说解释人口数量的增减。他认为人口的增减变动是封建统治者是否"正心"，即是否顺应"天"的意志的结果。

> 为人君者正心以正朝廷，正朝廷以正百官，正百官以正万民，正万民以正四方。四方正，远近莫敢不壹于正，而亡有邪气袭奸其间也。是以阴阳调而风雨时，群生和而万民殖，五谷熟而草木茂。（《实性》）

而如果统治者不能"正心"，逆"天"行事，他所统治的百姓就会减少，自然灾害也就会频繁发生。

调均贫富是董仲舒社会救助思想的重要内容。他用"调均"阐释了关于社会财富分配和占有的原则。他所说的"调均"，就是封建国家运用行政、法律和经济等手段，干预和调控社会财富的分配，防止贫富过度不均，以安民保民，维护封建政治统治。《春秋繁露·度制》中说：

> 孔子曰："不患寡而患不均。"故有所积重，则有所空虚矣。大

富则骄，大贫则忧。忧则为盗，骄则为暴，此众人之情也。圣人则
于众人之情，见乱之所从生，故其制人道而差上下也。使富者足以
示贵而不至于骄，贫者足以养生而不至于忧，以此为度而调均之。
是以财不匮而上下相安，故易治也。

　　一定时期内的社会财富总量是固定的，一部分人过富，另一部分人
就必定赤贫；贫富过分悬殊，必然影响社会安定，不利于国家的治理。
"大富"者因富而骄，骄则生暴，即恃富而骄横轻慢，不守礼法，进而
僭越作乱。"大贫"者为生存而忧，因忧而为盗，即起而造反。所以，
"大富"和"大贫"都是祸乱之源。他曾反复强调过贫富过分悬殊的严
重危害，"富者奢侈羡溢，贫者穷急愁苦；穷急愁苦而上不救，则民不
乐生；民不乐生，尚不避死，安能避罪！此刑罚之所以蕃而奸邪不可胜
者也"①。"天之生民，非为王也，而天立王以为民也。故其德足以安乐民
者，天予之；其恶足以贼害民者，天夺之。"② 董仲舒认为，因贫富悬
殊而产生的社会问题是"众人之情"，自然之理；"圣人则于众人之情，
见乱之所从生"，找出解决问题的办法。由于人们"弃其度制而各从其
欲"，以致"富者愈贪而不肯为义，贫者日犯禁而不可得止"，社会便
难以治理。富人凭借"富贵之资力，以与民争利于下"，造成百姓的穷
困，"日削月朘"。解决问题的办法之一是"受禄之家，食禄而已，不
与民争业，然后利可均布，而民或家足"③。因此，要建立社会等级制
度，按照社会等级分配财富，使贫富有差而不过度、不越制；如果能做
到，就可以实现上下相安，天下太平。董仲舒反对贫富过分悬殊，但并
不赞成平均分配财富，而是主张按照社会等级进行财富分配，使不同等
级的成员在财富占有上有差、有度、互不越制，把贫富差别控制在一个
比较适度的范围内，这就是他提倡的"调均贫富"的原则。
　　董仲舒的"调均"思想虽然包含着贫富有差和贫富有度两方面的内
容，但立论的重点是防止贫富过分悬殊，这是他"调均贫富"思想的

---

　　① 《汉书》卷五六《董仲舒传》，第 2521 页。
　　② （汉）董仲舒著，（清）苏舆撰，钟哲点校：《春秋繁露义证》卷七《尧舜不擅移汤武
不专杀第二十五》，第 221 页。
　　③ 《汉书》卷五六《董仲舒传》，第 2521 页。

主要内容和主要倾向。他肯定劳动人民对基本生产和生活资料要求的合理性，认为只有先使百姓"家给人足"，而后才可施行教化。即"治民者，先富之而后加教"①。如果贫富严重不均，百姓无以为生，道德教化就无从谈起，国家的危亡也就难以避免了。

社会成员划分为贫富贵贱等各种不同的等级，是古代社会的普遍现象，也是与生产力发展水平相适应的。在汉代实行平均主义，既不现实，也行不通。但是，贫富差别过大，也不利于社会的稳定发展。董仲舒的"调均"思想在肯定贫富差别的同时，又力主缩小差别，希望统治者能限制对社会财富的攫取，以保证劳动者起码的生活条件和社会再生产条件。这种辩证的社会救助思想，既符合汉代社会的实际，又具有历史的进步性，不失为解决封建社会财富分配问题的带有指导性的原则。先秦时期的思想家虽然也有过类似的观点，但不如董仲舒的论述深刻而系统。

董仲舒是一位承前启后、继往开来的思想家，关于"三纲"与神权结合的消极影响，已有深入而广泛的研究，这里不予讨论。但我们也应当看到，他提出的社会救助主张在汉代发挥了积极作用，并为以后的封建统治者如何安民保民、维护统治提供了借鉴。当然，他讲重民、爱民并不是目的，一般地说，它只是一种手段，正如孔子所说："惠则足以使人。"调均贫富的着眼点主要在于"易治"，使天下易于治理。董仲舒的著述和上书，都是从阴阳灾异谈到人事，以自然现象来论证社会问题。以天象示儆的禳灾术的灾害救助意义主要是在政治层面，表达了他对灾害救助的重视和关切。②

（三）路温舒与其《尚德缓刑书》

路温舒（生卒年不详），字长君，约为西汉昭帝时钜鹿（今河北广宗）人。家贫。其父是钜鹿县东里的监门③。路温舒小时候牧羊，没有书读。他把湖泽中的蒲草取来，做成简牒，编起来抄书学习。学问稍

---

① （汉）董仲舒著，（清）苏舆撰，钟哲点校：《春秋繁露义证》卷八《仁义法第二十九》，第255页。

② 本目内容参见王文涛《董仲舒补全救助思想探微》，《衡水学院学报》2007年第4期。

③ 里监门，掌管里门的吏卒。主里门开闭，百姓出入。

长，求人做了县里监狱中的小吏，从此开始学习律令，不久提升为狱史，位在狱掾之下，辅佐狱掾掌管罪犯等事。后来，他又钻研《春秋》，通晓书中大义，被举为孝廉，任山邑县丞，累迁至临淮太守，卒于官。路姓以"截蒲"和"临淮"为堂号，这两个堂号的典故均出自《汉书·路温舒传》。该传的主要内容是路温舒上宣帝《尚德缓刑书》，传颂至今的还有他"编蒲抄书"苦学成才的故事。

1. 路温舒编蒲抄书及其影响

《汉书·路温舒传》说："温舒取泽中蒲，截以为牒，编用写书。"① 《初学记》卷21《文部·纸》："或用蒲写书，则路温舒截蒲是也。" 蒲，常指一种多年生草本植物，生池沼中，高近两米。根茎长在泥里，可食。叶长而尖，可编席、制扇。牒，指可供书写的简札。《晋书·王育传》载有王育"折蒲学书"的故事，与路温舒"截蒲为牒"相类。王育少孤贫，为人佣牧羊。时有暇，即折蒲学书，遂博通经史。

后人以路温舒"截蒲为牒"为刻苦学习的典故，广泛使用，流传至今。此典在流传中出现了很多变体，主要有"编蒲、削蒲、截蒲、题蒲、编简"等，择要举例如下。

"编蒲"，如南朝梁任昉《为萧扬州荐士表》："至乃集萤映雪，编蒲缉柳。"② 唐刘禹锡《南海马大夫见惠著述三通，……诗以谢之》："编蒲曾苦思，垂竹愧无名。"（《全唐诗》卷三百六十三）唐康廷芝《对求邻壁光判》："郗珍荷花横带，缉柳编蒲。"（《全唐诗》卷二百六十）唐蔡希综《法书论》："古之君子，夙夜强学，不宝尺璧，而重寸阴。或缉柳编蒲，或聚萤映雪，寝食靡暇，冀其业广，匪直禄取。"（见宋倪涛编《六艺之一录》卷二百九十三）宋余良弼《教子诗》："年将弱冠非童子，学不成名岂丈夫。幸有明窗并净几，何劳凿壁与编蒲。"（清·厉鹗《宋诗纪事》卷六三）明末清初诗人吴伟业《芦笔》诗："采箬编蒲课笔耕，织帘居士擅书名。""削蒲"，周庾信《庾子山集》卷三《预麟趾殿校书和刘仪同》："子云犹汗简，温舒正削蒲。"乾隆《题蒳经馆》："沼刺削蒲绿，芸馡汗简青。""截蒲"，如唐骆宾王

---

① 钜鹿临近大陆泽，大陆泽又名钜鹿泽、广阿泽。汉代大陆泽水面辽阔，跨今河北省邢台市的隆尧、巨鹿、任县、平乡、南和、宁晋六县。

② （唐）姚思廉：《梁书》卷三三《王僧孺传》，中华书局1973年版，第469页。

《上兖州刺史启》："每蟋蟀凄吟，映素雪于书帐，莎鸡振羽，截碧蒲于翰池。"温庭筠《病中书怀呈友人》诗："赠远聊攀柳，裁书欲截蒲。"陈尧佐（963—1044）《三城侍郎寄示留题延庆寺二韵诗二章》："闻君又枉行春骑，应笑溪边旧截蒲。"① 顾炎武《谒宁翁先生敬述长律六十韵》诗："把卷唯窥牖，编言亦截蒲。"②"题蒲"，如南朝陈江总《建初寺琼法师碑》："东山北山之部，贯花散花之句，并编柳成简，题蒲就业，学非全逆，无待冬书。""编蒲"亦演变为"编简"，如北齐颜之推云："古人勤学，有握锥投斧，照雪聚萤，锄则带经，牧则编简，亦为勤笃。"③

《三字经》中收有"温舒编蒲"的故事，用以褒扬和勉励勤奋读书的人。"披蒲编，削竹简。彼无书，且知勉。"我们今天有印制精美的书籍，学习条件和环境优越，更应刻苦读书，勤奋向上。

南宋王阮《义丰集》卷十一《出丰城》诗云："蒲叶向冬犹未割，临风遥忆路温舒。"爱国诗人王阮望见冬天的蒲叶，触景生情，感怀苦学成才的路温舒。元沈梦麟《花溪集》卷三《小儿牧羊图》诗，追忆少年苦读的路温舒："小儿坡下草盈墟，濈濈群羊食有余。谁道牧童长在野，截蒲曾见路温舒。"④ 凡此种种，可见路温舒苦学精神影响之深远，实为中华文化的宝贵遗产。

2. 路温舒上《尚德缓刑书》三事补证

《汉书·路温舒传》："元凤中，廷尉光以治诏狱，请温舒署奏曹掾，守廷尉史。会昭帝崩，昌邑王贺废，宣帝初即位，温舒上书，言宜尚德缓刑。""尚德"，指崇尚德治。"缓刑"，古指放宽刑罚，与今意不同。⑤《周礼·地官·大司徒》："以荒政十有二聚万民：……三曰缓刑。"贾公彦疏："三曰缓刑者，谓凶年犯刑缓纵之。"本段文字有一处

---

① 王明信编著：《济源古代诗词赏析》，中国文联出版社2008年版，第213页。
② 华东师范大学古籍研究所整理，黄珅、严佐之、刘永翔主编：《顾炎武全集》卷22·附录，上海古籍出版社2011年版，第237页。
③ 颜之推：《颜氏家训》卷三《勉学》，中国华侨出版社2014年版，第128页。
④ 沈梦麟（约1335年前后在世），字原昭，吴兴人。生卒年均不详，年近九十岁。少有诗名。
⑤ 缓刑的现代含义：法律规定在一定条件下，对犯人所判处的刑罚延期执行或不执行。缓刑期间，如果没有再犯新罪，原判刑罚即不再执行；如果再犯新罪，撤销缓刑，把前罪和后罪所判处的刑罚合并执行。

《汉书》颜注有误，一处《资治通鉴》误，在综合前贤之见的基础上略陈管见。

（1）关于"廷尉光"其人

颜师古注引张晏曰："光，解光。"明人梅鼎祚编《西汉文纪》，沿袭颜注之误。其文曰："元凤中，廷尉解光以治诏狱，请温舒署奏曹掾。"

清何焯《义门读书记》卷十七："按，《百官公卿表》元凤六年，廷尉李光。注云解光，误也。解光，成、哀间人，仕至司隶校尉，亦非廷尉也。"①《前汉书》卷五十一考证，与此同。"召南按：此李光也。《公卿表》李光以元凤六年为廷尉，四年免。师古以成、哀间解光当之，非是。"

《汉书》卷六八《霍光传》，霍光与群臣连名，奏废昌邑王，群臣中有"廷尉臣光"，颜师古曰："李光。"又卷八《宣帝纪》本始元年春正月，宣帝下诏封赏臣僚，有"廷尉光"师古曰："李光。"其时正当宣帝初即位，"廷尉光"当为"廷尉李光"。《汉书·百官公卿表下》云：元凤六年（前75），"廷尉李光，四年免"。李光做廷尉四年，被免。本始元年（前73）廷尉李光仍在位。

（2）路温舒上《尚德缓刑书》的时间

本传说，"温舒上书"的时间是"宣帝初即位"。据《汉书·宣帝纪》，宣帝即位于本始元年（前73）七月庚申。荀悦《前汉纪》将路温舒上书的时间系于本始元年（前73）七月。其文曰："本始元年秋七月。立燕刺王太子建为广阳王。广陵王胥少子弘为高密王。廷尉史钜鹿路温舒上书。"②《汉书》所记明确，不知为何，《资治通鉴》却将"廷尉史钜鹿路温舒上书"系于地节三年（前67）十月③。《通鉴》误。

（3）宣帝以路温舒之言善，擢其为广阳私府长

颜师古注曰："藏钱之府，曰少府，诸侯曰私府。长者，其官之长也。"王先谦《汉书补注·路温舒传》引钱大昭之说，指出"颜注"之

<hr>

① （清）何焯撰，蒋维钧辑录：《义门读书记》卷一七，乾隆十六年（1751）何祖述刊行。

② （汉）荀悦撰，张烈点校：《前汉纪》，中华书局2002年版，第298页。

③ 司马光：《资治通鉴》卷二五《汉纪》十七《中宗孝宣皇帝上之下》，中华书局1956年版，第808、814页。

误。"汉制，诸侯王国亦有少府，不名私府。《百官表》詹事、中长秋、私府、令长丞皆属焉。然则私府皇后之官，诸侯王之后亦有之耳。"钱大昭所引见于《汉书·百官表公卿上》，未全引，对于不熟悉汉代职官者，理解起来有困难，试作如下补论。《百官公卿表上》曰："詹事，秦官，掌皇后、太子家，有丞。属官有太子率更、家令丞，仆、中盾、卫率、厨厩长丞，又中长秋、私府、永巷、仓、厩、祠祀、食官令长丞。诸宦官皆属焉。"颜师古注曰："自此以上，皆皇后之官。"是知"私府"属于皇后的藏钱之府，或者说是汉代后宫中藏钱物的府库。"私府"的主管官员，或称私府长，或称私府令。司马彪《续汉书·百官志三·宗正下》云："诸公主，每主家令一人，六百石。"刘昭注引《汉官》云："主簿一人，秩六百石。仆一人，秩六百石。私府长一人，秩六百石。"《续汉书·百官志四》："中宫私府令一人，六百石。本注曰：宦者。主中藏币帛诸物，裁衣被补浣者皆主之。"

3.《尚德缓刑书》的意义与影响

路温舒上《尚德缓刑书》，规劝宣帝减省律令、放宽刑罚、崇尚德政。他希望朝廷改变重刑罚、重用治狱官吏的政策，主张"尚德缓刑"，"省法制，宽刑罚"。秦、汉间人言刑、德者，各执一端，儒家言尚德，法家言尚刑。贾谊《新语·道基》说："齐桓公尚德以霸，秦二世尚刑而亡。"温舒之论与贾谊所说的宗旨是一致的。南宋黄震曰："温舒一疏，切中时弊。盖自武帝后，法益烦苛。宣帝初即位，温舒冀一扫除之。"[1] 明人凌稚隆给予了非常高的评价："《温舒传》只载尚德缓刑一疏。其说皆万世君臣当服膺者。""贾山之至言，路温舒之尚德缓刑疏，可以比肩（贾）谊、（晁）错。"[2]

汉朝法律承袭自秦。汉初，萧何作《九章律》，叔孙通又益以律所不及，为十八篇。武帝之世，征发烦数，百姓贫耗，穷民犯法，奸轨不胜，于是使"张汤、赵禹之属，条定法令"[3]。张汤增补汉律为二十七篇，赵禹加了六篇，共为六十篇。此外，还有汉朝的案例随时编辑起

① （宋）黄震：《黄氏日抄》卷四七《读史二·汉书·路温舒》，文渊阁《四库全书》，第 708 册，第 294d 页。

② 施之勉：《汉书集释·路温舒传》，台湾三民书局 2003 年版，第 5944、5952 页。

③《汉书》卷二三《刑法志》，中华书局 1962 年版，第 1101 页。

来，谓之《令甲》《令乙》……《决事比》。《汉书·刑法志》说："律令凡三百五十九章，大辟四百九条，千八百八十二事，死罪决事比万三千四百七十二事。"法律繁多杂乱，"文书盈于几阁，典者不能遍睹"，难于使用。因此，多有办案官员或逢迎上意，或谋求私欲，有意曲解法律条文，"或罪同而论异。奸吏因缘为市，所欲活则傅生议，所欲陷则予死比，议者咸冤伤之"。《晋书·刑法志》说："后人生意，各为章句。叔孙宣、郭令卿、马融、郑玄诸儒章句十有余家，家数十万言。凡断罪所当由用者，合二万六千二百七十二条，七百七十三万二千二百余言，言数益繁，览者益难。"

路温舒见识高远，上书针砭时弊，力陈救弊之策。宣帝初立，政之宽猛，官吏百姓未尝得见，而路温舒首以尚德缓刑为戒，援引古今至于千言。上书中说："秦有十失，其一尚存，治狱之吏是也。"他认为秦朝之所以灭亡，是因为法密政苛，重用狱吏。汉朝自武帝以来，严刑峻法，冤狱四起。治理刑狱的官吏，以刻薄为明察；苛严者名闻朝野，公平者却后患无穷。所以，治理刑狱的官吏都想着把犯人整死，并非是他们憎恨罪犯，而是其自安之道就在于致犯人于死地。因此，死人之血流遍街市，受刑的犯人比肩而立，被大辟处死者每年数以万计，帝王的仁爱圣德被严重伤害。这一弊政，必须改革，纠正前朝之失，清理苛烦的法令，解除民间疾苦，以顺应天意。

他在上书中引用当时的俗语，形象地表达了百姓对执法苛暴的官吏的悲愤之情。"画地为狱，议不入；刻木为吏，期不对。"画地为牢，没有人敢上朝议政；刻木人为吏，必定没有人敢对策。比路温舒上书早32年，受腐刑的司马迁在《报任少卿书》中已有类似的悲愤表述："故士有画地为牢势不入，削木为吏议不对，定计于鲜也。"[1] 此亦可为武帝以来刑法渐酷、吏民哀怨的佐证。

尤为难能可贵且影响久远的是，路温舒反对刑讯逼供，认为刑讯逼迫犯人为求生而编造假口供，为狱吏枉法定罪提供了便利。人之常情，安乐时愿意活下去，痛苦时则求速死。苦刑拷打之下，要什么口供就会有什么口供。犯人为少受非人的折磨，不能求生转而求死，不得不胡乱招供，屈打成招屡见不鲜。狱吏又千方百计深文周纳、罗织罪名，用刑

---

① 《汉书》卷六二《司马迁传》，第2732页。

残酷无比，为苟且于一时，不顾国家的忧患，实为今世之大敌。所以，天下之患，莫过于冤狱；败坏法令，扰乱政事，离间亲戚，阻塞言路，"莫甚乎治狱之吏"。这就是所谓秦朝弊政至今尚存的表现。

如何纠正这种弊政呢？路温舒建议，减轻乃至取消对诽谤罪的处罚，以便广开言路，博采民意。"诽谤之罪不诛，而后良言进"；"除诽谤以招切言，开天下之口，广箴谏之路，扫亡秦之失……省法制，宽刑罚"，废黜苛酷的治狱之吏。果能如此，则太平之风可兴，并永享祥和康乐。南宋真德秀认为："温舒论缓刑，而并及除诽谤，招切言，必其时有因言获罪者。"① 路温舒的主张继承了先秦开明政治家反对"防民之口"（《国语·周语上·召公谏厉王止谤》）的优良传统。他在上书中引用《尚书·大禹谟》中的"与其杀不辜，宁失不经"，表明自己的司法主张。引语的含义是，在处理两可的疑难案件时，宁可偏宽不依常法，也不能错杀无辜。即可杀可不杀者不杀，可治罪可不治罪者不治罪。为防止枉杀无辜，保证适用法律的正确性，凡是疑难案件，均应采取从轻处理或赦免的原则。这种法律精神在西周时即已开始实施，在今天仍有积极意义。

宣帝在民间时就了解到狱政的弊端，看到路温舒的上书，深有感触。官吏玩弄法律，舞文弄墨，量刑日益加重。判案不当，让有罪者心生邪恶，无辜者反受重刑。为纠正这种弊端，地节三年（前67）十二月，宣帝下诏增设廷尉的属官。廷尉是汉代最高的司法机构，其属官中秩级较高的是廷尉正和左、右监，都是千石级的官员。宣帝在其下设四名廷尉平（简称廷平），官俸六百石②，负责审理冤狱，务求办案公正公平。由于皇帝重视，一时之间，成效显著，"狱刑号为平矣"。

路温舒的《尚德缓刑书》在西汉时即为人所重。西汉末，刘向《说苑·贵德》转录温舒上书，略去篇首269字。自"陛下初登至尊"以下照录。班固《汉书·路温舒传》赞语说：路温舒的上书"辞顺而意笃，遂为世家，宜哉！"《尚德缓刑书》作为名篇佳作，被选入《文章正宗》《文选补遗》《文编》《西汉文纪》《文章辨体汇选》《御选古

---

① 施之勉：《汉书集释·路温舒传》，第5950页。

② 施之勉：《汉书集释·路温舒传》引杨树达曰：按，宣帝因温舒言诏置廷平，见《刑法志》，第5951页。据《汉书·百官公卿表》则为左、右平二人。东汉仅有左平一人。

文渊鉴》等多种文集。清人吴楚材、吴调侯编撰《古文观止》，编选东周至明代的名篇佳作 222 篇，《尚德缓刑书》全文入选。"画地为牢""死有余辜"等常用成语皆出此文。康熙皇帝对路温舒的《尚德缓刑书》甚为推崇，他给予这样的评论："凡为法吏者，皆宜朝夕省览，庶可上宣德意，下安黎氓。"①

真德秀以为，路温舒之论，虽然针对狱吏之政而发，其实是"讥当时之君"，具有强烈的现实批判精神。所以，"始言秦之时，贵治狱之吏，非自贵，由上之贵也。次言上下相敺，以刻为明。则下之为此者，上实驱之也。又次言自安之道，在于人死。则可见当时之吏，能杀人者，上之欲，故安。否则违上之所欲，故危"②。汉昭帝时，霍光在平定上官桀父子谋反之后，颇峻刑罚。元凤三年（前 78）夏四月，少府徐仁、廷尉王平和左冯翊贾胜胡皆坐纵反者，徐仁自杀，王平、贾胜胡皆腰斩③。对于"所谓宜改前世之失"中的"前世"，清人何焯认为此"前世"实指"当世"，"温舒不敢斥言，故以秦失尚存立论。深者获公名，平者多后患，皆隐以讥切昭帝时事也。当以《杜延年黄霸传》中语参观之"④。

路温舒身为狱吏，熟悉刑狱，故其上书详于"缓刑"，而略于"尚德"。此亦为南宋陈仁子所指出："温舒之言重刑狱虽详，而所以道帝于德化者尚略，故于神雀、甘露之时无补也。"⑤ 宣帝虽为贤明之君，而实好刑名之学。路温舒提出了"省法制"的建议，但没有展开论述。涿郡太守郑昌对增设廷尉平的评价不高，认为此举虽然有助于矫治司法弊端，但只是治标之法，"不若删定律令"以治其本，"律令一定，愚民知所避，奸吏无所弄矣"⑥。宣帝未及修正施行。终汉之世，删定律令未能有成。曹魏代汉后，才命陈群等编成新律十八篇，未及颁行而国亡。

路温舒的苦学精神和尚德缓刑主张影响广泛而深远，上至帝王将相、达官显贵，下至士人学子、布衣百姓，皆钦慕其精神，服膺其论

① 康熙：《圣祖仁皇帝御制文》第三集·二十九，上海人民出版社 1999 年版。
② 施之勉：《汉书集释·贾邹枚路传》，第 5945 页。参见（元）陈仁子辑《文选补遗》卷十三《上尚德缓刑书》，文渊阁《四库全书》第 1390 册，第 2390 页。
③ 《汉书》卷七《昭帝纪》，第 229 页。
④ 施之勉：《汉书集释·路温舒传》，第 5946 页。
⑤ 施之勉：《汉书集释·路温舒传》，第 5950 页。
⑥ 《汉书》卷二三《刑法志》，第 1102 页。《前汉纪·宣帝纪》作"谏议大夫郑昌"。

说，其历史价值和现实意义兼备，值得认真总结弘扬。

三 两汉河北学者对古籍的搜集整理和传播

先秦典籍在两汉时期的整理、研究工作，燕赵学者做出了突出的成绩。如韩婴、毛公对《诗经》的整理、研究，河间献王刘德对先秦古籍的大力搜集，董仲舒对《春秋公羊传》的整理、研究，高诱对《战国策》和《吕氏春秋》的整理、研究，等等。

（一）毛公与《毛诗》

《诗经》现存三百零五篇，分为《风》《雅》《颂》三大类。《诗经》的创作时代，大致从西周至春秋，少数据说成书于克商以前的先周时期。西汉时期，《诗经》的传授有今文和古文之别。今文《诗》，汉初即有三派，所设博士中分成三家：一曰《鲁诗》，为鲁人申培所传；一曰《齐诗》，为齐人辕固生所传；一曰《韩诗》，为燕人韩婴所传。这三家诗都被立于学官。另外一部未立于学官的古文《诗》称《毛诗》，在民间私相传授。因河间献王刘德立有《毛诗》博士，至汉平帝时才被朝廷立于学官。

《毛诗》相传始创于毛公。《汉书·儒林传》称："毛公，赵人也。治诗，为河间王博士。"《后汉纪·孝章皇帝纪下》称："毛诗者，出于鲁人毛苌，自谓子夏所传，河间献王好之。"郑玄在其《六艺论》中也说："河间献王好学，其博士毛公善说《诗》，献王号之曰《毛诗》。"河间献王刘德立毛苌为《毛诗》博士，开门授徒，由河间到燕赵、京师长安进而传播到全国。平帝元始五年（5）置《毛诗》博士，列于学官，至东汉其学大盛。郑玄在其《诗谱》又分出了大小毛公，说："鲁人大毛公为训诂，传于其家。河间献王得而献之，以小毛公为博士。"《后汉书·儒林列传下》云："赵人毛苌传《诗》，是为《毛诗》，未得立。"始著毛苌之名。

据《汉书·儒林列传》，毛公传诗于"同国（赵国）贯长卿，长卿授延年，延年为阿武令，授徐敖。敖授九江陈侠，为王莽讲学大夫，由是言《毛诗》者，本之徐敖。"毛公传《诗》包括《毛诗序》和《毛诗故训传》两部分。古人著书作序体例，在第一篇总论总旨，然后分篇述篇旨。

《毛诗序》本无大、小之分，《关雎》篇总论《诗经》的文字，六朝人称其为《大序》。此后，《毛诗序》才有了《大序》和《小序》之别。关于《毛诗序》的作者，历来众说纷纭迄今仍无定论。对于《毛诗故训传》的作者，一般认为是赵人毛亨。《毛诗故训传》是我国训诂学的奠基之作。书中的故、训、传代表三种不同的训诂体式，毛公在阐释《诗经》的过程中把三者有机地结合在一起，互相为用，创立了一个完整的训诂方法体系，对中国传统训诂学产生了深远影响。"故"与"诂"通，指解释古言古义，还包括以今词释古词，以通语释方言，以及对其他各种名词的解释。凡所释义项，均有实指，且多为达诂。"训"作为一种训诂体式，表示顺理文意的解说。"传"，表示传述之意。依据典训师说，阐发诗之大义；通过补释相关内容，进一步证发经意，都属于"传"的内容。清人马瑞辰在《毛诗故训传名义考》中的解释简明扼要："盖诂、训第就经义所言者而诠释之，传则并经文所未言者而引申之。"

《汉书·艺文志》著录有《毛诗》二十九卷，《毛诗故训传》三十卷，原书已佚。后世传本均附以《郑笺》。魏晋以后，《鲁诗》《齐诗》和《韩诗》即已散亡。宋朝以后，今文学派的鲁、齐、韩三家诗在魏晋以后或已亡佚，或无传者，古文经的《毛诗》一枝独秀，更为历代所宗。后世所传《诗经》，文字均从《毛诗》，言《诗》者遂以《毛诗》为《诗经》代称。唐孔颖达《毛诗正义》，集《毛诗序》《毛诗故训传》和《郑笺》进行疏解，是集《诗经》汉学之大成的本子，历来受到重视。清人《毛诗》注本以陈奂《毛诗传疏》、胡承珙《毛诗后笺》、马瑞辰《毛诗传笺通释》较为详备。现在收存于《十三经》中的《毛诗》，就是古文诗《毛传》本。形成《毛诗》就是《诗经》，《诗经》所传就是《毛诗》的格局。一家独尊，流传至今。

宋人郑樵认为，《毛诗》之所以能取代三家诗，是因为《毛诗》的解说融合了《左传》《孟子》《国语》《仪礼》等书中的内容。西汉时，这些文献不太盛行，而三家诗立于学官，因而治诗学者不重视《毛诗》，也不知道《毛诗》解诗之严密。后来，《左传》等书广泛传播，学者比较鲁、齐、韩、毛四家解诗的异同优劣，《毛诗》的优点逐渐显现，而今文三家"所推诗人之意"，"咸非其本义"①。儒生士子遂弃今

① 《汉书》卷三〇《艺文志》，第1708页。

文，而专习《毛诗》。从经学的角度看，《毛诗》优于三家诗之处在于：《毛诗》训释《诗经》文字，多存古义，很少有荒诞迷信的内容，考证简明扼要；《毛诗》独标"兴义"，体系完整。再者，东汉章帝恢复《毛诗》在宫廷正式讲授的地位，也是重要的政治因素。此时，《毛诗》"虽不立学官，然皆擢高第为讲郎，给事近署"①。东汉后期，因郑玄、贾逵、马融等大儒都致力于《毛诗》的研究，郑玄又兼收众家之说，撰《毛诗笺》，故《毛诗》逐渐被学者所推重。随着东汉政治危机的加剧，今文经学的理论核心阴阳五行、谶纬神学失去了政治基础，谶纬化的今文经学也随之日益衰败。

（二）韩婴与《韩诗》

《韩诗》始创于韩婴。韩婴，又称韩生，涿郡鄚县（治今河北任丘北鄚州镇）人。在汉文帝时为博士，景帝时出任常山王刘舜的太傅，武帝时曾与董仲舒进行过御前辩论。

战国末年，《诗》传至赵国人荀子，荀子之后辗转传授给浮丘伯、毛亨、申培、韩婴等人。《鲁诗》的传者申培，与楚元王之子郢在吕后时同事浮丘伯；而《齐诗》的传者辕固生在景帝时为博士，是知韩婴的年辈在鲁申公和齐辕固生之上，而与荀卿弟子浮丘伯的年辈相先后。

韩婴的著作，《汉书·艺文志·六艺略·易》下录有《韩氏》二篇（亡）。《诗》下录有《韩故》三十六卷（亡），《韩内传》四卷（亡），《韩外传》六卷，《韩说》四十一卷（亡）。《汉书·艺文志序》说："汉兴，鲁申公为《诗》训故，而齐辕固、燕韩生皆为之传。或取《春秋》，采杂说，咸非其本义。与不得已，鲁最为近之。"据此，则韩婴所著者仅有《内外传》。《韩故》《韩说》，殆皆其孙韩商为博士时所集录。我们现在看到的《韩诗外传》，据考证已不是原书之旧，不但卷数不同（《汉志》作六卷，今及《隋唐志》均作十卷），内容可能也有一部分经过后人的修改。

韩婴以擅长《诗》的解说得立博士，开门授徒，生徒日众，影响日广，逐渐形成了韩诗流派。他解释《诗经》，以前言往行的故事，发明《诗》的微言大义，对《诗》的原旨作自由发挥，"推诗人之意，而作内

---

① 《后汉书》卷七九上《儒林列传上·序》，第 2546 页。

外传数万言，其语颇与齐、鲁间殊，然归一也"①。韩婴的解说与同为今文经学的齐国辕固生、鲁国申公相比，多引古事古语，并非逐字解释字面含义，解说更为具体、详细，注重讲道理，思想性强，但其宗旨却是一致的，那就是为维护汉家皇权说教。与《毛诗》相比，《韩诗》注重探讨《诗》的微言大义，虽然没有《毛诗》全面、系统而简明的训诂，却更具教化作用。因而更为西汉统治者所重视，也为学者所认同。

按照《汉书·儒林传》的说法，《韩诗外传》应该是一部阐述经义的书，但实际情况并非如此。从散见于宋代以前古籍中的零星佚文来看，《儒林传》的说法大致符合已经亡佚的《内传》，而现存《外传》的体例却跟刘向的《新序》《说苑》《列女传》等相类似，都是先讲一个故事，然后引《诗》证之。这原本是古人著述引《诗》的惯例，创始于《论语》，《墨子》《孟子》亦用此法，而《荀子》用得最多。《荀子》引《诗》，常在一段议论之后用作证断。韩婴在《外传》中引用《荀子》共计 54 次，可见其受荀子影响之深。即《外传》表达的形式，除继承《春秋》以事明义的传统外，更将所述之事与《诗》结合起来，而成为事与诗的结合，实即史与诗互相证成的特殊形式，也是由《荀子》发展而来。在事与诗的结合上，主要是用诗来证事。《四库提要》说："王世贞称《外传》引《诗》以证事，非引事以明《诗》，其说至确。"我们注意到《韩诗》中大量征引了《荀子》的材料，甚至其著书体裁，亦由《荀子》发展而来。《荀子》的第一篇是《劝学》，而学的主旨是礼。所以在《诗传》中也特别强调了学与礼。这是与时代要求密切联系在一起的。

西汉知识分子，在政治上不反法反秦，便是完全脱离了人民而以佞幸残暴自甘，这是评断历史人物的主要标志。韩婴当然也没有脱离这个大标识。此外，对君道臣道、仁民爱物、知人纳谏等儒家的政治思想，《诗传》中也都有所发挥。

韩婴也和汉初其他思想家一样，以儒家思想为主。《外传》一书中直接传述孔子及其弟子门人言行者达八十二章之多，占总篇数的四分之一以上；至于论述忠孝仁爱、礼义道德的内容更是连篇累牍，不胜枚举。在儒家学派中，韩婴直接继承了荀子一派的学说，《外传》一书中

① 《汉书》卷八八《儒林传·韩婴传》，第 3613 页。

几乎整篇引用《荀子》的篇幅就有五十二章，这可能因荀子是赵人，生活在战国中晚期，与韩婴时间相接、地域相近有一定关系。

韩婴在处世上，受道家影响很深。《诗传》卷一引"传曰，喜名者必多怨，好与者必多辱。唯灭迹于人，能随天地自然，为能胜理而无爱名……"以此发挥《诗》"不忮不求，何用不臧"之义，固然可以与儒家相通，但与道家更为接近。

《韩诗》在西汉时流传较广。韩婴传授淮南贲生、河内赵子。赵子传授同郡人蔡义。蔡义传食子公、王吉。食子传泰山栗丰；王吉传淄川长孙顺。于是，《韩诗》形成王吉、食子公、第孙顺三大派，辗转相传。栗丰、长孙又分别传授山阴张就和东海发福。昭帝时，下诏征求能传授《韩诗》的学者，蔡义应召入宫讲授《韩诗》，后官至丞相。到东汉时，《韩诗》的地位便超过了《鲁诗》，大为流行。但到西晋时，由于《毛诗》独盛，《韩诗》遭到冷遇。北宋以后，《韩诗内传》散佚，是三家诗中最后亡佚的一种。《韩诗内传》虽然失传了，但其研究《诗》的部分成果，被吸收到《毛诗传笺》和《毛诗正义》等书中保留了下来。而《韩诗外传》经过隋唐人的编辑加工，一直流传至今。《韩诗外传》杂引古事、古语，证以《诗经》之句，采用章段独立的结构，是汉代今文诗学的传世之作。书中保存了丰富的先秦秦汉时代的资料，有其独特的学术价值，在经学、哲学、文化教育等方面影响深远。

韩婴既治《诗经》，也治《周易》。但燕赵地区的人们喜欢《诗经》，而不热心于《周易》，韩婴的《韩氏易传》，只在韩婴家族中自相传授。《汉书·儒林列传·韩婴传》载："韩婴亦以《易》授人，推《易》意而为之传。燕赵间好《诗》，故其《易》微，唯韩氏自传之。"其孙韩商曾随韩婴学"诗""易"，但他"诗"不及"易"。于是韩婴专门教他《易经》，后被朝廷任为博士，专门讲、注《易经》。汉宣帝时，涿郡的韩生是其后裔，以研究《易》而著名，受到朝廷征召，待诏殿中，说："所受《易》即先太傅所传也。"司隶校尉盖宽饶本来受《易》于孟喜，听了韩生说《易》，深为折服，立即更从韩生学《易》。可见，韩氏"易"传，有其独到之处，并受到时人的欢迎。

晚清时，今文经学的微言大义引起"通经致用"学者的注意。诸多学者从辑录散佚的韩婴著作。清人赵怀玉辑录有《韩内传》佚文。马国翰《玉函山房辑佚书》辑有《周易韩氏传》二卷、《韩诗故》二卷、

《韩诗内传》一卷、《韩诗说》一卷。此外，王先谦、陈乔枞、黄奭等人也辑有一些韩氏佚文。《汉魏丛书》《学津讨源》《畿辅丛书》《丛书集成》《古经解汇函》和《龙溪精舍丛书》等丛书中都收有韩婴的著述。现代学者继续校勘、注释韩婴的著述，有多种成果问世。如赵善诒的《韩诗外传补正》、屈守元的《韩诗外传笺疏》、赖炎元的《韩诗外传考征》《韩诗外传今注今译》和许维遹的《韩诗外传集释》等。

（三）河间献王刘德搜集古籍的成果

刘德（？—前130），汉景帝子[1]，母为栗妃，景帝前元二年（前155）三月封为河间王，都乐成（今献县东南）。刘德为王二十六载，始终没有卷入诸王争权的政治漩涡，而将其毕生精力投入了对中国文化古籍的收集与整理。他修学好古，从民间得到善书，必定要留下正本，把抄本还给书的主人并给以金帛赏赐。因此，四方有道术之人，经常不远千里来献书，"或有先祖旧书，多奉以奏献王者"[2]，经过长期搜集积累，所得古书数量与汉朝朝廷藏书相等。

刘德对这些古籍非常重视，亲自参与组织整理。他以名儒毛苌、贯长卿为博士、王定为史丞，又广招天下著名学士，建立了一支精干的古籍整理队伍。他在献县南三十五里处的滹沱河畔（今泊头市阎家铺村）建造了一所儒学研究院，名曰"日华宫"，有客馆二十余区，上百名儒学之士荟萃于此，校理编辑从各地搜集来的古书。《西京杂记》卷四《河间王客馆》载："河间王德筑日华宫，置客馆廿余区，以待学士，自奉养不逾宾客。"[3]《三辅黄图》卷三的文字与此相同。刘德建造日华宫的目的，就是广求书籍、招贤纳士、整理古籍、开展学术研究，为彰

---

① 钱穆和蔡仲德均以献王为景帝次子（钱穆《秦汉史》，生活·读书·新知三联书店2005年版；《河间献王刘德评传》，《河北师范大学学报》1983年第1期），而郑杰文认为是景帝第三子（《河间儒学中心对汉武帝独尊儒术政策的影响》，《孔子研究》2003年第6期），不知其所据。

② 《汉书》卷五三《景十三王列传·河间献王德传》，第2410页。

③ 《三辅黄图》卷三《曜华宫》："日华、曜华宫，营构不在三辅，然皆汉之诸王所建。"《畿辅通志》卷一百六十一云："献县南三十五里，有河间献王日华宫故址。"又同卷云："河间县西北三十里，有君子馆故址。"河间有君子馆遗址，始见于《金史·地理志》。陈直《三辅黄图校注》云："《苗夔墓志》亦言，尝得汉君子馆砖于河间城外。"苗夔（1783—1857），清代语言学家，字先簏，直隶肃宁（今属河北）人。

显自己礼遇贤士，保证研究经费，规定自己的生活标准不超过宾客。河间一度成为全国的儒学研究中心，对于抢救先秦文化、传承中华文明做出了重要贡献。如毛苌研究释义的《诗经》被称为"毛诗"即在此处完成。虽然日华宫今已不存，但刘德为中国文化事业所做的贡献，得到了历代有识之士的高度评价和称赞。

从全国各地征集晋献来的图书繁杂，同一种书，内容并不完全相同。献王要求学者们必须选择善本，也就是先秦版本。先秦时期文字尚未统一，文字混乱，需要学者精心校勘，"实事求是"就是在这种情况下出现的。因校勘先秦图书形成的这个理念，后来语义拓展，与儒家执政理念互相渗透，成为官员执政和政治生活中最基本的出发点和原则，并影响至今。

刘德所得书大都是用先秦古文字书写的旧书，有《周官》《尚书》《礼》《礼记》《孟子》《老子》之属，皆经传说记，七十子之徒所论。王国维《观堂集林·汉时古文本诸经传考》考证了十种经书的流传版本，也认为河间所确有的书籍是《尚书》《毛寺》《礼经》《礼记》和《周官》。刘德学举六艺，颜师古曰："此六艺谓六经。"刘德在河间国设立《毛氏诗》和《左氏春秋》博士。兴修礼乐，崇奉儒术，山东诸儒多与其交游往来。

元光五年（前130）十月，刘德赴长安，朝见汉武帝，贡献自己搜集的雅乐。在三雍宫回答武帝的策问，诏策所问三十余事，刘德所答都切合道术，合乎实际，文字简约，宗旨明确。正月，刘德死在封国。汉武帝念其功劳，遂赐谥为"献王"，当地人则俗称为"献书王"。中尉常丽在给朝廷的奏书中说："王身端行治，温仁恭俭，笃敬爱下，明知深察，惠于鳏寡。"① 刘德墓在今献县县城东3千米的西八屯村，占地约40余亩，封土南北长242米，东西宽191米，丘高约10米。

刘德著述，《汉书·艺文志》载有《对上下三雍宫》三篇。已散佚。清马国翰《玉函山房辑佚书》辑有《河间献王书》一卷、《乐元语》一卷。另有《河间周制》十八篇，班固认为似河间献王所述，书已亡佚。

---

① 《汉书》卷五三《景十三王传·河间献王德传》，第2411页。

（四）董仲舒与公羊春秋学

汉代大儒董仲舒在儒家经典中最精通的是《公羊春秋》。他"少治《春秋》，孝景时为博士"①。《史记·儒林列传》说："言《春秋》于齐、鲁自胡毋生，于赵自董仲舒。"关于董仲舒《春秋》学的师承，迄今尚无确实的资料可考。《公羊序疏》引《孝经》云："子夏传与公羊氏，五世乃至胡毋生、董仲舒。"这个传承当有缺漏，主要是从子夏到公羊寿只有五代，较为可疑。据《汉书·儒林列传》，胡毋生"与董仲舒同业"，二人可能是师兄弟关系。胡毋生，景帝时为博士。年老，教授于齐，为齐地言春秋者所宗。《史记·儒林列传》又说："董仲舒名为明于《春秋》，其传《公羊》氏也。"并赞之曰："董仲舒推《春秋》义，颇著文焉。"康有为在《春秋董氏学·自序》中盛赞董仲舒深得孔子的"微言奥义"。董仲舒除了精研《公羊春秋》外，还广泛了先秦诸子百家之学。因此，《汉书·五行志上》说："汉兴，承秦灭学之后，景、武之世，董仲舒治《公羊春秋》，始推阴阳，为儒者宗。"

董仲舒学成之后即开始了教学生涯，门徒甚众。所以，他有时讲课不直接面授，而是"弟子以久次相授业，或莫见其面"②。司马迁就曾听过董仲舒的讲诵："余闻董生曰：'周道衰废，孔子为鲁司寇，诸侯害之，大夫壅之。孔子知言之不用、道之不行也，是非二百四十二年之中，以为天下仪表，贬天子，退诸侯，讨大夫，以达王事而已矣。'"③董仲舒治春秋，目的是要以春秋大义为天下仪表，以"达王事"，行君王之道。司马迁把董仲舒的学生分为两类：一类是"遂者"，即成为显要官员的，有兰陵人褚大、广川人殷忠、温县人吕步舒。褚大任梁相，吕步舒官至长史。另一类为"通者"，即学有所成，或为小吏者，大约有一百多人。《汉书·儒林传》列举董仲舒弟子时，补上东平赢公，称其"守学不失师法"。赢公在昭帝时任"谏大夫"，也算"遂者"。因其出仕较晚，司马迁未见，故不曾提及。赢公是西汉后期公羊学大师，弟子满天下。其著名弟子有东海人孟卿和鲁国蕃人眭孟。《汉书·眭孟

---

① 《汉书》卷五六《董仲舒传》，第 2495 页。
② 《汉书》卷五六《董仲舒传》，第 2495 页。
③ 《史记》卷一三〇《太史公自序》，第 3297 页。

传》载眭孟之语曰："先师董仲舒有言，虽有继体守文之君，不害圣人之受命。"眭孟的弟子严彭祖和颜安乐是西汉末期公羊学大师，成为公羊严氏学和公羊颜氏学的创立者。二人弟子众多。据《汉书》记载：严彭祖传王中，王中传东门云和公孙文。公孙文任东平太傅，"徒众尤盛"。东汉治春秋严氏学的学者，如丁恭、周泽、甄宇、楼望、程曾等可能都是公孙文的弟子和再传弟子。颜安乐的弟子有冷丰、任公、筦路、冥都等。冷丰传马宫、左咸，筦路传孙宝。董仲舒及其弟子为"春秋公羊学"的研究和传播做出了重要贡献。

在某种意义上说，《春秋繁露》就是《春秋公羊传》的解释书。关于《春秋繁露》和《公羊传》的关系，研究者从各种各样的角度进行过研究。百年前，康有为编纂过《春秋董氏学》一书，以他自己理解发挥的董仲舒春秋学的宗旨，对《春秋繁露》中的春秋公羊学部分进行再编纂，可以看作一本"六经注我"的资料集。日本学者重泽俊郎也编辑过《春秋董氏传》。这本书是"辑录了被认为是董仲舒对春秋经所作的直接解说之言辞，并将之系缀在各条经之下"的资料集，价值不大。邓红的《董仲舒的春秋公羊学》[①]，对《春秋繁露》引用解释春秋经传的事例和史实做了全面的检索统计，共计 331 条。"王道第六"篇引用得最多，计 92 条。其次是"观德第三十三"篇，计 32 条。而且，对董氏所征引《春秋公羊传》，哪些是《春秋》经文本义，哪些是《公羊传》的诠释义，哪些是董仲舒的发挥义，进行了非常具体的区分和剖析。

作为解说《春秋》经文的一种文本——《公羊传》，不同于注重史实考辨与申述的《左传》，而用力于阐述《春秋》的"微言大义"。董仲舒继承并发展了公羊学的这种释经方法，从《春秋》简约的经文背后，率意引申出种种"奉天法古"义理，借助所谓天意，把宗法、专制秩序神圣化、绝对化。

一般来说，董仲舒的春秋公羊学有两相，一是基于先王、孔子的权威的春秋学，二是天人相关的春秋学，邓红将其表述为有"两个春秋公羊学"存在，进而探讨了两者的关系、推移和转换。公羊学者们在研究公羊学时，从春秋经传的事例史实的解释和说明、发挥微言大义时，抽

① 邓红：《董仲舒的春秋公羊学》，中国工人出版社 2001 年版，第 5 页。

象出来让更多一般能通用、具有普遍性的原则。有人将这一理论抽象称为公羊学的原则性附加。"董仲舒学说的与众不同之处在于其天论、阴阳五行说、三统说、天人合一论等,而这些理论却是在春秋经传中看不到的。它们在董仲舒的春秋公羊学中虽然也不很明确,但可以在其进行春秋学的原则性附加时看到蛛丝马迹。"①

董仲舒的春秋公羊学具有一个显著的特征,这就是他的公羊学不单单是注释解说经传,而是在通过这些注释解说在宣传表述自己的思想。对春秋经传事例的注解,只是他思维的素材。董氏的思想源自春秋公羊学,亦需借助《春秋》经传的权威和孔子圣人的名义才能使人容易信服,所以在一定的阶段还得打着春秋公羊的招牌。

春秋公羊学是董仲舒思想中的重要部分之一。从《汉书·五行志》"董仲舒治公羊春秋,始推阴阳,为儒者宗"之语可知,他首先是春秋公羊学者,之所以能成为"儒者宗",是因为"始推阴阳"。换言之,春秋学是董仲舒学问的"基石",因为他把阴阳(五行)导入了儒学的重要部分的春秋公羊学;而阴阳(五行)一般认为只是表述天意天志天命的道具。因而,可以说董仲舒将"天"论导入了春秋公羊学,意味着他认识到了"天"是至高无上的人格神和哲学本体。

《春秋繁露》是董仲舒的代表作。据《汉书·董仲舒传》,"仲舒所著,皆明经术之意,及上疏条教,凡百二十三篇。而说《春秋》事得失,《闻举》《玉杯》《蕃露》《清明》《竹林》之属,复数十篇,十余万言,皆传于后世"②。《隋书·经籍志》著录为"《春秋繁露》十七卷"③。今传本亦十七卷,共八十二篇,其中缺三篇。篇名与本传所举者多有不同,一般认为系魏晋南北朝时人辑录改编而成。全书以阐发《春秋》大义为名,杂糅儒家与阴阳家学说,并加以引申改造,形成唯心主义思想体系。书中发挥《天人三策》中的"天人感应"说,将一切自然现象与人事相联系,为"君权神授"提供理论根据。又提出历史循环论的"三统""三正"说,和把人性分成上中下的"性三品"说,以及作为封建统治秩序基本准则的"三纲""五常"。这些理论都

---

① 邓红:《董仲舒的春秋公羊学》,第16页。
② 《汉书》卷五六《董仲舒传》,第2525页。
③ 《隋书》卷三二《经籍志一·经志》,第930页。

适应了汉王朝巩固专制主义中央集权统治的需要。清人凌曙曾为本书作注，苏舆撰有《春秋繁露义证》，近人刘师培又有校补之作。

（五）卢植与高诱的古籍整理

东汉时，河北学者在古籍的整理、研究上也取得了相当的成就，代表人物是卢植和高诱。卢植（约 159—192），字子幹，东汉涿郡涿县（治今河北涿州）人。少年时，与郑玄等一同师从马融，能精通古文经和今文经，喜欢钻研经文实义而不恪守章句。学成返回故里，阖门教授生徒。性情"刚毅而有大节，常怀济世之志"，刘备、公孙瓒等皆从其学。州郡多次征命，均未就任。灵帝建宁年间，征为博士。熹平四年（175），任九江太守，不久因病去官。后复任庐江太守。卢植"深达政宜，务存清静"，减少琐细事务，以维持地方安定。岁余，复征拜议郎，与谏议大夫马日磾、议郎蔡邕、杨彪、韩说等人一起在东观整理皇家收藏的《五经》记传，补续《汉记》。中平元年（184）黄巾起义爆发后，他任北中郎将，率军前往镇压，与张角所部黄巾战于广宗（治今河北威县东），被张角击败。因与小黄门左丰相忤，遭诬陷获罪。后复为尚书。及董卓议废少帝刘辩，因独持异议，得罪董卓，被免官，遂隐居于上谷军都山（今北京市昌平西北），收徒讲学。初平三年（192）亡故。遗嘱"俭葬于土穴，不用棺椁，附体单帛而已"。

卢植一生学习、考订、研究儒家经典，与马融、郑玄、许慎等齐名，并称东汉四大名儒。著有《尚书章句》《礼记注》《三礼解诂》等。据《后汉书》本传，卢植"作《尚书章句》《三礼解诂》"[1]。而《三国志·卢毓传》裴松之注引《后汉书》认为：卢植"作《尚书章句》《礼记解诂》"[2]。后世学者对这两段记载的理解不尽相同。清人侯康是《魏志》而非《后汉书》本传。侯康《补后汉书艺文志》云："康案：本传称植作《三礼解诂》，非也。植未尝兼注《三礼》，今从《三国志·卢毓传》注引《续汉书》。"[3] 臧庸与侯康意见相同，而胡玉缙等持

① 《后汉书》卷六四《卢植传》，第 2116 页。
② 《三国志》卷二二《魏书·卢毓传》，第 650 页。
③ 侯康：《补后汉书艺文志》，《史记两汉书三史补编》（第四册），北京图书馆出版社 2005 年版，第 335 页。

相反意见。胡氏云："考本传载其作《三礼解诂》，又载其上书曰：'颇知今之《礼记》特多回冗……考《礼记》失得。'是植于《周》《仪》二礼亦有解诂，特《礼记》有成书。《魏志·卢毓传》引《续汉书》但称其作《三礼解诂》，不言《三礼》，盖据成书言之。庸据此以为范氏传闻之误者，非也。"①侯、胡二人之争在于是相信《后汉书》本传所记，还是相信《三国志》裴注。东汉后期，今古文经学渐趋融合，兼通数经的大师辈出。卢植的老师马融为"通儒"，师弟郑玄更是遍注群经，立言百万，集汉学之大成。卢植遍治《三礼》也是可能的。由于没有其他佐证材料，所以胡玉缙采用了"盖据"这样的字眼，后世学者亦多赞同卢植曾治《三礼》的推断。

卢植的著述另有目前所知最早的燕赵史志《冀州风土记》②，以及碑、诔、表、记六篇。《隋书·经籍志》著录有《补续汉记》。俱佚。清代盛行考据、辑佚之风，王谟辑有卢植《小戴礼记注》一卷，收入《汉魏遗书钞》中；臧庸辑《卢氏礼解诂》一卷，《补遗》一卷，《附录》一卷，收入《拜经堂丛书》《鄦斋丛书》中；马国翰辑《礼记卢氏注》一卷，收入《玉函山房辑佚书》中；黄奭辑《礼记解诂》一卷，收入《汉学堂丛书》和《黄氏逸书考》中。此外，《全汉文》中也辑有卢植的部分文章。

卢植的学术成就和道德风范为世人敬重。曹操曾称赞卢植"名著海内，学为儒宗，士之楷模，国之桢干也"③。范晔也十分佩服卢植的气节，说："风霜以别草木之性，危乱而见贞良之节，则卢公之心可知矣。"④

高诱是东汉末期著名的文献注释学家，在古籍整理史上有较大的影响。高诱在《后汉书》中无传，生卒年不详。据其所撰《淮南子叙》，他是涿郡涿县（今河北涿州市）人，同县卢植的亲传弟子。建安十年

---

① 《续修四库全书提要》，（台北）"商务印书馆"1972 年版，第 638 页。
② 《冀州风土记》为我国最早的地记之一，已佚。《太平御览》卷一百六十一《州郡部七，河北道上》引曰："卢植《冀州风土记》曰：'冀州圣贤之泉薮，帝王之旧也。'"《太平寰宇记》卷六十三《河北道十二·冀州·风俗》引曰："虞植冀州风土记云：'黄帝以前未可备闻，唐虞以来，冀州乃圣贤之渊薮，帝王之田地。'"
③ 《后汉书》卷六四《卢植传》，第 2119 页。
④ 《后汉书》卷六四《卢植传》，第 2120 页。

（205）任司空掾，旋任东郡濮阳（今属河南）令，建安十七年（212）迁监河东①。高诱学涉经史，精于校注。在公务之余，致力于文化典籍的整理和研究，在校勘、注疏方面建树颇多，注释儒家经典、道家著述、诸子文献多种。《全后汉文》辑有高诱的《道贤令》《吕氏春秋序》和《淮南子叙》三篇文章。著有《孟子章句》（今佚）、《孝经注》（今佚）；今存《战国策注》《吕氏春秋注》和《淮南子注》。《战国策注》今存残本，据《四库全书提要》，《战国策》三十三卷，旧本题汉高诱注，"今考其书实宋姚宏校本也"。《文献通考》引《崇文总目》曰："《战国策》篇卷亡阙，第二至十，三十一至三，阙。又有后汉高诱注本二十卷，今阙第一、第五、第十一至二十，止存八卷。"曾巩校定序曰："此书有高诱注者二十一篇，或曰三十二篇。"《崇文总目》存者八篇，今存者十篇，此为毛晋汲古阁影宋钞本。虽三十三卷皆题曰高诱注，而有诱注者仅二卷至四卷，六卷至十卷，与《崇文总目》八篇数合。又最末三十二、三十三两卷，合前八卷，与曾巩序十篇数合，而其余二十三卷，则但有考异而无注。其《淮南子注》与许慎注相杂。据清人陶方琦《淮南许注异同诂》考订，今本署名高诱《淮南子注》中，有13卷属高诱注，即原道训、俶真训、天文训、坠形训、时则训、览冥训、精神训、本经训、主术训、氾论训、说山训、说林训、修务训。其余8卷，即缪称篇、齐俗篇、道应篇、诠言篇、兵略篇、人间篇、泰族篇、要略篇，则是许慎注。高注13卷中，也掺杂有许注。陶方崎从《文选》李善注、《开元占经》《太平御览》等文献中辑出的许慎《淮南子注》，有一些与今本高诱注相合。史建桥认为：这里面有三种情况：一种是许慎与高诱同依旧训而相同，另一种是高注承用许注，前者与后者有详略的差异，再一种就是许注羼入高注。这三种情况应区别对待，不能一概视为许注。②《吕氏春秋注》二十六卷，基本上完整地保留下来，但也有一些脱衍讹误的问题。

　　高诱三书注约9600条，包括校勘、注音、释义三个方面，文字的考订和音义的诠释兼容并举。《淮南子》高诱注和许慎注的一个重要区别，就在于高注兼有校勘和音读，而许注仅有释义。高诱使用的注释术

---

① 刘安编，何宁集释：《淮南子集释·叙目》，中华书局1998年版，第6页。

② 史建桥：《高诱与古籍整理》，《古籍整理研究学刊》1989年第1期。

语及其作用具有一贯性，体例一致。一般是释义在前，注音、校勘在后，只有极少处注音列在释义之前。就释义而言，往往是先释词，后用"故""故曰"说解，或者串讲句子，点明意旨。在体例一致的基础上，又因书制宜，针对各书的具体内容作注，从而呈现出各自不同的特点。

从毛传开始，历代文献注释家都不是纯客观地解词释句，而是或多或少地流露出个人对所注文献的主观认识。有的甚至是借注立说，因而就有了"我注六经""六经注我"的争论。这是我国古代文献注释的传统之一，高诱注也体现了这个传统。

《吕氏春秋》和《淮南子》都是兼采百家，以道家思想为主的著作，内容多有沿用《老子》和《庄子》处。高诱亦认为《吕氏春秋》"以道德为标的，以无为为纲纪"①，称《淮南子》"旨近老子，淡泊无为，蹈虚守静，出入经道"②。可见他是把这两部书当作主要体现道家思想的著作来看待的。但另一方面，高诱自幼受到儒家思想的长期熏陶，也有"硕儒""大儒"之称。虽然时代风气在变，老庄道家开始受到重视，但在他的思想中，仍是儒家占主要地位。所以他注《吕氏春秋》《淮南子》，还是从儒家角度体味、解释其文意，这就形成了他以儒注道的思想特征。在他征引的文献材料中，儒家典籍占绝大多数。如《诗经》121条，《左传》89条，《论语》55条，《周礼》49条，《孟子》25条，这还不包括暗引材料。他引用道家的文献却极少，《老子》只12条，《庄子》仅2条，书中有许多明显是阐发老庄思想的地方，高诱往往仍用儒家的眼光来认识，做出合乎儒家经义的解释。

高注《吕氏春秋》注重阐释有关典章制度，引《周礼》42条，而注《淮南子》仅引5条。注意辨证《吕氏春秋》的失误，打破了汉儒"注不破经"的旧例。注《淮南子》，每篇开头都有一个题解，总说全篇大意。这是《吕氏春秋注》和《战国策注》所没有的。

《四库提要总目提要》指出，为《吕氏春秋》作注，"自汉以来，注者惟高诱一家，训诂简质"。他的《淮南子注》和《战国策注》亦是如此。他在注书中兼采古今文之说，但他在行文表述上则接受了古文学

---

① （秦）吕不韦编，许维遹集释：《吕氏春秋集释·吕氏春秋序》，中华书局2009年版，第2页。

② 刘安编，何宁集释：《淮南子集释·叙目》，中华书局1998年版，第6页。

家之法，具有求朴实，尚简约的风格特色。

高诱的文献整理，取得了较高的成就，对后世有较大的影响。卢见曾云："两汉传注存者，自毛氏、何氏而外，首推郑氏。继郑氏而博学多识者，唯高氏，盖其学有师承，非赵台卿、王叔师之比也。"① 他顺应时代思潮的变化，将古籍整理的范围扩大到子书和杂史之类，打破了汉儒埋头注经的局面，摆脱了文献整理附庸于经学的地位，翻开了古籍整理史上新的一页。他的三书注和王逸的《楚辞章句》，服虔、应劭的《汉书音义》一道，为文献整理开拓了新领域。这对于我国古代优秀文化遗产的保存和流传，具有重要的意义。

四　汉代河北的文学

（一）两汉河北文人

两汉河北文人，除上述诸人外，还有西汉时的徐乐、吾丘寿王、胶仓、李延年、路温舒等，东汉时的崔篆、崔骃、崔瑗、崔琦、崔寔、郦炎、张超等。这些人在诗、赋、文方面的创作，为两汉文坛增加了光彩。

徐乐，燕国无终（今天津市蓟州区）人。武帝元光（前134—前129）年间，得到召见，任为郎中，是武帝身边的文学侍臣，官至中大夫。所作《言世务书》，阐述"天下之患，在于土崩，不在于瓦解"。所谓土崩，"秦之末世是也"；所谓瓦解，吴、楚等七国"谋为大逆"②。告诫武帝"留意而深察"，将隐患消除在萌芽之中。议论纵横，有贾谊《过秦论》之余风。

吾丘寿王，字子赣，赵人。武帝时奉诏从董仲舒学《春秋》，历官侍中中郎、东郡都尉、光禄大夫侍中等，其间曾获罪免官，终因获罪被诛。他机智善辩，擅长辞赋，《汉书·艺文志》录有十五篇，惜已不存。现存有《骠骑论功论》《议禁民不得挟弓弩对》二文。丞相公孙弘奏请禁止百姓挟带弓箭，以减弱违法民众对抗官府的力量，则百姓不敢

① 何建章注释：《战国策注释》附录四《历代战国策序跋·卢见曾刻姚本战国策序》，中华书局1990年版，第1375页。
② 《汉书》卷六四上《徐乐传》，第2804—2085页。

犯法，此乃"刑错之道也"。吾丘寿王上《议禁民不得挟弓弩对》，批驳公孙弘之议，以秦朝灭亡为例，阐述教化的重要性，"圣王务教化而省禁防，知其不足恃也"。禁止民众携带弓箭，"无益于禁奸，而废先王之典……大不便"①。武帝赞同，公孙弘也理屈辞服。

胶仓，或作聊仓，赵人。与徐乐、吾丘寿王等同为武帝文学侍臣。作品列入纵横家，惜已不存。

东汉涿郡安平（今属河北）人崔骃、崔瑗、崔寔，皆有文名，是祖孙三代作家，合称"三崔"。范晔给予很高的评价："崔氏世有美才，兼以沉沦典籍，遂为儒家文林。"② 安平崔氏文人，不止"三崔"，还有崔骃的祖父崔篆、崔骃的侄子崔琦等。据《后汉书·崔骃传》，崔氏在西汉时已是地方著姓，崔朝在昭帝时任侍御史，生子崔舒，历四郡太守，所在有能名。崔舒子崔发，善言符命，为新莽大司空。崔发弟崔篆，王莽执政时为郡文学，以明经征诣公车。太保甄丰举荐其为步兵校尉，推辞不就，后出任建新（即千乘郡，治今山东高青东北）大尹，但不理政务。光武帝即位后，他被荐为贤良，自以为受王莽宠遇而有愧于汉朝，辞归不仕，客居荥阳，闭门著书，撰有《周易林》，临终作《慰志赋》，自悼身世，表明心迹，斥责王莽，颂扬光武帝刘秀。

崔骃（？—92）字亭伯。13岁即熟读《诗》《易》《春秋》等典籍，成年后仍以研究典籍为业，不热心仕途。元和二年（85），章帝出巡，他献《四巡颂》，歌颂章帝功德，文辞典雅优美，为章帝所喜好。永元元年（89），任车骑将军侍中窦宪主簿，深受信用。他为人正直，多次劝谏窦宪不要"擅权骄恣"，引起窦宪不满，由主簿出为长岑长，但未赴任。他以博学多才有名于当世，少年时游学于太学，与班固、傅毅同时齐名。"尽通古今训诂百家之言，善属文。"③ 所作诗、赋、铭、颂、书、记、表等，共二十一篇。《七依赋》被《文心雕龙》赞为"入博雅之巧"。曹子建《七启赋·序》说："昔枚乘作七发，傅毅作七激，张衡作七辩，崔骃作七依，辞各美丽。"

---

① 《汉书》卷六四上《吾丘寿王传》，第2796页。
② 《后汉书》卷五二《崔骃传附孙寔传》，第1732页。
③ 《后汉书》卷五二《崔骃传》，第1708页。

崔瑗（78—143），字子玉，崔骃子。锐志好学，能传其父业，善于文辞，有名于世。18 岁时游学京师，从师于侍中贾逵，贾逵善待之，崔瑗遂留在京师学习，通晓天官、历数、《京房易传》。诸儒宗之。与马融、张衡交好。当初，崔瑗之兄崔章被州人杀害，崔瑗手刃仇人，因而逃亡他乡，后遇赦，归家。40 多岁始为郡吏，却因事下狱。获释还乡后举茂才，任汲县县令。"为人开稻田数百顷"，"百姓歌之"。顺帝汉安元年（142），升济北相。岁余被弹劾，再次下狱。经上书申辩获释，不久病死。临终前，他嘱咐儿子崔寔："夫人禀天地之气以生，及其终也，归精于天，还骨于地。何地不可臧形骸，勿归乡里。其赗赠之物，羊豕之奠，一不得受。"[①] 可见他颇有唯物主义思想和精神。崔瑗还工于书法，而且善于文辞，尤其擅长记叙，正如《文心雕龙》中说的"逮后汉书记，崔瑗尤善"[②]。所著赋、碑、铭、箴、颂、《七苏》《南阳文学官志》《叹辞》《移社文》《悔祈》《草书势》、七言等，凡五十七篇。其《南阳文学官志》称于后世，诸能为文者皆自认为不如。崔瑗喜欢交接文士，热情好客，常以丰盛佳肴美味招待，不问家中是否有余产。居家常吃"蔬食菜羹而已，家无担石储，当世清之"。

崔琦，字子玮，崔骃侄。以博学擅文著称，初举孝廉为郎。贵戚梁冀闻其才名而欲与交往，他作《外戚箴》《白鹄赋》以讽，为梁冀所不容，授职临济长而不敢赴任，终为梁冀所害。作品还有赋、颂、铭、诔、箴、吊、论等各类文章十余篇。

东汉燕赵籍文人，除安平崔氏外，还有郦炎、张超等人。郦炎（150—177），字文胜，范阳（今河北定兴县南固城镇）人，郦食其的后裔。"有文才，解音律"，言辞敏捷，"多服其能理"。灵帝时，州郡召用皆不就，"有志气"[③]。所作《见志诗》两首，抒发了超迈绝尘的抱负和怀才不遇的感愤。除《见志诗》外，现存作品还有《对事》《遗令书》等四篇。

---

① 《后汉书》卷五二《崔骃传附子瑗传》，第 1724 页。

② （南朝梁）刘勰：《增订文心雕龙校注》卷五《书记第二十五》，中华书局 2012 年版，第 342 页。

③ 《后汉书》卷八〇下《文苑传下·郦炎传》，第 2647 页。

张超，字子并，河间鄚（今河北任丘市北鄚州镇）人，留侯张良的后裔。灵帝时，随车骑将军朱儁镇压黄巾农民起义，任别部司马。颇有文才，"著赋、颂、碑文、荐、檄、笺、书、谒文、嘲，凡十九篇。超又善于草书，妙绝时人，世共传之"①。现存作品有《诮青衣赋》《尼父颂》《灵帝河北旧庐碑》等五篇。

（二）汉代燕赵民歌

"乐府"作为掌管音乐的官署，始于秦。汉武帝时，开始大规模采集各地民歌。乐府采集的各地民歌有 138 首，大部分已经佚失。其中"《燕代讴雁门云中陇西歌诗》九篇，《邯郸河间歌诗》四篇"②。燕代讴和邯郸、河间歌诗就是河北民歌。《陌上桑》是其中的代表作：

> 日出东南隅，照我秦氏楼。秦氏有好女。自名为罗敷。罗敷喜蚕桑，采桑城南隅。青丝为笼系，桂枝为笼钩。头上倭堕髻，耳中明月珠。缃绮为下裙，紫绮为上襦。行者见罗敷，下担捋髭须。少年见罗敷，脱帽著帩头。耕者忘其犁，锄者忘其锄。来归相怨怒，但坐观罗敷。使君从南来，五马立踟蹰。使君遣吏往，问是谁家姝？秦氏有好女，自名为罗敷。罗敷年几何？二十尚不足，十五颇有余。使君谢罗敷，宁可共载不？罗敷前致辞：使君一何愚！使君自有妇，罗敷自有夫。东方千余骑，夫婿居上头。何用识夫婿？白马从骊驹。青丝系马尾，黄金络马头。腰中鹿卢剑，可值千万余。十五府小史，二十朝大夫。三十侍中郎，四十专城居。为人洁白皙，鬑鬑颇有须，盈盈公府步，冉冉府中趋。坐中数千人，皆言夫婿殊。

这是一篇优秀的叙事体民歌，源自民间传说，《一曰艳歌罗敷行》③。《玉台新咏》题为《日出东南隅行》④。在《乐府诗集》中列入

---

① 《后汉书》卷八〇下《文苑传下·高彪传》，第 2652 页。
② 《汉书》卷三〇《艺文志》，第 1754 页。
③ （南朝梁）沈约《宋书·乐志》作"《罗敷》，《艳歌罗敷行》，古词"。中华书局 1974 年版，第 617 页。
④ （南朝陈）徐陵编，（清）吴兆宜注，程琰删补：《玉台新咏笺注》卷一《古乐府诗六首·日出东南隅行》，中华书局 1985 年版，第 6 页。

《相和歌辞·相和曲》，题为《陌上桑》。《乐府》解题说："古辞言罗敷采桑为使君所邀。罗敷盛夸其夫以拒之。"崔豹的《古今注》记载："《陌上桑》出秦氏女子。秦氏，邯郸人，有女名罗敷，为邑人千乘王仁妻。王仁后为赵王家令。罗敷出采桑于陌上，赵王登台见而悦之，因饮酒欲夺焉。罗敷乃弹筝作《陌上桑歌》以自明焉。"与前说不同。《陌上桑》当不是罗敷所作《陌上桑歌》，而是民间诗人根据罗敷的传说创作出来的。陈祥谦认为：《陌上桑》产生的具体时间，其上限不会早于"倭堕髻"尚未出现的东汉桓帝延熹二年（159）八月，其下限不会晚于"礼乐崩坏"的汉灵帝（167—189）末年。也就是说，《陌上桑》是在这三十年的时间里创作并润色而成的。①

《陌上桑》是一首叙事诗，叙述一个太守调戏采桑女子而遭到严词拒绝的故事，用夸张铺叙和烘托的笔法塑造了一个英勇机智又有反抗精神的美丽女子。在歌颂这位女子优良品质的同时，又揭露了封建官僚的丑恶行为。《玉台新咏》题为《日出东南隅行》。全诗分三解，一解等于一章，是乐歌的段落。第一解，主要是在采桑女子的美貌上加以渲染；第二解，写使君的无耻要求和采桑女子的严词拒绝；第三解，全部是采桑女子夸耀夫婿的话，意在让使君知难而退。这首民歌语言朴实，形象鲜明，在思想性和艺术性上都达到了相当高的水平，在中国文学史上占有重要地位。

《孤儿行》也是列为相和歌辞中的燕赵民歌。此诗写了一个孤儿受兄嫂虐待的故事。诗的开头所写的"孤儿生，孤儿遇，生命独当苦"，点出了孤儿苦，是全诗的基调。接着通过孤儿的"行贾""行汲""收瓜"三个小故事，极力展现兄嫂对孤儿的百般虐待。诗中所写虽是家庭内部之事，但却映现出封建宗法社会的压迫现象。从"兄嫂令我行贾。南到九江，东到齐与鲁"的诗句可看出②，叙述的立足点在赵地，即今河北省南部一带。

---

① 陈祥谦：《〈陌上桑〉撰成年代新考》，《学术论坛》2009年第1期。木斋《〈陌上桑〉创作时间、作者考辨》认为，实际上《陌上桑》是从左延年的《秦女休行》脱化而来，应为建安曹魏时代到西晋期间之作，曹植与傅玄是与《陌上桑》关系最为密切的两位诗人。《北方论丛》2008年第1期。

② （宋）郭茂倩编：《乐府诗集》卷三十八《相和歌辞十三·孤儿行》，中华书局1979年版，第69页。

（三）建安文学与燕赵文学

在我国文学史上占有相当地位的建安文学同燕赵有着紧密的关系。建安是汉献帝的年号，献帝是东汉的最后一位皇帝，自其即位始，汉王朝即已名存实亡，董卓和曹操先后专擅朝政。曹魏的一些作家是在建安年间成名的，主要作品产生在建安年间，而建安年间的动荡分裂的社会现实，为这些作家提供了生活基础和作品素材。建安文学和前一阶段的文学从内容到形式都有所不同，它不仅是承前，而更重要的是启后。一般认为，建安年间的文学不是两汉文学的尾声，而是魏晋文学的开篇。邺城作为曹魏的都城，不仅是政治、军事中心，而且是曹操（155—220）、曹丕（187—226）、曹植（192—232）父子与孔融（？—213）、陈琳（？—217）、王粲（177—217）、徐幹（170—217）、阮瑀（？—213）、应玚（？—217）、刘桢（？—217）等建安七子开创建安文学、形成建安风骨的发祥地。三曹与七子是分别来自沛国谯县（治今安徽亳州）、鲁国（都今山东曲阜）、广陵、山阳、北海（都今山东昌乐西）、陈留（治今河南开封东陈留）、汝南、东平等处的外地人，邺城成为建安文学的发祥地，是政治、军事权力中心带来的名家荟萃、文化聚集性繁荣①。"建安七子"之外，在"三曹"周围、聚会于邺的作家还有繁钦、杨修、吴质、丁仪、丁廙等。政治中心与文化人聚集中心紧密相连，因而政治中心亦为学者文人的荟萃之地，导致文化中心随政治中心的变化而变化。

此外，燕赵文学在两汉的发展，既体现在燕赵文人的创作上，也体现在非燕赵籍文人在燕赵的文学活动上。例如，发明地动仪的著名科学家张衡，也是有相当造诣的文学家，以辞赋著称。顺帝永和初年（136），他59岁时任河间国相，"视事三年"②。七言诗《四愁诗》作于河间相任上。此诗运用"依屈原以美人为君子，以珍宝为仁义，以水深雪氛为小人"的寄托手法，分四章写了"我所思兮在太山""我所思

---

① 秦进才：《燕赵历史文献研究》，中华书局2005年版，第48页。
② 《后汉书》卷五九《张衡传》，第1939页。

兮在桂林""我所思兮在汉阳""我所思兮在雁门"①，借怀美人而不得见的愁思以抒发伤时忧世之情。此诗是骚体诗，但并非刻板模仿屈原之作，而全用七言，是我国诗史上较早的七言诗试作。

五 崔寔与《四民月令》《政论》

崔寔，字子真，又名台，字元始。涿郡安平（治今河北安平）人。生于东汉安帝永宁元年（120）前后，历经顺帝、桓帝，至灵帝建宁三年（170）病卒。是东汉末期著名的政论家和思想家，东汉社会批判思潮的重要代表之一。

崔寔一生主要在"皇路险倾"的东汉末期度过。少时沉静，喜好典籍。出身官宦世家，有学术传统修养。父亲崔瑗去世后，崔寔遵照父亲遗嘱，留葬洛阳，隐居于墓侧。据《后汉书·崔骃传》："寔父卒，剽卖田宅，起冢茔，立碑颂。葬讫，资产竭尽，因穷困，以酤酿贩鬻为业。时人多以此讥之，寔终不改。"（下引本传不注）服丧毕，三公并辟，皆不就。后来两度做议郎，在东观（皇家图书馆）著作，和诸儒博士杂定五经。他的政治活动和桓帝朝（147—167）相始终。

桓帝初年，崔寔由郡推举，征诣公车，因病未对策，除为郎。经羊傅、何豹的推荐，崔寔拜为议郎，迁大将军梁冀司马。与边韶、延笃等任史职，著作东观。后出京任五原太守。五原郡地处西北，天气寒冷，土地宜植麻枲，"而俗不知织绩，民冬月无衣，积细草而卧其中，见吏则衣草而出"②。崔寔到任后，拨出一些钱，支持和教导百姓种麻、纺绩，使民有衣可穿，"得以免寒苦"。其母刘氏博览书传，颇有淑德，对崔寔"常训以临民之政"。崔寔有政绩，与其母的教训有关。这时西北地区发生民族纠纷和矛盾，崔寔练兵马，严烽候，积极防御，遂得以安定。后崔寔因病征召还京，拜为议郎，又与诸儒博士共杂定《五经》。桓帝延熹二年（159），梁冀因罪被诛，崔寔因是其故吏而被免官，禁锢了几年。此时鲜卑多次犯边，崔寔经司空黄琼推荐，出任辽东

① （南朝陈）徐陵编，（清）吴兆宜注，程琰删补：《玉台新咏笺注》卷九《张衡·四愁诗四首》，中华书局1985年版，第393页。
② 《后汉书》卷五二《崔骃传附孙寔传》，第1730页。

太守。适值其母病故，请求归葬行丧。服丧后，召拜尚书。他因世道混乱，称疾不办事，数月免归。

崔寔一生清素。葬父后，"资产竭尽"。做官"历位边郡，而愈贫薄"。病死时，"家徒四壁立，无以殡敛（殓）"①，受人资助才得以办完丧事。所著碑、论、箴、铭、答、七言、祠文、表、记、书凡十五篇，另有《四民月令》和《政论》，均是中国文化史上的古典名著。《四民月令》反映了他的经济思想和社会理想，《政论》集中凝聚了他的批判精神和革新主张。在东汉社会批判思潮的发展中，崔寔起着承上启下的重要作用②。

崔寔为官廉洁，不愿同朝廷的权贵同流合污。思想上深受家学传统的影响，"出入典籍"，通融诸子，而自成一家。其学论及政治、法律、经济、历史许多领域，以批判者的姿态，深刻揭露了东汉末期严重的社会危机和腐败的社会风气，并提出了自己一系列改革的主张，是一个具有异端精神和独立性格的思想家。他特别注意总结农业生产的经验，具有一种深厚的重农爱农的思想感情。

（一）《四民月令》

崔寔虽曾做过五原太守，教民纺织，但五原较冷，和《四民月令》所说农业生产季节不合，可知不是在五原任内写的。书中时令和洛阳大体相合；而且在正月"雨水中，地气上腾，土长冒橛，陈根可拔"下面的注中说："此周洛京师之法，其冀州远郡，各以其寒暑早晏，不拘于此也。"③ 由此推测，《四民月令》可能是在延熹九年（166）前后写于洛阳④。

他很重视农业，关心人民生活。所作《四民月令》仿效《礼记·月令》，逐月安排应做的事情，所以沿用"月令"的名称。但是《礼

---

① 《后汉书》卷五二《崔骃传附孙寔传》，第1730页。
② （汉）崔寔撰，孙启治校注：《政论校注·阙题七》，中华书局2012年版，第149页。
③ （汉）崔寔撰，石声汉校注《四民月令校注》本注，中华书局2013年版，第12页。下引本文不注。
④ 崔寔延熹六年（163）拜辽东太守，在赴任途中，因母卒归葬。延熹九年（166）服满，召拜尚书，数月后称病免归。建宁年间（168—172）病卒。就书的内容和作者生平事迹来看，似乎是写作于163—170年这一段家居时期内的可能性较大。

记》中的《月令》是讲天子及其政府每月应做的事情；《四民月令》所写的每月应做的事，是指"四民"而言。"四民"指士农工商，但这本书是从士的立场来写的。《四民月令》反映了东汉农业社会的社会风貌、经济状况，节令特色、时代节奏等。原书早佚，近人石声汉《四民月令校注》和缪君愉《四民月令辑释》均可利用。

从书的体裁看，可视为中国最早的一部"农家历"。但是只说到某月（或什么时候）做某事，没有叙述具体方法，而且，还夹杂着非农业的东西，如祭祀、社交、子弟教育、饮食、采药制药、晒书、晒衣服、保藏弓弩衣物等，所以严格地说，它不是真正或纯粹的"农家历"。

其实，从崔寔所写的《四民月令》来看，并不是"以酤酿贩卖为业"①，而是以经营一个小田庄为主，在此基础上"酤酿贩鬻为业"的。

石声汉在《四民月令》校注本附录一的《试论崔寔和〈四民月令〉》一文中说："《四民月令》的主题，是依一年十二个月的次序，将一个家庭中的事务，作有秩序有计划的安排。"就现存材料及其出现的次序来看，大致包括以下九个项目：

祭祀、家礼、教育以及维持和改进家庭和社会上的新旧关系；依照时令气候，安排耕、耘、粮食、油料、蔬菜；养蚕、纺绩、织染、漂练、裁制、浣洗、改制等"女红"；食品加工及酿造；修治住宅及农田工程；采集植物—药材—并配制"法药"；保存收藏家中大小各项用具；粜籴；其他杂事，包括"保养卫生"在内。

他认为，这些生活内容似乎只能属于一个拥有相当数量耕地的田园庄主或仕宦家庭，自己经营田庄，雇用大量劳动力来从事农业和作坊式手工业，直接剥削劳动力之外，也进行屯贱卖贵的商业剥削，以供给一家人的生活资料。也就是说，按当时所谓"士农工商"四民来说，这是以"农业、小手工业"收入为主，"商业"收入为辅，来维持一个"士"大夫阶级家庭的生活，合"四民"为一。

石声汉推断"崔寔田庄"属于四民合一的性质，符合《四民月令》所反映的状况。但就当时东汉的整个经济发展进程来看，似乎还达不到"雇用大量劳动力来从事农业和作坊式手工业"的程度，否则，就类似

---

① 《后汉书》卷五二《崔骃传附孙寔传》，第 1731 页。

于后世的经营地主了。

"崔寔田庄"的经营和豪强徒附经济有所不同,规模较小,自己经营,依靠农奴和若干雇工从事农业和手工业生产。《政论》中说,"假令无奴,当复取客,客庸月一千"①。这种经营方式当有一定的普遍性。崔家是冀州安平很有名的"清门望族",世代书香,崔家的妇女即使参加一些劳动,也不会是主要劳动者。

"崔寔田庄"也从事商业活动,不但出卖用田庄生产的原料加工而成的产品,而且在麦收、秋收时籴入粮食,在春荒下种时再粜出,甚至在冬季结束后买入弊絮,冬季来临时再行卖出。

《四民月令》重视人在生产经营中的作用,将"无或他务"与"乱本业,有不顺命,罚之无疑"的原则相辅而行,认为激励的目的是保证专心致力于实现生产经营计划,不得分散精力,有害本业或本职工作。主张在适当的时候给予某些物质利益或减轻劳动,"休农息役,惠必不浃",以减少或缓和劳动者的对立情绪,让他们在以后付出更多的劳动,为地主家庭创造更多的财富。还主张精神激励,在一年的农事完毕之后,"请召宗族、婚姻、宾旅;讲好和礼,以笃恩纪","乃家祠(疑有脱误)君、师、九族、友朋,以崇慎行终不背之义"②。精神激励在心理上有持久作用,功能往往是物质激励不能替代的。

关于地主家庭理财的原则,《四民月令》提出"无或蕴财,忍人之穷,无或名利,罄家继富;度入为出,处厥中焉"的财务思想。主张丰收时,要做好"家储蓄积",家庭生活支出要依据财力,生产发展要适度,生活上要适中,既不可奢,也不可吝。主张赈济贫穷,把用财力资助贫困者纳入家庭支出计划,在"冬谷或尽,椹、麦未熟"之时,"振赡匮乏",对孤、寡、老、病不能自食其力者,给予衣食方面的援助。

此外,《汉书·艺文志》记录的河北农家著作,有"《蔡癸》一篇。宣帝时,以言便宜,至弘农太守。"颜师古注:"刘向《别录》云邯郸人。"《汉书·食货志上》说:汉宣帝五凤年间,"蔡癸以好农使劝郡国,至大官。"王先谦《汉书补注》:"癸,邯郸人,官弘农太守,见

---

① (汉)崔寔撰,孙启治校注:《政论校注·阙题七》,中华书局2012年版,第149页。

② (汉)崔寔撰,石声汉校注:《四民月令校注·十二月》,中华书局2013年版,第75—76页。

《艺文志》。"王毓瑚先生考论《蔡癸》一书时指出:"可知作者也是当时一个精通农学的人。他大约是以专家的资格奉使巡行郡国,教民耕种。他的著作一定也很有内容,只是也同其他几种农书一样,原来收藏在中央官府,大约在东汉末年董卓之乱中都失掉了。"①

(二)《政论》

《政论》全书已佚,一部分文字节存于《后汉书·崔寔传》及《群书治要》等,清人严可均收辑残文断片于《全后汉文》。这本书以揭露东汉末年统治集团的腐朽奢靡生活为主要内容,据"仆前为五原太守""今辽东耕犁"等语②,可以推断该书大约写于任辽东太守及其后一段时期,但也不排除此前写有部分文字的可能。

崔寔身经乱世,置身政局,对于世道官风颇有体会和认识。他指出当时有"三患":一是奢侈。手工业者制造奢侈品,商贾贩卖之,民众被诱而买之,于是奢侈成风。二是上下匮乏。奢侈风气所及,民多贱视正业而奔竞淫侈,误了粮食生产,奸盗增多,仓廪空而囹圄实,"上下俱匮,无以相济"。三是犯法者众多。富豪者养生送死,大讲排场,极事铺张,"在位者则犯王法以聚敛,愚民则冒罪戮以为健"③。

"三患"何以严重?崔寔认为,主要的问题,首先是君主昏暗不明。他说:"凡天下所以不理者,常由人主承平日久,俗渐敝而不悟,政浸衰而不改,习乱安危,寔不自睹。"昏君表现不一,"或荒耽嗜欲,不恤万机;或耳蔽箴诲,厌伪忽真;或犹豫歧路,莫适所从;或见信之佐,括囊守禄;或疏远之臣,言以贱废"。但结果是一样,"王纲纵弛于上,智士郁伊于下"④,难免发生患难和危乱。

其次是官风不正。崔寔对此有些揭露,他指出:"今官之接民,甚多违理。"征用民众劳力,"更不与直(值)",即不给适当的报酬。百

---

① 王毓瑚:《中国农学书录》,农业出版社1964年版,第10页。
② (清)严可均辑:《全上古三代秦汉三国六朝文·全后汉文》卷四六《崔寔二·政论》,第1453页。
③ (清)严可均辑:《全上古三代秦汉三国六朝文·全后汉文》卷四六《崔寔二·政论》,第1448页。下引本文不注。
④ (清)严可均辑:《全上古三代秦汉三国六朝文·全后汉文》卷四六《崔寔二·政论》,第1444页。

姓上诉，"终不见省"，即不予理睬。或过几年才给一点欠款，也是大打了折扣；或是给一些陈旧废弃之物，百姓得到也不好使用。"是以百姓创艾，咸以官为忌讳，遁逃鼠窜，莫肯应募，因乃捕之，劫以威势，心苟不乐，则器械行沽，虚费财用，不周于事。"意思是，百姓见官惧怕而逃走，如果被捕强迫劳动，也不为其好好干活，造物让其享用。官吏"上为下效"，败坏风气，"俗易于欺，狱讼繁多，民好残伪"。这样，有害无利，都是由于官吏"不明为国之体，苟割胫以肥头，不知胫弱，亦将颠仆也"。这就是"聚敛之臣""贪人败类"所造成的恶果。他又指出："贪饕之吏，竞约其财用，狡猾之工，复盗窃之，至以麻蒙被弓弩，米粥杂漆，烧铠铁淬酰中，令脆易治，铠孔又褊小不足容人，刀牟（矛）悉钝。"就是说，有些负责监管制造兵革的官吏，偷工减料，加以盗窃，从中大捞一把，而制品质量低劣，不堪使用。这样，"铠则不坚，弩则不劲"，"兵钝甲软，不可依怙"①，国家不仅遭受财力人力的耗损，而且有损武备能力。

他还指出，现在大小官吏不思尽心职守，而"各竞摘微短，吹毛求疵，重察深诋，以中伤贞良"。他们抬高自己，打击别人，以致坏官不臭，良吏被害。而君主又不了解下情，用人不当，"是以残猛之人，遂奋其毒；仁贤之士，劫俗为虐"②。凶残者更为毒辣，仁贤者也受影响而变坏。于是，被害的百姓"嗷嗷之怨，咎归于上"，甚至"仇满天下"。

崔寔认为，面对政弊风坏，必须改革。他说，君主御世，譬诸"乘弊车"，破车载不了人或物，"当求巧工，使辑治之"，改旧为新，"新新不已，用之无穷"。如果不加修理而乘用之，便有"摧拉捌裂"的危险。他认为，如今，"政令垢玩，上下怠懈，风俗凋敝，人庶巧伪"，百姓嚣然而思中兴。必须想出济时拯世之术，"中兴之主，亦匡时失"③。如何匡时之失？崔寔认为，首先，要总结西汉为政得失的经验

①（清）严可均辑：《全上古三代秦汉三国六朝文·全后汉文》卷四六《崔寔二·政论》，第1448页。

②（清）严可均辑：《全上古三代秦汉三国六朝文·全后汉文》卷四六《崔寔二·政论》，第1450页。

③（清）严可均辑：《全上古三代秦汉三国六朝文·全后汉文》卷四六《崔寔二·政论》，第1444页。

教训，不必纯法远古。他说："宜参以霸政，则宜重赏深罚以御之，明著法术以检之。自非上德，严之则理，宽之则乱。"① 汉宣帝"严刑峻法"，天下治安；汉元帝"多行宽政"，终于致衰。"政道得失，于斯可监（鉴）"②。这里强调的是"严"。关键是要懂得"与世推移"的道理。他进一步论道："夫刑罚者，治乱之药石也；德教者，兴平之粱肉也。"治理乱世，只有尚严用刑罚才能奏效。"方今承百王之敝，值厄运之会。自数世以来，政多恩贷，驭委其辔，马骄其衔，四牡横奔，皇路险倾。"③ 对此，尚宽岂能奏效，复古之法更是行不通。司马光认为崔寔严治之说，针对时弊，可以"矫一时之枉"；但又申明，此"非百世之通义"，他说只有"宽以济猛，猛以济宽"，宽猛相济才能"政和"④。王夫之既不同意崔寔严治之说，也不赞同司马光宽猛政和之说，而是提出"严以治吏，宽以养民"说。其实，崔寔严治之说，是以官吏为对象的，并不是或主要不是针对于民。而且，崔寔既讲严，又讲宽；既讲刑罚，又讲重赏、厚禄，有点辩证法。他揭露时弊，对症下药，颇有实事求是的味道。

其次，要注意取士用人。崔寔认为，应当网罗贤士，注意养士。他说："举弥天之网，以罗海内之士。""马不素养，难以追远；士不素简，难以趋急。""理世不得真贤，犹治病无真药；当用人参，反得芦菔根。"⑤ 招贤，就得识别贤佞。他说，贤人并不书名于脸以待沽，而且往往遭受排挤和压抑，"常患贤佞难别，是非倒纷，始相去如毫厘，而祸福差以千里"。故明君"其犹慎之"，即要求君主谨慎地辨别贤佞而选士。他提出关心和爱护官吏，既要"原其小罪，阔略微过，取其大较，惠下而已"，即要分清官吏的功过，取其所长，而原谅其小过失；又要增禄养廉。他指出："今所使分威权，御民人，理狱讼，干府库者，皆群臣之所为，而其奉（俸）禄甚薄，仰不足以养父母，俯不足以活

---

① 《后汉书》卷五二《崔骃传附孙寔传》，第 1727 页。

② 《后汉书》卷五二《崔骃传附孙寔传》，第 1727 页。

③ 《后汉书》卷五二《崔骃传附孙寔传》，第 1728 页。

④ 《资治通鉴》卷五三《汉纪四十五·汉桓帝》，第 1726—1727 页。

⑤ （清）严可均辑：《全上古三代秦汉三国六朝文·全后汉文》卷四六《崔寔二·政论》，第 1455 页。

妻子。"① 待遇低下，养不了父母妻子，要他们"临财御众"，犹如"渴马守水，饿犬护肉"，欲其"不侵"即不贪污，那是办不到的。于是"则有卖官鬻狱，盗贼主守之奸生矣"，意谓官吏便有以权谋私，执法者而为盗贼之事发生。尽管有个别的廉吏，然而，"虽时有素富骨清者，未能百一，不可为天下通率"。意思是，虽然也有一贯廉洁的人，但只是极少数，是不能作为天下通例的。故他强调，对待官吏，应当"重其禄以防其贪欲，使之取足于奉（俸），不与百姓争利"，要争取使官吏养成"习推诚之风，耻言十五之计"②。

崔寔在《政论》中指出，当时国内人口分布很不平衡，"青、徐、兖、冀，人稠土狭，不足相供；而三辅左右，及凉、幽州内附近郡，皆土旷人稀，厥田宜稼，悉不肯垦。"而当时普通百姓受"安土重迁"的习惯势力影响，"宁就饥馁，无适乐土之虑。"他回顾了西汉景帝与武帝年间的移民情况，提出："今宜复遵故事，徙贫人不能自业者于宽地，此亦开草辟土振人之术也。"③ 他设想通过调整人口的地理分布来解决因土地兼并而产生的社会问题，当然并非良策，因为土地兼并的根源是封建生产方式，移民却丝毫未触动这种生产方式；但从人口思想角度考察，他是较早从经济角度提出人口应当合理分布的思想家。在他之前，司马迁已注意到人口分布的不均衡，提出因地制宜发展经济的主张，但是他还没有考虑到通过移民来改变人口分布不均衡的可能性。比崔寔稍前的王符已注意到向边境地区移民可调整人口与土地的对比关系，然而他的"实边"主张主要还是从政治、军事角度着眼的。正因为如此，崔寔的移民主张更值得我们注意。

崔寔撰《政论》以论时政，颇受时人称许。仲长统说："凡为人主，宜写一通，置之坐侧。"④ 意思是，《政论》可作为君主的座右铭或参考书。范晔为其作传也给予充分肯定，说："寔之《政论》，言当世

① （清）严可均辑：《全上古三代秦汉三国六朝文·全后汉文》卷四六《崔寔二·政论》，第1451页。

② （清）严可均辑：《全上古三代秦汉三国六朝文·全后汉文》卷四六《崔寔二·政论》，第1451页。

③ （清）严可均辑：《全上古三代秦汉三国六朝文·全后汉文》卷四六《崔寔二·政论》，第1451页。

④ 《后汉书》卷五二《崔骃传附崔寔传》，第1725页。

理乱，虽晁错之徒不能过也"；"指切时要，言辩而确，当世称之"；"子真持论，感起昏俗"①。他们对崔寔的《政论》都给予了相当高的评价。唐初，魏征编《群书治要》从《政论》中摘引六节，供唐太宗李世民参考。可见《政论》在当时和后世所产生的重大影响。

六　汉代河北的艺术

（一）绘画和书法

汉墓壁画是目前所能看到的河北最早的墓室壁画。其中，河北望都的汉墓壁画是最为重要的。该墓壁画绘在前室（附二侧室）四壁和前通往中室的过道两侧，在敷有白灰的砖壁上用毛笔色线着色②。从壁画的内容看，墓主人为高级官员，因此躬身迎接的"寺门卒""门亭长""门下小吏""辟本伍佰""门下功曹""门下贼曹""槌鼓掾"等人物的姿态动作自然，衣褶简单而符合运动规律，面部尤其是眼睛描绘颇有精神③。画中色彩不多，却能以笔墨渲染衣褶及动物身体，企图表现明暗及体积。④ 白兔形象逼真，体现了画师写实的高超技艺。

安平县逯家庄东汉墓彩色壁画也很著名。该墓有汉灵帝"熹平五年"（176）的题记，在中室及其南耳室、前室的南耳室内均有壁画。中室四壁绘有墓主出行的图画，分上下四层，场面宏大，共有车马60余辆（匹）。中室北壁绘有墓主宅院全图，壁绘有"侍奉图"，两耳室绘有"守门卒""侍卫"⑤。

汉代书法艺术获得巨大发展，丰富多彩的汉代隶书（包括古隶和八分书）至今仍为人喜闻乐见，作为一种书体还继续在实用书法和艺术书法中起着巨大的作用。东汉时期，隶书的发展已到成熟阶段，树碑立传

① 《后汉书》卷五二《崔骃传附崔寔传》，第1733页。
② 姚鉴：《河北望都县汉墓的墓室结构和壁画》，《文物参考资料》1954年第12期。
③ 参见姚鉴《河北望都县汉墓的墓室结构和壁画》，《文物参考资料》1954年第12期；康捷《望都二号汉墓》，《考古》1959年第11期。
④ 王逊：《中国美术史》，上海人民美术出版社1985年版，第52页。
⑤ 参见刘来成《安平东汉壁画墓发掘简报》，《文物春秋》1989年第1期。

之风大盛，碑刻极为精湛。元氏的《祀三公山碑》《封龙山碑》及鸡泽的《淳于长夏承碑》等均为汉碑中的珍品，反映了东汉河北地区无名书法家的精湛书法水平。

随着汉隶逐渐成熟定型，行书和草书也应运而生。东汉草书有章草、今草之分。涿郡安平（今属河北）人崔瑗（78—143），就是著名的章草大师。崔瑗曾师从杜操①，而又自成一格，与杜操并称"崔杜"。善章草和小篆，著有《草书势》《篆草势》等，书法造诣极高，被誉为"草贤"。今草大师张芝曾学过他的字体，可见他在当时的影响。

西汉刻石文字甚是稀少，《群臣上醻寿刻石》堪称西汉代表性的刻石。石约高 145 厘米、宽 28 厘米，篆书，1 行，15 字，赵廿二年，即文帝后元六年（前 158）立。清道光年间杨兆璜于河北永年县发现。其文曰："赵廿二年八月丙寅群臣为王上醻寿此石北。"② 此石为赵王刘遂的臣下为其献寿的刻石。有些字的篆势趋于方扁或杂以隶笔，此非如通常所认为的显示西汉初期篆书向隶书嬗变的痕迹，而应是在通行隶书时代的人，作篆书而无形中夹杂了隶书的笔势。因为该石出土时期前后的帛书、简策早已通行作隶书了，虽然那时的隶书尚是古隶。从这一块西汉最早的刻石也可看到，一开始铭石之书就喜欢用较当时为古的书体来书写。

从河北定县八角廊出土的西汉时期的简书看，其时隶书已完全成熟，它的结体工稳扁方，用笔逆入平出，取横向笔势，波挑分明，横竖笔画转换处方折③。这一类隶书在东汉的一些官文书以及正规严肃的场合仍一直沿用。

东汉崇丧厚葬蔚为风气，碑刻门类众多，立碑刻石以山东、河南、四川等地为盛。出土所见河北刻石文字见表 8 - 1。

---

① 东汉书法家杜操，字伯度，及曹魏代汉，避曹操讳，易名为杜度，至晋人犹因之。杜操善草书，汉章帝爱之，诏令上表亦作草字，谓之章草。

② 秦进才：《群臣上醻刻石地理位置记载的辨析》，《石家庄学院学报》2019 年第 1 期。

③ 王东明等：《从定县汉墓竹简看西汉隶书》，《文物》1981 年第 8 期。

表 8 - 1　　　　　　　　　　　东汉河北刻石文字目录①

名称	书体	年代	出土与所在地点	附注
中山简王刘焉墓黄肠石题字	隶书	墓葬年代考为永元年间	1959 年河北定县北庄中山简王墓出土。有铭刻或墨书题字石共 174 块②	
秦君墓刻石	隶书	永元十七年（105）四月刻，元兴元年（105）十月讫	1964 年 6 月北京市石景山区上庄村发现，现存北京石刻艺术博物馆	又名：乌还哺母等字刻石；秦君墓刻辞题记
幽州书佐秦君神道阙铭	隶书	阙无年月，同时发现的《秦君墓刻石》为永元十七年（105）四月至元兴元年（105）十月刻，此阙当同时所刻③	1964 年 6 月有北京市石景山区上庄村发现，现存北京石刻艺术博物馆	又名：秦君神道石石臣宜造
常山相冯巡祀三公山碑	隶书	元初四年（117）	原在河北元氏县封龙山，后移置县立第一小学	又名：祀三公山碑；俗称：大三公山碑。宋高等刻
三公山神碑	隶书	本初元年（146）二月八日（据沈涛考为本初）	原在河北元氏县封龙山南苏庄，清道光年间吴式芬访得，后移置元氏县立第一小学	误称无极山碑
元氏封龙山颂	隶书	延熹七年（164）月纪豕韦（十月）	原在河北元氏县王村山，清道光廿七年（1847）移置元氏县城	
雁门太守鲜于璜碑	隶书	延熹八年（165）十一月十八日	1973 年 5 月出土于天津市武清县高村，现存天津市历史博物馆	
北海淳于长夏承碑	隶书	建宁三年（170）六月癸巳（廿八日）	是碑宋元祐年间（1086—1094）出土于河北永年（亦有云四川资州），明嘉靖年间被毁	又名：夏仲兖碑

---

①　参考华人德《中国书法史（两汉卷）》附录：《两汉刻石文字目录》编制，江苏教育出版社 1999 年版，第 250—273 页。

②　敫承隆：《河北定县北庄汉墓发掘报告》，《考古学报》1964 年第 12 期。

③　参见邵茗生《汉幽州书佐秦君阙释文》，《文物》1964 年第 11 期；陈直《关于汉幽州书佐秦君石柱题字的补充意见》，《文物》1965 年第 5 期。

续表

名称	书体	年代	出土与所在地点	附注
三公山碑	隶书	光和四年（181）四月二日	原在河北元氏县城角儿村，清道光廿七年（1847）沈涛访得。后移置县立第一小学	又名：无极山碑；俗称：小三公山碑
白石神君碑	隶书	光和六年（183）	原在河北元氏县苏庄白石神君庙，后移置县立女子高级小学	石师王明（刊石）
处士等字残碑	隶书	无纪年	1926年河北磁县出土，已流失至日本	
青成等字残石	隶书	无纪年	河北永年出土，曾归周进	
天墒建立等字刻石	隶书	无纪年	河北定州出土，曾归周进	又名：除适刻石；建墒刻石
西南之精等字刻石	隶书	无纪年	河北定州出土，曾归周进	又名：除适刻石
西岳神符等字刻石	隶书	无纪年	河北定州出土，曾归周进	

《祀三公山碑》是一块很有名的篆隶杂糅的碑刻。清代翁方纲《两汉金石记》评其字云："此刻虽是篆书，乃是由篆入隶之渐，减篆之萦折为隶之径直。"① 其实这碑所书字并非是篆书向隶书过渡阶段的一种书体，而是书者对篆书的隔阂，这种隔阂可能比《袁安碑》《袁敞碑》书者还要大，有些字形和隶书相似，甚至还夹杂了隶书的笔法，如"立""阙""国""阎""掾""音"等字，同隶书无甚区别。但是书者又不是因不谙篆书而显得束手无策，而是大胆地加以创造。这可从整篇统一的笔势和风格看出，篆与隶两种不同的书体，经过书者的融会，已达到相当和洽的程度。其款式是有行无列，每一字不像隶书在放纵时笔画往往横向逸出，而是加以约束，取篆书的纵势，使行间自然成界。但是各字又随形势而长短

---

① （清）翁方纲：《两汉金石记》，上海博古斋影印本，1923年。

不拘，这又打破了篆书匀称的规则，变化无方，不可端倪。《祀三公山碑》可以看作书者在对古文字掌握上的不自觉与书法创作上的自觉结合之产物①，这类书体在后世篆刻中被广泛取法。

（二）乐舞

河北自古以来就是音乐歌舞之乡。李白《幽歌行》写道："赵女长歌入彩云，燕姬醉舞娇红烛。"战国时代，赵国被誉为"天下善为音，佳丽人之所出"② 之地。秦朝女乐歌舞盛极一时，灭六国后，秦始皇以"所得诸侯美人女乐"充入宫廷，"妇女倡优，数巨万人；钟鼓之乐，流漫无穷"③。而"佳冶窈窕赵女"也是庞大的秦时宫廷女乐队伍的重要成员。汉代社会的长期安定繁荣，为乐舞艺术的发展创造了条件。汉代乐舞艺术较之前代有了较大的发展。汉武帝时，为了进一步完善各种制度，开展礼乐教化，于元鼎五年（前112）改组乐府，增加了编制，充实了唱奏各地民间音乐的人员，使乐府成为采集和表演民间音乐的专门机构。这就是班固在《两都赋序》里所说的"大汉初定，日不暇给，至武宣之世，乃崇礼官，考文章。内设金马石渠之署，外兴乐府协律之事"。《汉书·艺文志》亦载："自孝武立乐府而采歌谣，于是有赵代之讴，秦楚之风，皆感于哀乐，缘事而发。亦可以观风俗，知薄厚云。"两汉帝王大都热衷于乐舞艺术，汉代宫廷女乐众多，"内有掖庭材人，外有上林乐府，皆以郑声施于朝廷"④。说明民间音乐进入宫廷后，得到了贵族阶级的赏识和利用，并有力地冲击着人们的传统观念。但也带来了"郑声"流行、追求奢侈享乐的负面影响⑤。在这样的时代背景下，河北音乐歌舞也获得了新的发展。

司马迁在记叙中山国（治今河北定州市）的民风时说："丈夫相聚游戏，悲歌慷慨"，"多美物，为倡优"；"女子则鼓鸣瑟，跕屣，游媚

---

① 华人德：《中国书法史（两汉卷）》，江苏教育出版社1999年版，第165页。
② 何建章注释：《战国策注释》卷三三《中山策六》，中华书局1990年版，第1244页。
③ （汉）刘向：《说苑·反质》，见向宗鲁《说苑校证》，中华书局1987年版，第517页。
④ 《汉书》卷二二《礼乐志》，第1071页。下同不注。
⑤ 《汉书·成帝纪》："公卿列侯亲属近臣……或乃奢侈逸豫，务广第宅，治园池……设钟鼓，备女乐，车服嫁娶葬埋过制。吏民慕效，浸以成俗。"同书《礼乐志》亦云："是时，郑声尤甚。黄门名倡丙强、景武之属富显于世，贵戚五侯、定陵、富平、外戚之家淫侈过度，至与人主争女乐。……百姓渐渍日久，又不制雅乐有以相变，豪富吏民湛沔自若。"

富贵，入后宫，遍诸侯"。而赵女也是"设形容，揳鸣琴，揄长袂，蹑利屣"①，凭借美貌姿色和能歌善舞来"奔富厚"。《盐铁论·通有》记载："赵、中山……民淫好末，侈靡而不务本，田畴不修，男女矜饰，家无斗筲，鸣琴在室。"《古诗十九首·东城高且长》云："燕赵多佳人，美者颜如玉。被服罗裳衣，当户理清曲。音响一何悲，弦急知柱促。"《古诗十九首》的曲调是商音，"清商"是汉代民间流行的乐调，又名"清"。"清曲"的伴奏乐器有八种，"瑟"是其中之一。弦安在柱上，一弦一柱，紧紧关联。"弦急""柱"就必然促，表现了弹奏者情感的激动。这些都描绘了燕、赵、中山之人擅长音乐歌舞的民俗。

中山人李延年（？—约前 87）②，是西汉著名音乐家，对民间诗歌的搜集整理和西域音乐的吸收创新，都卓有贡献。范文澜在《中国通史》中推崇他为汉武帝时期灿烂文化的杰出代表。他出身乐工世家，父母兄弟都是乐工。延年因犯法受腐刑，"给事狗监中"，负责饲养皇帝的田猎犬。他精通音乐，擅长演唱，"为新变声"。因其妹李夫人得宠于武帝而随之贵幸，任协律都尉，佩二千石印绶。"是时，上方兴天地祠，欲造乐，令司马相如等作诗颂。延年辄承意弦歌所造诗，为之新声曲。"③"新变声""新声曲"，都是李延年所创作的通俗乐曲。李延年曾经为《汉郊祀歌》十九章配乐，《汉书·礼乐志》云：

> 汉立乐府，"有赵、代、秦、楚之讴。……（李延年）多举司马相如等数十人造为诗赋，略论律吕，以合八音之调，作十九章之歌。以正月上辛用事甘泉圜丘，使童男女七十人俱歌，昏祠至明"。

《汉郊祀歌》十九章是汉武帝祭祀天地的乐章，大部分是李延年配乐。《汉书·礼乐志》在《青阳》《朱明》《西颢》《玄冥》四首下俱注"邹子乐"，说明这四首应是邹子谱曲。虽不能确考邹子为谁，但这四首应不是延年谱曲，也可能在正式列为汉郊祀歌时延年作过修改。

---

① 《史记》卷一二九《货殖列传》，第 3271 页。
② 关于李延年的卒年有三说：其一，1989 年版《辞海》"李延年"条，认为约前 87 年；其二，约前 90 年后，中国艺术研究院音乐研究所编《中国音乐词典》"李延年"条；其三，约前 102 年卒，虞云国《李延年杂考》，《上海师范大学学报》1991 年第 2 期。
③ 《汉书》卷九三《佞幸传·李延年传》，第 3725 页。

《晋书·乐志》载："张博望入西域……惟得《摩诃兜勒》一曲。李延年因胡曲更造新声二十八解，乘舆以为武乐。"① 李延年善于吸收外来音乐的营养进行艺术创作，他模仿从西域传入的胡曲《摩诃兜勒》，谱写"新声"二十八解，称为"横吹曲"，用于军中。"横吹"是鼓吹乐的一个特殊类型，因"横笛"为主奏乐器而得名。汉画中的横吹主要用于出行和仪仗。利用一支胡曲素材，改编出二十八首新颖的乐曲，充分显示出李延年高超的作曲技巧和敏捷的艺术才思。《汉书·外戚传》说：李延年"每为新声变曲，闻者莫不感动"。现存诗一首，即著名的《北方有佳人》：

> 北方有佳人，绝世而独立，一顾倾人城，再顾倾人国。宁不知倾城与倾国，佳人难再得！

全诗除"宁不知倾城与倾国"一句外，余皆五言形式。这个佳人就是他的妹妹，得宠于武帝，立为李夫人。李夫人早卒，武帝倍感伤神，画像作赋，寄托愁思。失去妹妹的内援，李延年的宠幸大减，其弟李季与宫人淫乱，"出入骄恣。上遂诛延年兄弟宗族"。

渤海人（治今河北沧县东关）赵定也是西汉知名的音乐家。神爵、五凤年间，汉宣帝"颇作歌诗，欲兴协律之事"，丞相魏相推荐"知音善鼓雅琴者"的渤海人赵定、梁国人龚德，皆召见待诏。《汉书·艺文志》载，赵定著有《雅琴赵氏》七篇。琴在汉代被称为雅琴，以表明与俗乐的不同。琴乐在汉代社会十分繁荣，在儒生中更是盛行，"士无故不彻琴瑟"②，琴是士人必修的"六艺"之一，是雅乐的主要乐器。

汉代大都市之一的邯郸，是燕赵乐舞的汇集地。著名的"邯郸鼓"大概就产生于西汉时期，《汉书·礼乐志》提到"邯郸鼓员"。《艺文志》提及"邯郸河间歌诗"；"邯郸倡"是战国秦汉乐舞文化的一个专门术语。倡，即"乐"，指乐人。《说文》："倡，乐也。从人昌声。"《史记·赵世家》："赵王迁，其母倡也。"《集解》引徐广曰："《列女

---

① "摩诃兜载"，源于印度，梵文，大曲，套曲。"摩诃"，意为"大"；"兜勒"，作"曲"解。

② （清）孙希旦撰：《礼记集解》卷五《曲礼下第二》，中华书局 1989 年版，第 125 页。

传》曰邯郸之倡。"倡，即倡优之一种。《汉书·灌夫传》颜注："倡，乐人也；优，谐戏者也。"倡又有"唱"之意①，"邯郸倡"即邯郸一带的歌手，其中又多为歌女。李斯在《谏逐客书》中说：

> 饰后宫充下陈娱心意说耳目者，必出于秦然后可，则是宛珠之簪，傅玑之珥，阿缟之衣，锦绣之饰不进于前，而随俗雅化佳冶窈窕赵女不立于侧也②。

可见，赵女已和珠玑锦绣等各地特产一样，不仅成为秦廷中的外来特产，而且还分布于各国宫廷中。"今夫赵女、郑姬，设形容，揳鸣琴，揄长袂，蹑利屣，目挑心招，出不远千里、不择老少者，奔富厚也。"③"赵、中山……女子弹弦跕躧，游媚富贵，遍诸侯之后宫。"④战国以来的邯郸乃"天下善为音"之地，是当时的音乐之都。"鸣琴""弹弦""当户理清曲"等文字，说明这里的"佳人"一般都擅长音乐。当然音乐与歌舞是结合在一起的，因而有"揳鸣琴，揄长袂，蹑利屣"，以及"弹弦跕躧"这类描写。所谓"长袂"即"长袖"，战国时谚语有"长袖善舞"⑤；"利屣""跕躧"则为舞鞋，都是舞蹈的服饰。其次，这类以歌舞著称的"赵女"，她们不但天生丽质，而且"盛饰冶容"，因而邯郸成为"佳丽人之所出"。再次，这类"赵女"为"奔富厚"，可以"出不远千里，不择老少"，更为重要的是，她们"饰后宫，充下陈"，"倾绝诸侯"，"遍诸侯之后宫"，以美貌和音乐歌舞，得以进入宫廷，有的还成为王后或太后，并参与政治，甚至在政治斗争中扮演主角。当时所谓"倡"即指"乐人"，《汉书》颜师古注不止一处提到。由于"倡"为"乐人"，不论男女都可以称"倡"，《说文通训定声》所引《东方朔传》的郭舍人是"幸倡"，此外，《汉书·礼乐志》还有"黄

---

① 周振甫译注《诗经译注》卷三《国风·郑风·萚兮》："倡予和女。"中华书局 2010 年版，第 112 页。

② 《史记》卷八七《李斯列传》，第 2543 页。

③ 《史记》卷一二九《货殖列传》，第 3271 页。

④ 《汉书》卷二八下《地理志下》，第 1655 页。

⑤ （清）王先慎撰：《韩非子集解》卷一九《五蠹第五十九》，中华书局 1998 年版，第 455 页。

门名倡"丙疆、景武，他们都是男性。方诗铭先生认为："赵女"与"邯郸倡"的出现，是与邯郸这一"富冠海内"的经济名都分不开的。"赵女"与"邯郸倡"，既相同而又不完全相同①。这里的"邯郸倡"专指倡女，即女性"乐人"。因此，"赵女"与"邯郸倡"所指为擅长音乐歌舞的邯郸一带妇女，这是广义的。从严格意义上说，她们之间还是应该加以区别。如果不但能歌善舞，并以献艺作为谋取生活的手段，可以称为"邯郸倡"；如果音乐歌舞仅属于她们的文化素养，如杨恽《报孙会宗书》所说"妇，赵女也，雅善鼓瑟"②，即只能称为"赵女"，而不能称为"邯郸倡"。

至少在西汉时期，邯郸及赵、中山一带的音乐歌舞商品化已发展到相当程度，以至于在当时人们眼里已成为赵、中山一带的一种风俗了。为什么会出现这种现象呢？杨一民先生认为，主要是商品经济发展的结果。③邯郸一带农业不甚发展，而这一带人口却不少，人口密度居太行山地区之首。"地薄人众"，出路何在？战国中期以来，邯郸相对过剩的人口出路很大程度要依靠工商业，音乐歌舞商品化就是其中的一条途径，尤其是女子中为"邯郸倡"者越来越多。如乐府诗《相逢行》云："黄金为君门，白玉为君堂，堂上置樽酒，作使邯郸倡。"《宛转歌》："已闻能歌洞箫赋，讵是故爱邯郸倡"，等等，反映了邯郸倡活跃于社会的情形。当然，对司马迁、班固所言赵、中山一带风俗应当全面认识，邯郸妇女也并非个个轻浮放荡。民间著名传说故事邯郸女子秦罗敷反抗太守的调戏，弹筝作"陌上桑"，表明自己坚贞不屈、不事权贵的志向④，就是典型一例。

汉代帝王、贵族、官僚在游宴、祭祀之时大量使用女乐，数以千计具有音乐歌舞素养的燕赵中山青年女子遂得以进入宫廷。《三辅黄图》卷三云：

　　　武帝求仙起明光宫，发燕赵美女二千人充之，率取二十以下，十五以上，年满三十者出嫁之，掖庭令总其籍。时有死出者随补之。

---

①　方诗铭：《战国秦汉的"赵女"与"邯郸倡"及其在政治上的表现》，《史林》1995年第1期。

②　《汉书》卷六六《杨敞附子恽传》，第2896页。

③　杨一民：《"邯郸倡"与战国秦汉的邯郸》，《学术月刊》1986年第1期。

④　（五代）马缟：《中华古今注》卷下《陌上桑歌》，中华书局2012年版，第119页。

明光宫建于武帝太初四年（前101）秋，在长安城中。仅此一处宫殿，燕赵女乐就有二千之众，皇宫其他宫殿中应当还有数量不菲的燕赵青年女性。

班婕妤（成帝时选入宫）在《捣素赋》中对能歌善舞的燕赵女子有这样的描写：

> 燕姜含兰而未吐，赵女抽簧而绝声。改容饰而相命，卷霜帛而下庭。

河北诸侯王对乐舞十分喜爱，如燕王刘旦，"好星历数术倡优射猎之事"①。中山王刘胜宣称："王者当日听音乐，御声色。"广川王刘去，"好文辞、方技、博弈、倡优"②。不仅是生前，死后也要有音乐相伴。平干王刘元在病中下达遗令，如果他病死，令会作乐的奴婢殉葬③。《盐铁论·散不足》记载有富民衣食住行的种种奢侈僭越行为，其中祭祀、殡葬、宾宴等方面更是直接有赏乐之事，如"富者祈名岳，望山川，椎牛击鼓，戏倡舞像；中者南居当路，水上云台，屠羊杀狗，鼓瑟吹笙"等。举行家宴之时，"富者钟鼓五乐，歌儿数曹；中者鸣竽调瑟，郑舞赵讴"，甚至"因人之丧以求酒肉，幸与小坐而责办，歌舞俳优，连笑伎戏"。豪富畜歌，是汉代社会普遍流行的风气。元帝初谏议大夫贡禹上言："诸侯妻妾或至数百人，豪富吏民畜歌者至数十人。"④汉末仲长统在《昌言》中揭露："豪人之室……妖童美妾，填乎绮室；倡讴妓乐，列乎深堂。"《后汉书·马融传》记载：马融"为世通儒，教养诸生，常有千数。……善鼓琴，好吹笛，达生任性，不拘儒者之节。……常坐高堂，施绛纱帐，前授生徒，后列女乐"。贵族、官僚对"女乐"的喜好于此可见一斑。

征发之外，买卖是河北女性歌舞艺人进入宫廷和豪贵之家的主要途

---

① 《汉书》卷六三《武五子传·燕刺王旦传》，第2751页。
② 《汉书》卷五三《景十三王传·广川惠王刘越传》，第2428页。
③ 平干国辖境相当今河北任县、南和、鸡泽、曲周、永年及平乡西北肥乡东北一部分地。
④ 《汉书》卷七二《贡禹传》，第3071页。

径。例如，汉宣帝的母亲王夫人翁须，就是通过从事歌舞艺人买卖的邯郸人贾长儿被卖到长安的。翁须八九岁时，寄居广望节侯子刘仲卿家，学习歌舞四五年。"太子舍人侯明从长安来求歌舞者，请翁须等五人。"刘仲卿将翁须卖给贾长儿，"长儿使遂送至长安，皆入太子家"①。音乐歌舞商品化使"邯郸倡"等歌舞艺人走向全国各地，客观上为上层统治者接触倡优提供了条件。少数倡优趁此获得了跻身统治者行列的机会，以善乐舞而得宠于帝王，并因此而影响了当时的社会风尚和乐舞艺术的发展。

据统计，《汉书·外戚传》共为25人立传，提到的后宫女性有53位，其中可以确定籍贯的燕赵籍后妃有14位，比例接近四分之一。还有4位燕赵籍的诸侯王妃。见表8-2：

表8-2　　　　　　　西汉河北籍后妃（含诸侯王后妃）一览

序号	名称	身份	籍贯	史料出处
1	高祖赵姬	妃妾，淮南厉王母	真定	《史记》卷85《吕不韦列传》
2	高祖石美人	妃妾，万石君姐	赵人	《史记》卷103《万石张叔列传》
3	文帝窦皇后	皇后，景帝母	清河	《史记》卷49《外戚世家》
4	文帝慎夫人	妃妾	邯郸	《史记》卷49《外戚世家》
5	文帝尹姬	妃妾	邯郸	《史记》卷49《外戚世家》
6	武帝王夫人	妃妾，齐王母	赵	《史记》卷49《外戚世家》
7	武帝李夫人	妃妾，昌邑王母	中山	《史记》卷49《外戚世家》
8	武帝钩弋夫人	妃妾，昭帝母	河间	《史记》卷49《外戚世家》
9	史皇孙王夫人	妃妾，宣帝母	涿郡	《汉书》卷97上《外戚传上》
10	宣帝卫婕妤	妃妾，楚孝王母	中山	《汉书》卷97上《外戚传上》
11	元帝王皇后	皇后，成帝母	魏郡	《汉书》卷98《元后传》
12	元帝卫婕妤	妃妾，平阳公主母	中山	《汉书》卷97下《外戚传下》
13	中山孝王卫姬	妃妾，平帝母	中山	《汉书》卷97下《外戚传下》
14	平帝王皇后	皇后，王莽女儿	魏郡	《汉书》卷97下《外戚传下》
15	中山王后卫氏	王后，卫宝女儿	中山	《汉书》卷97下《外戚传下》
16	赵太子江夫人	妃妾，江充妹	赵	《汉书》卷45《蒯伍江息夫传》
17	江都王建梁氏	妃妾，梁蚡女	邯郸	《汉书》卷53《景十三王传》
18	南越王后	王后，赵兴母	邯郸	《汉书》卷95《西南夷两粤朝鲜传》

---

① 《汉书》卷九七上《外戚传上·史皇孙王夫人传》，第3962页。

汉代帝王喜好乐舞，能歌善舞是宫廷挑选采女的标准之一。《汉书·杜钦传》记载，皇太后下令选良家女，成帝好色，杜钦向王凤进言，帝王选妃之时，应"详择有行义之家，求淑女之质"，不要太看重"声色音技能"。这恰恰从反面说明声色音技是汉代宫廷选采女的必备条件。表8-2所列燕赵籍后妃中的一部分人，文献明言她们擅长乐舞或学习过乐器演奏。如高祖石美人"能鼓琴"；文帝"使慎夫人鼓瑟，上自倚瑟而歌，意凄怆悲怀"。武帝李夫人因"妙丽善舞"而得宠。史皇孙王夫人因善"歌舞"而"得幸"，赵太子丹夫人"善鼓琴歌舞"，元帝王皇后入宫前"学鼓琴"，等等。[1] 其他后妃也应具备相当的乐舞艺术造诣，因为燕赵多"佳丽人"，善于"盛饰冶容"，又通晓"丝竹长袖"之舞，"倾绝诸侯"[2]。很难想象，不通音律、不善歌舞的女子能从万千佳丽中脱颖而出，贵幸宫廷。汉代不像后世礼教家庭以音技为贱事，而是视其为良家女子应有的可贵修养。如前引杨恽自叙其居家行乐时说，不仅其妻"雅善鼓瑟"，其家亦"能为秦声"，还有"奴婢歌者数人"，常于酒酣耳热之际，仰天拊缶而歌，"奋袖低卬，顿足起舞"。这大概是汉代中上流家庭中常见的以乐舞自娱的现象。乐府《相逢行》有描写一家三妯娌的诗句："大妇织绮罗，中妇织流黄。小妇无所为，挟瑟上高堂。丈人且安坐，调丝方未央。"可见平常良家女子，也常有声色音技之术。《孔雀东南飞》叙述刘兰芝所受教养云："十三能织素，十四学裁衣。十五弹箜篌，十六通诗书。"将弹箜篌与诵诗书、织素、裁衣相提并论，也反映了汉代社会重视和欣赏音乐的风气。但是，出身微贱的女乐凭借自身才艺博来的富贵并不稳固。由于缺乏政治基础，她们往往成为政治斗争的牺牲品。汉代以色、艺邀宠的女乐得立为后、妃者，除孝武李夫人早终外，如卫皇后、王翁须、赵皇后习燕姐妹、东汉质帝母陈夫人等，不是不得善终，便是遭受排挤。以色艺见宠的女乐，一旦年老色衰，难免失宠遭弃。如孝武卫皇后，立七年便"色衰"而"宠衰"。孝武李夫人深明此情，"夫以色事人者，色衰而爱弛，爱弛则

① 出处参见"表8-2汉代河北籍后妃（含诸侯国）一览"。
② （宋）李昉等撰：《太平御览》卷一六一《州郡部七·河北道上·赵州》引《赵记》，文渊阁《四库全书》本。

恩绝"。所以，她因容颜受损，临终前不肯再与武帝相见。出身庶民的女乐，不过是其主人"娱耳目，悦心意"的工具，年龄稍长或主人亡故，便被遣送归家。

西汉后妃重色艺，东汉后妃重家世。《后汉书·皇后纪》记载，东汉时河北籍皇后妃 5 位，数量大大少于西汉。她们是：光武帝郭皇后，真定人；渤海孝王陈夫人，质帝母，魏郡人，"少以声伎入孝王宫，得幸"；解犊亭侯苌夫人，灵帝母，河间人；灵帝王美人，献帝母，赵国人；献帝董贵人，河间人。

燕赵女子进入汉代宫廷，把民间的乐舞艺术带入宫中，并将其与宫廷乐舞融合，为宫廷乐舞的发展注入了鲜活的艺术营养。汉代允许女乐出宫嫁人，屡有因灾裁乐之举。《汉书·宣帝纪》云："今岁不登，已遣使者振贷困乏。其令太官损膳省宰，乐府减乐人，使归就农业。"元帝初元元年（前48）六月，"以民疾疫，令太官损膳，减乐府员，省苑马，以振困乏"[①]。出宫的乐人是民间娱乐市场上受追捧的对象，很容易获得比务农更好的生活。如汉成帝的舅舅王根"聘取故掖庭女乐五官殷严、王飞君等，置酒歌舞"[②]，其侄成都侯王况"亦聘取故掖庭贵人以为妻"；平民章初娶"故掖庭技人哀置"[③]；东汉大将军窦武"多取掖庭宫人，作乐饮燕"[④] 等。出宫的女乐在某种意义上是宫廷乐舞向民间传播的使者，宫廷乐舞、贵族乐舞和民间乐舞的交流，推动了汉代乐舞的创新和发展。

此外，河间献王刘德整理和推广《乐记》也是中国艺术史上值得称道的事。《礼记·乐记》全面系统地论述了音乐的形成、特点以及社会作用等许多问题，在中国音乐史上占有极重要的地位。《礼记·乐记》内容又见于《史记·乐书》，仅文字、篇章先后小有不同。现存《史记·乐书》是在《小戴礼》成书时或稍后补入（一说为褚少孙补）。在刘德的倡导下，河间（西汉末时辖境相当今河北献县、交河、东光、阜城、武强各一部分地）学者研习《乐记》历百年之久。《汉书·艺文

---

① 《汉书》卷九《元帝纪》，第 280 页。
② 《汉书》卷八九《元后传》，第 4028 页。
③ 《后汉书》卷五〇《孝明八王列传》，第 1672 页。
④ 《后汉书》卷六六《陈王列传》，第 2170 页。

志》载："武帝时，河间献王好儒，与毛生等共采《周官》及诸子言乐事者以作《乐记》，献八佾之舞，与制氏①不相远。"但《隋书·音乐志》却说《乐记》是战国中期的公孙尼所作。《乐记》的作者与成书年代，迄今尚无定论。今学者多取《礼记·乐记》西汉成书说。《礼记·乐记》与《史记·乐书》中所录文本，当视为包纳有先秦思想资料的不同传本。《乐记》是儒家音乐理论著作，其思想资料主要来源于先秦，对传统音乐思想有深远影响。刘德修礼乐，崇儒术，认为治道非礼、乐不成。他与诸生、学士共同搜集《周官》以及诸子百家论述音乐的文献，整理成《乐记》一书和"八佾"，对儒家的音乐理论作系统的总结。所谓"献八佾之舞"，就是《汉书·景十三王传》所说的"武帝时，献王来朝，献雅乐"。对刘德所献的"雅乐"，名儒公孙弘、董仲舒都以为"音中正雅，立之大乐"。所以，武帝将此"雅乐"交给宫廷音乐官员大乐令率乐师练习演奏。河间内史丞王定将《乐记》传授给常山（治今元氏西北）人王禹。汉成帝时，王禹任谒者，多次讲授《乐记》，并向朝廷贡献《王禹记》二十四篇。其弟子宋晔等又上书陈奏此事，博士平当认为宋晔等"守习孤学，大指归于兴助教化"。河间学者"好学修古，能有所存，民到于今称之"②，应将"河间乐"归属雅乐，以继绝表微。公卿大臣以河间乐"久远难分明"为由，否决了平当的建议。《乐记》后经刘向整理，成为中国古代音乐理论的纲领。

（三）雕塑与陵墓建筑

西汉河北雕塑艺术的新成就，突出地表现在大型纪念性石刻、陵墓装饰雕刻上。1985 年在石家庄市西北郊小安舍村发现的一对踞坐裸体石人，是我国现存最古老的大型石刻。这对踞坐石人都是用青石雕成，其一为男像，高 174 厘米；另一为女像，高 160 厘米。两像造型相似，皆为椭圆脸，尖下巴，大眼直鼻小口，头戴平巾帻，腰间系带，作双手抚胸踞坐状，身上无衣纹。踞坐姿态及古朴风格，与西汉昆明池石刻牵牛、织女像相近，而与山东曲阜及四川灌县等地出土作站立姿态的东汉

---

① 制氏，汉初乐官，擅长雅乐声律。《汉书》卷二二《礼乐志》注引服虔曰："鲁人也，善乐事也。"

② 《汉书》卷二二《礼乐志》，第 1072 页。

石人相异。"石像所在地距西汉南粤王赵佗先人墓（在赵陵铺村东）仅3公里。……直到新中国成立后附近还有十几个大冢。从这两尊石雕人像的雕刻技法，我们认为可能是汉墓前的遗物。"①《史记·南越列传》与《汉书·南粤传》均有汉文帝元年（前179）为了怀柔远方，遣人赴真定修治赵佗先人墓的记载。《史记·南越列传》记载：汉文帝即位不久，便派出使者遍告诸侯和四夷君长自己从代国入京即皇帝位之后的打算，"喻盛德焉。乃为佗亲冢在真定置守邑，岁时奉祀"，以示对赵氏宗亲的特别优待。有研究者认为，这一对石人，当是汉文帝初年特地为赵佗先人冢雕刻的；之所以刻成一男一女，可能代表赵佗的父母。这一发现，使我国现存的古代大型石雕人像提前了半个世纪，具有极重要的学术价值②。东汉石俑，以河北望都所药村二号墓出土的骑马俑最为完好③。该墓入葬于光和元年（182），通座高79厘米，表现某位买鱼沽酒、骑马而归者的怡然自得神态；马腹与基座之间已作镂空处理，标志着圆雕技艺更加成熟。

今河北秦皇岛和辽宁绥中沿海地区相继出土大量战国秦汉文物。北戴河占城村发现古城遗址，金山嘴发现大型秦汉建筑遗址，其中面径40厘米的云纹贴贝圆瓦当为秦汉建筑中的罕见文物。绥中黑山头石碑地两处秦汉建筑遗址中，还出土面径超过60厘米的以往仅见于秦始皇陵的巨型夔纹瓦当，同时发现的柱础石、花纹空心砖以及大量的云纹瓦当等遗物，也说明这些建筑基址规模之大、规格之高④。这一东西连为一体的宫殿建筑群，可以推定是秦碣石宫遗址。

帝王陵墓建筑是中华民族传统文化的重要组成部分，其中蕴含有关于文化史、建筑史、艺术史、经济史、政治史等诸多有价值的资料。

河北地区虽然不是汉代帝陵之区，但两汉时期的诸侯王陵墓很多。

---

①　河北省石家庄市文保所：《石家庄发现汉代石雕裸体人像》，《文物》1988年第5期。《获鹿县志》载："汉文所修三十六赵佗先冢。"《大清一统志》亦云："赵陵铺东大冢六，小冢二十三。"

②　薛永年、罗世平：《中国美术简史》（新修订本），中国青年出版社2010年版，第68页。汤池：《中国美术考古研究》，陕西人民美术出版社2014年版，第106—107页。

③　图版参见河北省博物馆、文物管理处编：《河北省出土文物选集》，文物出版社1980年版，第148页"石骑马俑"。

④　辽宁省文物考古研究所：《辽宁绥中县"姜女坟"秦汉建筑遗址发掘简报》，《文物》1986年第8期；《北戴河发掘出秦始皇父子行宫遗址》，《人民日报》1986年9月25日。

如满城中山靖王刘胜墓，定州西汉中山王刘昌、怀王刘修①和东汉中山王刘焉墓，北京丰台的西汉广阳王刘建墓，石家庄小尚村的赵王张耳墓，河北献县的河间献王刘德、孝王刘开、惠王刘良的墓群，都有文物出土，十分珍贵。其中最著名的是满城刘胜夫妇墓，该墓以当时少有的凿山造墓的形式以及随葬的金缕玉衣等稀世文物在中国古代陵寝史上占有极其重要的地位。

刘胜墓坐西朝东，开凿山岩作墓室，布局仿照人间宫殿建筑。在墓道尽头，南北各有耳室一间，穿过宽敞的中室进入后室，全长 51.7 米，最宽处 32.5 米，最高 6.8 米，墓道长 20 余米。南耳室为车马房，内葬装饰华丽的 6 辆，马 12 匹。北耳室内藏粮食、鱼肉类、满缸的美酒以及各式各样的饮食用具。中室最为宽敞，方形，长 15 米、宽 12 米。后室又分主次两室，主室长约 5 米、宽 4 米，由石板砌成，四壁涂红色，室北正中有汉白玉棺床，上置刘胜棺椁。整座墓内有排水系统，沟沟相通，最后流入渗井内，避免了水浸损害。

刘胜之妻窦绾墓在刘胜墓北约 120 米的山坡上，内部结构布局与刘胜墓相似，规模略大。两座墓密封无隙，先用巨石填充墓道，后砌两道土墙，有铁水浇灌弥缝，坚如磐石。两墓的随葬品数量浩大，有铜器、金银器、玉石陶器、漆器等 4000 余件，精品很多。刘胜夫妇的葬服——金缕玉衣是全国第一次出土的最完整的玉衣，制作精美，堪称国之瑰宝。

在刘胜夫妇陵墓的南山梁上还发现了 18 处陪葬墓。均以长方巨石叠砌，上圆下方，宽处长 15 米，高 4—7 米，下有竖穴洞室。其中一座墓中出土了刻有"公官容五斗重七斤九两"的铜鼎。诸侯王生活极其奢侈腐化，刘胜也不例外，据《汉书·景十三王传》记载："（刘）胜为人乐酒好内，有子百二十余人。"众多的陪葬墓正是他生前妻妾成群的证明。

七　余论

汉代河北文化的基本特征主要表现在两个方面：一是平原农耕经济

---

① 刘来成：《河北定县 40 号汉墓发掘简报》，《文物》1981 年第 8 期。

文化与草原畜牧经济文化的相互汇合；二是汉族文化与北方游牧民族文化的相互融合，此二者又都统一在历史发展的进程中，相互联系、相互影响、相互渗透。

任何一种社会形态都以经济为基础，文化则是上层建筑。文化特征的形成与发展，离不开经济基础。文化的基本特征在历史发展中同经济的基本特征往往是密不可分的，而经济文化特征又是同民族特征紧密相连的。

河北与周边地区的地势山脉、河流水系、平原山地、高原草原的颁布和趋向，从大范围来看，燕山以北是内蒙古高原向华北平原的过渡地带，在汉代属草原游牧区，是北方游牧民族的主要活动区域。燕山以南，太行山以东，黄河以北的海河流域是平原农耕区，主要是汉族的活动区。司马迁以"龙门、碣石"一线，划出西汉农业经济区与牧业经济区的分界。汉王朝连年组织大规模的军队屯戍和移民实边，为中原地区先进的农耕技术向北方传播提供了条件。然而，河北北部的经济文化特色仍与中原地区有显著区别。东汉时期草原游牧民族南下入塞内附，曾在这一地区造成畜牧文化对农耕文化的冲击。由于河北南部平原处在黄河中下游平原的北方，因此，就全国范围来讲，又呈现出南北交汇的特征。

北方游牧经济具有脆弱性、单一性和不稳定性，一遇重大天灾如雪灾、旱蝗等，牲畜便会大量死亡，牧区经济萎缩，人口骤减，部落的整体实力下降。游牧经济又具有高度的分散性和流动性，反映在政治上便是各部势力往往各霸一方，各自独立。因此，当北方某一游牧民族崛起时，在其内部总有一个兼并、统一的过程。一旦完成兼并和统一以后，他们经常越过长城，南下河北平原时，铁骑驰骋，对农耕区造成极大的冲击力。

农牧两大经济文化之间存在着相互联系的关系。农耕区需要畜牧区提供农业生产、交通运输的畜力，尤其是马匹。此外，还需要皮毛等各种畜产品以及珍贵药材等。而畜牧区则需要农耕区的粮食、绢帛、布匹、铁器、陶瓷等农产品和手工业制品。这样就形成了既有矛盾冲突而更多的是相互交往、相互依存的关系。

两种经济文化的交融交汇是通过多种形式和途径实现的。既有激烈的冲突和战争，也有和平的交往。在激烈战争中，既有游牧民族统治者的南下侵掠，又有汉族统治者的出塞远征。和平交往时，既有朝贡、赏赐，处迁、内附，也有互市贸易；既有经济交往，也有文化交流。无论是哪种方式和途径，都不是单向性的，而是双向性乃至多向性的，体现出中华文明是各民族共同创造的特征。

　　河北地处北方，北方游牧民族崛起后南下中原，首先进入幽蓟，再扩展河北平原。因此，汉代河北是农耕经济文化与游牧经济文化的汇合之处，汉族和北方游牧民族的融合之所。

　　汉代统治者修筑汉长城，设置郡县，徙民实边，实行军屯。这对这些措施对开发边疆推进农业生产向北发展起了积极作用，表现出一种"农进牧退"的现象。而每当汉王朝发生动乱，国力衰落时，北方游牧民族纷纷南下，越过长城，深入河北腹地，随之表现出"牧进农退"的现象。

参考文献

一　古籍

（北齐）颜之推：《颜氏家训》，中国华侨出版社 2014 年版。

（北魏）贾思勰：《齐民要术今释》，中华书局 2009 年版。

（北魏）郦道元著，陈桥驿校证：《水经注校证》，中华书局 2007 年版。

（汉）崔寔撰，石声汉校注：《四民月令校注》，中华书局 2013 年版。

（汉）董仲舒著，（清）苏舆撰，钟哲点校：《春秋繁露义证》，中华书局 1992 年版。

（汉）桓宽撰集，王利器校注：《盐铁论校注》，中华书局 1992 年版。

（汉）刘安编：《淮南子集释》，中华书局 1998 年版。

（汉）陆贾撰，王利器校注：《新语校注》，中华书局 2012 年版。

（汉）王充著，黄晖撰：《论衡校释》，中华书局 1990 年版。

（汉）王符撰，（清）汪继培笺：《潜夫论笺校正》，中华书局 1985 年版。

（汉）荀悦撰，张烈点校：《前汉纪》，中华书局 2002 年版。

（五代）马缟：《中华古今注》，中华书局 2012 年版。

（唐）姚思廉：《梁书》，中华书局 1973 年版。

（宋）洪迈著：《容斋随笔》，远方出版社 2002 年版。

（宋）洪适：《隶释·隶续》，中华书局 1985 年版。

（宋）李昉等编：《太平御览》，中华书局 1960 年版。

（元）马端临撰：《文献通考》，中华书局 2011 年版。

（清）董诰等编：《全唐文》，中华书局 1983 年版。

（清）顾祖禹：《读史方舆纪要》，中华书局 2005 年版。

（清）何焯撰，蒋维钧辑录：《义门读书记》卷十七，乾隆十六年（1751）何祖述刊行。

（清）黄成章：《顺义县志》，清康熙五十八年刻本。

（清）焦循撰：《孟子正义》，中华书局 1987 年版。

（清）陆增祥：《八琼室金石补正》，文物出版社 1985 年版。

（清）钱大昕：《廿二史考异》，商务印书馆 1958 年版。

（清）孙希旦撰：《礼记集解》，中华书局 1989 年版。

（清）王先慎撰：《韩非子集解》，中华书局 1998 年版。

（清）严可均辑：《全上古三代秦汉三国六朝文》，中华书局 1958 年版。

（清）姚苎田：《史记菁华录》，（台湾）联经出版事业公司 1977 年版。

（汉）班固：《汉书》，中华书局 1962 年版。

（西晋）陈寿：《三国志》，中华书局 1959 年版。

陈直：《两汉经济史料论丛》，陕西人民出版社 1980 年版。

（南朝宋）范晔：《后汉书》，中华书局 1965 年版。

高步瀛：《文选李注义疏》，中华书局 1985 年版。

高文：《汉碑集释》，河南大学出版社 1985 年修订本。

郭嵩焘：《史记札记》，商务印书馆 1957 年版。

何建章注释：《战国策注释》，中华书局 1990 年版。

侯康：《补后汉书艺文志》，《史记两汉书三史补编》（第四册），北京图
　书馆出版社 2005 年版。

华东师范大学古籍研究所整理，黄珅、严佐之、刘永翔主编：《顾炎武
　全集》，上海古籍出版社 2011 年版。

（清）梁玉绳等撰：《史记汉书诸表订补十种（上）》中华书局 1982
　年版。

梁玉绳：《史记志疑》，中华书局 1981 年版。

施之勉：《汉书集释》，（台湾）三民书局 2003 年版。

（宋）石声汉：《氾胜之书今释》，科学出版社 1956 年版。

（宋）司马光：《资治通鉴》，中华书局 1956 年版。

（汉）司马迁：《史记》，中华书局标点本 1959 年版。

（清）王先谦：《汉书补注》，中华书局 1983 年影印本。

向宗鲁：《说苑校证》，中华书局 1987 年版。

谢桂华、李均明、朱国炤：《居延汉简释文合校》三七·三五，文物出
　版社 1987 年版。

《续修四库全书提要》，（台北）"商务印书馆" 1972 年版。

周振甫译注：《诗经译注》，中华书局 2010 年版。

［日］泷川资言：《史记会注考证》，文学古籍刊行社 1955 年版。

二　专著

白寿彝、高敏、安作璋主编：《中国通史》第四卷《秦汉时期（上
　　册）》，上海人民出版社 1995 年版。

白寿彝、高敏、安作璋主编：《中国通史·秦汉时期（下册）》，上海人
　　民出版社 1995 年版。

蔡东藩：《前汉史》，中国华侨出版社 2014 年版。

曹金华：《汉光武帝刘秀评传》，江苏古籍出版社 2002 年版。

岑仲勉：《黄河变迁史》，人民出版社 1957 年版。

陈连庆：《中国古代史研究（上册）》，吉林文史出版社 1991 年版。

邓红：《董仲舒的春秋公羊学》，中国工人出版社 2001 年版。

杜香文：《元氏封龙山汉碑群体研究》，文物出版社 2002 年版。

傅筑夫：《中国封建社会经济史》第二卷，人民出版社 1982 年版。

高敏：《秦汉时期的农业》，《秦汉史探讨》，中州古籍出版社 1998
　　年版。

葛剑雄：《西汉人口地理》，人民出版社 1986 年版。

葛剑雄：《中国人口发展史》，福建人民出版社 1991 年版。

葛兆光：《七世纪前中国的知识、思想与信仰世界》（《中国思想史》第
　　1 卷），复旦大学出版社 1998 年版。

河北省博物馆、文物管理处编：《河北省出土文物选集》，文物出版社
　　1980 年版。

河北省地方志编委会编：《河北省志》第四卷《海洋志》，河北人民出
　　版社 1994 年版。

河北省清河县地方志编纂委员会：《清河县志》，中国城市出版社 1993
　　年版。

河北省文物研究所：《燕下都》上册，文物出版社 1996 年版。

侯学煜编：《中国之植被》，人民教育出版社 1960 年版。

华人德：《中国书法史（两汉卷）》，江苏教育出版社 1999 年版。

翦伯赞：《秦汉史》，北京大学出版社 1983 年版。

金春峰：《汉代思想史》，中国社会科学出版社 1997 年版。

李晓杰：《东汉政区地理》，山东教育出版社 1999 年版。

李学勤：《东周与秦代文明》，文物出版社 1984 年版。

梁家勉主编：《中国农业科学技术史稿》，农业出版社 1989 年版。

梁启超：《饮冰室文集》，中华书局 1989 年版。

林甘泉主编：《中国经济通史·秦汉经济卷上册》，经济日报出版社 1999 年版。

林剑鸣：《秦汉史（上）》，上海人民出版社 1989 年版。

卢云：《汉晋文化地理》，陕西人民教育出版社 1991 年版。

路遇、滕泽之：《中国分省区历史人口考》，山东人民出版社 2006 年版。

路遇、滕泽之：《中国人口史（上）》，山东人民出版社 2000 年版。

吕苏生：《河北通史·秦汉卷》，河北人民出版社 2000 年版。

马长寿：《乌桓与鲜卑》，上海人民出版社 1962 年版。

［日］梅原末治：《洛阳金村古墓聚英》（增订版），［日］小林出版部 1944 年版。

南皮县地方志编纂委员会编：《南皮县志》，河北人民出版社 1992 年版。

内蒙古自治区文物工作队：《内蒙古出土文物选集》，文物出版社 1963 年版。

钱穆：《秦汉史》，生活·读书·新知三联书店 2005 年版。

秦进才：《燕赵历史文献研究》，中华书局 2005 年版。

陕西省博物馆、陕西省文物管理委员会：《陕北东汉画像石刻选集》，文物出版社 1959 年版。

沈长云等：《赵国史稿》，中华书局 2000 年版。

施坚雅主编：《中华帝国晚期的城市》，叶光庭等译，中华书局 2000 年版。

史念海：《河山集一》，生活·读书·新知三联书店 1963 年版。

水利部黄河水利委员会：《黄河水利史述要》，水利电力出版社 1984 年版。

宋治民：《汉代手工业》，巴蜀书社 1992 年版。

宋治民：《战国秦汉考古》，四川大学出版社 1994 年版。

孙继民、郝良真等著：《先秦两汉赵文化研究》，方志出版社 2003

年版。

孙继民主编:《河北经济史》(古代卷上),人民出版社 2003 年版。

汤志钧等:《西汉经学与政治》,上海古籍出版社 1994 年版。

王绵厚、李健才:《东北古代交通》,沈阳出版社 1990 年版。

王绵厚:《秦汉东北史》,辽宁人民出版社 1994 年版。

王明信编著:《济源古代诗词赏析》,中国文联出版社 2008 年版。

王逊:《中国美术史》,上海人民美术出版社 1985 年版。

王育民:《中国历史地理概论(上册)》,人民教育出版社 1985 年版。

王毓瑚:《中国农学书录》,农业出版社 1964 年版。

王仲殊:《汉代考古学概说》,中华书局 1984 年版。

王子今:《秦汉交通史稿》,中共中央党校出版社 1994 年版。

王子今:《秦汉区域文化研究》,四川人民出版社 1998 年版。

文焕然:《秦汉时期黄河中下游气候研究》,商务印书馆 1959 年版。

文物编辑委员会:《文物考古工作三十年》,文物出版社 1979 年版。

文物编辑委员会:《中国长城遗迹调查报告集》,文物出版社 1981 年版。

武国卿、慕中岳主编:《中国战争史》(第二册),金城出版社 1992 年版。

邢铁、王文涛:《中国古代环渤海地区与其他经济区比较研究(上)》,河北人民出版社 2004 年版。

盐山县地方志编纂委员会编:《盐山县志》,南开大学出版社 1991 年版。

于德源:《北京农业经济史》,京华出版社 1998 年版。

袁祖亮:《中国古代人口史专题研究》,中州古籍出版社 1994 年版。

曾延伟:《两汉社会经济史初探》,中国社会科学出版社 1989 年版。

张传玺:《秦汉问题研究》,北京大学出版社 1985 年版。

赵文林、谢淑:《中国人口史》,人民出版社 1988 年版。

中国社会科学院考古研究所、河北省文物管理处:《满城汉墓发掘报告》,文物出版社 1980 年版。

中国自然地理编辑委员会:《中国自然地理·历史自然地理》,科学出版社 1982 年版。

周长山:《汉代城市研究》,人民出版社 2001 年版。

周桂钿：《董学探微》，北京师范大学出版社 1989 年版。

周振鹤：《西汉政区地理》，人民出版社 1987 年版。

［日］木村正雄：《中国古代帝国の形成——特にその成立の基础条件》，不昧堂书店 1965 年版。

三　论文

白光等：《河北丰宁农业考古概述》，《农业考古》1990 年第 1 期。

北京市古墓发掘办公室：《大葆台西汉木椁墓发掘简报》，《文物》1977 年第 6 期。

蔡仲德：《河间献王刘德评传》，《河北师范大学学报》1983 年第 1 期。

陈可畏：《论西汉后期的一次大地震与渤海西岸地貌的变迁》，《考古》1982 年第 3 期。

陈文华等：《中国农业考古资料索引（四）》，《农业考古》1983 年第 1 期。

陈祥谦：《〈陌上桑〉撰成年代新考》，《学术论坛》2009 年第 1 期。

陈应祺、李恩佳：《初论战国中山国农业发展状况》，《农业考古》1996 年第 2 期。

陈直：《关于汉幽州书佐秦君石柱题字的补充意见》，《考古》1965 年第 4 期。

崔向东：《河北豪族与两汉之际的社会政治》，《河北学刊》2002 年第 1 期。

历史地理编辑委员会：《历史地理》第九辑，上海人民出版社 1990 年版。

定县博物馆：《河北定县 43 号汉墓发掘报告》，《文物》1973 年第 11 期。

方诗铭：《战国秦汉的"赵女"与"邯郸倡"及其在政治上的表现》，《史林》1995 年第 1 期。

复旦大学历史地理研究所、《中国历史地名辞典》编委会编：《中国历史地名辞典》，江西教育出版社 1988 年版。

邯郸市文物保管所：《河北邯郸市区古遗址调查简报》，《考古》1980 年第 3 期。

邯郸文保所：《河北邯郸市区古遗址调查简报》，《考古》1980 年第

2 期。

韩嘉谷：《历史时期河北平原河道变迁和海河水系形成》，《海河志通讯》1982 年创刊号。

韩嘉谷：《论第一次到天津入海的古黄河》，《中国史研究》1982 年第 3 期。

韩嘉谷：《西汉后期渤海西岸的海浸》，《考古》1982 年第 3 期。

河北省博物馆、文物管理处：《河北藁城台西村商代遗址》，《考古》1973 年第 5 期。

河北省博物馆、文物管理处：《河北省考古工作概述》，《河北出土文物选集》，文物出版社 1980 年版。

河北省文化局文物工作队：《河北定县北庄发掘报告》，《考古学报》1986 年第 2 期。

河北省文化局文物工作队：《1964—1965 年燕下都墓葬发掘报告》，《考古》1965 年第 11 期。

河北省文物管理处：《燕下都第 23 号遗址出土一批铜戈》，《文物》1982 年第 8 期。

河北省文物管理委员会：《河北石家庄市赵陵铺镇古墓清理简报》，《考古》1959 年第 7 期。

河北省文物管理委员会：《河北武县午汲古城中的窑址》，《考古》1959 年第 7 期。

河北省文物管理委员会：《石家庄北宋村清理了两座汉墓》，《文物》1959 年第 1 期。

河北省文物研究所：《河北阜城东汉墓发掘报告》，《文物》1990 年第 1 期。

河北省文物研究所：《蠡县汉墓发掘记要》，《文物》1983 年第 6 期。

河北省文物研究所、邢台地区文物管理处：《河北沙河兴固汉墓》，《文物》1992 年第 9 期。

河北省文物研究所、张家口地区文化局：《河北阳原三汾沟汉墓群发掘报告》，《文物》1990 年第 1 期。

河北省文物研究所、张家口地区文化局：《河北阳原西城南关东汉墓》，《文物》1990 年第 5 期。

河姆渡遗址考古队：《浙江河姆渡遗址第二期发掘的主要收获》，《文物》1980 年第 5 期。

黄盛璋：《曹操主持开凿的运河及其贡献》，《历史研究》1982 年第
　6 期。

蒋英炬、吴文祺：《临沂银雀山四座西汉墓葬》，《考古》1975 年第
　6 期。

李秀英：《兴隆县发现汉代铁犁铧》，《北方文物》1987 年第 4 期。

辽宁省文物考古研究所：《辽宁绥中县"姜女坟"秦汉建筑遗址发掘简
　报》，《文物》1986 年第 8 期。

卢兆荫：《关于满城汉墓漆盘铭文及其他》，《考古》1974 年第 1 期。

卢兆荫、张孝光：《满城汉墓农器刍议》，《农业考古》1982 年第 1 期。

罗平：《河北承德专区汉代矿冶遗址的调查》，《考古通讯》1957 年第
　1 期。

罗庆康：《汉代盐制的几个问题》，《中国盐业史论丛》，中国社会科学
　出版社 1987 年版。

马衡：《汉代五鹿充墓出土的刺绣残片》，《文物参考资料》1958 年第
　9 期。

孟繁峰：《曼葭与井陉的开通》，《文物春秋》1992 年增刊。

木斋：《〈陌上桑〉创作时间、作者考辨》，《北方论丛》2008 年第
　1 期。

陕西省文管会：《秦都栎阳初步勘探记》，《文物》1966 年第 1 期。

沈刚：《东汉碑刻所见地方官员的祠祀活动》，《社会科学战线》2012
　年第 7 期。

石家庄市文物保管所：《石家庄北郊东汉墓》，《考古》1984 年第 9 期。

史建桥：《高诱与古籍整理》，《古籍整理研究学刊》1989 年第 1 期。

史念海：《论两周时期黄河流域的地理特征》（上、下），《陕西师范大
　学学报》1978 年第 3—4 期。

宋来成：《河北定县 40 号汉墓发掘简报》，《文物》1981 年第 8 期。

谭其骧：《海河水系的形成与发展》，中国地理学会历史地理专业委员
　会《历史地理》第四辑，1986 年。

谭其骧：《山经河水下游及其支流考》，《中华文史论丛》第七辑，
　1978 年。

天津市文化局考古发掘队：《渤海湾西岸古文化遗址调查》，《考古》

1956 年第 2 期。

天津市文化局考古发掘队：《渤海湾西岸考古调查和海岸线变迁研究》，《历史研究》1966 年第 1 期。

天津市文物管理处考古队：《武清东汉鲜于璜墓》，《考古学报》1982 年第 3 期。

王柏中：《汉代祭祀财物管理问题试探》，《鞍山师范学院学报》1999 年第 1 期。

王长启等：《西安北郊发现汉代墓葬》，《考古与文物》1987 年第 4 期。

王东明等：《从定县汉墓竹简看西汉隶书》，《文物》1981 年第 8 期。

王海航：《石家庄市发现东汉五铢钱范》，《文物》1979 年第 3 期。

王会昌：《河北平原的古代湖泊》，《地理集刊》第 18 号，科学出版社 1987 年版。

王文涛：《东汉河北人口的迁徙与变动》，《河北学刊》2012 年第 1 期。

王文涛：《董仲舒社会救助思想探微》，《衡水学院学报》2007 年第 4 期。

王文涛：《关于汉代信都的几个问题》，《衡水学院学报》2012 年第 5 期。

王文涛：《汉代河北纺织业略论》，《河北师范大学学报》2002 年第 4 期。

王文涛：《汉代河北家庭副业试论》，《文物春秋》2003 年第 4 期。

王文涛：《〈汉书·地理志〉"信都国，景帝二年为广川国"考辨》，《中国史研究》2003 年第 2 期。

王文涛：《河北农业经济探视》，《河北师院学报》1997 年第 1 期。

王文涛：《〈嘉靖河间府志〉"汉河间国"辨误》，《中国历史地理论丛》2003 年第 4 期。

王文涛：《两汉河北地区的交通及其对城市的影响》，《南都学坛》2011 年第 4 期。

王文涛：《两汉时期河北地区的自然灾害与救助》，《河北师范大学学报》2008 年第 5 期。

王文涛：《论汉代河北的乐舞文化》，《河北师范大学学报》2010 年第 6 期。

王文涛：《毛公籍贯与两汉河间国》，《河北日报》2001 年 12 月 21 日。

王文涛：《秦朝末年影响赵国政局的进言与纳谏》，《邯郸学院学报》
　　2014 年第 4 期。

王文涛：《试论汉代河北地区水利灌溉的发展》，《聊城大学学报》2003
　　年第 5 期。

王文涛：《西汉河北人口的分布与流徙》，《河北师范大学学报》2001
　　年第 1 期。

王文涛：《西汉河间国沿革与毛公籍贯考》，《山东大学学报》2003 年
　　第 3 期。

王文涛、许秀文：《从元氏汉碑看东汉的祷山求雨弥灾》，《石家庄学院
　　学报》2014 年第 4 期。

王颖：《渤海湾西部贝壳堤与古海岸问题》，《南京大学学报》1964 年
　　第 3 期。

王育民：《碣石新辨》，《中华文史论丛》1981 年第 3 期。

夏鼐：《我国古代蚕、桑、丝、绸的历史》，《考古》1972 年第 2 期。

肖蕴：《满城汉墓出土的错金银鸟虫书铜壶》，《考古》1972 年第 5 期。

谢飞、李恩佳：《河北阳原北关汉墓发掘简报》，《考古》1990 年第
　　4 期。

辛德勇：《历史的空间与空间的历史——中国历史地理与地理学史研
　　究》，北京师范大学出版社 2005 年版。

邢春民：《春秋战国时期邯郸经济的探视》，《赵国历史文化论丛》，河
　　北人民出版社 1989 年版。

杨一民：《"邯郸倡"与战国秦汉的邯郸》，《学术月刊》1986 年第
　　1 期。

俞伟超：《汉代的亭、市陶文》，《文物》1963 年第 2 期。

虞云国：《李延年杂考》，《上海师范大学学报》1991 年第 2 期。

张传玺：《两汉大铁犁研究》，《北京大学学报》1985 年第 1 期。

张鹤泉：《汉碑中所见东汉时期的山岳祭祀》，《河北学刊》2011 年第
　　1 期。

张怀通：《先秦时期的山川崇拜》，《河北师院学报》(社会科学版) 1997
　　年第 2 期。

张家口地区博物馆：《河北涿鹿矾山五堡东汉墓清理简报》，《文物春
　　秋》1989 年第 4 期。

张振林等：《关于满城汉墓铜壶鸟篆文释文的讨论》（三篇），《考古》1979 年第 4 期。

张政烺：《满城汉墓出土错金银鸟虫书铜壶（甲）释文》，《中华文史论丛》1979 年第 3 辑。

张志新：《汉代的牛耕》，《文物》1977 年第 8 期。

浙江省文管会：《吴兴钱山漾遗址第一、二次发掘报告》，《考古学报》1960 年第 2 期。

郑杰文：《河间儒学中心对汉武帝独尊儒术政策的影响》，《孔子研究》2003 年第 6 期。

郑绍宗：《河北行唐发现两败俱伤件汉代容器》，《文物》1976 年第 12 期。

中国地理学会历史地理专业委员会编：《历史地理》第十四辑，上海人民出版社 1998 年版。

中国地理学会历史地理专业委员会：《历史地理》第四辑，上海人民出版社 1985 年版。

中国科学院贵阳地球化学研究所：《天然放射性碳年代测定报告之二》，《地球化学》1974 年第 1 期。

中国科学院考古研究所技术室：《满城汉墓金缕玉衣的清理和和复原》，《考古》1972 年第 2 期。

中国科学院考古研究所满城发掘队：《满城汉墓发掘纪要》，《考古》1972 年第 1 期。

中国社会科学院考古研究所实验室：《满城汉墓出土铁镞的金相鉴定》，《考古》1981 年第 1 期。

周长山：《河北地区汉代城市的历史考察》，《中国历史地理论丛》2005 年第 2 期。

朱绍侯：《关于秦末三十万戍守北边国防军的下落问题》，《史学月刊》1958 年第 4 期。

邹逸麟：《黄河下游河道变迁及其影响概述》，《复旦学报·历史地理专辑》，1980 年。

邹逸麟：《历史时期华北大平原湖沼变迁述略》，《历史地理》第五辑，上海人民出版社 1987 年版。